ESPACIALIDADE SOCIAL

FUNDAÇÃO EDITORA DA UNESP

Presidente do Conselho Curador
Mário Sérgio Vasconcelos

Diretor-Presidente / Publisher
Jézio Hernani Bomfim Gutierre

Superintendente Administrativo e Financeiro
William de Souza Agostinho

Conselho Editorial Acadêmico
Júlio Cesar Torres
Luís Antônio Francisco de Souza
Marcelo dos Santos Pereira
Maurício Funcia de Bonis
Patricia Porchat Pereira da Silva Knudsen
Ricardo D'Elia Matheus
Sílvia Maria Azevedo
Tatiana Noronha de Souza
Trajano Sardenberg

Editores-Adjuntos
Anderson Nobara
Leandro Rodrigues

BENNO WERLEN

Espacialidade social

A construção de realidades geográficas

Tradução
Rafael H. Silveira

© 2024 Benno Werlen
© 2025 Editora Unesp, para esta tradução

Título original: *Gesellschaftliche Räumlichkeit 2. Konstruktion geographischer Wirklichkeiten,*

Publicado originalmente em alemão pela
Franz Steiner Verlag, Stuttgart (Germany) 2010

Direitos de publicação reservados à:
Fundação Editora da Unesp (FEU)
Praça da Sé, 108
01001-900 – São Paulo – SP
Tel.: (0xx11) 3242-7171
Fax: (0xx11) 3242-7172
www.editoraunesp.com.br
www.livrariaunesp.com.br
atendimento.editora@unesp.br

Dados Internacionais de Catalogação na Publicação (CIP) de acordo com ISBD
Elaborado por Vagner Rodolfo da Silva – CRB-8/9410

W489e   Werlen, Benno

Espacialidade social: a construção de realidades geográficas / Benno Werlen; traduzido por Rafael H. Silveira. – São Paulo: Editora Unesp, 2025.

Tradução de: *Gesellschaftliche Raumlichkeit 2: Konstruktion Geographischer Wirklichkeiten*
Inclui bibliografia.
ISBN: 978-65-5711-242-7

1. Geografia. 2. Geografia-humana. 3. Cultura. 4. Espaço. 5. Regiões. I. Silveira, Rafael H. II. Título.

                                                            CDD 910
2025-447   CDU 91

Editora afiliada:

SUMÁRIO

Prefácio 7
Introdução 9

1 – Constituição de relações espaciais 17
   Existe uma Geografia sem espaço? 19
   Ação e espaço 41
   Conceitos espaciais da "Geografia Social" 56
   Espacialidade cultural 68

2 – A guinada da teoria da cultura 79
   Identidade cultural entre individualismo e holismo 81
   Identidade regional ou cultural? 105
   Espaço, corpo e identidade 129
   A geografia cultural e a guinada da teoria da cultura 150
   Corpo, espaço e representação medial 169

3 – Territorialização e globalização 195
   Google Earth – Uma nova visão de mundo e suas possíveis
      implicações políticas 198
   Identidade e espaço – regionalismo e nacionalismo 212
   "Regionalismo" na ciência e no cotidiano 239
   Existem ou não "regiões"? 260

4 – Práticas sociais e a Geografia da própria vida 269
   Geografias da própria vida: ciência e ensino 271
   "A Europa é construída – variações de uma construção
      bottom-up" 282

Abandonando o *container*   295
Sobre a geografia social das crianças   313

5 – Ecologia social   321
Sobre a pesquisa integrativa na Geografia   323
Pesquisa integrativa e "Antropogeografia"   332
Sobre o potencial de integração teórica da
Geografia (Social)   351

Epílogo – Novas relações geográficas e o futuro da sociabilidade   375
Referências bibliográficas   397

PREFÁCIO

"Geografia" ainda designa, em geral, uma constelação espacial naturalmente dada. No presente volume, *A construção de realidades geográficas*, é sugerida aos leitores uma perspectiva de entendimento de realidades geográficas como realidades construídas, fabricadas e, por conseguinte, significadas. As diversas formas do "fazer geográfico", do *"geography making"* se originam das realidades geográficas tanto quanto as práticas sociais da realidade social (ou das realidades sociais). Tal entendimento apresenta possibilidades de revelar as implicações sociais da configuração de condições geográficas da ação, de repensá-las geograficamente como desenvolvimentos sociopolíticos problemáticos e de estabelecer um fundamento para novas orientações.

O presente volume abre caminho para tanto e é concebido como contribuição para o desenvolvimento de uma nova visão geográfica de relações sociais, culturais, políticas, econômicas e ecológicas. A escolha dos textos se baseou na construção sistemática do contexto argumentativo necessário para tanto. Eles foram, em sua maioria, publicados em diferentes âmbitos disciplinares e temáticos, não apenas relativos à Geografia, mas sobretudo à Etnologia e Sociologia, além de revistas e compêndios sociográficos, das áreas de estudos midiáticos, regionais, sociopolíticos, didáticos e de História da Ciência. Esses diferentes contextos e a pouca familiaridade existente – ou melhor, a ainda inconclusa familiarização – para com perspectivas sociogeográficas tiveram que ser sempre levados em consideração nas respectivas publicações. A consequência disso para o conteúdo reunido neste volume são redundâncias inevitáveis, preservadas conscientemente em função de seu teor gerador de distinções entre os respectivos contextos argumentativos.

Uma série de artigos e entrevistas inéditos tem como objetivo o aprofundamento e a exemplificação da perspectiva geográfica centrada na práxis. O epílogo, "Novas relações geográficas e o futuro da sociabilidade", traça, através de uma breve perspectiva geral do desenvolvimento teórico da pesquisa de regionalizações cotidianas pela Geografia Social centrada na ação, um panorama da evolução iminente deste programa de pesquisa: a compreensão das relações espaciais sociais.

O apoio diligente de fiéis colaboradores foi imprescindível para a suplantação deste laborioso processo de pesquisa. Nadine Wassner assumiu também neste volume a tarefa de digitalização dos textos, produzidos na era pré-digital. Tobias Federwisch coordenou a escolha dos mesmos e revelou-se um conselheiro paciente na etapa de definição da sequência textual. Olivia Busch e Ralph Leipold responsabilizaram-se pela correção, adaptação das notas bibliográficas e bibliografia. Rosemarie Mendler digitalizou ilustrações e gráficos. Juliane Suchy e Andreas Grimm cuidaram da composição tipográfica do livro. Andreas foi, durante todo o projeto, um parceiro de discussões paciente e um apoio profícuo, assumindo a revisão dos textos, a coordenação de todos os processos de trabalho necessários no grupo e com a editora, além da redação final deste volume. A todos eles devo meus mais cordiais agradecimentos!

Benno Werlen

Jena e Nimega, 2010

Introdução

Para podermos compreender realidades geográficas como realidades significadas é indispensável o esclarecimento da relação entre sociedade e espaço. Por sua vez, para definir mais precisamente essa relação faz-se necessário o esclarecimento tanto do *status* ontológico como da forma de existência de sociedade e espaço. Estes dois termos são elementos-chave de concepções e visões de mundo geográficas. A reivindicação de esclarecimento, tanto desta relação quanto da definição do *status* ontológico, já avançou significativamente com o primeiro volume deste trabalho (*Espacialidade social 1 – Lugares da Geografia, Gesellschaftliche Räumlichkeit 1 – Orte der Geographie*). Neste segundo volume dá-se continuidade a essas reivindicações, sobretudo como base para uma perspectiva e uma visão de mundo correspondentes. Os princípios a seguir poderão ser úteis como facilitadores desse trecho do percurso.

Um dos motivos mais importantes pelo qual o trabalho com as condições geográficas e espaciais da ação não foi tomado como objeto de investigação das ciências humanas e sociais – por exemplo, no caso das condições históricas ou temporais – é o fato de que contextos de ação na superfície terrestre são precipitadamente equiparados a condições naturais. A equiparação de "espaço" ao contexto material e sua reificação como espaço (material) ou espaço terrestre levou (fatalmente) à exclusão das condições espaciais de ação da esfera sensorial. Como espaço material, o "espaço" se tornou insignificante para toda a pesquisa científica social e humana.

As consequências problemáticas vinculadas a tais posicionamentos são mostradas não apenas pela geopolítica tradicional, mas especialmente pelas catástrofes ecológicas, presentes em todas as formas e tipos de modernização no fim da era industrial. Ambas as manifestações podem ser vistas, no lugar de outros pontos (sociais) problemáticos (de configuração semelhante), como uma diferenciação insatisfatória entre e como um relacionar não concluído de realidades físico-materiais e sociossimbólicas, assim como entre os planos concreto e o conceitual. É preciso realinhar ambas as desconjunturas, tanto no âmbito cotidiano quanto no científico, no sentido de uma visão de mundo geográfica atualizada.

A direção da guinada para escapar desse duplo dilema pode ser indicada através de uma referência ao fato ineludível da brevidade da vida de todo ser humano. Antes da apresentação dessa indicação é necessário, no entanto, cobrir ao menos algumas implicações da visão convencional. Partimos convictamente do pressuposto de que todos nascem em uma constelação histórica e em um contexto social específicos. Ambas as circunstâncias logicamente não são resultado de uma decisão pessoal. Muitas vezes diz-se que uma pessoa é um filho de seu tempo ou argumenta-se implícita ou explicitamente que o meio social de origem seria em grande medida determinante para a constituição das potencialidades de um atuante social. Da mesma forma seria possível postular que a constelação espacial, a Geografia ou a região de origem seriam determinantes. Esta última posição é ora defendida por geógrafos com argumentos geodeterminísticos-naturalistas ou ainda em discursos regionalistas no sentido de que as relações entre Geografia, História, sociedade e cultura seriam causal-determinísticas e por conseguinte não significadas, configuradas e reconfiguráveis.

Entretanto, se abandonarmos, no sentido de uma perspectiva centrada na práxis, o reducionismo determinístico das potencialidades de ação sobre tempo, sociedade e espaço e dermos a estes três conceitos-chave uma nova conotação, mais fortemente significada e, portanto, aberta a novas soluções, a guinada antes mencionada poderá ser iniciada. No que concerne à primeira dimensão – "tempo" ou "história" –, ela está relacionada a essa guinada no sentido em que não se menciona mais o "poder do tempo" ou um "filho de seu tempo", mas sim a história de uma pessoa como período de vida ou a história de uma pessoa no contexto dos acontecimentos e eventos a ela simultâneos – entretanto com ênfase explícita das possibilidades de controle das próprias ações. Com relação à segunda dimensão – "meio social" ou "sociedade" –, a guinada consiste igualmente em abandonar uma argumentação estruturalista em direção a uma perspectiva dinâmica, aberta à criatividade e centrada na prática. Um ponto fundamental da visão estruturalista é contemplar a ação dos atuantes sociais como condicionada pela posição dos mesmos na estrutura social (de classe, camadas etc.). Em uma perspectiva dinâmica, tais imposições sociais, a violência estrutural etc. podem ser contempladas como condições de ação. No entanto, em comparação à lógica de explanação estruturalista, a criatividade e os potenciais de ação de atuantes individuais também devem ser levados em consideração, de forma a surgir a possibilidade de transformação e reconfiguração das condições estruturais dos atuantes sociais.

Se efetuarmos a mesma mudança de perspectiva de descrição e explicação para com a terceira dimensão – espaço e Geografia –, o resultado provavelmente não será tão evidente. A afirmação de que um indivíduo possua "sua/uma (própria) geografia" encontrará – caso encontre – uma aprovação seguramente bem menos imediata em relação à ideia por trás dessa formulação que a da ideia que sustenta a formulação "sua/uma própria história". Tal fenômeno está relacionado ao fato mencionado introdutoriamente de que estamos acostumados a entender a história como um processo carregado de sentido e significado, enquanto a Geografia é livremente associada antes com relações estatísticas. Afinal, a história recorre ao tempo – e o tempo à sucessão. A Geografia, ao contrário, recorre ao espaço – e o espaço à adjacência do simultâneo. O passo decisivo para a consecução da guinada consiste, assim, na dinamização da compreensão de geografia: da geografia das coisas e dos lugares para as geografias dos sujeitos e suas formas de fazer geográfico. Nisso é possível diferenciar diversas dimensões de dinamização.

A primeira forma de dinamização enfoca a inclusão do componente biográfico, as sequências dos lugares fisicamente visitados na superfície terrestre e as experiências no entendimento da geografia adquiridas através disto. Afinal, um entendimento dinâmico desta, partindo de modo consequente de "construtores da geografia" competentes, deve valorizar também a própria geografia. O reconhecimento da geografia do percurso de vida, da geografia biográfica permite, ademais, a contemplação proporcionada de espaço e tempo como espaço-tempo da própria vida. Assim, torna-se perceptível que ambos os componentes estão inseparavelmente ligados entre si. Os contextos histórico e geográfico se tornam uma unidade como coreografia da própria vida no processo de formação da personalidade. Em sua transmissão (da memória), a sucessão temporal é frequentemente preferida, mas a relação geográfica pessoal é ainda assim de importância tão grande quanto relações históricas que vivenciamos e (nas quais) vivemos. Essa relevância equivalente é explicada ainda, em primeiro lugar, pelo fato de que a definição temática de vivências sequenciais é muitas vezes colocada acima da relação geográfica vivida. Em segundo lugar, é essa definição que decide quais recortes da realidade serão vivenciados na experiência pessoal e quais serão absorvidos apenas através de elementos midiáticos ou outras formas de transmissão. A formação da geografia do percurso de vida próprio, das próprias biografia e coreografia marca, assim, sempre o horizonte de experiência e de interpretação atualmente disponível da exploração subjetiva do mundo. Dessa forma, torna-se evidente não apenas o caráter dinâmico, mas ao mesmo tempo também o caráter fundamentalmente reflexivo da "Geografia". O fazer geográfico compreende, afinal, ambos os componentes: experiência de mundo e visão de mundo.

A segunda dimensão dessa dinamização da compreensão de "Geografia" consiste no abandono de um *conceito* de mundo mecanicista e na busca de uma *visão* de mundo centrada no sujeito e na ação. O conceito de mundo mecanicista se baseia na compreensão espacial do conceito de *container* newtoniano e na ideia básica de que todos os dados e objetos possíveis se encontram *em* um espaço ou *em* diferentes espaços. O "espaço" é entendido assim como o recipiente da realidade, ao qual, por sua vez – e isso constitui a segunda parte dessa mecanística –, é atribuída uma eficácia causal, determinadora de atividades. Essa dupla containerização ou dupla fixação pode ser identificada como o cerne de um conceito pré-moderno de mundo, a ser superado no sentido de uma dinamização por meio da concepção de vinculação ao mundo. Em vários artigos do presente volume são apresentados tanto o desenvolvimento quanto a evolução disciplinar desse conceito. Neles é descrita sobretudo uma visão de mundo em cujo centro está não o recipiente que contém, mas sim o sujeito que age, que, nessa ação e por meio dela, estabelece vínculos com o mundo e o relaciona a si. Essas vinculações ao mundo são realizadas especificamente por meio da nomeação, da categorização e da atribuição de valor simbólico, mas se dão também sob a forma de processos, como a tomada de controle do sujeito sobre elementos pertencentes, por exemplo, a fluxos globais de mercadorias, disponibilizados – na forma de consumo ou produção – por meio do poder de compra. Os atos de vinculação ao mundo constituem, assim, o cerne de uma visão de mundo dinâmica que ambiciona abarcar conceitualmente as relações sociais de tempo e espaço atuais.

Enquanto para a geografia científica tradicional a localização e a regionalização eram obrigatórias no sentido de uma delimitação e subdivisão do espaço, resultado da naturalização de uma concepção de mundo mecanicista, por outro lado, uma compreensão construtivista geográfica de mundo torna-se acessível a partir da concepção de vinculação ao mundo. A postulação do espaço recipiente como fato natural e causal se revela, diante dessa nova concepção, uma construção de fato bastante influente – porém, ela é precisamente uma *construção* e nada mais que isso. Nessa mesma linha argumentativa poderíamos dizer que toda concepção de mundo geográfica deve ser identificada como realidade fabricada e significada, mesmo aquelas que negam explicitamente tal fato e que colocam, no lugar de construções formadas socioculturalmente, uma realidade quase natural, precedente a toda ação.

A dinamização da compreensão de mundo geográfica através de contributos de constituição e construção não se encontra, entretanto, de forma alguma associada a um racionalismo radical. Ela representa, antes, a ideia de que realidades geográficas são realidades constituídas tanto pré-linguística quanto linguisticamente. Inúmeras condições geográficas, decisivas para os potenciais de ação disponíveis e alcançáveis, possivelmente nem mesmo são reconhecidas de maneira consciente pela maioria dos atuantes sociais, não sendo, consequentemente, linguística e discursivamente acentuáveis. Isto com frequência torna as condições geográficas uma dimensão oculta de realidades socioculturais. Uma das tarefas da Geografia contemporânea é, deste modo, revelar a latência indolente da espacialidade do social e cultural, prescindindo de reducionismos naturalistas fatais, tornando-a assim tematizável e negociável.

Essa perspectiva pode e deve deixar evidente que uma grande parte de realidades geográficas é produzida, ou antes, adotada linguisticamente, sendo, por conseguinte, social, cultural, política e economicamente real apenas *nesta* forma, linguisticamente adotada e significada. Assim como os significados de conceitos são uma expressão de convenções, reconstruíveis de maneira mais ou menos direta, de acordos em relação a significados desejados – e não do fato (natural) inerente, isto é, não da natureza da coisa ou do fato, mas sim, na melhor das hipóteses, uma expressão do trabalho com os mesmos, sendo também esse trabalho condicionado pela experiência – dessa mesma forma as realidades geográficas são em grande medida de natureza social, e não natural. Também por isso é que uma perspectiva sociogeográfica, desde sua instituição até sua elaboração diferenciada – como no presente volume –, merece atenção especial.

No primeiro capítulo, "Constituição de relações espaciais", textos e um manuscrito inédito serão apresentados em um contexto argumentativo que primeiramente aborda de forma crítica as concepções espaciais que possuem um dividendo comum com ou que derivam da concepção de mundo mecanicista. Desse olhar crítico será traçado o caminho para concepções espaciais alternativas, compatíveis – ao menos em sua intenção – de modo não contraditório, não apenas com as relações espaciais sociais contemporâneas, mas também com uma série de teorias sociais e culturais.

Os textos sobre a "guinada da teoria da cultura", no segundo capítulo, abordam as implicações da guinada cultural, ou *cultural turn*, para perspectivações geográficas de acontecimentos mundiais. Através da inclusão de "questões espaciais" serão analisadas questões da guinada espacial, ou *spatial turn*, nos estudos culturais. O enfoque dessa questão será especialmente em relação à produção de concepções de mundo em uma sociedade midiática globalizada. Estes temas serão desenvolvidos com o pano de fundo da explanação das implicações de uma abordagem que enfoca a teoria da ação na relação entre cultura e espaço. Serão dadas sugestões a respeito daquilo que, nessa perspectiva, poderia ser entendido como "cultura" e "identidade" e, finalmente, quais as consequências dessa redefinição para a configuração política da relação entre "cultura" e "espaço". De um ponto de vista sociogeográfico, "cultura" e "política" devem ser pensadas obviamente sempre juntas. Com a *guinada cultural*, essa relação correu o risco, a partir do início dos anos 1990, de cair no esquecimento.

As implicações políticas da introdução da vinculação do mundo como novo princípio de visão geográfica de mundo é o tema do terceiro capítulo. Os manuscritos e artigos compilados sob o título "Territorialização e globalização" expõem as implicações no mínimo questionáveis da mobilização das tradicionais containerizações onipresentes sob condições a princípio desvinculadas espacial e temporalmente. Através disso, o princípio de territorialidade é confrontado com as recentes relações espaciais sociais de condições globalizadas de ação. Em seguida, essa confrontação é diferenciada e aprofundada por meio da questão a respeito da relação de perspectivas e visões de mundo científicas (geográficas) e cotidianas.

ESPACIALIDADE SOCIAL   15

A concretização da guinada construtivista da pesquisa geográfica é abordada no quarto capítulo, "Práticas sociais e urbanas". Nele a dimensão política é tematizada em dois sentidos: por um lado, por meio das "Geografias da própria vida" e das práticas sociais correspondentes como base da construção de (novas) relações políticas. Essa perspectiva é conduzida através da integração da espacialidade de realidades sociais em relação à instituição de uma nova Europa. Por outro lado, a dimensão política é relacionada ao campo da atual política (da juventude).

No quinto e último capítulo, "Ecologia Social", é apresentada uma discussão ampla e duradoura de uma das principais questões da geografia social – a relação entre sociedade e natureza sob uma perspectiva centrada na práxis. Esse debate sugere, entre outros, a renomeação dos atuais postos disciplinares de pesquisa ecológica de "Ecologia Humana e Social" em "Ecologia Social".

1
CONSTITUIÇÃO DE RELAÇÕES ESPACIAIS

A disputa entre a concepção espacial predominante na pesquisa e concepções modificadas, como paisagem, região etc., está presente – se não limitarmos demasiadamente o campo de visão – por toda a história disciplinar da Geografia. A questão se a disciplina deveria ser concebida e propagada como *Länderkunde* ou estudos nacionais, estudos regionais, estudos da paisagem natural ou pesquisa do espaço, dentre outros, é tão antiga quanto a própria existência acadêmica da disciplina. Uma forma de abordagem explicitamente inclinada para a teoria espacial foi desenvolvida somente na fase tardia do auge desta, ao final da década de 1970. Porém, por muito tempo (tempo demais), a questão relativa à necessidade e ao modo de uma coordenação mais precisa entre concepções de espaço e de sociedade nem sequer era colocada. O "espaço terrestre" permaneceu muito frequentemente incólume como entidade preconcebida, como fato antecedente a toda e qualquer prática social. A obsessão por manter o "espaço" como foco indubitado e indubitável de todo o fazer geográfico – em todas as circunstâncias era, até não muito tempo atrás, consenso inconteste e incontestável.

Na verdade, fica claro que é de suma importância para a Geografia fornecer, tanto quanto possível, uma síntese da posição do debate – no sentido mais amplo da palavra – sobre o conceito "espaço". De fato, nos últimos dez a quinze anos, geógrafos/as se dedicaram a essa tarefa com grande intensidade, alcançando um sucesso notável em um contexto internacional – circunstância que corrobora hoje substancialmente o aumento da reputação da disciplina na competição entre as ciências. Não obstante, trata-se de uma questão que concerne à Geografia em uma medida ainda maior que a outras disciplinas. A associação entre geografia natural e social exige um esclarecimento em ao menos três sentidos: primeiro, o que significa "espaço" dentro do âmbito de competência "natureza" das ciências naturais. Segundo, o que "espaço" significa para a realidade social e para as Ciências Sociais. Terceiro e último esclarecimento: de que forma é possível estabelecer uma mediação entre ambas as esferas sem se cair em armadilhas reducionistas?

Nesse sentido, a questão "Existe uma Geografia sem espaço?" ou "Geography without space?", título do meu primeiro artigo para uma reorientação da disciplina por ocasião do Dia do Geógrafo americano de 1990 em Miami – ou seja, ainda antes da publicação de "Sociedade, ação e espaço" – foi sentida como mera provocação, suscitando os mecanismos de reação usuais. Analisando-se retrospectivamente é fácil compreender a indignação de alguns daqueles que mais tarde seriam protagonistas do debate sobre o *spatial turn*, cuja parte responsável pela Geografia buscou manter em grande medida a orientação clássica: o objeto de pesquisa deveria e teria que permanecer o "espaço". As reações a uma edição em alemão largamente ampliada – na verdade, o esboço inicial de *Geografia social de regionalizações cotidianas* – levaram, na cidade de Bonn, a um debate teórico altamente controverso, porém deveras frutífero, publicado em 1993 na revista *Erdkunde*. Não muito conveniente para essa controvérsia foi o fato de que o manuscrito *Ação e espaço*, que introduzia essa questão e que foi apresentado em diversos colóquios geográficos de instituições de língua alemã, viria a ser publicado apenas no presente volume. Este texto representa a versão de sua apresentação na Universidade Técnica de Munique em 1987, à qual precedeu uma discussão muito frutífera com Wolfgang Hartke, o verdadeiro fundador da geografia sociocientífica.

Há alguns anos multiplicam-se publicações na área das Ciências Sociais e da cultura sobre a "questão do espaço". Por meio da atualização do campo de atuação da sociologia do espaço, identificado já por Georg Simmel em 1903, esse tema, antes marginal, começa a conquistar grande notoriedade. Com a propagação da definição de *spatial turn*, criada antes incidentalmente por Edward Soja no anos 1990, essa temática conquistou acesso de modo definitivo a editoras norteadoras do discurso. "Conceitos de espaço na 'Geografia / Geografia Social'" (Werlen, 2009) é a contribuição a uma coletânea de Stephan Günzel que pretendia documentar o *state of the art* da teoria espacial nas mais diversas disciplinas.

"Espacialidade cultural: condição, elemento e veículo da práxis" (Werlen, 2003) delineia a abordagem da questão do espaço para perspectivas de pesquisa das ciências da cultura. O ponto decisivo – segundo o argumento principal do texto – consiste em posicionar e reclamar o "espaço" não como objeto da própria pesquisa – como foi feito no caso da tradição etnológica com o conceito de "círculo cultural" –, mas sim investigar a questão sobre como a "espacialidade" pode se tornar constituinte inerente, por exemplo, da práxis cultural. Ou, em outras palavras: em vez de tornar o "espaço", por meio da reificação, objeto de pesquisa empírica, é claramente mais promissor questionar o que o "espaço" representa e qual o significado da mobilização de nossa espacialidade para a produção e reprodução de realidades sociais, culturais, políticas e econômicas. O texto surgiu de uma palestra dentro do projeto de pesquisa da Deutsche Forschungsgemeinschaft (DFG) "Espacialidade cultural", de Brigitta Hauser-Schäublin, no Instituto de Etnologia da Universidade de Göttingen e serviu de prólogo para a publicação de conclusão do projeto.

Existe uma Geografia sem espaço?

Sobre a relação da Geografia tradicional e sociedades da modernidade tardia[1]

Sociedades e culturas contemporâneas não apresentam mais uma existência insular. Portanto, não é mais plausível continuar a compreendê-las na Geografia como configurações espaciais. Embora as condições regionais e espaciais de relações e processos socioculturais ainda sejam altamente relevantes – e provavelmente será sempre assim –, não se pode concluir daí que sociedades contemporâneas da modernidade tardia possam ser analisadas em categorias espaciais.

Parto da tese de que o objeto de estudo da geografia humana não podem ser países ou o próprio espaço em si, mas sim as atividades humanas sob determinadas condições espaciais. Se de fato existisse como objeto de

---

1 Este artigo é uma versão modificada e aumentada da apresentação que fiz em 16/11/1992 em Bonn, Alemanha. Eventuais simplificações e explicações (demasiado) curtas devem-se a esse contexto comunicativo original. [Texto original: Gibt es eine Geographie ohne Raum? Zum Verhältnis von traditioneller Geographie und zeitgenössischen Gesellschaften, *Erdkunde*, 47, 4, 1993, p.241-55. (N. E.)]

pesquisa um espaço concreto, no sentido das ciências naturais, então ele deveria estar em algum lugar. Deveríamos estar em condições de identificar o lugar do espaço no espaço – feito ainda não alcançado por ninguém. Portanto, a Geografia enquanto ciência do espaço não é sustentável como disciplina empírica. Porém, uma disciplina científica Geografia é imaginável e praticável mesmo sem o objeto de estudo "espaço", sem que necessitemos, para tanto, enfrentar uma crise de legitimação.

Em vez de pesquisarmos "a" geografia da superfície terrestre deveríamos eleger como tarefa a pesquisa das geografias que são criadas e reproduzidas diariamente pelos atuantes sociais de diversas posições de poder. O ponto de partida deste programa de pesquisa não voltado a uma ciência espacial é o reconhecimento de que as pessoas criam não apenas sua história, mas também sua geografia, em condições que elas não definiram. Investigar as condições e as formas desse fazer geográfico deveria ser o objetivo principal dessas concepções alternativas da geografia humana. Esta deveria estar em condições de pesquisar esse fazer geográfico também sob as condições de vida social da modernidade tardia. Sob essas condições torna-se especialmente evidente que a pesquisa geográfica fixada no espaço tende a fornecer representações inapropriadas de processos sociais.

A argumentação tanto para a justificativa desta tese quanto para o esboço de uma concepção alternativa se baseia na suposição generalizada de que toda concepção de pesquisa científica só pode emitir declarações empiricamente verdadeiras se a ontologia de seu objeto de estudo for apropriadamente considerada em sua construção. Nas duas primeiras seções deste capítulo analisarei essa temática no contexto da relação entre sociedades tradicionais e da concepção de pesquisa da Geografia tradicional. No terceiro bloco é discutida a ontologia do espaço. O objetivo primário dessa discussão das concepções espaciais de Immanuel Kant e Alfred Hettner é mostrar em que pontos a concepção espacial pré-moderna da Geografia tradicional se diferencia de uma concepção esclarecida. As consequências correspondentes no plano da pesquisa e num âmbito social-secular serão comentadas em sequência, juntamente com a Geografia espacial. As duas últimas seções fecham o círculo: nelas é tratada a questão de uma relação adequada entre a concepção de pesquisa geográfica social / cultural e a realidade social / cultural, porém em relação às condições de vida social da modernidade tardia e da Geografia Social baseada na teoria da ação.

Sociedades tradicionais

De fato, poderíamos nos perguntar como foi possível manter a geografia humana como ciência (espacial) por tanto tempo, uma vez que seu objeto de análise, o "espaço", não pôde ser encontrado e suas representações de contextos socioculturais são inapropriadas. A resposta é que isso só foi possível porque sociedades tradicionais apresentam uma alta estabilidade espaço-temporal. Caso contrário, os pontos fracos da geografia humana tradicional teriam se tornado evidentes previamente. Para comprovar esta tese quero exemplificar brevemente, numa perspectiva sociogeográfica, os pontos distintivos de sociedades tradicionais.

Em função do estágio de desenvolvimento das tecnologias de comunicação, transporte etc., as formas de expressão cultural e social permaneceram, em *sociedades tradicionais*,[2] restritas em grande medida a uma escala local e regional. Isso significa que a forma de comunicação predominante se restringiu amplamente ao modo de interação chamado de *face-to-face*. As pessoas viviam segundo as tradições. Decisões individuais estavam confinadas a um contexto limitado. Relações sociais eram reguladas majoritariamente por vínculos de parentesco e de pertencimento a um clã ou a uma classe. De acordo com a origem, idade e sexo, eram atribuídas aos indivíduos posições claras, que em geral não podiam ser modificadas por meio de decisões individuais ou um desempenho excepcional. Consequentemente, o ritmo de transformação social e cultural era bastante lento, mais próximo de séculos que de décadas. Os âmbitos social e cultural eram, como o econômico, bastante limitados espacialmente e extremamente estáveis temporalmente.

A estabilidade temporal resultou da predominância das tradições, que regulavam praticamente todas as esferas da vida. A limitação espacial era resultado do estado de desenvolvimento técnico dos meios de locomoção e comunicação. A maior parte da população de sociedades tradicionais dispunha apenas da marcha a pé como meio de locomoção. Algumas pessoas em melhor situação dispunham da tração animal, expandindo assim suas áreas de ação. Em relação à comunicação, desde a introdução da escrita existia a possibilidade da comunicação remota para aqueles que haviam sido

---

2 Ver Cipolla (1972), Nachtigall (1974), Malinowski (1975), Carlstein (1982), Gehlen (1986), Braudel (1990), Hugger (1992), Giddens (1981a, 1990b, 1991a e 1993).

alfabetizados, porém, até a introdução da obrigatoriedade da frequência escolar, tratava-se de uma minoria. Outras formas de comunicação restringiam-se a sinais visuais (de fogo ou fumaça) ou acústicos (tambores etc.), cujos alcance e possibilidades de diferenciação de conteúdos permaneciam, entretanto, limitados. A comunicação estava em grande medida vinculada à imediação da contiguidade dos parceiros de comunicação, como apontam Alfred Schütz e Thomas Luckmann (1979, p.63) e Jack Goody (1986) – juntamente com a análise das consequências daí advindas.

Síntese de conteúdo 1: Características de sociedades tradicionais

1. A comunidade local constitui o contexto de vida habitual.
2. Comunicação amplamente vinculada a situações face a face.
3. Tradições conectam passado e futuro.
4. Relações de parentesco constituem temporal e espacialmente um princípio organizatório de estabilização de vínculos sociais.
5. Atribuições de posições sociais são dadas primariamente por origem, idade e gênero.
6. Possibilidades de comunicação inter-regional reduzidas.

Sociedades tradicionais são "arraigadas" temporal e espacialmente.

Sob tais circunstâncias, o corpo permanecia, em geral, como veículo de expressão de conteúdos informacionais. A constituição de significados do mundo sociocultural realizava-se primariamente no âmbito da presença corporal. Porém, é inegável que, embora a contiguidade física representasse a condição central de comunicação, os conteúdos comunicacionais e os significados não eram definidos pela posição corporal.

Na realidade, na rotina dos integrantes de sociedades tradicionais praticamente inexistia uma separação entre as dimensões espacial e temporal da orientação de ação. Por um lado, aspectos espaciais e temporais estavam profundamente vinculados entre si; por outro, estavam "arraigados". O "quando" estava ligado ao "onde" e ao "como" da ação e vice-versa. Como mostra Albert Leemann (1976), em seu estudo geográfico-cultural sobre a relação entre a concepção de mundo e a práxis cotidiana, segundo o "Adat"[3] é importante que determinadas ações sejam executadas não apenas num período específico do ano ou do dia ou em um dia específico, mas também

---

3 "Adat" são as indicações de ação tradicionais, em parte escritas e em parte transmitidas apenas oralmente, que possuem validade apenas local. "Adat é a base habitual de instituições locais, a estrutura poderosa de significado e ações sociais" (Warren, 1990, p.2).

que sejam realizadas em um determinado lugar específico do povoado, do átrio ou do ambiente. Certamente isso não se aplica na mesma medida a todas as ações nem a todas as sociedades tradicionais com o mesmo rigor. Entretanto, pode-se dizer tendencialmente que nas sociedades tradicionais os componentes espacial e temporal estão intimamente conectados.

Diante desses fatores, as sociedades tradicionais nos parecem hoje espacial e temporalmente "arraigadas", ou *"embedded"*, como formula Anthony Giddens (1990, p.10 et seq.). As zonas de ação dos atuantes individuais estavam delimitadas espacialmente e permaneceram relativamente estáveis durante um longo tempo. Rotinas diárias repetiam-se praticamente sem modificações por décadas e séculos ao longo dos mesmos percursos, no contexto do mesmo alcance de ação. Ademais, os integrantes das sociedades tradicionais eram obrigados a se adaptar às condições naturais, pois o estágio de desenvolvimento técnico da conversão de energia[4] e da transformação de condições materiais e biológicas não lhes permitia grandes interferências nas estruturas naturais.

Figura 1

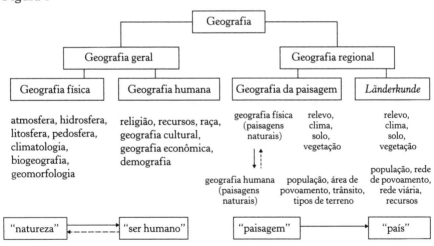

---

4 Ver Cipolla (1972, p.27).

24 BENNO WERLEN

Geografia tradicional

Sob tais condições, uma representação de relações sociais e culturais ainda podia, à primeira vista, aparentar plausibilidade. É o que sugerem a relativa uniformidade de sociedades e culturas através dos tempos, o enclausuramento dos raios de ação da maior parte dos integrantes da sociedade, assim como a "unidade" espaçotemporal da orientação de ação. Em outras palavras: o esquema de Hettner, na área de estudos nacionais, com suas implicações no sentido de um determinismo natural e de uma ciência do espaço, poderia parecer plausível para sociedades tradicionais como modelo organizacional de pesquisa geográfica,[5] mesmo já não sendo adequado nem mesmo para elas.

Essa plausibilidade relativa está certamente relacionada também ao fato de que o "arraigamento" das tradições e rotinas de ação se desenvolveu através de sanções espaciais e temporais, ou seja, de maneira codificada espaçotemporalmente. O emprego estratégico de condições espaçotemporais para a regulação de relações socioculturais levou, observando-se superficialmente, a formações sociais diferenciáveis espacialmente.

Para a metodologia de pesquisa da geografia social é, no entanto, de suma importância não confundir a utilização de categorias espaçotemporais para a diferenciação sociocultural na práxis social com a existência espacial do âmbito sociocultural. Além disso, a "adaptação suave", forçada pelo nível de conhecimento técnico, da práxis socioeconômica às condições naturais não é adequadamente interpretável como geodeterminação causal. Em contrapartida, na representação esquemática sob a categoria *Länderkunde*, a relação entre estruturas "naturais" (clima, solo, vegetação, etc.), cultura e sociedade é utilizada para interpretações ideológicas de situações nacionais. "Países" e "paisagens" são assim representados como "configurações espaciais" individuais, nas quais "natureza", "cultura" e "sociedade" são fundidas ficticiamente – de modo mais ou menos harmônico – em uma unidade. "Sociedades" são assim interpretadas como construtos espaciais contidos por fronteiras "naturais", como já enfatizava com veemência Wolfgang Hartke (1948, p.174, 1962, p.114). O caminho e a justificativa para tanto são sintetizados por Hettner (1927a, p.267): "Com a preterição

---

5 Ver Figura 1.

da arbitrariedade humana trazemos os fatos geográficos do ser humano de volta às condições a eles dadas pela natureza". Pela preterição de uma interpretação de condições naturais especificamente voltada para o sujeito, para o social ou o culturalmente específico, a lógica investigativa geográfica tradicional está vinculada a um materialismo vulgar.

No entanto, essa lógica não é capaz de sustentar a ilusão de que o objeto de investigação seja o "espaço" ou que uma representação adequada de relações socioculturais seja possível em categorias espaciais. Isso se explica em primeiro lugar pelo fato de que nem mesmo é possível tomar o "espaço" como objeto de uma ciência empírica e, em segundo, que o conceito geográfico de espaço serve *apenas* para a localização de dados materiais.[6] Quero, antes de mais nada, esclarecer a primeira afirmação.

A questão sobre o "espaço" como possível objeto de uma ciência empírica exige o esclarecimento do *status* ontológico de "espaço". A história do desenvolvimento das concepções de espaço na Filosofia fornece vasto material para tal julgamento. Nesse sentido, gostaria de confrontar o debate filosófico sobre o espaço primeiramente com a concepção, elaborada por Hettner, de uma Geografia tradicional, baseada no espaço. O objetivo do que se segue é, portanto, julgar as implicações de padrões tanto de pensamento quanto de lógicas analíticas para um trabalho intelectual de pesquisa frutífero e racionalmente prático, assim como chamar a atenção para suas respectivas consequências.

De Kant a Hettner: do espaço cognitivo ao espaço objetivo

Hettner (1927a, p.115 seq.) afirmava vincular-se, no desenvolvimento da Geografia como ciência corológica, ao método de Kant. Porém, como isso seria possível de modo consistente se Kant – um dos arquitetos da modernidade – postulava não existir um objeto "espaço"? Analisarei essa questão antes de prosseguir para a Geografia como ciência (espacial).

---

6 O fato de que orientações e definições espaciais também possam ser utilizadas como regulação de ações sociais não representa uma contradição em relação a essa afirmação. Afinal, nesse processo, a regulação social é *simbolizada* por um lugar sem que ela própria possa ser localizada em um lugar específico.

Depois de haver oscilado durante longo tempo entre uma posição substantivista (Kant, 1905a) e uma relacional (Kant, 1905b) no debate sobre o espaço, naquele tempo deveras acirrado, e após haver apresentado alternadamente argumentos favoráveis às duas posições, Kant solucionou afinal esse embate por meio da concepção epistemológica na *Crítica da razão pura*. Em que consistiu esse embate?

Os partidários das *concepções espaciais substantivísticas ou absolutas* – como René Descartes e Isaac Newton – afirmaram que o espaço seria um objeto. Ou, como Jill Vance Buroker (1981, p.3) formula: "Espaço é uma entidade que existe independentemente dos objetos nele situados. O espaço poderia existir mesmo se jamais houvessem existido objetos espaciais". E Graham Nerlich (1976, p.1) acrescenta: "Compreender o espaço como uma coisa (...) é compreendê-lo como uma coisa que possui sua forma". Segundo os substantivistas, as qualidades do "espaço" vão além daquilo que pode ser explicado através da referência às propriedades de dados materiais individuais. Ao mesmo tempo afirma-se que existiria um espaço mesmo se não existissem objetos materiais. Visto que se atribui também um potencial ativo ao espaço, atribui-se a ele igualmente um potencial elucidativo. Estas teses foram defendidas sobretudo por Descartes e Newton:

A extensão em comprimento, largura e profundidade, que caracteriza o espaço, é a mesma que caracteriza o corpo (...), a ideia de extensão que imaginamos para um espaço é a mesma ideia da substância corporal. (Descartes, 1922, p.41)

O espaço absoluto, em sua própria natureza, sem relação a nada externo permanece similar e imóvel. (Newton, 1872, p.191). Espaço absoluto é o sensório de Deus. (Ibid., p.370)

Para podermos contemplar o espaço como objeto seria necessário concordar com a argumentação de Descartes, que é a seguinte: uma vez que toda substância material deve ser caracterizada por sua extensão e já que a extensão da substância é a mesma que a do espaço, então o espaço também tem que ser uma substância material. Essa argumentação é, no entanto – por exemplo, para os relacionistas –, inaceitável.

Relacionistas como Gottfried Wilhelm Leibniz afirmam que "espaço" não existe como objeto. Nerlich (1976, p.1) resume essa posição da seguinte forma: "A ideia de espaço é absurda. Apenas proposições a respeito de coisas materiais e suas relações fazem sentido". Os relacionistas confrontam os substantivistas questionando se "espaço" poderia realmente existir independentemente de objetos físicos. Sua resposta é: "Espaço não possui um *status* metafísico independente. Espaço nada mais é que uma configuração de relações atuais e possíveis entre objetos físicos" (Buroker, 1981, p.3). O que definimos como espaço existe, portanto, somente como um conjunto de relações, não como objeto autônomo. "Espaço caracteriza, sob a perspectiva da possibilidade, uma ordem das coisas simultâneas, sem definir algo sobre sua forma de existência específica" (Leibniz, 1904, p.134). "Não há uma substância que se possa chamar de espaço" (ibid., p.324).

Afirmar que o espaço é um objeto seria o mesmo que postular que a existência da relação de parentesco entre irmãos do sexo masculino exigiria uma "irmanabilidade" misteriosa. Como Lawrence Sklar (1974, p.167) mostra, isso não é nem possível nem necessário. Da mesma forma, só é possível haver relações espaciais entre objetos, e não entre um objeto e o espaço substantivístico. Na concepção relacionista, espaço é – como expressa a citação de Leibniz – basicamente uma ordem de elementos coexistentes que podem ser descritos em uma determinada linguagem.

Para Kant (1985 [1781], p.85) é, no entanto, fundamental que o "espaço" não possa ser nem um objeto nem um conjunto de relações, mas sim uma *forma* de percepção material. Essa concepção é expressa na seguinte definição: "Espaço não é um conceito empírico derivado de manifestações externas. (...) Espaço é a condição sob a qual objetos podem se apresentar".

Essa definição contradiz tanto a concepção espacial substantivística quanto a relacional. A contradição da concepção substantivística consiste no fato de que "espaço" não seria um objeto da percepção; a da concepção relacional no fato de que "espaço" não é definido como relação de elementos coexistentes, mas, ao contrário, como independente de qualquer objeto: O "espaço" é imaginável sem objetos. Ele é inclusive uma condição para a percepção material. "Espaço", consequentemente, não é nem um dado sensorial, nem um objeto autônomo com potencial ativo próprio, mas sim um conceito ideal. Essa constatação traz naturalmente inúmeras consequências também para a Geografia.

Uma vez que espaço e tempo, segundo Kant, constituem reguladores organizacionais de toda percepção, torna-se dever da Geografia extrair o

28 BENNO WERLEN

conhecimento da ordem das coisas. A Geografia se torna pensável, consequentemente, apenas como mera *propedêutica*, e não como disciplina científica. Ou, nas palavras de Kant (1802, p.3):

> Podemos atribuir a nossos conhecimentos práticos um lugar seja segundo conceitos ou segundo tempo e espaço. A (...) descrição da terra pertence ao primeiro grupo do conhecimento. Ela pertence a uma ideia que podemos chamar de propedêutica do conhecimento do mundo.

A Hettner não bastou fazer referência a Kant. Seu objetivo era, sobretudo, estabelecer a Geografia como disciplina universitária. Nesse contexto, ele definiu a "Geografia como ciência corológica da superfície terrestre" (Hettner, 1927a, p.121), como ciência nomotética. Qual o significado disto e qual é a diferença entre a sua posição e a de Kant?

Kant diferencia três tipos de obtenção de conhecimento e ressalta a particularidade da História e da Geografia. "A separação do conhecimento em conceitos é a forma lógica, a separação segundo tempo e espaço é a forma física. Da primeira obtém-se um sistema natural (*systema naturae*) (...), da última, ao contrário, uma descrição natural geográfica" (Kant, 1802, p.9). Em outras palavras, Kant diferencia a ordenação de conhecimento entre sistemática, cronográfica e corográfica.

Hettner adota esse pensamento de Kant de maneira distorcida. Ele próprio se mostra convencido da "concordância da (sua) concepção com a do grande filósofo" (Hettner, 1927a, p.115), porém diferencia ciências sistemáticas, cronológicas e corológicas: "A perspectiva sistemática não pode ser nada além de material, (...) a geográfica nada além de corológica, assim como a perspectiva histórica não pode ser outra coisa senão (...) cronológica ou cronocientífica" (ibid., p.123, 116).

Isso corresponde a uma divergência importante em relação a Kant. O que Kant chamou de "sistemático" Hettner traduziu não como conceitual, mas sim como "material", além de mencionar não apenas a corografia, mas também a corologia.[7]

---

7 Schaefer (1970, p.55), um dos mais importantes apoiadores da "moderna" ciência do espaço, ignora completamente essa reinterpretação e afirma que Hettner foi bem-sucedido em "assegurar à Geografia a aspiração excepcionalística" que a Geografia deveria a Kant, "o pai do

ESPACIALIDADE SOCIAL **29**

Nessa interpretação, primeiramente o "conceitual" se torna "material", o que leva a reificações e a hipóstases. Em segundo lugar, "espaço" se torna objeto e a Geografia – contrariamente à argumentação de Kant – uma ciência do espaço empírico ou material. Em terceiro lugar, além disso, o "espaço (natural)" acaba por ser estilizado como fator causal: "Se não existissem relações causais entre diferentes *pontos* terrestres e se as diferentes manifestações num mesmo ponto fossem independentes, não haveria necessidade de uma concepção especificamente corológica" (ibid., p.117). Dessa posição surge mais tarde – como esclarecerei mais detalhadamente na próxima seção –, por fim, a afirmação de que existiriam explicações *espaciais* empiricamente válidas.

Como um balanço prévio, pode-se afirmar que a solução epistemológica kantiana para a problemática do espaço é anulada por Hettner, que com isso acaba por retroceder a uma concepção espacial pré-moderna. A concepção espacial substantivística é a única que torna possível definir a Geografia como *ciência do espaço*: "A Geografia é ciência do espaço" (ibid., p.125).

Geografia como ciência do espaço

Devido a tais fatores torna-se aparentemente possível definir a Geografia até mesmo como ciência do espaço *regulada por leis causais*. Dietrich Bartels (1970, p.33) exige, por fim, que geógrafos descobrissem leis do espaço segundo as quais fosse possível fornecer explicações espaciais da sociedade, dando assim especial atenção a "fatores de determinação relativos à distância" (Bartels, 1968, p.318). Ou se poderia considerar a "situação espacial real" como principal "determinante de decisões espacialmente influentes" (Wirth, 1979, p.119).

À reificação de "espaço" e/ou "distância" como fator causal soma-se ainda a circularidade como característica extraordinária da lógica investigativa da ciência espacial: distribuições espaciais devem ser "explicadas" por relações espaciais, estruturas espaciais por processos espaciais e, finalmente,

---

excepcionalismo". O ponto de vista de Schaefer traz consigo uma série de consequências por desviar a atenção do problema central da ciência do espaço. Ver sobre isso ainda Pohl (1986, p.45), cuja análise descobri apenas após a primeira comunicação do presente artigo.

o espaço pelo espaço. Da mesma forma como a existência de uma relação de parentesco entre irmãos não exige uma "irmanabilidade" misteriosa, verdadeiras explicações espaciais não são possíveis: Aquilo que se toma por explicações espaciais frequentemente não passa de uma sequência de indicações circulares.[8] A manifestação mais radical desse fenômeno se encontra certamente em Erich Otremba (1961).

Embora a concepção de Geografia como ciência do espaço[9] também não tenha se estabelecido completamente em todos os lugares, atualmente domina a maior parte dos planos de aula em escolas de língua alemã: o objetivo é o *estudo do espaço*, diferenciado em perspectivas sociais, culturais e econômicas.[10] Na perspectiva da ciência do espaço, a exigência do estudo da relação entre sociedade e espaço implica a necessidade de análises espaciais de processos sociais. O problema nesse caso é que, analisando-se de modo mais rigoroso, uma ciência do espaço social, cultural ou econômico é simplesmente impossível. Para uma concordância com essa ideia seria no mínimo necessária a existência de condições mínimas para a comprovação da possibilidade de redução ou observação e localização no plano terrestre de elementos sociais, culturais e econômicos. A característica marcante de dados físico-materiais consiste no fato de que significados (sociais) não lhes são inerentes, mas sim impostos. Sequências de ações materializadas podem expressar (simbolicamente) relações sociais sem serem elas próprias o social.

Há que se levar em consideração também o fato de que regulamentações sociais de sequências de ações são por vezes cumpridas simbolicamente através de sanções espaciais e temporais. Por mais importantes que sejam os componentes espaciais e temporais das ações humanas e suas condições para a vida social, eles são aspectos de coisas, porém "espaço" e "tempo" não são coisas.

O principal problema das estratégias atuais de pesquisa geográfica é sobretudo a insistência em se tentar localizar territorialmente dados – significados impostos aos dados materiais – socioculturais ou mentais imateriais.[11] Por não possuírem existência material, não são nem diretamente

---

8 Ver sobre isso em Sack (1972, p.71) o exemplo do lenhador.

9 Ver Figura 2.

10 Ver sobre isso Maier *et al.* (1977, p.21) e Schätzl (1992, p.17).

11 Esse problema é de importância central não apenas para a Geografia como ciência do espaço, mas também para princípios investigativos que não se declaram como a ela pertencentes,

observáveis nem localizáveis territorialmente. Isso está relacionado ao fato de que as categorias do conceito geográfico de espaço (os graus de longitude e latitude) são aplicáveis apenas a elementos que possuem extensão.

Se partimos do pressuposto de que toda ação humana apresenta, juntamente com o componente material-biológico, também componentes socioculturais e mentais, então podemos ver que o objetivo da pesquisa na ciência do espaço – a descoberta de leis espaciais "no âmbito das ações humanas" (Bartels, 1970, p.33) e sua utilização para o planejamento espacial – implica um materialismo grosseiro.

Figura 2 – O sistema da Geografia enquanto ciência do espaço

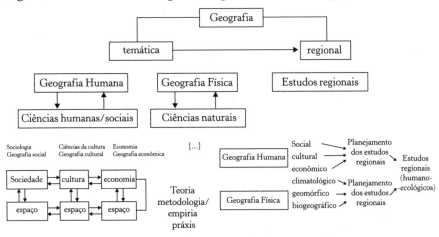

É necessário apontar também que uma explicação espacial de processos sociais equivale a uma explicação materialista. Sua validade exigiria que toda ação praticada pelo corpo humano, assim como as condições de ação físico-materiais fossem (completamente) determinadas de modo causal. Assim, toda tentativa de se explicar "espacialmente" dados socioculturais ou mentais equivale a um reducionismo insustentável. A redução se baseia na dedução de dados materiais de componentes subjetivos e socioculturais da ação. Nesse sentido, explicações da ciência do espaço para dados socioculturais possuem ao menos uma semelhança com padrões argumentativos

---

como é possível reconhecer na afirmação de Lefebvre (1981, p.171) e de Soja (1989, p.127) de que as *relações* sociais de produção seriam reais apenas se possuíssem existência espacial; ver mais detalhadamente sobre isso Werlen (1993e, p.4).

racistas e sexistas: ambos embasam suas explicações de dados sociais ou da legitimação de relações sociais não em diferenciações socioeconômicas, mas em aspectos biológicos ou materiais.

Também as consequências sociais e globais são, nos três casos, comparáveis.[12] Pois essa perspectiva leva, *em primeiro lugar*, a uma homogeneização inadequada do mundo social dentro dessas categorias, que por fim encontra sua forma de expressão em preconceitos generalizadores e quase sempre infames: negros são preguiçosos, mulheres são burras, habitantes de uma determinada região são alegres etc. *Em segundo lugar*, essa perspectiva leva a uma concepção holística do mundo social, típica do pensamento pouco esclarecido ou totalitarista. Além disso, concepções holísticas ssocioteóricas não obtiveram apoio. O holismo, como aponta Joseph Agassi (1960, p.244 et seq.), em geral considera que coletivos "em si" podem agir. Fazendo referência a categorias espaciais, o holismo encontra sua expressão no conceito de entidades regionais, étnicas, isto é, populares ou nacionais. Sua forma mais explícita se manifesta em modos de falar regionalísticos ou étnico-nacionalistas que expõem a "vontade" ou a "opinião" dos bascos, dos croatas, dos sérvios, dos usbeques etc.

O fato de tais modos de falar poderem ser muito "bem-sucedidos" politicamente – no sentido de sua capacidade de mobilização – não sustenta de forma alguma a significabilidade ou legitimabilidade de tais construções. Elas são, antes, a expressão de uma referência a características inatas que prescindem de toda e qualquer legitimação no contexto de sociedades democráticas. Suas consequências homogeneizadoras e coletivizadoras, percebidas atualmente como fundadoras de uma identidade, estão particularmente associadas – por mais paradoxal que isso possa soar – às condições de sociedades contemporâneas da modernidade tardia.[13]

---

12 Ver detalhadamente Werlen (1993e, p.5 et seq., p.206, 1993f).

13 Ver Featherstone (1990), Robertson (1992), Bird *et al.* (1993), Tepper Marlin *et al.* (1992), Shields (1992), Beck (1986, 1991), Welsch (1992), Giddens (1990b, 1992a, 1994b).

ESPACIALIDADE SOCIAL **33**

Síntese de conteúdo 2: Características de sociedades da modernidade tardia

1. A aldeia global constitui o contexto de experiência preponderantemente anônimo.
2. Sistemas abstratos (moeda, sistemas de *expertise*) possibilitam relações sociais em grandes distâncias espaçotemporais dentro das "sociedades de risco".
3. Rotinas cotidianas mantêm a certeza de ser.
4. Surgimento de culturas generacionais globais.
5. Atribuições de posições sociais são dadas primariamente por processos de produção.
6. Sistemas de comunicação internacional.

Sociedades da modernidade tardia são "desarraigadas" temporal e espacialmente.

Sociedades da modernidade tardia

Em *sociedades da modernidade tardia*[14] a vida de uma pessoa individualmente não é mais determinada por tradições na mesma medida que em sociedades tradicionais. Nesse sentido, pode-se descrever o presente como uma época "des-tradicionalizada". Tradições não são completamente irrelevantes, porém não permeiam mais todas as esferas da vida. As possibilidades de ou as decisões individuais propriamente desfrutam de um espaço substancialmente maior. Relações sociais praticamente não são mais regulamentadas por sistemas de parentesco, mas antes por atividades econômicas e profissionais. Posições sociais são alcançadas através de posições em processos de produção, sem estarem necessariamente ligadas à idade e, em breve (espera-se), nem mesmo ao gênero.

Com isso, não apenas a transformação sociocultural é permanente, mas o alcance, o ritmo e a forma de mudança se transformaram em relação a sociedades tradicionais, como constata Giddens (1990b, p.6). Sociedade e cultura são em grande medida diferenciadas. Interseções sociais e culturais dessa transformação se desenvolvem não mais ao longo de séculos, mas antes num ritmo geracional, como mostra, por exemplo, o surgimento da cultura jovem desde os anos 1950. Não vivemos mais tanto no contexto de tradições locais,

---

14 Essa expressão de Giddens é preferida aqui em lugar da etiqueta "pós-modernidade" por não existirem atualmente bons motivos para se considerar que o presente funcionaria de fato segundo um "novo" *modus operandi*, completamente diferente dos resultados do Iluminismo. Encontramo-nos, antes, em um estágio avançado da modernidade, ou, como Giddens (1990b, 1992a) formula: vivenciamos as consequências da modernidade.

mas antes em culturas geracionais que se expressam globalmente. Fala-se dos *rockabillies* dos anos 1950, da geração de 1968 ou dos anos 1980, cada uma delas com estilos e políticas de vida individualmente específicos.

As tecnologias de locomoção e de comunicação, acessíveis a muitos integrantes de sociedades modernas e da modernidade tardia, possibilitam um grau de mobilidade e intercâmbio comunicativo através de grandes distâncias que é singular na história da humanidade até o presente. A liberdade individual de locomoção, juntamente com a ampla liberdade de assentamento, leva a uma mistura das mais diferentes culturas num espaço reduzido. "Cultura" hoje não é mais "o conjunto de formas em que vive um povo" (Welsch, 1992, p.6), ela agora se expressa "apenas" numa configuração diferenciada social e pessoalmente.

Essa mistura ou interseção cultural está associada a sistemas de comunicação mundiais, cujas consequências ora são difíceis de se prever. Em todo caso, elas possibilitam um acúmulo e uma disseminação de informação não mais vinculado a interações face a face. Isso não significa que estas tenham perdido sua importância,[15] porém é importante salientar que elas não representam mais a única forma dominante de comunicação.

Culturas e sociedades da modernidade tardia não são mais arraigadas espacial e temporalmente na mesma medida que sociedades tradicionais. Elas são, antes, em muitos sentidos *"desarraigadas"* ou *"disembedded"*, como formula Giddens (1990b, p.21). *Dados socioculturais, condições espaciais e decursos temporais encontram-se em grande medida separados e são recombinados reiteradamente de modo específico e variado em ações individuais.*

Dados localizáveis espacialmente podem assumir significados específicos correspondentes. Rotinas diárias podem ser subitamente interrompidas e reconfiguradas. Os mais diversos contextos de vida são continuamente expostos à transformação e colocados em questão. E, ao mesmo tempo, as condições, formas e políticas de vida atuais são inseridas na dialética do global e local. O que isso quer dizer?

Pode-se considerar que as particularidades das sociedades contemporâneas são expressão da transformação das condições espaciais e temporais da ação.

---

15 Sobre a importância de situações interacionais face a face na comunicação contemporânea, ver Goddard & Morris (1976) e Törnquist (1970). Sobre sua importância para o desenvolvimento comunitário, ver von Stokar (1995).

ESPACIALIDADE SOCIAL 35

Em primeiro lugar cabe ressaltar o "esvaziamento de espaço e tempo" (Giddens, 1992a, p.26). Isso significa que nem o contexto espacial nem o temporal estão vinculados a orientações de ação claras, tradicionais. "Esvaziamento" quer dizer, assim, a supressão das atribuições reificadas, fixas, do sentido de lugares e horários. Essa racionalização da interpretação de aspectos espaciais e temporais dos contextos de ação constitui, por fim, como expressão de uma estandardização abrangente, a base para sua calculabilidade (mercado fundiário, regulamentações trabalhistas etc.), possibilitando mais racionalizações.

Essa desvinculação das dimensões espacial e temporal dos contextos da ação em relação a atribuições fixas e reguladores da ação é que possibilita a instituições modernas o passo amplo nos planos espacial e temporal. De forma mais geral trata-se da relação entre presença e ausência ou entre esferas de comunicação local e global, de comunicação presencial ou da presença dos parceiros de comunicação e de comunicação mediável entre parceiros separados espacial ou fisicamente por distâncias variáveis.

Esse processo de desarraigamento de instituições da modernidade e da modernidade tardia se realiza por meio de mecanismos de desentrelaçamento, como a escrita, técnicas de impressão, a telefonia fixa/móvel, a radiocomunicação, o telex, a telemática, a correspondência eletrônica, a radiotransmissão, a televisão via satélite, em suma: a comunicação eletrônica. Ele se realiza, no entanto, também por meio de sistemas abstratos, como formula Giddens (1990b), através de signos simbólicos e sistemas peritos.

O *signo simbólico* que assume uma posição de destaque em relação à expansão espaçotemporal dos círculos de ação é o dinheiro. Como signo simbólico do valor de troca de uma mercadoria, ele possibilita o fluxo livre das transações sem a necessidade da presença física nem dos parceiros de negócio nem da mercadoria. Como Georg Simmel observa em *Filosofia do dinheiro* (1989, p.617 et seq.), apenas a partir da utilização do dinheiro tornou-se possível uma distância espacial entre o proprietário e a propriedade. Pois apenas sob a forma de dinheiro o lucro pode ser facilmente transferido de um lugar para outro mantendo, ao longo da distância espacial, uma relação entre proprietário e propriedade. Com isso, o dinheiro assume uma importância primordial na superação de distâncias espaçotemporais, possibilitando o distanciamento espaçotemporal ou a interação entre atuantes ausentes.

"Sistemas peritos", finalmente, devem ser compreendidos como artefatos materiais ou imateriais, que, por sua vez, consistem numa outra forma de

conhecimento experto. Os artefatos são construídos de forma que só é possível utilizá-los introjetando-se suficientemente nas intenções de seus "construtores". Ao fazê-lo, inicia-se através do uso dos artefatos uma interação anônima com seus idealizadores e realizadores: interagimos com estes "por meio" de seu conhecimento, que se manifesta em suas criações.[16] Artefatos materiais representam mídias da comunicação, são veículos de significado e conhecimento. Assim como o dinheiro, a utilização de sistemas peritos também possibilita a interação com pessoas que não se encontram presentes.

"Signos simbólicos" e "sistemas peritos" permitem a interação com parceiros ausentes e possibilitam ao mesmo tempo o poder de disposição sobre pessoas e bens materiais distantes. Com isso, em função da complexidade desses sistemas peritos e de sua crescente importância em sociedades da modernidade tardia, por um lado vivemos cada vez mais em uma "sociedade de risco", como define Ulrich Beck (1986, 1991). Por outro lado, isso significa também que os contextos local e global estão relacionados entre si: acontecimentos globais possuem origens locais, assim como ações locais possuem consequências globais.

Por essa ótica, nossos estilos de vida pessoais possuem de certa forma consequências globais. A forma como nos alimentamos influencia não apenas a economia local ou regional, como mostram Alice Tepper Marlin *et al.* (1992) e Rob Shields (1992). O estilo e a política de vida de cada atuante social estão inscritos profundamente em processos globais e apresentam um enorme potencial de configuração. Sociedades da modernidade tardia são, por um lado, expressão de um alto grau de consciência e autorregulação racional dos atuantes, por outro lado, a vida em tais sociedades exige ao mesmo tempo também um alto grau de consciência e autorregulação. Pois não são mais as tradições que nos fornecem coordenadas de ação e as consequências do que fazemos não estão mais restritas ao contexto local.

Geografia social voltada para a ação

Sob as condições atuais pode-se observar de forma ainda mais marcante que o modo tradicional de representação geográfica da realidade carrega

---

16 Ver Werlen (1987a, p.93, p.181 et seq.), Heintz (1993), Holling & Kempin (1989).

em si grandes incorreções. Considerando-se as condições da modernidade tardia, fica claro que uma Geografia fixada no espaço tende a fornecer representações inadequadas de processos sociais. Eventos locais, regionais ou nacionais não podem mais ser interpretados exclusivamente como expressão de formas sociais locais, regionais ou nacionais – como na Geografia até o presente momento. Seguramente nem tudo que é observável local ou regionalmente possui ali sua origem. Por isso, se queremos compreender as relações de vida atuais não podemos nos concentrar no chamado "recorte da realidade", mesmo analisando-o da melhor maneira possível. Pelo fato de a Geografia Humana tradicional estar tão fixada de forma categórica no espaço torna-se impossível que uma reforma conceitual de seu campo de pesquisa parta dela mesma. Por conseguinte, ela permanece sistemicamente cega. No contexto da modernidade tardia, as fraquezas da Geografia Humana tradicional se tornam radicalmente evidentes.

Figura 3 – A concepção da Geografia Social centrada na ação

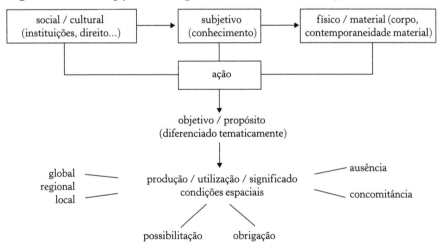

Este é o primeiro motivo pelo qual necessitamos de uma reconcepção da lógica de pesquisa da Geografia Humana. O segundo motivo surge ao aceitarmos que os objetivos da geografia espacial nada mais são que um beco sem saída. Isso, todavia, não equivale a uma declaração de falência da ideia da Geografia como disciplina científica – falência da qual a maior parte de seus representantes parece estar convencida. Afinal, a categorização kantiana da

38 BENNO WERLEN

Geografia como propedêutica científica não é a única conclusão possível do fato de que o "espaço" não pode ser um objeto (de pesquisa). A Geografia pode, apesar disso, apresentar um potencial elucidativo. Como é o caso para as áreas das disciplinas voltadas à Geografia Humana e à ecologia ao contemplarem como ponto central de pesquisa não mais o "espaço", mas sim as atividades humanas no sentido de ações. Dessa forma, a Geografia Social não precisaria ser nem propedêutica científica nem ciência do espaço, mas sim uma ciência da ação, na qual os componentes espaciais de contextos de ação sejam adequadamente levados em consideração. Como formula Paul Claval *et al.* (1989, p.7): "Hoje, a reavaliação da Geografia como ciência da ação é a ordem do dia!".

Como tema central dessa reconcepção considero o fato de que os seres humanos produzem não apenas sua história, mas também sua geografia.[17] Em vez da busca por descrições e explicações do mundo social em categorias espaciais, nossos esforços deveriam se concentrar na apresentação de esclarecimentos, em categorias de ação, dos chamados dados espaciais. Mais precisamente, geógrafos/as deveriam estar em condições de apresentar explicações para ações humanas – relacionando, por exemplo, os aspectos que possibilitam e limitam os componentes socioculturais, subjetivos e materiais da ação. Essas explicações se referem a categorias de condições e consequências da ação em determinadas situações culturais, sociais, políticas, econômicas e subjetivas. Porém, também essas situações devem ser compreendidas como consequências de ações anteriores de outrem.

Não buscamos mais indefinidamente estruturas espaciais ou regularidades geométricas. Questionamos, antes, para dar sequência ao exemplo apresentado, quais formas de ação podem ter levado a determinados padrões de disposição, que significados esses padrões possuem para determinadas formas de ação, quais formas de ação eles permitem (possibilidade) e quais são por eles impedidas (obrigação).[18] E, finalmente, quais são as consequências individuais e sociais de tais geografias numa perspectiva local e global. Em outras palavras, não deveríamos nos interessar somente

---

17 O termo "Geographie-Machen", ou "fazer geográfico", foi utilizado pela primeira vez em âmbito germanófono, salvo engano, por Hartke (1962, p.115), em âmbito anglófono por Berger (1972). Meu propósito é ampliar esse conceito no sentido da teoria da ação, ou seja, não apenas na esfera da produção, mas também na da reprodução sociocultural e econômica.
18 Ver sobre isso ainda Thrift (1983) e Gregory (1981).

pela difusão "objetiva" de conteúdos, mas sim por seus significados subjetivos para determinadas atividades e para as relações de poder no contexto em que são gerados.

Necessitamos de uma referenciação diferenciada das respectivas ações de atuantes sociais, de suas condições sociais, culturais, econômicas e materiais específicas para alcançar uma compreensão aprofundada do mundo atual. E precisamos disso também se quisermos entender como os atuantes sociais – partindo de diferentes posições de poder, obviamente – estão a cada instante reprojetando sua própria Geografia, e não apenas no sentido cognitivo. Pois não só a nossa história, mas também *a nossa própria geografia é feita sob condições não autodeterminadas*, diariamente. Nosso interesse deve ser direcionado não apenas aos modelos de propagação em si, mas sim à nossa própria geografia, que vivemos e reprojetamos cotidianamente sob condições sociais, culturais e econômicas específicas. Para tanto necessitamos de uma concepção da Geografia Social diferente daquela até aqui disponível.

Posto de forma simplificada, essa concepção de pesquisa sociogeográfica consiste na observância não mais do espaço como objeto primário de pesquisa, mas sim de atividades humanas, de ações. Isso quer dizer que nos ocupamos primeiramente dos motivos e do contexto social de ações para somente então perguntar que importância as assim chamadas condições espaciais teriam para respectivas formas de ação específicas. Para podermos abarcar categorialmente essas relações necessitamos não apenas de uma nova perspectiva de contemplação, mas também de uma terminologia mais diferenciada que aquela oferecida pela Geografia como ciência do espaço. Para tanto é necessária sobretudo uma tematização dos componentes do poder. Ela deve considerar primeiro que "poder existe apenas *in actu* (...) e o exercício do poder é um conjunto de ações no sentido de ações possíveis" (Foucault, 1987, p.254) ou de evitá-las.

Para a pesquisa sociogeográfica são centrais a importância de artefatos materiais em sua organização espacial e o acesso a eles. É importante ressaltar que o acesso a coisas materiais como meio de ação em geral envolve o controle das possibilidades de ação de indivíduos. O "poder" como "poder de disposição" (Weber, 1980) sobre pessoas, artefatos materiais e recursos naturais deveria receber uma posição proeminente na pesquisa sociogeográfica. Condições espaciais de ação são uma expressão de relações de poder, podendo ser empregadas estrategicamente no sentido da consolidação ou da transformação dessas relações. Um dos objetivos da pesquisa sociogeográfica deveria ser, assim, auxiliar na revelação de "mecanismos ocultos do poder" (Bourdieu, 1992).[19]

A condução dessa pesquisa geográfica não deveria mais se orientar segundo uma geografia espacial regional, mas sim segundo uma geografia social das condições de vida e de ação locais, regionais, nacionais e globais. Os "objetos" de interesse investigativo da geografia social não seriam mais simplesmente "espaço" ou "região", mas sim as ações sob determinadas condições espaciais, sua vinculação na dialética do global e local. Isso significa que o esclarecimento da relação entre o contexto de ação local e consequências globais, entre uma sociedade de comunicação global e relações diretas, fixadas localmente, deveriam se tornar uma tarefa central da geografia social.

Faz-se necessária uma reconcepção do que hoje é designado como geografia *regional* para se abranger adequadamente as condições de sociedades da modernidade tardia. Porém, uma geografia *regional* não mais voltada ao estudo de "espaços" e "suas" propriedades necessita, na realidade, de uma nova definição, de forma que o título de seu programa de pesquisa não gere equívocos. O enfocar das ações sociais na perspectiva de pesquisa sociogeográfica gera, naturalmente, consequências também no campo de pesquisa empírica.

No lugar da atual geografia regional – ou ao menos como complementação equivalente –, deveria entrar a geografia social da regionalização do mundo cotidiano: uma geografia social da pesquisa empírica, da reconstrução das regionalizações a nível local e global: de um lado, por meio daquilo que produzimos, consumimos e reproduzimos e, de outro, por meio dos diferentes acessos de diversos atuantes e tipos de ação ao poder de disposição sobre recursos materiais e pessoais de transformação das relações atuais.

Conclusão

Deveríamos nos acostumar a contemplar o "espaço" não mais como o objeto (de pesquisa) particular da Geografia. Declarar o "espaço" objeto de pesquisa corresponde à reificação de um conceito, assim como o exercício da pesquisa social como pesquisa espacial equivale a um reducionismo materialista. Não o espaço, mas sim a ação humana deveria constituir o foco de

---

19 Para a discussão de concepções de poder centradas na ação, ver Clegg (1989) e Wartenberg (1990).

investigação. Pois "espaço" deve ser considerado, sob uma perspectiva centrada na ação, como nada além de uma noção classificatória formal, não como um conceito empírico e muito menos pressuposto, algo *a priori*. Ele não pode ser um conceito empírico porque não existe um objeto "espaço". Ele é formal por se referir a características do conteúdo de dados materiais. Ele é classificatório por permitir descrições da ordem de objetos materiais e a orientação no mundo físico – em referência à corporalidade dos sujeitos sociais ativos. E ele não é um pressuposto porque se baseia, de fato, na experiência – entretanto, não na experiência de um misterioso objeto "espaço", mas sim na experiência da própria corporalidade, de sua relação para com os dados gerais restantes (inclusive a corporalidade dos outros atuantes sociais) e sua relevância para as próprias (im)possibilidades de ação.

"Espaço" representa, nesse sentido, apenas uma espécie de "abreviatura" de problemas e possibilidades de concretização de ações e da comunicação social relacionados aos componentes físico-materiais. Em vez de reificar a "abreviatura", deveríamos nos ocupar com seu significado e nos concentrarmos nos aspectos espaciais dos meios materiais em sua interpretação social e sua importância para a vida social.

Se a pesquisa sociogeográfica quiser contribuir para a compreensão de sociedades da modernidade tardia, sua lógica investigativa deve ser modificada. Deveria ser direcionada para a "lógica" da ação. Como geógrafos/as temos que analisar não apenas a geografia das coisas, mas nos interessar pelo modo intencional ou não como elas acontecem, o que significam para quem e em que medida podem ser conciliadas com normas sociopolíticas e regulamentações ecológicas democraticamente aceitáveis.

Ação e espaço

A problemática espacial sob a perspectiva da geografia social baseada na teoria da ação

Senhoras e senhores,

Vocês vieram aqui para assistir a uma palestra cujo título, ao menos, despertou seu interesse, ou para encontrar outras pessoas, para corresponder a uma expectativa etc. Por esses e outros motivos vocês partiram de um outro ponto terrestre para este atual. Deixaram outras pessoas – como se diz usualmente – ou, mais precisamente, vocês interromperam uma espécie de interação, conduzida em uma determinada posição social ou papel social, para estabelecer novas interações. Essas novas interações tinham como objetivo a participação no presente colóquio. Para alcançar esse objetivo no sentido social, tiveram que conhecer um respectivo local de destino no espaço terrestre e buscá-lo. Para tanto foi necessário tomar uma série de medidas diante de inúmeras obrigações e condições diversas – que vocês mesmos não puderam modificar. Escolheram, por exemplo, um meio de transporte específico, que, após levar o ponto de partida ou outras reflexões em consideração, julgaram adequado, ou mesmo simplesmente o único que estava à sua disposição. Durante esse deslocamento vocês certamente integraram ao decurso de sua ação uma série de artefatos materiais, ou seja, objetos materiais produzidos por seres humanos. Os produtores desses artefatos, entretanto, dificilmente pertencerão a seu círculo de conhecidos. O significado desses artefatos, ao contrário, precisa ser familiar a vocês caso queiram fazer uso apropriado deles em sua jornada. Em outras palavras, através do uso de artefatos, vocês estabeleceram uma série de interações anônimas com os produtores desses artefatos, e para fazê-lo foi necessário buscar igualmente um determinado ponto espacial terrestre.

Suponhamos que vocês tenham chegado como haviam planejado a este edifício do instituto, um artefato material imóvel, com localização claramente definível no espaço terrestre e com um significado suficientemente determinável. Vocês subiram as escadas (ou utilizaram o elevador), passaram por corredores até finalmente encontrar a porta com a identificação do local desta apresentação, iniciada há poucos instantes.

O esboço destas etapas poderá se mostrar em diversos aspectos incompleto ou distorcido. Em todo caso, ele mostra como eventos sociais estão ligados a condições físico-materiais da existência humana: Situações localizáveis social e espacialmente na superfície terrestre são associadas entre si pelos atuantes sociais. Em outras palavras, lidamos neste colóquio com um fenômeno pertencente a uma classe de outros fenômenos que são relevantes para a geografia social – contanto que se considere como objetivo da atividade científica de geógrafos sociais primariamente a análise de processos em seu contexto terrestre e na pesquisa do significado de aspectos físico-materiais em sua organização terrestre para a vida social humana.

Apesar de inofensivo, o exemplo dado não nega o fato de que a maior parte dos acontecimentos sociais são a ele comparáveis estruturalmente e de que geógrafos sociais buscam há décadas oferecer explicações plausíveis para acontecimentos como esses e similares. Para tanto, desenvolvem diversas concepções de "espaço" e sua importância para atividades humanas. Mas foram guiados nesse processo em geral por uma forma de observação diferente daquela oferecida no exemplo anterior. Pois a maior parte dos geógrafos sociais até o momento apenas observou o espaço terrestre, buscando somente nele o social. Já os cientistas sociais frequentemente são vítimas de uma ênfase exagerada em aspectos simbólico-ideais da ação, negligenciando, assim, em suas pesquisas, o contexto terrestre. No exemplo dado anteriormente mudei, em relação à tradição científica da geografia social dominante até o momento, a direção do olhar: tentei, partindo do aspecto social do evento, não ocultar a importância para uma atividade social dos aspectos físico-materiais e de sua organização terrestre. A tese central na qual essa conferência se baseia se refere a essa diferença e pode ser formulada do seguinte modo: o olhar dos geógrafos e geógrafas sociais tradicionais, centrado no espaço terrestre, obstrui o acesso ao – e consequentemente a análise adequada do – mundo social.

Essa perspectiva e a problemática espacial ligada a ela levam a diversas argumentações paradoxais no sentido da explicação de eventos sociais. No que se segue quero esclarecer problemas da geografia social relacionados a isso e propor, por fim, algumas sugestões de solução do ponto de vista da teoria da ação. Para tanto, primeiramente é necessário colocar algumas considerações gerais a respeito da problemática do espaço.

Considerações gerais sobre a problemática do espaço

O que Albert Einstein (1960, p.11) formulou para o problema do espaço na Física se aplica – ainda que em relação a outros aspectos – também à maior parte da atual utilização geográfica de "espaço". Einstein escreve:

> No esforço de categorização conceitual da quantidade quase incomensurável de material empírico, o cientista lança mão de um arsenal de conceitos, transmitidos a ele quase que já no leite materno, e de cujo caráter, eternamente

problemático, ele não ou raramente está consciente. Ele utiliza tais ferramentas conceituais como algo imutável, cuja existência seria uma obviedade, sem colocar em questão, ou ao menos não seriamente, seu teor objetivo de veracidade. E, no entanto, é uma necessidade e um interesse da ciência que conceitos fundamentais (como o conceito de espaço) sejam colocados em questão, para que o cientista não seja inconscientemente controlado por eles. Isso se torna especialmente evidente em situações de desenvolvimento disciplinar em que a utilização consequente de conceitos fundamentais transmitidos nos confronta com paradoxos de difícil resolução.

Ao compararmos a situação atual da pesquisa geográfica com as afirmações de Einstein, diversas correspondências são reveladas, porém também uma divergência decisiva. A maioria dos geógrafos deve, de fato, ser inconscientemente controlada por uma determinada concepção espacial, fato que leva eventualmente a argumentações paradoxais. Entretanto, com relação a geógrafos é necessário pontuar uma diferença importante: nem todos os geógrafos parecem aceitar que o conceito de "espaço" sempre possibilita ordenar a "quantidade quase incomensurável de material empírico". Antes de me voltar aos paradoxos geográficos daí resultantes são necessários alguns esclarecimentos que possibilitarão desenvolver a análise da problemática espacial na Geografia de maneira estruturada.

Um primeiro e talvez decisivo passo para se solucionar problemas espaciais geográficos é reconhecer que "espaço" é concebido consequentemente como um conceito. O segundo passo consiste, como em toda definição categorial – e assim também na do espaço –, em buscar uma diferenciação clara entre o que é categorizado e o signo (linguístico) que representa determinada circunstância. A circunstância empírica e a combinação de letras por meio das quais ela é etiquetada nunca poderão ser idênticas. Sendo assim, não podem ser equiparadas. Ignorar essa diferenciação leva a uma reificação – através da lógica linguística – insustentável, ou seja, a uma objetificação conceitual indefensável, que já conduziu diversas linhas de pensamento, por uma contramão, a um beco sem saída.

Uma característica fundamental de toda sorte de conceitos espaciais consiste no fato de que não são nem prescritivos, nem empírico-descritivos, nem lógicos. Conceitos espaciais até nos auxiliam a ordenar e estruturar nossas experiências, porém não se referem a características de atributos relativos ao conteúdo de circunstâncias, mas sim a um aspecto formal inerente a todas as circunstâncias, independentemente de suas características restantes. Conceitos espaciais devem ser compreendidos, segundo esse entendimento, como esquemas de ordenação formal aplicáveis a todas as situações, no sentido da caracterização de sua condição e posição em respeito a categorias preestabelecidas.

A localização de uma circunstância por meio de algum conceito espacial não constitui em si, analisando-se rigorosamente, uma afirmação a respeito de suas características restantes. Portanto, não faz sentido deduzir outras características do objeto localizável partindo-se somente de sua localização. Isso nos traz à seguinte conclusão:

A localização espacial expressa sempre um aspecto formal de uma circunstância e toda circunstância é localizável no espaço independentemente da definição de seu conteúdo. Ao mesmo tempo, circunstâncias que apresentam qualidades idênticas podem diferir de posição espacial.

Nesse sentido, a dimensão espacial deve ser entendida como uma variável de diferenciação de circunstâncias que são, em geral, possivelmente idênticas. Através de quais categorias uma circunstância pode ser localizada dependerá da respectiva definição de espaço. Com cada definição deverá ser estabelecido através de quais dimensões algo virá a ser ordenado e localizado com o respectivo conceito de espaço. Todo conceito de espaço pode fornecer, assim, apenas um esquema de ordenação. Esse esquema deverá permitir a estruturação e localização de dados problemáticos e/ou relevantes para a pesquisa, antes que descrições e explicações científicas adequadas sejam apresentadas.

O terceiro passo é de particular importância para geógrafos sociais. Afinal, adicionalmente às duas definições anteriores, pode-se considerar que um único conceito de espaço não pode ser igualmente adequado para todas as formas de fenômenos. Circunstâncias ontologicamente diferentes necessitam de conceitos espaciais diversos, caso se queira através delas alcançar campos problemáticos a serem trabalhados. Ignorar tal exigência leva a reduções inadequadas, que, por sua vez, conduzem a resultados empiricamente inválidos.

A problemática espacial geográfica

Ao contrário da concepção anteriormente esboçada, a expressão geográfica do "espaço" tende a contemplar este não como conceito, mas como uma coisa. A ele é em geral atribuída a capacidade de constituir a causa geradora de determinados eventos. "Espaço" ganha assim um caráter de fetiche, que faz parecer plausível definir a Geografia como ciência do espaço. Essa plausibilidade está fundada, no entanto, em um equívoco com traços similares ao da fetichização de "tempo" na História como "poder do tempo". Em ambos os casos, a condição formal sob a qual um fenômeno se dá é tomada por sua causa. Fenômenos podem, entretanto, apenas ser estruturados e categorizados por conceitos espaciais definidos sensatamente, e não gerados pelo assim chamado "espaço". Exatamente esta última afirmação, de que "espaço" geraria fenômenos geograficamente relevantes, caracteriza uma série de concepções de geógrafos, levando frequentemente a paradoxos graves.

Na geografia antropológica clássica, de acordo com o conhecido estudo de Dietrich Bartels (1974) "Schwierigkeiten mit dem Raumbegriff in der Geographie" (Dificuldades do conceito de espaço), "espaço" foi equiparado ao "entorno físico". Na variante geodeterminística, "espaço" foi concebido como causador de atividades humanas, na variante possibilística, como instância de limitação da autorrealização humana. Em ambas as concepções já é introduzida a objetificação de "espaço" antes da consciência de que "espaço", na realidade, sempre só pode ser chamado de "conceito de espaço".

Para os representantes da escola paisagística, "espaço" significa sempre "paisagem". Esta é definida por Gerhard Hard (1970) como o recorte da realidade que pode ser apreendido – partindo-se da localização daquele que a experiencia – por meio do sentido da visão. Esse conjunto de percepções é hipostasiado como "característica total de uma região terrestre", ao menos antes que o caráter conceitual de "paisagem" fosse descoberto e tematizado, como no sentido do espaço intuitivo de Rudolf Carnap (1978 [1922]). Para os representantes dessa escola, "espaço" no sentido de paisagem se torna uma "coisa em si" e como tal é declarado objeto de estudo da Geografia.

Embora a "premissa científica espacial" da Geografia, ou seja, o chamado *spatial approach* chame a atenção para o caráter conceitual de "espaço", seus representantes consideram em seu entendimento espacial basicamente uma forma modificada do conceito espacial euclidiano-mecânico e o definem como conceito espacial córico; ou seja, como Bartels (1974, p.13) afirma: "como âmbito de ordenação métrica bidimensional de um contínuo terrestre". Ele é utilizado em processos de regionalização como esquema de localização de dados de observação. Quando, entretanto, é necessário tratar da contemplação da legitimidade de "relações espaciais distanciais de unidades de análise de toda sorte" ou de "leis espaciais", uma condição formal – nesse caso a distância – é então interpretada forçadamente como causa geradora de determinadas distribuições regulares. Geografia e ciência regional são consequentemente – porém de maneira indefensável – definidas como "ciências do espaço", afinal a plausibilidade da definição científico--espacial do âmbito de atuação da Geografia se deve apenas a uma hipóstase inadequada de "distância".

Embora Wolfgang Hartke (1956, 1959) tenha já nos anos 1950 iniciado a guinada de uma pesquisa centrada no espaço para uma voltada para as atividades e seus panos de fundo socioculturais como verdadeiro objeto de estudo da geografia social, na tradição alemã dessa ciência as dificuldades começam onde é necessário alcançar seu objetivo, que é fornecer uma "descrição e explicação da disposição terrestre da sociedade".[20] Para alcançar esse objetivo, Hartke propõe limitar o âmbito de validade de valores e normas de acordo com o raio de ação dos seres humanos no espaço terrestre. Dessa forma ele efetua a tentativa, não justificável lógica e empiricamente, de reduzir circunstâncias socioculturais a grandezas físicas. Assim, não causa surpresa que Hartke por meio desse método não tenha conseguido nem compreender diferenciadamente, nem explicar a disposição terrestre da sociedade. Afinal, seu conceito de espaço não leva em consideração a particularidade ontológica de fenômenos socioculturais.

Essa falta caracteriza também os estudos de Karl Ruppert e Franz Schaffer (1969) da geografia social de Munique. Assim como a análise de Bartels (1968b) sobre "trabalhadores imigrantes (*Gastarbeiter*) turcos da região de Izmir", em que o autor também considera valores e normas como localizáveis no espaço córico e, finalmente, também as considerações de Eugen Wirth (1979) sobre uma geografia social baseada na teoria da ação.

Os principais problemas da concepção espacial geográfica podem ser resumidos em três pontos.

---

20 Ver Hartke (1959, p.429).

Primeiro, o mundo físico como um todo ou o recorte da percepção ou da vivência abarcável de um determinado ponto por meio do sentido da visão é compreendido como espaço objetificado.

Segundo, aspectos formais que podem ser impostos a uma circunstância são tomados por sua causa geradora, como é o caso no exemplo da "distância" no âmbito da concepção da ciência do espaço.

E, finalmente, o terceiro ponto é a tentativa de utilizar o conceito de espaço córico para a localização de circunstâncias socioculturais, embora esse conceito possa ser produtivo apenas para fenômenos físico-materiais, e não para aqueles abstrato-simbólicos. Essa falta é característica tanto para a geografia social tradicional alemã e os estudos empíricos sociogeográficos de Bartels quanto para as sugestões de Wirth.

A ousadia dessas orientações de pensamento e de pesquisa se torna particularmente evidente ao analisarmos ações cotidianas por meio das categorias desses conceitos. Tomemos, para tanto, como exemplo a descrição, apresentada anteriormente, de um acontecimento cotidiano no qual algumas pessoas se encontram em um ponto determinável da superfície terrestre para aguardar por uma apresentação, considerada suficientemente interessante – ao menos até antes de seu início – para ser assistida.

No modo argumentativo da geografia antropológica clássica não haveria muito a ser dito sobre um acontecimento como o Colóquio de Geografia de Munique, embora em função deste uma quantidade incontestavelmente significativa de pessoas tenha se deslocado no assim chamado "espaço terrestre". A não ser que aceitássemos a explicação de que cada um de nós tivesse sido incitado, pelo mesmo mundo físico em sua localização, a dirigir-se para um outro ambiente. Se essa explicação fosse válida, deveria haver um número muito maior de habitantes de Munique aqui presentes e provavelmente nenhum suíço.

Já um representante da escola paisagística teria que assumir uma posição arriscada se quisesse tornar-nos elementos de seu objeto de estudo. Afinal, seu recorte visual da realidade deveria compreender ao menos Munique e Zurique ao mesmo tempo. Caso ele, apesar de todos os pesares, conseguisse fazê-lo, seríamos tematizados na melhor das hipóteses como elementos das forças de ação da esfera antropogênica da paisagem. Como componentes da característica geral de uma região terrestre, teríamos descoberto bem menos sobre nossas atividades que sobre as habilidades do pesquisador paisagístico.

Ainda segundo a argumentação de um representante típico da concepção da ciência do espaço, deveriam estar aqui presentes pessoas com locais de residência provavelmente diferentes daqueles que de fato aqui se encontram. Se, de fato, devesse ser atribuída à distância espacial terrestre a origem geradora da distribuição de unidades de observação de todas as formas, então a unidade de observação *Benno Werlen* não deveria estar aqui presente, assim como alguns dos espectadores certamente também não. Em nosso lugar deveriam se encontrar aquelas unidades de observação que necessitariam ter percorrido menores distâncias para alcançar sua destinação num sentido social – a participação no Colóquio de Geografia de Munique. Ainda que essa reconstrução do pensamento espacial-científico seja levemente exagerada, através dela se expressa com total clareza como são absurdas as tentativas de esclarecimento que se fundamentam apenas em argumentos baseados na distância. Em todo caso, seria difícil deduzir o evento Colóquio de Geografia de Munique das assim chamadas "leis do espaço" ou tornar plausível o deslocamento de elementos no assim chamado "sistema espacial". Uma explicação deste evento por meio de sua categorização em uma regularidade geral de ação certamente teria maiores chances de sucesso.

Para um representante da geografia social tradicional, todas as pessoas aqui presentes deveriam vir de uma região na qual todas as ações seriam guiadas por um pano de fundo sociocultural homogêneo. Pois os propósitos das ações das pessoas aqui presentes parecem ser mais ou menos idênticos. Não é necessário um esforço mental grande para se constatar que a compreensão empírica da abrangência córica de ação e reação de indivíduos não pode ser suficiente para dela se deduzir a homogeneidade sociocultural de todas as ações dentro deste recorte da superfície terrestre.

A produção da realidade social

Se vocês estão de acordo com minha argumentação até o presente ponto, então concordarão comigo que "espaço" deve ser entendido como um conceito que pode fornecer somente um esquema referencial formal para a localização de circunstâncias. E para circunstâncias com um *status* ontológico diferente é necessário desenvolver esquemas referenciais ou conceitos de espaço específicos, caso não se queira cair nas garras de tentativas vãs de reducionismo que impossibilitam toda afirmação empiricamente válida sobre a relação entre sociedade e as condições físico-materiais em suas disposições terrestres.

Como anteriormente assinalado, não pode fazer sentido querer definir a Geografia em geral e a geografia social em específico como ciência da paisagem ou do espaço. Sem aceitar-se a hipóstase de "paisagem", "espaço" e "distância", perde-se o objeto de pesquisa da concepção geográfica dominante até o momento. Em seu lugar deveria entrar a análise das verdadeiras "forças produtivas" de eventos e suas consequências no mundo social, ou seja, as atividades dos seres humanos.

Considerando-se que toda disciplina científica legitimável deveria fornecer uma contribuição específica para a resolução de problemas práticos da vida, então também os geógrafos sociais devem estar em condição de indicar a especificidade de seus objetivos científicos. Nesse sentido, sua tarefa não pode ser simplesmente a transposição da atividade de representantes de outras disciplinas a pontos terrestres aos quais estas ainda não chegaram. Minha sugestão nesse contexto, como já apresentado várias vezes anteriormente, é definir a Geografia Social baseada na teoria da ação como um ramo científico, cujo escopo é a investigação da importância dos componentes físico-materiais e seus padrões de disposição terrestre para a concretização de ações.

Também neste caso, para evitar a falha por meio de concepções de espaço inadequadas e reducionistas, é necessário disponibilizar para cada área de referência de ação humana ontologicamente diferenciada um conceito de espaço ou um padrão de referência específico de estruturação e localização. Essa reivindicação leva, por fim, a uma reflexão sobre a problemática do espaço da perspectiva da teoria da ação.

A problemática do espaço da perspectiva da teoria da ação

Os diversos padrões de referência, que representam a forma como os conceitos espaciais devem ser compreendidos, devem servir por um lado para a estruturação e localização de elementos relevantes na orientação e execução de ações; por outro, como estruturação e localização das sequências de ação nos âmbitos de referências apenas mencionados. Minha sugestão é tratar tais padrões de referência como conceitos espaciais da perspectiva objetiva e subjetiva da pesquisa de ação sociogeográfica. As dimensões de suas características devem ser compatíveis com o *status* ontológico do dado a ser localizado. Isso significa que não apenas o mundo físico deve ser estruturado por meio de conceitos espaciais eficazes, mas também os mundos subjetivo e social; e ainda que as dimensões a serem delineadas com os respectivos conceitos de espaço devem ser adaptadas às condições ontológicas desses diferentes mundos.

Conceitos de espaço da perspectiva objetiva

Na perspectiva de pesquisa objetiva, segundo Karl Raimund Popper, os mundos 1 e 3 figuram em primeiro plano para a explicação de ações humanas. Isso significa que para essas esferas de referência da ação humana é necessário haver conceitos de espaço adequados disponíveis.

Para o mundo físico, ou seja, para todas as coisas materiais sem significado social, o conceito de espaço córico tradicional derivado do conceito de espaço mecânico-euclidiano deveria ser suficiente para a estruturação e para uma localização inequívoca. As dimensões "longitude" e "latitude" ou "graus de longitude e latitude", o "ponto zero de um sistema de coordenadas", arbitrariamente selecionável, os "pontos cardeais" e uma "unidade métrica oficial" definem esse "esquema métrico de ordenação de um contínuo espacial terrestre" (Bartels, 1974, p.13). Através desse esquema métrico, padrões de localização e movimento podem ser adequadamente descritos e estruturados em relação a seus componentes físicos.

Para a estruturação do mundo social como setor importante do mundo 3, é necessário um conceito de espaço que permita por um lado representar adequadamente a estrutura de ordenação de significados socioculturais e, de outro, prover aos atuantes sociais um apoio efetivo para sua orientação. Nesse contexto, as reflexões elaboradas pelo sociólogo americano Pitirim A. Sorokin (1964) são de especial relevância. Pode-se considerá-las como precursoras do desenvolvimento de um esquema de referência eficaz por meio do qual significados socioculturais podem ser localizados com exatidão.

Sorokin sugere "língua", "arte", "ética" (= moral e direito), "ciência", "religião", assim como "economia" e "política", como dimensões principais desse conceito de espaço, no qual significados socioculturais que conduzem ações e/ou estão contidos em artefatos se tornam localizáveis. E, além disso, gradações mais precisas de cada uma dessas dimensões de características. Para a dimensão "língua", segundo Sorokin, as línguas germânicas, latinas, eslavas etc. constituem as gradações mais precisas. Para a dimensão "arte" seriam as diferentes formas (música, literatura, dentre outras) e estilos como o barroco, dadaísmo etc.; para a "política", os diferentes sistemas políticos e suas gradações.

O ponto zero de um sistema de coordenadas, ao qual se referem as diferentes dimensões, pode, segundo Sorokin, ser igualmente escolhido de acordo com o interesse da análise, como no caso do esquema de ordenação do contínuo espacial terrestre. Em relação à definição da distância entre as posições meramente de sentido no mundo sociocultural é necessário primeiramente assinalar que Sorokin não tematiza uma unidade de medida para a definição exata das mesmas. Ele apresenta apenas a indicação de que dois sentidos estão próximos quando assumem, numa mesma dimensão, posições próximas, e estão distantes quando assumem, ainda numa mesma dimensão, posições distantes, ou, ainda, especialmente quando assumem uma posição em uma outra dimensão. Por exemplo, num caso em que o sentido de uma ação A seja "religioso" (batista) e o de uma ação B seja "econômico" (de uma companhia siderúrgica estadunidense), essas ações assumiriam, consequentemente, posições distantes no mundo de sentido social, ainda que seus veículos e os pontos de localização dos corpos dos atuantes que as executam possam estar bem próximos no espaço córico. Ou ainda, se uma pintura de van Gogh for transportada de Zurique para Nova York, sua localização se modifica, porém seu gênero artístico, assim como seu estilo não se modificam, ainda que seu preço, nesse período, aumente vertiginosamente.

Esse conceito de Sorokin se mostra em diversos sentidos rudimentar e insatisfatório. Constitui meramente um ponto de partida para o desenvolvimento de um conceito adequado de espaço do mundo sociocultural. Aperfeiçoamentos deveriam incluir sobretudo as obras de clássicos da teoria da ação e levar em conta suas contribuições para o campo da orientação de ações. Talvez a última sugestão do sociólogo francês Pierre Bourdieu, que busca reformular ou ampliar o conceito marxista de classes como conceito espacial do mundo social, poderia também fornecer diversos estímulos.

Conceitos de espaço da perspectiva subjetiva

Na perspectiva investigativa subjetiva figura, em primeiro plano, ao contrário da perspectiva objetiva, o mundo mental, ou melhor, o mundo subjetivo. A estruturação do mundo subjetivo por meio de um conceito de espaço adequado se refere, assim, à reserva de conhecimento tipologicamente específico e ordenado do sujeito atuante. Se considerarmos "tipos" como categorias de ordenação de conteúdo de vivência por meio das quais os atuantes se orientam, podemos dizer que os "tipos" estruturam o espaço de vivência do mundo subjetivo. Se a busca de um conhecimento específico decorre de maneira adequada em relação à situação do conhecimento exigido pela ação, o atuante se orientou de maneira bem-sucedida no respectivo campo. A indicação de Alfred Schütz (1971, p.8 et seq.) de que os atuantes partem de tipos socializados ao buscarem constituições de sentido, poderia ser entendida, nesse contexto, como sendo possível classificar o espaço de vivência subjetivo de esferas sociais hipoteticamente segundo as dimensões de Sorokin ou outras dimensões similares; ele seria entendido, entretanto, não *a priori* como critério objetivo, mas sim como os que são mais desenvolvidos subjetivamente nos atuantes. O mesmo é válido para os conceitos "proximidade" e "distância". Algo equivalente tem que ser elaborado em relação a aspectos do mundo subjetivo que se referem à esfera do mundo físico.

É possível tentar responder a questão a respeito do ponto zero de um sistema de coordenadas ao qual as dimensões principais da classificação tipológica se referem, se considerarmos a discussão de Schütz (1982) do problema da relevância. A relevância predominante na elaboração e na execução de ações se torna respectivamente pontos zero de orientação das diversas dimensões de sentido e das regiões de sentido estruturadas tipologicamente. Ao contrário do conceito de espaço córico, o ponto zero de um sistema de coordenadas deve ser entendido como orientação, porém não como sendo permanentemente fixo, dependendo da atualidade primária das exigências de orientação. Essa transformação contínua da relevância predominante se transfere também para a respectiva atualidade das dimensões e regiões de sentido específicas deste mundo de experiência subjetivo.

As orientações de ações dentro do mundo físico são fundamentalmente codeterminadas na perspectiva subjetiva pela localização do corpo, que constitui o centro das atividades direcionadas ao mundo exterior. A função do corpo é a de mediação entre as vivências subjetivas e a extensão do mundo físico. O corpo do atuante coloca seus sentidos subjetivos em movimentos espacialmente localizáveis. O sujeito estrutura, por um lado, as coisas que vivencia de modo imediato partindo do ponto de localização físico-terrestre do corpo. Consequentemente, o corpo deve ser compreendido como "membro de interação" ou elo funcional entre o mundo subjetivo e o mundo físico. Como portador e "eixo de ligação" entre conhecimento e ação, ele determina o respectivo aqui e agora terrestre, sem, entretanto, determinar por si os conteúdos de vivência.

O ponto de partida decisivo para o desenvolvimento de um conceito de espaço córico centrado no sujeito é constituído, dessa forma, pela reflexão de que o atuante assume, através de seu corpo, um ponto de localização sempre físico-material no contexto córico, que se torna o ponto de partida para suas orientações e sua ação nesse âmbito. O conceito subjetivo de espaço córico é tematizado, por conseguinte, não como representação subjetiva das categorias objetivas no sentido de um *mental map*, mas sim como esquema referencial, centrado na corporalidade, de orientação e localização dos dados que uma posição físico-terrestre apresenta.

A definição do sistema de coordenadas centrado na corporalidade abrange as seguintes categorias:

- as dimensões "esquerda", "direita", "à frente", "atrás", "acima" e "abaixo" em relação à perspectiva do sujeito atuante;
- um ponto zero no sistema de coordenadas, no qual as dimensões mencionadas se cruzam, constituído pela localização física do atuante.

Desta forma, o "aqui" no momento da ação constitui não um ponto fixo absoluto, mas sim um referencial de orientação variável no contexto córico, fato que pode levar a uma série de problemas em situações concretas de ação. Esses problemas relacionam-se ao fato de que cada atuante tem que, em primeiro lugar, reestruturar constantemente suas orientações e, em segundo, que o ponto zero no sistema de coordenadas é, analisando-se rigorosamente, diferente para cada parceiro de interação. Provavelmente por esse motivo é que, na prática cotidiana, pontos zero de coordenada persistentes são escolhidos de modo subjetivo. Trata-se quase sempre de pontos que possuem um significado particular para o atuante em questão, por exemplo a própria residência. Todos os outros lugares do espaço de ação físico-terrestre cotidiano são estruturados e localizados em relação a essa base inicial. Nesse sentido podemos pressupor que o atuante se relaciona em sua perspectiva subjetiva de orientação no mundo físico com uma cadeia de referenciações: ele parte de categorias corporalmente associadas da localização atual e se direciona a um ponto zero de orientação extracorpóreo definido subjetivamente. Na literatura em Etnologia e Geografia Cultural encontram-se diversos exemplos de sociedades agrárias tradicionais que dispõem apenas de conceitos de espaço físico-terrestres generalizados relacionados ao sujeito. O ponto zero de coordenada é muitas vezes a casa do líder do grupo ou um local sagrado.

O mundo social se constitui, segundo Schütz, nas ações dos sujeitos. No que se refere à estruturação desse mundo por meio de um conceito de espaço adequado na perspectiva subjetiva, é possível apenas formular algumas conjecturas. Na interação com o *alter ego*, o atuante delibera sobre o significado dos símbolos expressos (movimentos corporais, língua, artefatos) e verifica, assim, a correspondência da forma subjetiva de localização das experiência nas regiões de sentidos respectivos. As "coordenadas" dos espaços subjetivos, não colocadas em questão, ganham intersubjetivamente um caráter de validade; as dimensões primordiais "língua", "religião", "arte", "ciência", "economia" etc. geralmente se mostram menos problemáticas que suas diferenciações mais específicas e seus respectivos tipos. Os aspectos dos respectivos espaços subjetivos que são confirmados pelos parceiros de interação deverão ser considerados, enquanto mantidas as condições, categorias de orientação e ordenação dos sujeitos válidas em face do mundo sociocultural. Segundo Schütz, entretanto, uma concordância suficiente somente é alcançada quando o mesmo sistema de relevância se torna atual para ambos os parceiros na situação interacional.

Em resumo, com relação à problemática do espaço da perspectiva subjetiva é necessário apontar o seguinte contexto: uma vez que o corpo do perceptor é parte integrante do mundo físico e ocupa nele uma localização a partir da qual diferencia o tipo de vivências, a dimensão córica se torna, também para o mundo subjetivo, determinante como variável de diferenciação. E, uma vez que o mundo social se torna manifesto através dos respectivos parceiros interacionais, por um lado ele é diferenciado a partir das dimensões subjetiva e córica; por outro, a dimensão social estrutura também os âmbitos subjetivo e córico de seus atuantes. Afinal, movimentos no espaço córico são intencionais e sua intencionalidade se constitui a partir do pano de fundo do conhecimento socialmente influenciado disponível.

As considerações aqui apresentadas sobre o significado das dimensões espaciais para a teoria da ação e sobre a proposta de resolução da problemática do espaço na Geografia não devem ser entendidas como tentativa de fundação da nova geografia social, mas sim como incentivo para a reflexão, através de um novo caminho, sobre a relação entre sociedade e o assim chamado "espaço". A grande importância da problemática do espaço não pode, entretanto, mascarar o fato de que sua solução representa apenas uma importante condição para uma pesquisa social eficaz em geografia social.

Senhoras e senhores, obrigado por sua atenção!

Conceitos espaciais da "Geografia Social"[21]

I

A elaboração do conhecimento geográfico está sempre vinculada a uma concepção espacial específica: Esse conhecimento é, num sentido amplo, produto da utilização de conceitos relacionados ao espaço para a representação de âmbitos da realidade disciplinarmente relevantes. Como disciplina científica, a Geografia consiste sobretudo em três tradições de representação espacial de dados terrestres: Como *geografia humana* ela se ocupa das relações e vinculações produzidas e caracterizadas pelos seres humanos. Como *geografia física*, com a tipificação e explicação das constelações espaçotemporais de relações naturais e como *cartografia* com a construção de imagens de mundo espacializadas e com o fornecimento de elementos auxiliares na orientação espacial.

No compasso das guinadas cultural (*cultural turn*) e espacial (*spatial turn*), a Geografia, como a disciplina acadêmica fundamentada no espaço por excelência, conseguiu novamente atrair grande atenção transdisciplinar. Antes disso, na segunda metade do século XX, estabeleceram-se as

---

21 Texto original: Geographie/Sozialgeographie. In: Günzel, S. (org.). *Raumwissenschaften*. Frankfurt a. M.: Suhrkamp, 2009, p.142-59. (N. E.)

perspectivas de, dentre outros, Henri Lefebvre, Michel Foucault e Vilém Flusser, no sentido de que os esboços da teoria social existente até o presente e diagnoses da contemporaneidade presas a uma visão socio-histórica sofriam de uma ênfase desproporcional e injustificável do tempo em relação ao espaço. Essa abstinência espacial das Ciências Sociais e culturais está fundamentada – como formulado já por Max Weber (1980, p.3) – no fato de que todos os "processos e objetos vazios de sentido", dentre os quais figura uma grande parte das manifestações terrestres, são analisados meramente como "dados a serem considerados", mas que não devem se tornar objeto de análise sociocientífica. A Geografia tradicional se ocupou, exatamente nesse contexto, do espaço e da dimensão espacial de elementos sociais, culturais, políticos e econômicos de uma maneira orientada não segundo o sentido, mas sim objetivamente.

A superação dessa constelação, colocada em curso nas últimas décadas, constitui o tema central da atividade teórica sociogeográfica internacional. Os debates que atraem maior atenção internacionalmente são conduzidos fundamentalmente como posicionamento crítico em relação ao clássicos das Ciências Sociais – mais ou menos "cegos" para o espaço – (Marx, Weber, Durkheim, Pareto, Parsons e Habermas) e aos esforços socioteóricos de extensões relacionadas ao espaço, como em Pierre Bourdieu e Anthony Giddens: o que une Harvey, Massey, Gregory, Thrift e Soja como representantes do debate teórico anglo-saxônico, Hard, Eisel, Klüter, Werlen, Weichhart, Glückler, Reichert, Reuber, Lossau e Zierhofer do debate germanófono, Olsson e Paasi do escandinavo, Lévy e Lussault do francófono e Santos do latino-americano – apesar de diferenças nos detalhes – é a reivindicação da superação do "esquecimento do espaço pela Sociologia" de um lado e da "obsessão pelo espaço na Geografia" de outro (Werlen, 2000, p.12). Além disso, todos os teóricos compartilham do desejo de tornar produtiva, para novas perspectivas de pesquisa, a observância do "espaço" em um novo nível de reflexão científica social e cultural e superar a centralização unilateral e por vezes determinística do espaço na Geografia tradicional (Gebhardt et al., 2003). A reconfiguração relacionada a isso – desde a geografia física até a geografia (social) científica – se tornou, nesse meio-tempo, um importante ponto de orientação para uma reperspectivação da pesquisa cultural e sociocientífica (Schlögel, 2003; Lippuner & Lossau, 2004; Günzel, 2007).

Nessa dupla elaboração crítica encontra-se um dos motivos pelos quais as perspectivas de pesquisa atualmente mais consideradas interdisciplinarmente podem ser caracterizadas conjuntamente como "geografia crítica": elas constituem posições de pesquisa que, diferentemente do conceito de espaço da Geografia tradicional, que considera o espaço terrestre como força determinante, se distanciam criticamente e constroem uma concepção de mundo geográfica construtivista. Com esse entendimento, o "espaço" atinge um significado fundamentalmente diferente daquele da Geografia tradicional – que todavia continua a influenciar a imagem pública da disciplina: a particularidade das "geografias críticas" consiste no fato de que elas não estão mais submetidas exclusivamente à Geografia objetivadora das coisas. Há nelas além disso o interesse a respeito de quais implicações ideológicas as concepções de mundo da Geografia tradicional possuem em face das relações socioculturais atuais e, nesse sentido, sobretudo a respeito de quais práticas geográficas (com quais potenciais de poder) são constitutivas para as "relações sociais de espaço" atuais (Werlen, 2008, p.366).

1. A orientação de pesquisa da *Radical Geography*, que adota essa denominação no sentido de uma orientação teórica marxista, parte programaticamente do pressuposto, baseado em Henri Lefebvre, de que um dos maiores pontos fracos da teoria social marxista consistiria na não observância da dimensão espacial e da espacialidade da vida humana: David Harvey (1973, 1982) e Doreen Massey (1984) introduzem a dimensão espacial na teoria marxista sobretudo em respeito à elaboração das consequências da divisão de trabalho sob a forma do desenvolvimento (econômico) regional díspar. Essas consequências são consideradas expressão da espacialização das relações de produção e, dentro destas, das de poder: "Espaço" não pode, consequentemente, ser compreendido como "absoluto", mas sim primariamente como "relacional". De maneira bem simplificada pode-se resumir esta posição no sentido de que a coexistência das coisas constitui o espaço relacional (no sentido de Gottfried Wilhelm Leibniz) e que a forma de coexistência deve ser tomada como expressão das relações de produção dominantes. A disparidade regional é, segundo a concepção marxista, uma característica inerente ao capitalismo e representa, consequentemente, um tema central de sua crítica.

2. Sob a denominação *Humanistic Geography* está sendo elaborado um fundamento inicial para uma concepção de relações geográficas voltada para o construtivismo. Em referência à fenomenologia da percepção é formulado

o postulado de se complementar – ou até mesmo substituir –, a geografia objetivística do espaço (terrestre) através da perspectiva subjetiva da percepção e experiência de mundo. A geografia social diferenciada e fenomenologicamente informada, com a qual é iniciado o direcionamento a uma Geografia construtivista, parte do pressuposto de que também as relações (geográficas) tomadas como evidentes se baseiam em direcionamentos constitutivos, em consonância com os trabalhos de Anne Buttimer (1969, 1976), Yi-Fu Tan (1974) e David Ley (1977).

A consequente ampliação da reorientação, fundamentada fenomenologicamente, desta concepção implica não apenas o aumento da precisão do *conceito de "lugar"* no sentido de um cenário de interação social, mas também da precisão conceptual de espaço: Nicholas Entrikin (1991) tematiza a vinculação contextual do desenvolvimento de uma relação espacial ou da espacialidade da existência (*placeness*) emocional e simbólica, assim como sua importância para a formação da identidade social. A importância da espacialidade sob a forma de relação para com espaços, cenários ou *action settings* constitui para Peter Weichhart (1999, 2003) um tópos central da pesquisa em geografia social, humana e ecológica. Em vez de "espaço", para John Pickles (1985) e Theodore R. Schatzki (1991) – especialmente em alusão a Martin Heidegger –, a "espacialidade" existencial (*spatiality*) se torna o tema central. Essa mudança do foco do olhar factual geográfico constitui, por um lado, o fundamento para a recepção do texto antológico de Lefebvre, *A produção do espaço*, de 1974, por Edward Soja (1989, 1996) e sua aplicação no contexto da linha de pesquisa urbana pós-moderna da Los Angeles School, cofundada por ele. Soja associa sua interpretação de localidade (Sack e Entrikin), assim como espacialidade (Pickles e Schatzki), aos três espaços diferenciados por Lefebvre: o "espaço percebido", o "espaço representado" e o "espaço de representação". Ele introduz, neste contexto, o "terceiro espaço" (*third space*) no debate teórico geográfico. A concepção introduzida nesta discussão por Homi Bhabha (1994) no contexto de sua perspectiva pós-modernista em relação à questão da localização de "cultura" é entendida por Soja (1996, p.60) como uma espacialidade híbrida, que é ao mesmo tempo real, imaginada e existente ainda em uma terceira forma. Este "ainda" representa uma forma de processo espacial na forma como este foi desenvolvido na teoria social por Lefebvre, como "espaço de representação" ou "espaço vivido".

Christian Schmid (2005) apresenta, como um dos resultados mais importantes de sua análise sistemática de Lefebvre, o fato de que a maior parte das interpretações anglo-saxônicas (Gregory, 1994; Shields, 1999; Dear, 2000) da teoria de Lefebvre em *A produção do espaço*, inclusive a de Soja, não pode ser classificada nem como coerente, nem como adequada em seu sentido. Ele vê o problema central na carência de diferenciação (ontológica) dos dados a serem localizados, através dos quais significados simbólicos, por exemplo, se tornam elementos híbridos materiais-imateriais do terceiro espaço.

3. Em todas as conceptualizações de espaço, espacialidade e lugar, o desenvolvimento teórico da representação e análise científicas da práxis social recebe uma atenção claramente menor. Se o objetivo é – e isso pode ser formulado como interesse central da geografia social – pesquisar e avaliar a relação de sociedade e espaço, então a concepção fundamental sociocientífica da "práxis social" exige também um aprofundamento teórico diferenciado. Esse desiderato é fundamental para a *geografia social centrada na práxis*. Os estudos teóricos, sobretudo de Derek Gregory (1981), Nigel Thrift (1983), assim como Anssi Paasi (1986), tornaram a busca do significado de relações espaciais na forma da reconstrução (histórica) da construção regional seu tema de pesquisa central, referindo-se a teorias sociais estruturativas: a formação espacial do social como "institucionalização de regiões" pode assim ser dinamizada; a concepção espacial usada por eles como fundamento permanece, no entanto, fortemente vinculada à concepção de região como recorte espacial delimitado socialmente. Dessa forma, o foco continua sendo antes a ação *no* espaço ou na região, assim como a constituição de espacialidades socialmente relevantes, e não o significado de "espaço" como elemento da práxis social.

4. A expansão do componente espacial da teoria social de Niklas Luhmann – cujo enfoque não é originalmente o espaço – ressalta o significado diferenciado sistemicamente de abstrações do espaço como meio da redução da complexidade para a comunicação social: o geógrafo Helmut Klüter (1986) identificou, em sua análise da importância do "espaço" para sistemas de comunicação (economia, política, ciência etc.) e seus respectivos códigos, abstrações espaciais específicas. Em contrapartida, trabalhos mais recentes de dois geógrafos sociais da Universidade de Jena aplicam a teoria dos sistemas sociais de Niklas Luhmann de modo crítico-reflexivo: Roland Lippuner (2005) mostra, em sua análise do problema da representação

científica de práticas cotidianas, como metáforas espaciais perpassam teorias sociais de forma nem sempre promissora. Marc Redepenning (2006) questiona as funções e implicações (problemáticas) de semânticas relacionadas ao espaço no contexto de práticas sociais cotidianas.

O debate sociogeográfico atual sobre a relação entre sociedade e espaço gera, para a orientação espacial das Ciências Sociais e da cultura, diversos estímulos no sentido da expansão de suas perspectivas de experiência de mundo: a superação da supracitada teoria da divisão do trabalho, sugerida em 1910 por Max Weber (1988a, p.459 et seq.) por ocasião do I Dia dos Sociólogos na Alemanha (*I Deutscher Soziologentag*) em Frankfurt am Main, entre a já consolidada geografia humana e a emergente Sociologia, continua inconclusa até o presente. Nesse contexto torna-se evidente que o caminho na direção da integração sistêmica da pesquisa dedutiva ou qualitativa e do desenvolvimento na pesquisa sociocultural do significado de referências espaciais assume contornos cada vez mais claros. A atual discussão sobre a *"non-representational geography"* (Thrift, 1999), a exigência de Gregory (2004) de tornar o colonialismo do presente tema de uma Geografia crítica reflexiva, a concepção de Jacques Lévy (1999, 2004) da "guinada geográfica" do "fetichismo espacial" à "práxis geográfica" e a implementação da "geografia social de regionalizações cotidianas" centrada na ação (Werlen, 1995d, 1997) apontam numa mesma direção: o *"practice turn"* (Schatzki *et al.*, 2001) do desenvolvimento teórico das Ciências Sociais e culturais em geral. O motivo pelo qual a pesquisa em Geografia levou tanto tempo para tomar essa direção é mostrado pela história desta disciplina.

II

Na história da Geografia como disciplina, "espaço" é pensado geralmente como espaço terrestre e é utilizado, assim, como enquadramento argumentativo: Colocando-se a tradição da pesquisa geográfica em um outro contexto inter e transdisciplinar da Filosofia e da teoria do espaço, assim como de pesquisa empírica científica, fica claro que, na história da disciplina foram utilizadas conceptualizações altamente distintas desse conceito (da linguagem do cotidiano). No começo da geografia científica, na metade do século XIX, a ordem do espaço terrestre metrificado em categorias definidas cartograficamente (coordenadas) é colocada em primeiro plano. A essa forma de medição da superfície terrestre e à "espacialização da concepção de mundo" (Lentz & Ormeling, 2008) daí advinda está vinculada uma práxis científica com a qual as "coisas são colocadas em seus lugares". Essa forma de proceder representava naquela época a "condição da possibilidade" de uma "Geografia como ciência".

A transição da geografia física descritiva para a disciplina científica é efetuada por seus fundadores pioneiros Alexander von Humboldt e Carl Ritter no plano institucional com o programa de descrição sistemática da natureza e com a representação sistemática da relação entre seres humanos e natureza. A substituição da relação natural pela relação espacial, que se desenvolveu muito rapidamente a partir do fim do século XIX, é uma expressão sobretudo dos esforços de fortalecimento do teor científico da disciplina em adequação aos padrões das ciências naturais. A transição da concepção disciplinar da descrição terrestre e da exploração cartográfica para a análise científica do espaço se delineia já com a fundação da "geografia antropológica", por Friedrich Ratzel: o "espaço" é concebido como um atuante no sentido do espaço-*container* causalmente agentivo, como o elaboraram Isaac Newton teoricamente na mecânica e Ernst Haeckel na teoria evolucionária, na Biologia, como espaço de vida. O espaço-*container* é concebido por Newton, em uma passagem de sua obra *Opticks*, de 1704, como "*sensorium Dei*" ou "sensório de Deus", recipiente de toda matéria, concreto e agindo causalmente sobre tudo que se encontra neste recipiente. Ele constitui o fundamento da mecânica, ou seja, das ciências *naturais* modernas, sendo utlizável essencialmente apenas para uma representação modelizada de elementos extensos, porém não de elementos abstratos. Seguindo Haeckel, Ratzel (1897) concebe "espaço" de maneira biológica como "espaço de vida", como recipiente de formas de vida, cultura, sociedade e economia. O próprio Haeckel (1866) compreende "espaço de vida" como uma espécie de antagonista com o qual toda forma de vida deveria se confrontar. O "espaço de vida" é pensado em todos os casos como a instância de seleção decisiva da evolução. Ratzel adota essa noção e a emprega como fundamento para a expansão do programa de pesquisa da geografia antropológica clássica, ao qual pertence ainda a evidência da determinação natural e espacial de cultura, sociedade e economia. A Geografia se torna, através do estabelecimento da geografia antropológica – por meio dos dois volumes homônimos de Ratzel de 1882 e 1891 –, uma ciência causalística espacial, ou, mais precisamente, uma disciplina empírica do espaço com pretensões científicas causais.

A superação do *status* de ciência espacial descritiva rumo ao de uma ciência causal séria, capaz de revelar empiricamente a força determinadora do espaço natural e fornecer explicações geográficas respectivas, porta consigo inúmeras e dramáticas implicações, que se revelaram, por exemplo, na Geopolítica clássica – especialmente em sua vinculação à ideologia nacional-socialista alemã: afinal, de uma perspectiva política, a comprovação da determinação natural de culturas e sociedades pode ser associada à reivindicação normativa de que – após a elucidação dos "mandamentos do solo" (Ratzel, 1897, p.48) e das "fronteiras naturais" – a extensão espacial "correta" de territórios possa ser determinada. O fato de ter sido necessário apenas um pequeno passo desta até a noção geopolítica do "terceiro Reich", do "povo sem território", é um dado histórico.

Por meio da ampliação de sua perspectiva de observação biológico-microscópica em torno da escala geográfica, Ratzel conseguiu não apenas passar "do mundo limitado para o amplo" (Ratzel, 1900, p.1), mas sobretudo elaborar afirmações sobre a vida no espaço. Entretanto, seu conceito de espaço é o *container* newtoniano, e seu conceito de vida, biológico, corresponde ao espaço de vida de Haeckel. O resultado é um reducionismo naturalista, problemático para as Ciências Sociais: a (pres)suposição de "espaço" como recipiente de todas as esferas da realidade implica a redução do social à categoria biológica "vida", levando assim à perda da dimensão social de elementos sociocientíficos. A ação social, a práxis social dos atuantes se torna um comportamento que pode ser explicado de maneira causal, deixando de ser tematizado como ação significada. A constituição de significados e a investigação de assimilações simbólicas se perdem além do horizonte de questionamento. Significados se tornam características das coisas. Essa reificação é favorecida pela ideia do espaço como *container*.

Os estudos nacionais (*Länderkunde*) estabelecidos por Alfred Hettner (1927b) no período entre guerras se baseiam nessa concepção newtoniana de espaço como *container* e na respectiva reificação do social, que se estabeleceram como concepção dominante tanto no âmbito acadêmico quanto – e sobretudo – no âmbito escolar. Seu propósito é fundamentalmente a representação de países dentro de fronteiras naturais e a comprovação da influência determinante da natureza sobre a cultura nacional.

64 BENNO WERLEN

Com a "geografia espacial", como esta foi desenvolvida no período pós-guerra primeiramente na Geografia norte-americana por William Bunge (1962) em referência à teoria dos "lugares centrais" de Walter Christaller (1933) – o verdadeiro fundador da moderna geografia espacial –, o ideal científico causal permanece intacto. Entretanto, essa concepção disciplinar não se baseia mais no espaço como *container*, mas antes em uma concepção espacial relacional. Como no sentido dado por Leibniz, "espaço" é entendido não mais como (naturalmente) preexistente e anterior a toda ação humana, sendo substituído por uma concepção formal: o "espaço" se constitui, consequentemente, como forma da ordem do paralelismo das coisas ao longo de diferentes distâncias, sendo entendido como uma constelação de elementos que se caracterizam por uma determinada estrutura de ordenação e uma série de ligações ou relações funcionais baseadas na ordem (estrutural) preexistente. A concepção espacial relacional é tornada fértil para um programa de pesquisa segundo o qual as regularidades contidas nesta ordem devem ser abarcadas por meio de pesquisa empírica e criação quantitativa de modelos científicos e representadas em uma teoria geral do espaço. Essa teoria, empiricamente válida, constitui a base, como formula Dietrich Bartels (1968a), para explicações espaciais de elementos naturais e socioculturais.

Em paralelo ao estabelecimento do paradigma da Geografia como ciência do espaço estabeleceu-se no contexto germanófono do período pós-guerra de Hans Bobek e Wolfgang Hartke a Geografia Social: Hartke (1956) concebe a pesquisa sociogeográfica de paisagens como uma leitura de pistas: indícios paisagísticos de grupos sociais devem ser lidos e interpretados como indicadores de processos sociais. A reconstrução dos espaços sociais dos diferentes agrupamentos deve permitir o atingimento de concepções adequadas de regiões através da superação de uma retórica geodeterminista de "fronteiras naturais". As perspectivas de uma ciência interpretativa, que Hartke inaugura com a propagação da leitura de pistas espacial, permanecem, entretanto, num primeiro momento não utilizadas. Com isso efetua-se a segunda transformação radical na concepção disciplinar: de uma "ciência do espaço" a uma "ciência social" (Eisel, 1980).

Os acontecimentos políticos cotidianos atuais revelam, entretanto, a extrema urgência de uma concepção espacial sócio-ontologicamente consensual e socioteoricamente viável. Uma concepção espacial favorável à elaboração de uma (nova) concepção de mundo geográfica e ao bloqueio das

ESPACIALIDADE SOCIAL   65

chances de influência e de sucesso de práticas fundamentalistas revelaria a incoerência do regresso à ilusória comodidade do espaço *container*, supostamente insuperável pela via discursiva.

III

Os pontos de partida rumo a uma nova perspectivação da pesquisa social e cultural relativa ao espaço sob a forma de uma nova compreensão das ciências espaciais podem, finalmente, ser aqui enumerados *de modo conciso*: nas orientações espaciais tanto dentro quanto fora da Geografia é possível reconhecer que os esforços feitos até o presente não bastam. Em primeiro lugar, o estado atual da discussão teórica evidencia que a pesquisa sobre o espaço não pode ser conduzida meramente à maneira da teoria social. Em segundo lugar, para as Ciências Sociais, culturais e humanas não pode ser promissor duplicar todas as formas de espacialização de elementos significados que são típicas para a Geografia do início do século XX. Em terceiro, é imprescindível contemplar o "espaço terrestre" não como construto pré-teórico. Para a introdução da dimensão terrestre de práticas humanas é antes necessário criar concepções de espaço compatíveis com a teoria social.

Para se alcançar essa compatibilidade é necessário delimitar o âmbito da superfície terrestre segundo a geografia social baseada na teoria da ação: diante de diferenças ontológicas é necessário diferenciar entre realidades físico-materiais, mentais e socioculturais, para as quais respectivos conceitos de espaço serão necessários, caso não se queira arriscar incorrer em reducionismos insustentáveis. Assim, para o posicionamento dos significados de elementos socioculturais faz-se necessário disponibilizar "espaços sociais" como concebidos, por exemplo, por Pitirim A. Sorokin (1964) ou Pierre Bourdieu (1985). Um "espaço social" será, no entanto, tão inadequado para o posicionamento de elementos físico-materiais, quanto concepções espaciais de realidades físico-materiais para a localização de fatos sociais. Igualmente devem ser evitadas as tentativas de representação diretamente terrestre de elementos socioculturais ou mentais. Isso ainda assim não significa que seja legítimo falarmos de um espaço físico-material, no sentido de uma entidade material existente em si como espaço terrestre aristotélico, paralelamente a todos os elementos concretos. O "espaço" existe, nesse sentido, não num modo material, físico ou biológico, mas sim cognitivo. Após essa primeira fase de "faxina ontológica", como formula o geógrafo Gerhard Hard (1998, p.250), é necessário perguntar quais conceptualizações espaciais da dimensão terrestre são compatíveis com teorias sociais. E, ainda, quais as consequências dessa guinada para a lógica da pesquisa social e cultural reflexivo-crítica voltada para o espaço.

As respostas para as últimas duas perguntas estão mais próximas uma da outra porque concepções sociais e espaciais ou concepções espaciais e sociais na prática social são reciprocamente constitutivas. Nesse sentido, a geógrafa social Antje Schlottmann (2005) mostra, por meio da análise de artigos da imprensa com o tema Alemanha Oriental, que a linguagem espacial, contradizendo as realidades da modernidade tardia, ajuda a "provocar" e a reproduzir o "muro na cabeça das pessoas". No cotidiano, como aponta Tilo Felgenhauer (2007), não se discute sobre "espaço", mas se argumenta *com* ele, de forma que – contrariamente a toda razão da ontologia social – a "Geografia é utilizada como argumento" mesmo onde o assunto são lógicas sociais.

Os estudos apenas mencionados podem também confirmar uma das teses fundamentais da geografia social baseada na ação, segundo a qual a concepção de "espaço" como *container* implica uma concepção holística do social. A concepção espacial pré-moderna da mecânica newtoniana desenvolve uma espécie de ligação ontológica profunda com uma formação social anterior à modernidade, expressa em concepções de mundo geográficas tradicionais – segundo às quais culturas e sociedades se encontram em espaços. Para sociedades da modernidade tardia, "desarraigadas" espaçotemporalmente (Werlen, 1995d), essa concepção se torna cada vez mais problemática.

É urgentemente necessário levar-se em consideração os princípios da modernidade, nos quais se baseiam em grande medida os princípios da modernidade tardia, não apenas na relação sociocultural, mas também – e indo além disso – numa respectiva concepção geográfica de mundo. Isso significa que no centro dessa concepção não poderá mais figurar um espaço anterior a qualquer ação, mas sim os sujeitos físicos, agentivos, que criam "vínculos com o mundo" (Werlen, 1997) a partir de suas posições terrestres – muitas vezes transcendendo o vínculo corporal da experiência através de meios técnicos de comunicação. Essas práticas geográficas, fundamentadas nas condições espaçotemporais da modernidade tardia, podem ser descritas com a expressão *"geography-making"*, cunhada pelo geógrafo social Hartke (1962) e adotada por Giddens (1984b). Entretanto, essa expressão ora abrange, além de apenas práticas de definições de fronteiras terrestres e espacializações, também atos performativos da constituição das geografias do cotidiano e da formação de uma concepção de mundo.

No contexto desta concepção de mundo geográfica, o "espaço" não é imposto à ação como um molde. Ele pode, antes, ser compreendido como um elemento da ação que representa, como já mencionado, em diferentes configurações, um meio de criação de "vínculos com o mundo" através do qual as regionalizações do mundo cotidiano específicas de cada estilo de vida são realizadas, formando assim mundos da vida em relações globais. "Vínculo com o mundo" significa o domínio social de relações espaciais e temporais para o controle das próprias ações e da práxis de outros. Isso implica três formas de práticas de assimilação: a alocativa, da assimilação de bens materiais, a autoritativa, de sujeitos e seu controle sobre distâncias, e a simbólica, de assimilação de objetos e sujeitos. O "vínculo com o mundo" é a base da chamada "globalização".

Da perspectiva centrada na ação, "espaço" deve ser entendido como uma conceptualização da realidade físico-material, especialmente relevante em face da corporeidade dos sujeitos atuantes. Para poder-se tematizar "espaço" como elemento da práxis social é preciso compreendê-lo como conceito *classificatório formal*, e não como conceito empírico ou apriorístico. Ele não pode ser um conceito empírico porque não é possível comprovar a existência de um objeto "espaço". E não pode ser apriorístico porque está de fato fundamentado na experiência. Esse conceito se refere, entretanto, não à experiência de um misterioso objeto "espaço", mas sim à experiência da espacialidade de contextos de ação, que advém da nossa própria corporalidade. A espacialidade está baseada na relação do próprio corpo para com os demais elementos extensos (incluindo a corporalidade dos outros sujeitos) e seu significado para as possibilidades e impossibilidades de ação individuais. Em resumo: trata-se de um conceito *formal* por não se referir a características relativas ao conteúdo de elementos materiais e *classificatório* por possibilitar a descrição ordinatória de objetos materiais e a orientação no mundo físico.

Assim, quando o espaço é considerado elemento da ação pode-se evidenciar que a concepção básica de classificação formal é interpretada especificamente, isto é, de acordo com a forma da ação. Aplicado à teoria da ação, isso significa que essa concepção básica pode ser diferenciada e adaptada especificamente para assimilações racionais-econômicas, sociopolíticas normativas, assim como simbólicas. Com base nisso, pode-se postular que as relações dos corpos dos atuantes com os elementos físico-materiais do contexto de ação variam de acordo com a forma de direcionamento da ação e, consequentemente, varia também o significado daquilo que é compreendido conceptualmente como "espaço". Isso significa que, de acordo com o horizonte de interesses, tanto a orientação quanto a ordenação classificatória podem resultar diferentes.

Espacialidade cultural

Condição, elemento e meio da práxis[22]

A presente obra, "Espacialidade cultural", tematiza uma das questões mais importantes da atualidade: a questão sobre a relação entre "cultura" e "espaço" e, com ela, também a questão a respeito do significado de espacialidade para aspectos culturais da existência humana. O contexto semântico desta questão está intimamente relacionado aos acontecimentos de 11 de setembro de 2001. As reações a esses acontecimentos incutiram permanentemente essa questão na consciência da assim chamada opinião pública mundial. Pois, através de apelos ao combate do "fundamentalismo terrorista", ativaram-se também inúmeros outros fundamentalismos. Metáforas de culturas arraigadas espacialmente foram apresentadas como unidades formadoras de sentido. As fronteiras das culturas deveriam ser traçadas ao longo das respostas à questão do nível de civilização atingido. A "cultura" é elevada, assim, a um elemento semiobjetivo que supostamente poderia apresentar uma existência claramente identificável e localizável espacialmente.

---

22 Texto original: Kulturelle Räumlichkeit: Bedingungen, Element und Medium der Praxis. In: Hauser-Schäublin, B.; Dickhardt, M. (orgs.). *Kulturelle Räume*: räumliche Kultur. Zur Neubestimmung des Verhältnisses zweier fundamentaler Kategorien menschlicher Praxis. Göttinger Studien zur Ethnologie 10, Münster: LIT, 2003, p.1-11. (N. E.)

Cultura e espaço

Nos discursos políticos surgiram novamente determinações ontológicas de realidades culturais que por muito tempo influenciaram o olhar factual, tanto etnológico quanto cultural-geográfico. Na história de ambas as disciplinas pode-se identificar uma espécie de ontologia profunda da relação entre "cultura" e "espaço", que se manifesta na concepção da possibilidade de localização espacial exata de culturas. Os exemplos mais evidentes se encontram nos ensinamentos de círculos culturais etnológicos e geográficos, utilizados nos últimos tempos de maneira populista em *Choque de civilizações* (1996), de Samuel P. Huntington, como fundamento teórico para a reconfiguração da política mundial. Também aqui – de forma análoga à já ultrapassada tradição de pesquisa etnológico-geográfica – culturas são tratadas como entidades claramente identificáveis e delimitáveis no espaço terrestre.

É claro que existem diferenças importantes entre as duas disciplinas de pesquisa cultural. Entretanto, o cerne do problema é característico tanto para a etnologia quanto para os estudos nacionais (*Länderkunde*) – que por muito tempo foi o âmbito mais importante da geografia cultural. Enquanto na primeira concepção o étnico domina argumentativamente sobre o natural, na segunda o natural é escolhido como base do étnico ou cultural.

Consequentemente, na pesquisa cultural geográfica, o componente espacial figura em primeiro plano, enquanto em geral permanecia um aspecto apenas mencionado implicitamente nas perspectivas etnográficas. Uma vez que o étnico – no sentido original o "nacional" – apresenta, no contexto de práticas de orientação tradicional, disposições espaciais restritas, o aspecto regional está sempre implícito na concepção de "povo".

A essencialização de cultura por meio de representações da realidade centradas no espaço se torna, entretanto, cada vez mais problemática. Pois sua base cotidiana é fundamentada em muitos aspectos na dissolução. O que se tenta reformular com termos tais como "sociedades multiculturais", "globalização" ou "culturalização do social" é basicamente a dissolução do arraigamento espacial de práticas culturais, continuamente regulamentado de maneiras tradicionais ou institucionais. Isso não significa que a "espacialidade" não desempenharia mais um papel importante para práticas culturais. Porém, "espaço" parece não ser mais o meio amplamente abrangente da constituição de práticas. O princípio territorial do cultural é sobreposto em diversos âmbitos de realidades socioculturais por estilos de vida elegíveis e configuráveis. Dentro destes, a "espacialidade" permanece um meio importante para a implementação de práticas culturais. "Espaço", no sentido do espaço terrestre como recipiente de todos os elementos, se torna, entretanto – em função da crescente configurabilidade subjetiva da práxis –, cada vez mais problemático como referencial de projeção abrangente.

Com a perda da base cotidiana da completa territorialização do cultural, as consequências da essencialização da cultura se tornam ainda mais problemáticas do que já eram antes. Comparando-se a lógica argumentativa da pesquisa geográfica tradicional sobre o espaço cultural com aquela regionalista, nacionalista e com padrões argumentativos fundamentalistas análogos, vem à tona a assustadora semelhança entre os dois.

Do espaço à espacialidade

Diante deste cenário, iniciativas de pesquisa mais recentes, que buscam traduzir "espaço" em "espacialidade" em ambos os contextos disciplinares, são de central importância. Esse deslocamento de ênfase inaugura, a princípio, a possibilidade de se pensar a relevância prática da dimensão espacial de condições humanas como algo constituído. Isso significa que aquilo que é comumente considerado uma característica das coisas – ou mesmo do espaço como recipiente de todas as coisas –, ora é reconhecido como significado *atribuído*. Um significado que consequentemente não pode mais ser entendido como característica natural, mas sim cultural. Ele não possui um *status* independente da práxis e, por conseguinte, a ele não pode ser atribuído um poder de influência lógico independente ou sequer causal.

Porém, a criação de condições para a possibilidade de uma nova concepção ainda não é garantia de que essa chance seja utilizada. O desenvolvimento recente da discussão teórica anglo-saxônica na teoria cultural é um bom exemplo disto.

Após a crítica fenomenológica à concepção científica da ciência do espaço – por Anne Buttimer (1969) e Derek Gregory (1978) – foram desenvolvidas diversas concepções espaciais alternativas que deveriam servir de base para a pesquisa em geografia social e cultural. A elas foi associada a pretensão de dar novos rumos à reorientação da ciência do espaço na geografia de estudos nacionais tradicional. Ela deveria se afastar da tecnocracia em direção a uma "abordagem humanística".

Baseado neste desenvolvimento da discussão teórica geográfica, John Pickles (1985, p.154 et seq.) exige – referindo-se à filosofia de Martin Heidegger – o abandono da ciência do espaço e a busca da investigação da "espacialidade" da existência humana. Seu principal argumento se baseia na tese de que, por fim, o motivo da impossibilidade de se praticar uma pesquisa do espaço é que "espaço" e "lugar" (*place*) não são aceitáveis como elementos inquestionados, preexistentes da pesquisa geográfico-fenomenológica. Consequentemente, não o "espaço", mas a "espacialidade", deveria constituir o novo campo de pesquisa da Geografia Humana. Por este motivo a Geografia necessitaria de uma "ontologia da espacialidade" (Pickles, 1985, p.156).

Essa direção argumentativa foi seguida mais tarde por Theodore R. Schatzki (1991) e tornada a base de uma concepção "pós-moderna" de Geografia por Edward Soja (1989, 1996). O objetivo dessa pesquisa – comparável ao propósito dos resultados científicos aqui apresentados – é buscar uma interpretação, uma representação e um desenvolvimento adequados do significado de "espacialidade" para a "existência humana".

O ponto de partida para a definição de "espacialidade" é para Pickles a premissa de Heidegger de que a ordem espacial – e com ela a espacialidade das coisas – deriva do "manejo e uso" humanos (Heidegger, 1986a, p.102). Assim, a espacialidade pode ser compreendida como a acessibilidade da configuração de um lugar específico em relação a atividades específicas.

Referindo-se à *Física* (1956) de Aristóteles, Heidegger (1986a, p.102) enfatiza em *Ser e tempo* que:

> o "à mão" existente (...) possui uma proximidade variável, que não é definida por meio da medição de distâncias, (mas sim) (...) (regulada) por meio do manejo e uso "calculados". (...) A proximidade direcionada da coisa significa que ela não apenas possui seu lugar no espaço, disponível em alguma parte, mas também que ela, enquanto coisa, se encontra essencialmente inserida, alojada, colocada, arranjada no espaço. A coisa possui seu *lugar* ou então está "jogada por aí", o que é preciso diferenciar fundamentalmente de uma ocorrência pura em um ponto espacial qualquer.

Esses fundamentos dão margem a, no mínimo, duas interpretações.[23] Por um lado, existe a possibilidade de se compreender o significado de "espacialidade" em relação à atividade fisicamente transmitida. Nesse sentido, Pickles (1985, p.152) conclui que a ontologia da espacialidade deve ser fundamentada por toda forma de comportamento espacial. Apenas assim este comportamento poderia se tornar objeto de análise. A "espacialidade" deve, consequentemente, ser integrada a uma teoria espacial (geográfica) e assim ser investigada com base no comportamento espacial.

Com isso, o círculo argumentativo se conclui num sentido semelhante ao da Geografia como ciência do espaço. Nesta tentou-se explicar "estruturas espaciais" por meio de "processos" espaciais – uma empreitada que, sem perspectivas de sucesso em função da circularidade de sua pretensão de esclarecimento, é vista dentro da Geografia como concluída. Não há mais uma ciência espacial empírica do social e do cultural disponível.

Por outro lado – e essa parece ser para o próprio Heidegger a variante interpretativa mais importante –, pode-se considerar que "a coisa" assume o posto correspondente à sua essência, o seu "lugar natural", ou seja, ela não é mera expressão da decorrência de ações e até age sobre estas de maneira constitutiva.

Independentemente de qual interpretação seria a mais conforme, é importante notar que, embora a "espacialidade" seja em todo caso um aspecto importante do *existir*, do *Dasein*, da existência humana para Heidegger, ela não se limita à "espacialidade". Com isso, a questão sobre como "espacialidade" e a realidade sociocultural poderiam ser relacionadas, pensadas e pesquisadas conjuntamente de maneira empírica pode ser diferenciadamente formulada; respondida, entretanto, ainda não.

Espacialidade e ação

Pode-se constatar como resultado parcial que a "espacialidade" evidentemente não pode ser relacionada a uma teoria espacial empiricamente fundamentável. Ao mesmo tempo, a espacialidade da existência humana não implica uma localização espacial de "cultura". Em relação às duas

---

23 Ver Werlen (1999, p.213 et seq.).

possibilidades interpretatórias mencionadas acima pode-se ressaltar que tanto os significados de lugares quanto a espacialidade de elementos no sentido de uma perspectivação baseada na teoria da ação deveriam ser vistos sempre somente em relação *a* e como consequência *de* ações.

Contrariar essas interpretações – e com isso compartilhar definitivamente da opinião de Heidegger – significa trazer para si todos os problemas que resultam da containerização de cltura e sociedade. Os significados de lugares não seriam então resultado de esforços de constituição por parte dos sujeitos: lugares, espaços e espacialidade *teriam* então significados independentes dos sujeitos.

Negar "espacialidade" como aspecto e resultado da ação implica levar em conta que os significados de lugares devem ser considerados como expressão fundamental dos mesmos. A "espacialidade" pode ser mais adequadamente contemplada na perspectiva centrada na ação como aspecto do cultural. *Meaning of places* – o significado de lugares – e *meaning of settings* – o significado, específico de acordo com a ação, de constelações situacionais – podem ser verdadeiramente compreendidos apenas através da ação, tanto em sua importância *para* ações quanto *como* expressão da tendência simbólica.

A "espacialidade" pode, neste contexto, ser entendida hipoteticamente como o componente de ordens ativável por meio da ação, como meio simbolizado e simbolizador da ação. Nela se manifesta o conteúdo, relevante para a práxis, de ordens simbólicas no plano de contextos de ação transmitidos corporalmente. Isso é importante, como as contribuições deste livro mostram, sobretudo em situações face a face, mas não apenas nelas.

Nesse ponto de partida está a vantagem do "enquadramento discursivo embasado teoricamente" aqui apresentado, através do qual o significado do espacial para o cultural deverá ser explorado. Pois esse enquadramento evita a pretensão de se investigar o espacial por si. O objetivo é antes o significado da espacialidade para a dimensão cultural da existência humana. O que, considerando-se a ampla pesquisa da cultura – e sobretudo mediante às dimensões problemáticas abordadas inicialmente –, necessita de um esclarecimento mais aprofundado é a relação entre "espaço" e "espacialidade". Uma vez que realidades culturais são produzidas e reproduzidas em práticas cotidianas, faz-se necessário abordar justamente as relações entre o significado de espaço e espacialidade para a ação.

Espaço e espacialidade

A formulação de Heidegger, de que a espacialidade resulta do "manejo e uso 'calculados'" cuidadosamente, deve ser lida observando-se sua posição de que o "espaço" – no qual espacialidades são "produzidas" – seria o resultado de "espaços":

> Isso significa lavrar, amanhar o agreste. Abrir espaço traz o livre, o aberto para um estabelecimento e habitação humanos. Abrir espaço é (...) a liberação de locais nos quais os destinos dos habitantes encontram a graça de uma pátria ou a desgraça do apátrido, ou ainda a indiferença frente a ambas. (Heidegger, 1983, p.3)

Nisso fica evidente que, na definição do autor, "espaço – em oposição a "espacialidade" – possui existência *e* significado em si mesmo. Ele perdura frente ao abrir espaço, podendo por meio deste apenas ser liberado. As qualidades de "lugar"/"espaço" servem a Heidegger como predisposições de valorações normativas como "pátria" ou "apatridade".

Em uma perspectiva centrada na práxis, "espaço" também não pode ser entendido como um elemento substantivístico preexistente, que poderia ainda funcionar como recipiente para outras coisas materiais. Se fosse este o caso, então teria que ser possível, por fim, definir o lugar do espaço no espaço. A impossibilidade deste feito deveria ser uma obviedade. Não apenas por isso faz-se necessário um outro entendimento de espaço que seja tão compatível com uma visão centrada na práxis quanto a espacialidade.

Focando-se na práxis, "espaço" não pode mais ser compreendido como objeto,[24] mas "apenas" como uma conceptualização da realidade físico-material, como um meio através do qual a relação entre elementos socioculturais e físico-materiais é estabelecida. No caso de "espaço", todavia, trata-se de um conceito especial. Ele, em primeiro lugar, não designa um objeto, como conceitos empíricos. Sua segunda particularidade é que as dimensões de características espaciais possibilitam a ordenação e classificação de objetos.

"Espaço" deve, assim, ser entendido como um conceito formal-classificatório. Ele é formal por não se referir a aspectos do conteúdo dos elementos materiais, e classificatório por possibilitar atribuições de ordem.

---

24 Ver Werlen (1999, 2000, p.327 et seq.).

Entretanto, ele não é um elemento *a priori*, pois está baseado na experiência. Numa experiência, porém, não de um objeto "espaço" específico – adjunto a todos os objetos materiais existentes –, mas sim da própria corporalidade, sua relação para com os demais elementos extensos (inclusive para com a corporalidade de outros atuantes) e seu significado para as próprias (im)possibilidades de ação. Nesse sentido, "espaço" representa como que uma "abreviatura" para constelações de problema e possibilidades de ação e comunicação social fundamentadas na corporalidade dos atuantes.

Em vez de reificar a abreviatura, a pesquisa das Ciências Sociais e da cultura deveria antes explicar o que ela representa. Isso exige o esclarecimento das conotações que "espaço" pode adquirir em diferentes contextos de ação. Em relação a isso, deve-se partir do pressuposto de que tanto o aspecto formal quanto o classificatório do conceito de espaço podem adquirir conotações específicas respectivas. Como consequência pode-se postular hipoteticamente: dependendo do horizonte de interesse da ação, a orientação e a ordem classificatória podem resultar diferentes.

Regras da significação

Assim, pode-se constatar que essa definição ontológica e esse primeiro posicionamento definitório não permitem que se fale de um "espaço" objetal ou *material*, mas apenas de uma representação e de assimilações simbólicas de elementos materiais em condições espaciais. Dado que é igualmente relevante para a abordagem de elementos físico-materiais pelas ciências tanto da cultura quanto naturais.

Às ciências da cultura cabe, nesse contexto, a tarefa explanatória de constatar quais conotações simbolicamente significadas podem ser desenvolvidas com constelações físico-materiais através de que tipo de práxis sociocultural. Ou, em outras palavras: como as relações de classificação são interpretadas de modo significado, quais significados simbólicos ganham as ordenações classificatórias identificáveis como espacialidade cultural?

A resposta de Michael Dickhardt e Brigitta Hauser-Schäublin (2013, p.13 et seq.) a estas questões é que as constâncias culturais dessas relações podem ser encontradas nos princípios, nas modalidades de estruturação que fundamentam as diferentes práticas. Complementarmente – e em referência à definição sugerida de "espaço" como base para a compreensão de "espacialidade" – esse ponto de partida argumentativo poderia ser expandido no sentido da qualificação das modalidades de estruturação como um conjunto de regras, culturalmente específico, do relacionar significativo entre atuante e elemento físico-material. Através do relacionar significativo ou através das atribuições de significado específicas, as próprias ordenações espaciais interpretadas (espacialidade) se tornam elementos da ação significativos, entretanto "apenas" com seu conteúdo simbólico e não imediatamente como entidade físico-material.

A regularidade do relacionar significativo – como é possível formular hipoteticamente – constitui um dos mais importantes fundamentos para a recorrente reificação de arranjos espaciais como o social ou cultural "em si". Elas se baseiam nas teorias culturais em cujo centro se encontra uma combinação de espaço e cultura. A frequência com que esses arranjos são utilizados pode – e isso seria uma outra hipótese –, tanto numa perspectiva cotidiana quanto científica, fazer que o espacial seja tomado já pelo social ou cultural.

Uma pesquisa (cultural) contrastiva empírica do significado da "espacialidade [cultural] da existência humana" pode trazer bastante clareza à inter-relação imediata, afirmada em geral apenas de modo ortodoxo. Para a investigação ou verificação destes contextos colocados hipoteticamente certamente seria útil contemplar essa ortodoxia como expressão da reificação daqueles esforços de constituição por meio dos quais ordenações simbólicas são geradas e reproduzidas em práticas culturais. Como toda forma de ortodoxia, também esta está estreitamente relacionada à reprodução de relações de poder.

O poder e a capacidade de controle da práxis cultural

Uma condição prioritária para que a própria pesquisa cultural não seja vítima de tais ortodoxias parece ser evitar todo tipo de armadilhas estruturalistas. Isso significa que um determinado conjunto de regras significativas, diagnosticado empiricamente, não pode ser imposto de maneira objetiva como semiabsoluto e incondicionalmente válido para uma *determinada* "cultura". É necessário, antes, dar uma atenção especial ao potencial de controle dos atuantes durante o decorrer de sua ação, mesmo em contextos de sociedades e culturas mais fortemente dominadas pela tradição.

Essa capacidade de controle deve ser levada em consideração especialmente em relação à explicação empírica do significado da espacialidade cultural em diferentes situações de ação. Para tanto é necessário dar especial atenção às interpretações subjetivas dos princípios de estruturação em contextos específicos. Além disso, faltaria ainda esclarecer que aspectos estratégicos estão relacionados à integração da espacialidade cultural na execução das ações ou quais deles constituem ou poderiam constituir – na esfera da consciência prática – o objetivo desta integração.

Para a elucidação destes contextos (colocados hipoteticamente) seria necessário, em complementação às reflexões inicialmente apresentadas, dedicar especial atenção à relação entre recursos autoritativos e espacialidade cultural. Isso significa, de acordo com a teoria de regionalizações cotidianas,[25] que o significado da espacialidade cultural deve ser esclarecido em relação ao seu potencial de controle de outras pessoas. "Recurso" designa, neste contexto, o âmbito de "competência", ou melhor, de "capacidade" ou "disponibilidade", a amplitude daquilo que um sujeito é capaz de executar, a capacidade transformativa da ação humana. O potencial de transformação autoritativo representa particularmente as formas de capacidade usualmente relacionadas à dominação e poder sobre pessoas. Ele é tematizado aqui como componente de relações sociais, da práxis social, e não como uma categoria externa.

Recursos autoritativos designam, consequentemente, a capacidade de obter e manter controle sobre atuantes. As formas mais importantes de recursos autoritativos que podem ser encontradas em todas as formas de sociedade e cultura, tratam da organização espaçotemporal de uma sociedade e, com isso, também da espacialidade como elementos de interações sociais em manifestações culturais específicas.

A justificativa para a exigência de se considerar aspectos autoritativos neste contexto se baseia na hipótese de que a espacialidade em geral apresenta não apenas uma alta carga simbólica, como também está relacionada em uma medida ainda maior a componentes do poder. Essa constelação hipoteticamente postulada pode ser fundamentada pela mesma argumentação que estabelece uma estreita correlação entre corpo ou estrutura física e espacialidade. Também nesse sentido é necessário definir como a "espacialidade" será utilizada comunicativa e argumentativamente.

---

25 Ver Werlen (1997), Giddens (1998a).

Estudos empíricos poderiam comprovar que "poder" se refere não a "espaço" e "espacialidade", mas antes ao potencial de transformação. A "espacialidade" constitui, nesse contexto, um *meio de implementabilidade* fundamental, um meio para a obtenção do controle sobre os sujeitos através do controle de seus corpos. Ela pode ser, assim, compreendida como um elemento comunicativo sobressalente para o controle e poder efetivo sobre pessoas, como uma das formas através das quais tal controle é obtido por meio do controle regulativo do corpo ou, num sentido fenomenológico, da estrutura física dos sujeitos atuantes.

O desenvolvimento, culturalmente orientado, da significância da espacialidade para as ações humanas inaugura uma nova aproximação para com a relação entre cultura e espaço. A longo prazo deverá ser possível combater todas as tendências precipitadas de cenários de espacialização cultural estereotípicos. Com isso, finalmente seria aberto o portal para uma compreensão mais profunda do significado do espacial para a reprodução e transformação de realidades socioculturais.

A importância destes esclarecimentos pode ser confirmada pelas reações aos ataques de 11 setembro de 2001. Entretanto, isso é apenas um exemplo para as implicações dramáticas de toda forma de discurso espacial no tratamento de aspectos culturais das formas de vida humana: no passado como no presente, na esfera cotidiana como na científica.

2
A GUINADA DA TEORIA DA CULTURA

A capacidade de comoção que os campos temáticos da geografia social e cultural podem alcançar se mostrou em vários momentos das últimas décadas. No âmbito alemão, por exemplo, a chamada política de integração gerou reiteradas polêmicas. No contexto global há que se recordar o discurso, sob todas as perspectivas altamente dramático e problemático, da "guerra das culturas", assim como as "contramedidas" territoriais, daí derivadas, do governo Bush. Obviamente esses focos de interesse popular e de reflexões da política mundial não são identificados imediatamente como âmbitos do fazer geográfico cotidiano, mas sim como o que de fato são: problemas que necessitam de configuração política, de solução de conflitos por meios pacíficos.

Se tomarmos um distanciamento crítico e nos perguntarmos, por trás de uma superficialidade encenada e muitas vezes até calculada, qual é o ponto central (comum) de um grande número de áreas de conflito abordadas atualmente, a resposta será a reconfiguração dramaticamente veloz das relações espaciais sociais. Neste processo, as relações entre sociedade, cultura, economia e espaço são submetidas a uma redefinição radical. Os conceitos atuais de ação política sobre estes âmbitos se revelam cada mais inapropriados e, muitas vezes, até problemáticos. Para que seja possível preparar estratégias de formação não conflituosas para estes campos de ação é necessário primeiramente iniciar-se com a esfera conceitual. Afinal, parece pouco promissor buscar a resposta para novos problemas em velhos enquadramentos conceituais e teóricos. Assim, no contexto da política de integração é de pouca valia mobilizar as velhas containerizações nacionais provenientes dos Estudos Nacionais e procedimentos de exclusão quando tanto as formas de vida dominantes quanto as legítimas são perpassadas por lógicas globais. Com quase toda certeza é pouco promissora também a velha lógica (geodeterminística), propagada com a "guerra das culturas", de tentar restabelecer "espaços culturais" espacial e temporalmente arraigados, sendo que o estabelecimento das novas relações entre cultura e espaço é regido e marcado exatamente pela lógica do desarraigamento, da dissolução, da superação de disposições espaciais fixas formadas tradicionalmente. Esses dois exemplos devem bastar para apresentar a relevância de visões de mundo geográficas (tradicionais) na interpretação de processos atuais e, de forma análoga a isso, da enorme relevância do estudo das relações espaciais sociais, que ora estão se formando, para a reconfiguração da convivência social.

Naturalmente, "cultura" e "política" devem ser pensadas, do ponto de vista da geografia social, sempre conjuntamente – uma posição que desapareceu progressivamente desde o *cultural turn* na metade dos anos 1990. Exatamente na versão retrógrada do *cultural turn*, em *Choque de civilizações* de Huntington é possível se reconhecer a grande relevância da culturalização do social e político. Os textos deste capítulo abordam, numa crítica construtiva, as condições, implicações e potenciais consequências da guinada da teoria da cultura para perpectivações geográficas dos acontecimentos mundiais. "Identidade cultural entre individualismo e holismo" (1989) – concebido como contribuição a uma publicação em homenagem ao meu professor de Etnologia, professor Hugo Huber – é um posicionamento da perspectiva da teoria da ação em relação ao debate, que prossegue até hoje, sobre o culturalismo e a identidade. Trata-se de – também em relação ao debate regionalista sobre a identidade dentro da geografia social germanófona – essencialmente da questão sobre "quem" com "que" pode apresentar que tipo de "identidade" e de que forma é possível abordar questões de identidade em uma perspectiva geográfica.

Essa posição continua a ser elaborada em "Identidade regional ou cultural? Rascunho de um problema" (1992). O ponto de partida desse texto foi uma palestra conferida no Congresso Internacional de Ecologia Humana ou *Human Ecology* em Appenberg, Berna, no ano de 1989, que gerou ali uma forte controvérsia com Peter Gould e Gerhard Bahrenberg. O manuscrito original da palestra foi publicado pela primeira vez em inglês na coletânea *Human Ecology. Fragments of Anti-Fragmentary Views of the World* (Ecologia humana: fragmentos de uma antifragmentada visão do mundo), editada por Dieter Steiner e Markus Nauser (1993). A versão em alemão foi lançada

ESPACIALIDADE SOCIAL   81

em 1990 com várias modificações e, por sugestão de Peter Weichhart, como posicionamento em relação ao debate, que se tornara entrementes bastante acirrado, sobre a significabilidade na pesquisa de "espaços de consciência" em "Boletim sobre *Landeskunde* alemã" (*Berichte zur deutschen Landeskunde*).

"Espaço, corpo e identidade" (1997) esclarece a mudança de perspectiva, proposta neste debate sobre regionalismo, da pesquisa de identidade espacializante rumo à elucidação do significado da convivência regional para o desenvolvimento da identidade cultural e da certeza da existência. Foi apresentado originalmente no Congresso Anual da Sociedade Alemã de Ecologia Humana em Sommerhausen am Main no ano de 1994 e publicado, em uma versão reduzida, na coletânea do congresso, que levou o título de *Mensch und Lebensraum* (O ser humano e espaço de vida). A presente versão integral está mais próxima do manuscrito original.

"A geografia cultural e a guinada da teoria cultural" foi lançado em 2003 na coletânea *Kulturgeographie* (Geografia cultural), editada por Hans Gebhardt, Paul Reuber e Günter Wolkersdorfer como preparação para o primeiro congresso sobre a nova geografia cultural, em Leipzig. "Corpo, espaço e representação midiática" (2008) se baseia em uma palestra que ministrei em 2007, por ocasião do simpósio "O geocode das mídias. Localizando a *spatial turn*" dentro do âmbito extraordinário de pesquisa "Transformações midiáticas", na Universidade de Siegen. Trata-se basicamente da representação do enquadramento teórico das atividades, iniciadas em 2004, da comissão do IGU Cultural Approach e seu enfoque, "Geografia das mídias" e "Análise geográfica de mídias", além do desenvolvimento da teoria midiática geográfica esboçada no segundo volume de *Sozialgeographie alltäglicher Regionalisierungen* [Geografia social de regionalizações cotidianas].

Identidade cultural entre individualismo e holismo[1]

As discussões sobre "holismo" e "individualismo" podem à primeira vista parecer áridos exercícios acadêmicos sem finalidade prática (para a

---

1 Texto original: Kulturelle Identität zwischen Individualismus und Holismus. In: Sosoe, L. K. (org.). *Identität: Evolution oder Differenz?* Festgabe für Professor Hugo Huber. Freiburg: Universitätsverlag Freiburg Schweiz, 1989, p.21-54. (N. E.)

pesquisa). Entretanto, uma observação mais cuidadosa mostra que se trata de um aspecto central de toda atividade socialmente orientada, independentemente se num plano científico ou cotidiano, uma vez que os postulados básicos que caracterizam essas posições – ou suas variantes – estão contidos, ao menos implicitamente, em todas as afirmações sociocientíficas, através das quais são tomadas decisões fundamentais sobre a concepção da constituição do cultural e do social. Elas deverão ser de central importância também para o esclarecimento do "universo mágico da identidade" (Müller, 1987), cujo objetivo, por fim, também é esclarecer quem pode apresentar uma identidade e com que elementos.

A expressão mais evidente da elaboração deste problema se encontra, no entanto, na resposta a questões tais quais: como pesquisar "cultura" e "sociedade" de maneira adequada? Seriam elas objetos de pesquisa *sui generis* ou construtos analíticos que ressaltam especialmente determinados aspectos da vida humana? Como se dá a transformação sociocultural? Ela pode ser implementada apenas por coletivos ou são os indivíduos que a realizam? Ou: coletivos são atuantes ou uma espécie de "meta-atuantes"? No mais tardar, nas respostas a estas perguntas é que são evidenciadas as hipóteses fundamentais em função das quais individualistas e holistas se diferenciam.

Na etnologia são sobretudo os funcionalistas e estruturalistas que, em referência a Émile Durkheim, tendem à afirmação de que "cultura" e "sociedade" seriam dados que se diferenciam fundamentalmente daquilo que os indivíduos fazem ou fizeram, exercendo até mesmo uma pressão determinante sobre eles. O surgimento da "cultura" em geral não pode, portanto, ser tornado o tema da análise, devendo antes ser pressuposto. Paralelamente a isso existem concepções científicas que destacam exclusivamente a individualidade e colocam em questão o significado de coletividades para as atividades dos indivíduos. Isso traz consigo o risco da redução do cultural à psique, à qual, por fim, está associado um irracionalismo irrefreável. Na reflexão a seguir, as premissas das diferentes posições deverão ser apresentadas e discutidas no contexto de uma concepção alternativa. A linha argumentativa parte da teoria da estruturação de Anthony Giddens por esta representar uma das tentativas mais profícuas de se colocar os problemas acima mencionados em um novo contexto. O "terceiro caminho" por ele sugerido, no entanto, não deixa de apresentar problemas.

Há ainda uma outra justificativa para a referência à sugestão de Giddens. As geografias social e cultural estão, de acordo com sua tradição, orientadas para a investigação da diferenciação terrestre de sociedades e culturas. A elaboração diferenciada deste contexto continua a ser o problema fundamental de toda a pesquisa regional, especialmente da etnologia regional. Uma vez que, ao lado de Pierre Bourdieu, Giddens seja talvez o único nome das Ciências Sociais contemporâneas que inclui o horizonte dessa problemática em sua teoria social, suas reflexões teóricas e metodológicas são de especial relevância para toda pesquisa de enfoque regional. O problema existente nesse caso, entretanto, é que, contrariamente à reorientação, por mim sugerida, da pesquisa em geografia social segundo a teoria da ação – que também tem como propósito a clarificação da relação entre "sociedade, ação e espaço" –, Giddens descarta o individualismo metodológico como concepção básica da pesquisa social e cultural. É necessário esclarecer os motivos desta divergência; afinal, se não houver consenso em relação às premissas, não poderá surgir um diálogo frutífero nas demais esferas. As exposições a seguir devem, portanto, ser vistas como uma tentativa de clarificação tanto dos fundamentos de uma pesquisa regional centrada na cultura quanto da concepção de cultura correspondente.

Pesquisa social e cultural baseada na teoria da estruturação

No projeto de sua teoria da estruturação, Giddens (1998a) busca sobretudo responder às questões sobre como a relação entre ação, estrutura, sistema social e reprodução social pode ser conceptualizada da maneira mais adequada[2] e – ainda que num sentido subordinado – qual significado cabe à "cultura" nesse contexto. Seu objetivo é, assim, esclarecer se o individualismo metodológico representa uma alternativa frutífera à concepção de pesquisa estrutural. Em outras palavras, seu objetivo é tornar a "dualidade de estrutura", por ele explorada conceitual e argumentativamente, acessível à pesquisa em Ciências Sociais. Antes de abordar as premissas fundamentais da concepção de Giddens, gostaria primeiramente de reproduzir seu contexto geral, ainda que de forma reduzida.

---

2 Ver Giddens (1988a, p.277).

84   BENNO WERLEN

O objetivo primário da obra de Giddens é elucidar a mediação entre a realidade sociocultural e o sujeito atuante, ou seja, a mediação entre ação e estruturas socioculturais. Essa mediação deve ser investigada mais apuradamente para que se evite um objetivismo ou um subjetivismo inadequados. Deste modo é buscada uma solução para o problema da mediação entre a micro e a macroesfera e superado o abismo entre análises de sentido e estruturais. Para cumprir estes propósitos seria necessário "ir além tanto do positivismo quanto da sociologia interpretativa" (Giddens, 1984a, p.8), isto é, superar a barreira entre os conceitos estruturalistas da pesquisa sobre cultura e sociedade de um lado e de outro os conceitos baseados na teoria da ação.[3] Numa perspectiva metodológica, esse objetivo implica o dualismo entre uma perspectiva causalístico-estrutural e outra interpretativa baseada na teoria da ação. Daí deve então ser gerada uma outra perspectiva de pesquisa autônoma. Giddens deriva disso a tese da concepção dualística de estruturas socioculturais, que gostaria de abordar primeiramente.

O conceito da "dualidade da estrutura" constitui, segundo Richard J. Bernstein (1986, p.242), a *"central vision"*, segundo David Held (1982, p.99), o "conceito-chave" da teoria da estruturação de Giddens. Com este ele pretende

> superar categorialmente parcialidades das teorias estruturais objetivísticas por um lado e por outro das teorias da ação orientadas subjetivisticamente para poder (...) "formular", sob a forma de uma "crítica interna", sua própria teoria. (Kiessling, 1988, p.173)

Ação e estrutura figuram, segundo Giddens, em um processo de mediação. Elas são elementos da mesma realidade sociocultural. A "estrutura" é definida por Giddens da seguinte maneira: "Uma estrutura não é um 'grupo', um 'coletivo' ou 'organização', estes *possuem* estruturas". Estruturas tampouco possuem um sujeito. Elas devem ser antes compreendidas como sistemas de regras semânticas (estrutura de concepções de mundo), como sistemas de recursos (estrutura do domínio) e como sistemas de regras morais (estrutura da legitimação). Essas estruturas se concretizam e se reproduzem apenas através de ações. "A reprodução social deve ser analisada no *processo imediato do constituir da interação*" (Giddens, 1984a, p.147). "Estruturação"

---

3 Ver Giddens (1988a, p.52 et seq.).

designa "processos dinâmicos através dos quais estruturas são geradas (ibid., p.148). Estas são mediadas através das modalidades "esquema de interpretação" (concepção de mundo), "meio" (domínio) e norma (legitimação), que estão vinculados às formas de interação "comunicação", "poder" e "moral". Isso já indica que Giddens (1984a, p.148) postula com a "dualidade da estrutura" a tese central de sua teoria, segundo a qual "estruturas sociais tanto são constituídas pela ação humana quanto são *o meio* para esta constituição".

Isso indica, como deve ser possível reconhecer até aqui, que para Giddens a constituição do mundo social é efetuada em cada situação interacional concreta. Para a concretização destes processos de constituição, os atuantes se baseiam, de acordo com a disponibilidade de recursos, em regras morais e semânticas específicas que se permeiam no ato de constituição. Se as modalidades de produção e reprodução se referem "a uma totalidade coletiva como um sistema integrado de regras semânticas e morais (...), então podemos falar da existência de *uma cultura comum*" (ibid., p.150). "*Identidade cultural*" depende, assim, da forma de execução dos processos de estruturação e deve ser diferenciada da contradição no sentido de uma "divergência entre princípios estruturais". A "identidade cultural" se dá, como pode-se formular hipoteticamente, quando o atuante está em condições de avaliar, com o conhecimento subjetivo, as regras semânticas e morais compartilhadas intersubjetivamente de maneira isenta de contradições nos processos de estruturação.

A perspectiva unilateral da "ação", ao contrário, como Giddens considera típico dos representantes da teoria da ação, impede o acesso aos macroaspectos da realidade sociocultural, impossibilitando o desenvolvimento de um conceito estrutural. Por outro lado,

a fronteira tanto do estruturalismo quanto do funcionalismo reside no fato de que eles contemplam a "reprodução" como resultado mecânico, e não como processo a ser constituído ativamente, existente na ação dos sujeitos e, consequentemente, por eles engendrado. (Giddens, 1984a, p.147)

Em outras palavras, isso significa que um conceito que pretenda possibilitar um acesso adequado à investigação da "dualidade da estrutura" ou dos processos de estruturação e, assim, da identidade cultural – no contexto dessa perspectiva – precisa esclarecer os princípios básicos relativos à ontologia do mundo sociocultural. Essa é a posição também de Giddens, que discute essa clarificação no contexto da elaboração do holismo e do individualismo, isto é, do individualismo metodológico. Afinal, exatamente neste contexto é extremamente importante esclarecer quais elementos socioculturais podem ser considerados aptos para a ação, ou seja, "o que" ou "quem" pode ser visto como força criadora do universo sociocultural.

No contexto teórico ilustrado muito brevemente, Giddens esclarece, fazendo referência à atual discussão (sociofilosófica), primeiramente sua compreensão da concepção holística (de sociedade) e, em seguida, a compreensão do individualismo metodológico. Logo após, ele apresenta suas reflexões a respeito de um "terceiro caminho", que poderia ser adequado à sua teoria da estruturação. Primeiramente quero apresentar as primeiras duas posições antes de confrontá-las com perspectivas alternativas. Meu objetivo primário com isso é a verificação crítica aprofundada da afirmação de Giddens (1988a, p.41): "Não aceito uma posição que esteja próxima do individualismo metodológico". Ou seja, é necessário antes esclarecer se para a implementação dos estudos sociais e culturais de acordo com as categorias da teoria da estruturação seria, de fato, necessário abrir mão da concepção básica do individualismo metodológico ou se os referidos estudos são compatíveis com os princípios fundamentais dessa teoria.

A análise de Giddens de concepções fundamentais da sociedade

Para apresentar as posições holística e da teoria da estruturação, Giddens (1988a, p.263 et seq.) faz referência a Durkheim e Peter M. Blau (1977) e para a posição do individualismo metodológico, a Steven Lukes (1974, 1977) e John W. N. Watkins (1959). Ambas as posições podem ser resumidas da seguinte forma:

a Postulados básicos da posição tradicional da teoria da estruturação
a_1 Sociedades são mais que a soma de seus elementos constituintes.
a_2 Fatores estruturais possuem um efeito restritivo sobre os atuantes e são "supraindividuais".
a_3 Estruturas devem ser analisadas sem relação para com os objetivos e características dos indivíduos.

A nova sugestão de Blau (1977), representativa para a sociologia da teoria da estruturação, não associa mais a análise estrutural com uma misteriosa influência da sociedade sobre os atuantes, ela diferencia o conceito de estrutura e o objetivo de pesquisa da seguinte maneira:

a_4 O conceito de estrutura se refere a posições e relações sociais entre posições sociais; a principal tarefa consiste em investigar a distribuição da população em diferentes posições e as relações entre estas, assim como representar, por fim, tais resultados através de uma teoria dedutiva da estrutura social.

Giddens *descarta* esses postulados e o programa de pesquisa deles derivado pelos seguintes motivos: *primeiro*, estruturas são reconhecidas por Durkheim e outros apenas como imposição. Além disso, considera-se que as estruturas, independentemente dos motivos da ação, agem de forma causal sobre os atuantes. *Segundo*: variações dos fatores estruturais de sociedades devem ser explicadas sem referenciação aos aspectos subjetivos da ação (posicionamentos, convicções, motivos etc.) e os indivíduos não são aceitos como leigos competentes. *Terceiro*: a característica da dualidade da estrutura, isto é, seu caráter de limitação e possibilitação de ações e dos mecanismos da reprodução social de estruturas, não é levada em consideração.

Giddens (1988a, p.268) poderia, entretanto, *aceitar* esse conceito investigativo sob a condição de que o pesquisador admitisse hipoteticamente determinados motivos típicos do atuante e os assinalasse entre parênteses (podendo explicitá-los a qualquer momento), para então, sob estas condições, voltar-se à pesquisa das estruturas sociais. A questão que se apresenta é, assim, se o contexto dos postulados do individualismo metodológico propicia um acesso adequado para a pesquisa da dualidade de estruturas.

b Postulados básicos do individualismo metodológico[4]
b_1 Fenômenos sociais apenas podem ser explicados levando-se em consideração a análise do comportamento de indivíduos. Consequentemente, apenas indivíduos podem agir, e não coletivos.
b_2 Apenas indivíduos são reais.

---

4 Ver Giddens (1988a, p.270 et seq.).

b_3 Afirmações relativas a fenômenos sociais podem ser atribuídas, sem exceção e sem perda de sentido, a descrições das características de indivíduos (disposições, necessidades, recursos etc.).

b_4 Apenas é possível haver leis das Ciências Sociais se elas tratarem de disposições psíquicas dos indivíduos.

Os postulados b_2 a b_4 são considerados falsos por Lukes e Giddens pelos seguintes motivos: *Primeiro*: se o postulado b_2 expressa que é possível observar apenas indivíduos, então ele é falso, ainda que se queira compreender o ato da observação não como a percepção imediata, vinculada aos órgãos sensoriais. Aspectos sociais também podem ser reais. *Segundo*: no que se refere às características dos indivíduos, elas são necessidades orgânicas e disposições psíquicas. Uma vez que ainda não foi possível reduzir fenômenos sociais a características fisiológicas ou disposições psíquicas, fica temporariamente anulada esta tese. *Terceiro*: assim, não faz sentido querer relacionar generalizações sociocientíficas a características individuais. A primeira parte da afirmação b_1 é considerada por Giddens, em vinculação a Lukes, como trivial, não obstante, ele *concorda* com sua segunda parte e a considera um argumento importante contra a posição da teoria da estruturação.

Sob esta condição, Giddens procura desenvolver uma concepção[5] que unifique tanto os aspectos positivos da teoria da estruturação quanto os da posição individualística. Suas formas tradicionais atuais são por ele rejeitadas. As duas posições não representam para ele alternativas cuja aceitação de uma implicaria a rejeição da outra. Ambas deveriam antes ser adaptadas às exigências da teoria da estruturação e continuar a ser desenvolvidas em um "terceiro caminho" para além do *status* atingido até o momento.[6]

Em relação ao individualismo metodológico, isso significa que Giddens tem em mente[7] o desenvolvimento das formas de interação que rejeitam especialmente a afirmação b_3 e consideram as características individuais como definidas socialmente (ou estruturalmente). Segundo Giddens, os seguintes pontos do individualismo metodológico podem ser adotados: *primeiro*, que "'forças sociais' nunca são senão misturas de consequências intencionais

---

5 Ver sobre isso ainda Giddens (1984b, p.74 et seq.).
6 Ver Giddens (1988a, p.277).
7 Ver Giddens (1988a, p.274).

e não intencionais de ações executadas (por indivíduos possuidores de uma existência física) em determinados contextos" (Giddens, 1988a, p.277) e, *segundo*, que – contrariamente à posição da teoria da estruturação – a consciência dos atuantes deve ser considerada em todos os momentos.[8] Com isso encerra-se o breve resumo do trabalho de Giddens com o individualismo metodológico. Antes de me posicionar em relação a suas reflexões, gostaria de apresentar duas exposições mais precisas da relação entre holismo e individualismo: a de Joseph Agassi e a de Ian C. Jarvie.[9]

Uma representação diferenciada do campo temático

Agassi (1960, p.244) resume a discussão sociofilosófica sobre holismo e individualismo da seguinte forma:

	a) Holismo	b) Individualismo
1.	*Tese do holismo* A sociedade é um todo que é mais que suas partes.	*Tese do individualismo* Apenas indivíduos podem ter objetivos e interesses.
2.	*Tese do coletivismo* A "sociedade" age sobre os objetivos dos indivíduos.	*Tese do princípio de racionalidade* Indivíduos se comportam em determinadas condições de acordo com seus objetivos.
3.	*Tese da análise institucional* A divisão social influencia e limita o comportamento dos indivíduos.	*Tese da reforma institucional* A divisão social é resultado de ações individuais e, portanto, mutável.

Por meio destes postulados apresentados da maneira tradicional é possível constatar que, embora sejam duas posições diferentes, sob essa forma elas não necessariamente se excluem. Observando-se mais atentamente, os individualistas se recusam a aceitar a existência de uma totalidade social por assumirem que apenas indivíduos podem ter objetivos. Os holistas reafirmam, ao contrário, a existência de algo como objetivos nacionais ou interesses de classe. Por esse motivo é necessário incluir no catálogo de teses uma outra posição explícita, que em geral é expressa apenas implicitamente. Como Agassi (1960, p.245) a formula:

---

8 Essa formulação implica o rompimento com a comparação de determinadas características de indivíduos em favor da precisão de modelos de atuantes no sentido trazido por Giddens (1988a, p.270 et seq.).

9 Agassi (1960), Jarvie (1974). Giddens surpreendentemente não os leva em consideração.

4. Se "totalidades" existem, então elas possuem objetivos e interesses próprios específicos.

Explicitando-se essa afirmação 4 fica evidente que, independentemente de sua aceitação como verdadeira ou falsa, comparadas a ela, 1a e 1b se excluem, e que as proposições 2 e 3 precisam ser reinterpretadas. Essa reinterpretação iria na seguinte direção:

Individualista: Os objetivos do *ego* até podem ser influenciados pelos do *alter ego*, porém não podem ser explicados em referenciação ao objetivo social *(2a)*; a ação individual por um lado é limitada por tais imposições sociais, mas somente no sentido de se tratar de resultados de ações de outros indivíduos *(3a)*.

Holista: Embora as ações de alguns possam ser racionais, elas são determinadas pelos objetivos do grupo social *(2b)*; reforma institucional é, portanto, *impossível* se a divisão social se referir à própria sociedade ou aos objetivos e determinações sociais *(3b)*.

De acordo com o holismo, os indivíduos estão não apenas integrados em interesses sociais existentes, como também são dominados pelos objetivos de totalidades sociais. Segundo o individualismo, ao contrário, existem apenas indivíduos e só eles podem ter objetivos.

Confrontando essa diferenciação com a representação que Giddens sugere, podemos perceber a concordância de sua descrição do individualismo metodológico com a do individualismo de Agassi. Observando-se mais cuidadosamente, isto não representa um problema. Afinal, segundo Agassi, o individualismo trata da caracterização do individualismo psicológico, não do metodológico. Além disso, Agassi (1960, p.246) enfatiza acertadamente que é preciso discernir claramente entre a afirmação de que todo individualismo apresenta traços individualísticos e a confusão do individualismo com o psicologismo. Por "psicologismo" entenda-se aqui uma doutrina que considera que todos os elementos sociais podem ser explicados por meio de teorias psicológicas.

Essa clarificação permite a diferenciação entre uma psicologia individualística e uma coletivística. A primeira considera – como Sigmund Freud – que todos os fenômenos sociais podem ser explicados por meio das características de indivíduos. A segunda considera – como Carl Gustav Jung – que existe algo como uma consciência coletiva que controla a consciência dos indivíduos. Fenômenos sociais devem, assim, ser compreendidos como reflexo de estruturas mentais coletivas.

Síntese de conteúdo 1: As posições de básicas de Agassi

	Individualismo	Holismo
Psicologismo	a	c
Institucionalismo	d	b

Fonte: Agassi (1960, p.246).

Se aceitarmos todas as afirmações de Agassi apresentadas até aqui, temos hipoteticamente a seguinte diferenciação:

(a) *Individualismo psicologístico*: constitui a base da tradição individualística. A ele se refere a crítica de Lukes e Giddens ao individualismo metodológico.

(b) *Holismo institucionalístico*: constitui a base da tradição holística. A ele se refere a crítica de Giddens à posição da teoria da estruturação.

(c) *Holismo psicologístico*: é característico apenas de poucos programas de pesquisa e não será discutido no que se segue.

(d) *Individualismo institucionalístico*: é explicitamente característico de poucos programas de pesquisa e figurará no centro da discussão.

Observando-se cuidadosamente, se considerarmos a afirmação 4 verdadeira, a posição do individualismo institucionalístico é implausível. O ponto crucial é, no entanto, que ela não é completamente aceita por Karl Raimund Popper e Agassi. Sua aceitação completa significaria a aceitação de *todas* as afirmações a respeito de totalidades sociais, sem exceções (holismo) ou a interpretação de *todas* essas afirmações como meras descrições de uma maioria de indivíduos (individualismo psicológico).[10] Contrário a isso, a posição institucionalística-individualística considera que totalidades sociais existem, ainda que não da mesma forma que indivíduos. Seus objetivos, no entanto, são os mesmos que indivíduos podem ter. Esta posição foi

---

10 Ver sobre isso a argumentação de Lukes e Giddens na segunda seção.

primeiramente formulada de modo explícito por Popper em *A sociedade aberta e seus inimigos.*

As categorias de Agassi já oferecem possibilidades mais adequadas de julgamento da argumentação de Giddens, mas não são suficientemente diferenciadas para a interpretação deste.[11] A sugestão de Jarvie (1974), ao contrário, apresenta um instrumentário diferenciado, pois aplica a sistematização de maneira mais radical. Embora mantenha a distinção entre holismo e individualismo, ele substitui as categorias "institucionalismo" e "psicologismo" por "ontologia" e "metodologia". Isso possibilita explanações adicionais, além da diferenciação entre holismo *ontológico* e *metodológico* e individualismo *ontológico* e *metodológico*.

Síntese de conteúdo 2: As posições básicas de Jarvie

	Holismo	*Individualismo*
Ontológico	a	c
Metodológico	b	d

Fonte: Jarvie (1974, p.240 et seq.)

Essas quatro posições são caracterizadas da seguinte forma:

(a) *O holista ontológico* considera que totalidades possuem uma forma de existência diferente daquela dos indivíduos; que elas são as únicas entidades relevantes da sociedade e que determinam os indivíduos. A sociedade seria, nesse sentido, essencialmente diferente de um mero agrupamento de indivíduos, motivo pelo qual as Ciências Sociais poderiam negligenciar os indivíduos. Durkheim baseia sua sociologia nestes postulados, assim como os funcionalistas

---

11 Sobretudo para a avaliação dos pontos de vista marxistas de Thompson (1978) e Anderson (1980) discutidos por Giddens (1988a, p.274 et seq.) em relação ao individualismo metodológico.

tradicionais como Bronislaw Malinowski e a ala extremista da Sociologia da teoria da estruturação, além de outros.

(b) *O holista metodológico* acredita que as macrocaracterísticas se diferenciam daquelas dos indivíduos. "Ademais, seria nessa esfera macrossociológica que os problemas sociológicos se colocam e onde é possível encontrar explicações, leis e teorias" (Jarvie, 1974, p.240). Além disso, ele considera que o todo é mais que a soma de suas partes, que fatores sociais afetam os objetivos dos indivíduos e influenciam sua concretização. Ele não questiona com isso a importância dos indivíduos para o social, porém considera ser metodologicamente necessário partir-se da totalidade, e não do indivíduo. Essa posição é mais compatível com a de funcionalistas estruturais, que trabalham empiricamente, e com a posição de Blau.[12]

(c) *O individualista ontológico* afirma que "as únicas entidades reais na sociedade seriam pessoas individuais; que estrutura e organização sociais seriam modelos da correlação entre pessoas, e não algo acima delas" (Jarvie, 1974, p.240). Instituições são assim identificadas como abstrações irreais. Toda explicação completa de aspectos sociais apenas pode ser dada se fizer referência a aspectos fisiológicos e/ou psicológicos (características dos indivíduos). Esses postulados correspondem àqueles do individualismo psicológico e do behaviorismo.

(d) *O individualista metodológico*, ao contrário,

não precisa contestar a realidade de condições sociais quando enfatiza que sociedades e entidades sociais são constituídas por pessoas individuais, suas ações e relações; que apenas indivíduos possuem objetivos e interesses; que ações individuais podem ser entendidas como tentativas de alcançar objetivos em determinadas condições e que as condições podem se modificar em função de ações individuais. (Jarvie, 1974, p.241)

---

12 É possível ter a impressão de que todos os holistas ontológicos também seriam holistas metodológicos. Isso, porém, não é o caso geral, ainda que representantes isolados ocasionalmente alternem entre ambas as posições. Marx, por exemplo, é um holista ontológico na maior parte de sua obra, mas partes dela são mais compatíveis com o holismo metodológico, assim como é o caso dos autores marxistas discutidos por Giddens (1988a, p.274 et seq.).

94 BENNO WERLEN

Como formulado por Popper, Agassi e Jarvie, a especificidade do individualismo metodológico está, além disso, no fato de que este, por razões metodológicas, se refere às ações de indivíduos. Essa concepção do individualismo metodológico ou do individualismo institucionalístico é que quero apresentar no contexto geral de maneira mais detalhada como sugestão à teoria da estruturação.

Uma concepção alternativa

O postulado básico do individualismo metodológico revisado exige

que todos os fenômenos sociais, especialmente o funcionamento das instituições sociais, deveriam sempre ser vistos como resultado de decisões, ações, posicionamentos etc. de seres humanos individualmente, e que nunca deveríamos dar-nos por satisfeitos com uma explicação baseada nos assim chamados "coletivos" (Estados, nações, raças etc.). (Popper, 1980, p.124)

Essa premissa básica não deve ser erroneamente interpretada no sentido de que a aceitação do individualismo metodológico implicaria a contestação da existência de coletivos e instituições sociais. Ela também não torna necessária a aceitação da afirmação de que uma sociedade não seria mais que a soma de seus indivíduos. E tampouco apoia-se com essa tese que a sociedade possa ser reduzida à psique dos indivíduos. Pois o "individualismo metodológico"[13] não (implica) redução alguma, mas sim uma negação da possibilidade de atribuição de objetivos e, consequentemente, de força de ação a não indivíduos, tais como "economia", "proletariado", "igreja", "Ministério das Relações Exteriores", "indústria" etc. (Jarvie, 1974, p.15).

Do ponto de vista do individualismo metodológico, a chamada "ação de grupos" é acessível à pesquisa sociocientífica somente "por meio da ajuda de ações de pessoas em grupos" (Brodbeck, 1975, p.192). Como anteriormente

---

13 Para evitar qualquer confusão conceitual e sobretudo a tão comum confusão com o individualismo psicológico poderia parecer sensato, num primeiro momento, falar de um individualismo institucionalístico. A escolha de "individualismo metodológico" se justifica pelo fato de que assim seu caráter *metodológico* pode ser mais bem enfatizado.

já Max Weber (1980, p.6 et seq.), também Popper entende coletivos como totalidades constituídas por indivíduos, por suas intenções, decisões, ações e pelas consequências daí advindas. As consequências devem ser contempladas como "mais" que a soma das intenções das ações particulares dos indivíduos. Pois, segundo Popper, as ações por um lado se relacionam mutuamente e, por outro, o efeito de seus resultados se estende autonomamente a outras ações. Os representantes do individualismo metodológico não negam com isso a existência de coletivos. Eles afirmam, ao contrário, que a única metodologia sensata que pode existir em pesquisa social é a análise da sociedade através das ações de indivíduos. Afinal, são sempre indivíduos que, em determinadas circunstâncias – sobretudo naquelas definidas por instituições –, formulam objetivos e tomam decisões. Não é o "Estado" que decide, mas sim aquelas pessoas que, por meio de decisões anteriores, foram legitimadas para tanto por uma maioria de indivíduos ou que asseguraram para si de forma violenta o poder de deliberação correspondente.

Assim, nas situações em que indivíduos atuam é necessário que sejam levados em consideração não apenas aspectos físicos, mas também os aspectos sociais. Isso se aplica tanto para a existência de instituições e coletivos quanto para a postura e concepções adotadas pelos atuantes sociais em relação a estes.[14] Além disso, deve-se considerar que no sentido empírico indivíduos não agem sempre racionalmente, mas no sentido formal sim, ou seja, concluem de seu conhecimento mais geral e em relação ao objetivo da ação as particularidades da situação de forma logicamente válida. Esse princípio de racionalidade deve ser incluído no modelo do atuante social como premissa idealizada.

Desta forma, é possível relacionar instituições sociais "de certa forma parcialmente, mas não coletivamente, às intenções de indivíduos e às consequências correspondentes" (Jarvie, 1974, p.15). A aceitação do individualismo metodológico como princípio de pesquisa sociocientífica não significa

---

14 Com isso, torna-se desnecessária a substituição do individualismo metodológico por um *interacionismo metodológico*, como sugerido por Knorr-Cetina (1984, p.47 et seq.) no contexto do construtivismo radical (ver Heintz, 1987). Também com a versão revisada do individualismo metodológico é possível apontar que a concepção de coletivos possui para o ator um significado diferente de apenas um agrupamento de pessoas. Com isso pode-se esclarecer ainda, por exemplo, o fenômeno de que a formulação "O congresso decidiu em seu último plenário..." pode ter um efeito social bem diferente da formulação "Os senhores Stich, Delamuraz, Ogi, Koller, Cotti, Villiger e Felber decidiram na última seção que...", embora o conteúdo factual de ambas as afirmações seja idêntico.

tornar os atuantes e suas ações manobráveis em direção a um vácuo social. Afinal, os objetivos de um atuante nunca poderão estar isentos de influências sociais. Por outro lado, eles não podem ser jamais completamente determinados socialmente ou por um assim chamado coletivo. As pessoas que participam através de suas ações de um coletivo ou grupo, por exemplo um sindicato, podem naturalmente buscar um objetivo comum. Este objetivo comum pode eventualmente vir a ser o único propósito de sua colaboração, pois cada integrante separadamente pode ter entendido que junto a outros seus objetivos pessoais podem ser atingidos de modo mais fácil e melhor. Disto não é possível concluir que o grupo "como tal" determina o objetivo de seus integrantes – no máximo, outras pessoas individualmente podem exercer tal influência. A sociedade é constituída, de acordo com esta argumentação, pelas ações das pessoas que dela participam, e apenas indivíduos, não grupos ou classes sociais, podem dispor de objetivos. Estes são os postulados centrais revisados do individualismo metodológico.

O individualismo metodológico propõe basicamente que todas as afirmações macroanalíticas empiricamente válidas das Ciências Sociais sejam retraçáveis em afirmações verdadeiras sobre ações de indivíduos e suas consequências. Formulado mais rigorosamente: hipóteses a respeito de padrões sociais gerais podem ser verdadeiras apenas se corresponderem a padrões de ação e a suas consequências igualmente regulares. Se este não for o caso, afirmações macroanalíticas, como as da economia nacional, da sociologia da teoria da estruturação etc. representariam no máximo dados aproximativos grosseiros sobre a realidade social. Porém, enquanto estas pesquisas permanecerem comprometidas com os princípios fundamentais do individualismo metodológico, ou seja, enquanto forem produzidas nas categorias da teoria da ação e suas unidades forem contempladas como agregados estáticos e não como totalidades hipostasiadas, com objetivos próprios, os representantes do individualismo metodológico não terão nenhuma objeção a ser feita. Esse é o sentido que justifica formulações como "Estado" e "indústria siderúrgica" nos contextos em que elas são utilizadas como uma espécie de "abreviatura" para objetivos típicos, ações e as consequências de ações particulares de pessoas em determinadas posições.

O que não pode se aceitar do ponto de vista do individualismo metodológico é a afirmação de que processos sociais dependeriam apenas de "aspectos macroeconômicos" (Brodbeck, 1975, p.216), como é recorrente da argumentação holística, que até o momento nada pode comprovar. Da mesma forma não é possível aceitar que coletivos sociais determinem os objetivos de pessoas individualmente.

Aceitando-se os postulados do individualismo metodológico como princípios científicos gerais, então as ações de indivíduos, suas consequências (intencionais ou não) e os problemas delas advindos representam o objeto de estudo das Ciências Sociais. No estudo deve ser incluída a influência de instituições sobre a ação dos indivíduos, que, segundo Popper, pode igualmente se tornar uma obrigação objetiva para os atuantes, assim como todos os macroaspectos da sociedade. A execução desse estudo deve utilizar o método da análise situacional.[15]

"Individualismo metodológico" e "Dualidade de estruturas sociais"

Diante das críticas feitas por Lukes e Giddens ao assim chamado individualismo "metodológico",[16] é necessário, em relação a essa perspectiva alternativa, pontuar os seguintes aspectos:

ad b_1 Esse postulado permanece válido, como afirma o próprio Giddens, sendo o único postulado que, de fato, corresponde ao individualismo *metodológico* e não representa, assim, uma confusão com o individualismo ontológico no sentido que Jarvie apresenta.

ad b_2 De acordo com o individualismo metodológico, como aqui definido, não apenas indivíduos são reais, mas também instituições sociais e coletivos. A afirmação de Lukes representa o postulado central do individualismo *ontológico*, não do *metodológico*. A crítica de Giddens é assim anulada.

ad b_3 Segundo a versão revisada, afirmações sobre fenômenos sociais *não* podem ser atribuídas, sem déficit de sentido, a características psíquicas ou fisiológicas de indivíduos, mas sim a características de ações de

---

15 Ver sobre isso Popper (1967, 1969, 1970, 1973, 1980), Werlen (1988a, p.47 et seq., 1988b, 1987c, p.44 et seq.).

16 Que deveria ser chamado mais adequadamente de individualismo ontológico.

indivíduos, geradas nas respectivas condições sociais e físicas específicas. Nisto consiste o caráter particular do individualismo *metodológico*. Uma vez que a existência do mundo social não é negada, é possível admitir que as ações de indivíduos sempre são influenciadas também pelo social, em geral sob a forma de consequências não intencionais e muitas vezes também por consequências intencionais de ações que indivíduos executaram em uma outra época em condições sociais específicas. A crítica de Giddens ao individualismo "metodológico" é anulada também neste ponto por se referir, na realidade, ao individualismo ontológico.

ad b$_4$ O individualismo metodológico não pode fornecer leis sociológicas cuja definição busque se adequar ao padrão de leis das ciências naturais, pois o mundo social é constituído de uma outra maneira, diferente daquela da natureza (inanimada). Sendo, como se afirma, o mundo social constituído por nada mais que consequências intencionais e não intencionais de ações e sendo a ação humana compreendida, ao menos no sentido causalístico, como indeterminada, torna-se impossível afirmar paralelamente a isso que nele regularidades causais poderiam ser contempladas. O mundo social é compreendido antes – bem no sentido de Giddens – como um mundo pré-interpretado.

O que, por outro lado, é considerado observável são regularidades sociais. Essa possibilidade, no entanto, não é tornada dependente de disposições psíquicas – como é característico para o individualismo ontológico –, mas sim da disponibilidade de regularidades da ação em determinadas condições sociais e físicas. E a existência de regularidades de ação é justificada pelo fato de que indivíduos atuam majoritariamente dentro do contexto de instituições sociais, sendo sua consciência, assim como seu conhecimento, modificados, isto é, socializados pelo mundo social. Também a crítica do reducionismo se torna obsoleta em face da posição aqui apresentada.

Com isso, a crítica de Lukes e de Giddens é colocada no contexto adequado: os aspectos negativos se referem, no sentido da argumentação aqui apresentada, somente ao individualismo ontológico e não ao metodológico. A questão ainda em aberto é se as exigências que Giddens faz ao assim chamado "terceiro caminho" podem ser satisfeitas por essa versão revisada do individualismo metodológico. Se este for o caso, a geografia social baseada na teoria da ação e a teoria da estruturação poderão ser desenvolvidas com base em um mesmo conceito.

Em vinculação a Giddens, o individualismo metodológico revisado deveria possibilitar uma integração adequada da dualidade de estrutura – no sentido da possibilitação e da necessidade de união das macro e microesferas. Na minha opinião, ele cumpre muito bem essa tarefa, pois a variante institucionalística do individualismo reforça também o papel de desencargo e limitação atribuído às instituições. A questão que permanece é se seria, de fato, razoável equiparar instituições e estruturas.

A sugestão de Giddens parece, em todo caso, ser compatível com uma dupla interpretação do individualismo metodológico, como sugeri para a geografia social baseada na teoria da ação. Isso significa que o individualismo metodológico pode ser tornado um conceito de base tanto dentro da perspectiva objetiva quanto da subjetiva. Numa perspectiva objetiva seria necessário incluir os propósitos e motivos subjetivos da ação ou da estruturação, de forma que seja possível concentrar-se sobre a transformação ou reprodução de estruturas "como tais" – tal qual propõe Giddens em relação à versão reformulada do conceito de pesquisa de Blau. Na perspectiva subjetiva, ao contrário, seria necessário explicitar os objetivos e motivos da ação, assim como suas consequências, intencionais ou não, para a estruturação.

Ao menos para a variante objetiva surge, assim, hipoteticamente a possibilidade da utilização dos métodos da análise situacional baseada na teoria da estruturação, o que poderia eventualmente se revelar frutífero para a pesquisa empírica.

A afirmação de Giddens: "Não defendo a posição do individualismo metodológico" deve ser mudada para: "Não defendo a posição do individualismo ontológico".

Individualismo metodológico e pesquisa cultural

Que abordagens traz, então, a versão reformulada do individualismo metodológico para a pesquisa cultural em geral e para o estudo da identidade cultural em particular? Antes de aprofundar essa questão é necessário esclarecer a concepção de cultura a isso relacionada de uma forma diferente da feita por Giddens.

"Cultura" não pode ser concebida, no sentido dos postulados do individualismo metodológico e no sentido da teoria da estruturação, como um objeto de estudo *sui generis*, mas "apenas" como categoria analítica, ou melhor: como dimensão e resultado da ação, do agir.[17] "Cultura" pode então ser delimitada como "resultados de ações passadas e condições de ações futuras individuais"; ou, em uma explicação mais exata, como a totalidade de modos de ação, avaliados e em avaliação, de indivíduos como integrantes de uma sociedade. Assim, "cultura" não é definida apenas materialmente como mera adição de artefatos nem apenas de modo abstrato como sistema de regras e valores. Pois cada artefato apenas poderá ser compreendido e adequadamente interpretado se conhecermos o sentido a ele transmitido pela ação humana de construção, ou seja, se conhecermos, por meio de seus criadores ou usuários, sua utilidade e seus conteúdos simbólicos. A explicação e a compreensão de "cultura" requerem o conhecimento de ambos os aspectos.

Modos de ação culturalmente específicos remetem, como também outras formas do agir, a uma referenciação de orientação. O aspecto particular da referência culturalmente específica, que Giddens qualifica como sistema de regras semânticas e morais, compreende sobretudo também valores típicos e, *nestes* valores, normas e padrões de interpretação fundamentados. O pertencimento a um setor cultural específico se dá quando um atuante social se refere a este de modo plenamente consciente, menos consciente ou rotineiro, de forma a cumprir com os processos de estruturação correspondentes e assim reproduzir conteúdos culturais.

A forma de *orientação de valores* é, finalmente, um critério importante através do qual determinadas ações podem ou não serem atribuídas a uma determinada cultura. *Valor* deve então ser entendido como um *princípio* classificatório, uma regra de interpretação de fatores e eventos. O processo de *valoração* é, assim, expressão de uma classificação de significados para eventos, objetos físicos e fatores sociais de uma situação que, por sua vez, está vinculada aos recursos alocativos e autoritativos no sentido de Giddens.[18] Contradições surgem quando não é possível alcançar um consenso em relação a valores e valorações, o que mina o fundamento inquestionado

---

17 Ver Saunders (1987, p.64).
18 Ver Giddens (1988a, p.84 et seq., 312 et seq.).

da certeza de existência da identidade cultural. Por "certeza de existência" deve-se entender a "certeza ou a confiança de que nação e cultura / mundo social são, de fato, como aparentam ser, incluindo o parâmetro existencial fundamental das identidades individual e social (assim como cultural)" (Giddens, 1988a, p.431). Isso já mostra que a "identidade cultural", no sentido dos postulados básicos do individualismo metodológico, se refere à reciprocidade das constituições de sentido de diversos sujeitos em interação, ou seja, aos padrões de interpretação distribuídos intersubjetivamente e não à identidade de um único sujeito em relação a um coletivo.

O *engendrar* e a relativa conservação dos padrões de valor ou do sistema de regras semânticas e morais não podem ser situados em um contexto "livre de poder".[19] Devem ser contemplados em relação direta com os recursos alocativos e autoritativos disponíveis. Giddens (1988a, p.86) compreende recursos *alocativos* como

> as capacidades – ou, mais exatamente, (as) formas da capacidade – de reconfiguração que possibilitam domínio sobre objetos, bens ou fenômenos materiais. Recursos *autoritativos* (ao contrário) se referem a formas da capacidade de reconfiguração que geram domínio sobre pessoas ou atuantes.

Sendo assim, pode-se considerar que os princípios de classificação de conteúdos de significado assegurados através de domínio e legitimação possuem uma maior chance de serem preferidos e preservados.

Com isso, a tese de Klaus E. Müller (1987, p.78), de que dirigentes (personalidades com funções de liderança) "incorporam a capacidade de vida de seu grupo e constituem a expressão central de sua identidade", é colocada em um outro contexto. Pois o que assegurará a identidade de um indivíduo com o grupo certamente será menos o significado simbólico de seus dirigentes que o fato de que estes se empenham no estabelecimento de determinados princípios classificatórios de conteúdos de significado para as ações de uma pluralidade de indivíduos.

É possível, portanto, falar de *uma* "cultura" especialmente quando através de ações – no sentido de processos de estruturação – valores são reciprocamente relacionados e ajustados (mais ou menos bem) às normas

---

19 Claessens & Claessens (1979, p.21 et seq.).

102 BENNO WERLEN

e esquemas de interpretação neles fundamentadas. Apesar de toda "estandardização" de padrões de ação e de expectativas de ação em tradições, comunicação de massa e instituições, toda "cultura" permanece submetida à interpretação do atuante. Através dos processos de estruturação, "cultura", assim como "poder", não constituem algo externo, mas estão antes contidos em toda ação. Por esse motivo ela não deve ser entendida como algo estático, mas antes como em contínua *transformação*.

A chamada *cultura material* (artefatos materiais móveis/imóveis e os valores neles incorporados simbolicamente) deve ser analisada sempre em relação à chamada "cultura imaterial". Pois é preciso compreender a primeira sempre como consequência (intencional ou não) do agir significado, que, por sua vez, deve ser compreendido como uma interpretação da "cultura imaterial". A *cultura material*, principal objeto de pesquisa em geografia e etnografia dos estudos regionais tradicionais centrados na cultura, deve portanto ser considerada como uma consequência de ações que não pode ser analisada dissociadamente do sentido da ação (por ela gerada).

Por este motivo não é possível que a chamada "paisagem cultural" seja "em si" objeto de pesquisa da geografia cultural. Ela deve antes ser integrada nas categorias da ação, ou, mais precisamente, dos processos de estruturação da pesquisa regional, tanto da realidade sociocultural quanto da realidade físico-material, isto é, da natureza. Isso significa que, no contexto dos processos de estruturação, os componentes simbolicamente significados dos artefatos podem se tornar um aspecto da orientação de ação e da identidade cultural.

Em uma perspectiva centrada na ação e fundamentada nos postulados básicos do individualismo metodológico, artefatos – cuja soma é tratada nas geografias cultural e social como paisagem cultural – devem ser compreendidos como resultado, como expressão do agir culturalmente específico e significado, que na situação da ação são percebidos pelo atuante em função de determinadas orientações.[20]

---

20 Ver Hayek (1981, p.27).

Primeiras consequências para uma pesquisa regional centrada na cultura

Uma vez que culturas apresentam, especialmente no período pré-industrial, diferentes manifestações, também no aspecto terrestre, diversos cientistas empreenderam a pesquisa cultural e a análise da identidade cultural por meio de categorias regionais ou territoriais. Seu objetivo é, em geral, delimitar espaços culturais homogêneos ou declarar as paisagens culturais como objeto de pesquisa da análise regional. A primeira questão que se coloca para uma pesquisa regional centrada na cultura é: será possível delimitar culturas por meio de categorias territoriais e será adequado contemplar a paisagem cultural como objeto de estudo da pesquisa regional centrada na cultura? Se a resposta a essa questão for negativa, será necessário esclarecer quais tarefas caberiam a uma tal pesquisa na era pós-industrial.

Aceitando-se a perspectiva, baseada na teoria da ação, da pesquisa cultural e social, assim como os postulados do individualismo metodológico, então, como colocado previamente, nem "espaço" nem "paisagem cultural" constituem em si um objeto de estudo adequado para a pesquisa regional em geografia cultural, mas antes apenas ações no *contexto* de condições socioculturais *e* físico-materiais específicas.

Designar "espaço" ou "paisagem cultural" como objetos de estudo da geografia cultural, significa assumir exatamente os problemas que conhecemos em relação ao holismo. Pois toda tentativa de compreender o mundo imaterial sociocultural de valores, normas etc. por meio de categorias territoriais leva, por um lado, a uma homogeneização do mundo sociocultural e, por outro, a uma "coletivização"[21] inadequada. Associado a isso, em comparação ao holismo do mundo social, existe ainda a ameaça de uma outra operação cognitiva irrefreável, isto é, um essencialismo ingênuo que atribui uma força constitutiva em si a "espaço" e "paisagem cultural". Inúmeras concepções teóricas acabaram vitimadas por essa ameaça, como mostra a história disciplinar. Nas respectivas pesquisas não apenas afirma-se que coletivos podem agir, mas também que é necessário atribuir uma significabilidade e uma capacidade de ação e efeito a "paisagens e 'espaço'" em si.

---

21 A forma mais comum desse procedimento é, sem dúvida, a argumentação nacionalista ou regionalista.

104 BENNO WERLEN

As consequências mais impressionantes dessa orientação foram elaboradas por Erich Otremba (1961). Ainda que, na forma como serão em seguida apresentadas, hoje sejam aceitas apenas por poucos especialistas, elas permanecem um perigo latente para toda pesquisa regional centrada no "espaço" ou na "paisagem cultural".[22] Otremba (1961, p.133) considera que a pesquisa regional em estudos nacionais é confrontada com três níveis de forças de ação "do mundo das aparências de toda a terra". Ao lado das forças físico-terrenas e das forças do "espírito humano" entra

> em ação uma terceira categoria no tabuleiro de xadrez da terra: os próprios espaços como um todo em sua particularidade. Somente dentro do jogo será possível reconhecer a força variável e o valor dos espaços. A observação da concorrência, da complementaridade, da predominância temporalmente limitada, da "ação remota" dos espaços nos traz (...) a chave para a compreensão da personalidade completa (ibid., p.133). (...) e a consideração do valor dos espaços como personalidades na sociedade dos espaços representa uma tarefa infinita e constante. (Ibid., p.135).

"Todos os espaços (...) agem uns sobre os outros" (ibid., p.134), mas isso não é tudo. Eles agem, segundo a construção de Otremba, de modo determinante sobre as atividades humanas. Ele considera a obra *Die Fernwirkungen der Alpen* (O efeito remoto dos Alpes), de Otto Jessen (1950), uma prova empírica disto. Esse holismo espacialmente determinístico, apesar de poder ser encontrado de modo mais brando em conceitos espaciais científicos da geografia cultural e social mais recentes,[23] não foi completamente abandonado.

As premissas dos postulados do individualismo metodológico significam, em comparação à concepção acima apresentada, que "espaço" apenas pode ser compreendido como uma "abreviatura" para problemas que surgem na execução de ações no contexto do mundo físico-material em relação à corporalidade do atuante social e às orientações dentro do mundo físico. Não pode, portanto, ser razoável considerarmos que "espaço" ou materialidade tenham "em si mesmos" um significado constitutivo para elementos

---

22 O perigo ainda existente é representado, por exemplo, em Wirth (1979, p.229 et seq.) no contexto da chamada "doutrina de forças da geografia cultural".

23 Ver Bartels (1968a, p.160 et seq., 1970, p.34 et seq.).

sociais. Eles o adquirem somente nas execuções das ações sob determinadas condições sociais. Isso significa que a "carga social"[24] ou simbólica de elementos regionalizáveis e localizáveis na superfície terrestre – como devem ser pesquisados por exemplo no contexto da chamada "identidade regional" – e os conteúdos de sentido sociais de artefatos materiais não podem ser abarcados adequadamente por uma perspectiva centrada no espaço, mas antes nas categorias da ação em respectivos contextos socioculturais e físico-materiais específicos.

O etnólogo Müller (1987, p.66), ao afirmar que "territórios representam o *aspecto espacial* no conjunto dos meios de expressão que circunscrevem o todo, a *identidade* de um grupo", incorre claramente no equívoco característico para a perspectiva centrada no espaço. Através de *espaços* de vida *em si* não é possível se afirmar uma identidade. Afinal, mesmo quando um dado material em uma determinada configuração terrestre possui uma mesma significação para uma pluralidade de indivíduos e exerce uma função instituidora de identidade, isso não pode ser abarcado por meio do estudo do território. Como mostra Georg Simmel, através disso obtém-se antes um acesso adequado para o trabalho com processos de valoração nas e sobre as ações individuais, em seus respectivos contextos socioculturais.

Identidade regional ou cultural?

Esboço de um problema[25]

O interesse da pesquisa em geografia social e cultural é, tradicionalmente, a diferenciação de sociedades e culturas através da perspectiva espacial terrestre. Os respectivos conceitos de pesquisa buscam definir "classes

---

24 Ver Klüter (1986, p.2 et seq.).

25 Esse artigo é uma versão reelaborada de uma palestra que apresentei em junho de 1989 no Congresso de Ecologia Humana em Appenberg, Suíça – cujo foco era a teoria social de Anthony Giddens. Gostaria de agradecer a Dagmar Reichert, Anthony Giddens, Gerhard Hard, ao grupo de discussão da Universidade Técnica de Munique (Helbrecht, Heinritz, Klima, Pieper, Pohl, Butzin) e a Heidi Meyer por seus comentários críticos das versões mais antigas. A versão atual permanece ainda assim um ensaio, uma tentativa de formulação do problema. [Texto original: Regionale oder kulturelle Identität? *Eine Problemskizze. – Berichte zur deutschen Landeskunde*, 66, 1, p.9-32, 1992. (N. E.)]

espaciais" ou "regiões"[26] homogêneas da perspectiva sociocultural para abarcar a disposição espacial terrestre do cultural e do social.[27] Esse objetivo se vê confrontado com o argumento de que apenas elementos materiais podem ser localizados e regionalizados no plano terrestre, ao contrário de conteúdos de consciência subjetivos (imateriais), normas sociais e valores culturais. Caso esse argumento não possa ser refutado, a pesquisa social e cultural fundamentada primariamente em categorias espaciais terrestres (territórios, regiões etc.) permanece implausível.

Da mesma forma, os esforços de reconstrução das chamadas "identidades regionais" em categorias terrestres se tornam questionáveis. Se "apenas" elementos materiais são regionalizáveis no plano espacial terrestre, então a afirmação da existência de identidades regionais teria que significar, rigorosamente, que os habitantes de um território poderiam demonstrar sua identidade por meio de elementos materiais. Apresentar provas empíricas sustentáveis para tanto parece ser bastante difícil.

Apesar destes contextos, é evidente que formas de expressão cultural apresentam diferenciações também na dimensão espacial terrestre. Assim, não causa surpresa que categorias territoriais sempre desempenhem um papel relevante no contexto de identidade cultural. A dificuldade da manutenção da identidade cultural de emigrantes no novo ambiente sociocultural é um indício importante em relação a esse contexto temático. A região de proveniência parece igualmente ter certa relevância sobre as perspectivas social e cultural. O que, no entanto, não pode em si significar que elementos culturais seriam abarcáveis pelo plano terrestre ou mesmo determinados espacialmente.

Tudo isso aponta para a problemática da pesquisa geográfica cultural e social: o cultural e o social não podem ser reduzidos a matéria localizável espacialmente, mas, por outro lado, elementos físico-materiais parecem ser relevantes socioculturalmente. A questão a ser respondida seria portanto: como é possível esclarecer essa relação de maneira satisfatória sem lançar mão de reducionismos inadequados?

As reflexões que se seguem tratam fundamentalmente da formulação de possíveis respostas para essas questões. O sentido da argumentação é que, na pesquisa geográfica cultural e social, a busca por esses elementos, ora centrada

---

26 Ver Bartels (1968a).

27 Ver Hartke (1959, p.429), Maier *et al.* (1977, p.21 et seq.).

no espaço, deve ser substituída pelo esclarecimento das condições regionais para o cultural e o social. Em relação à pesquisa identitária geográfica, isso significa que a busca, centrada no espaço, pela identidade regional deveria ser substituída pelo esclarecimento das condições regionais de identidade cultural. São estes pontos que gostaria de enfocar inicialmente no que se segue.

O esboço de uma pesquisa identitária geográfica alternativa é movido pelo objetivo de auxiliar na superação de alguns dos problemas atuais advindos das concepções de espaço tradicionais. Considero válida essa aspiração sobretudo em função do fato de que a pesquisa identitária ganha uma enorme relevância no contexto de regionalismos que atualmente abalam Estados nacionais. Entretanto, exatamente para podermos nos dedicar a esses fenômenos socioculturais tanto atuais quanto problemáticos é que me parece necessário abandonarmos a perspectiva geográfica tradicional e sua concepção espacial.

Vistas desta forma, as reflexões que se seguem devem ser entendidas como uma elaboração de fundamentos de uma pesquisa regional cultural, da concepção de "cultura" correspondente e dos aspectos regionais da identidade cultural. Isso exige, naturalmente, uma explanação diferenciada do sentido de "condições espaciais terrestres" ou "regionais" para processos socioculturais. Uma vez que, juntamente com Alfred Schütz, Anthony Giddens[28] é um dos poucos cientistas sociais a incorporar esse problema ao corpo de sua teoria, suas reflexões sociológicas são especialmente relevantes para uma pesquisa social e cultural que queira incluir as condições regionais a suas reflexões. Deste modo, é necessário tentar aprimorar o desenvolvimento de uma linha argumentativa sociocientífica para a pesquisa geográfica cultural e social e vincular componentes da teoria da estruturação à geografia social baseada na teoria da ação. Esse será o tema da primeira parte deste artigo, em que será abordada, primeiramente, a vinculação da teoria da estruturação a conceitos da geografia social e cultural baseada na teoria da ação.[29]

Em seguida, a concepção de cultura de uma geografia social/cultural centrada na ação será precisada no contexto da questão sobre *quem* pode demonstrar identidade por meio de *quê*. Em comparação a Giddens, na presente reflexão será abordada também a questão da relação entre cultura e poder, que representa um fator importante em relação a "identidade cultural"

---

28 Ver sobre isso Giddens (1988b).
29 Ver Werlen (1988a).

e "regionalismo". Além disso, abordarei o *status* da cultura material, tão central para a geografia cultural, a partir da perspectiva da teoria da ação. Isso levará à elaboração da questão de "identidades regionais", antes da tentativa de reconstrução hipotética de aspectos regionais da identidade cultural.

Pesquisa social e cultural baseada na teoria da estruturação

Giddens (1988a) foi movido em sua teoria da estruturação pela questão sobre qual seria a aproximação mais adequada à investigação da relação entre ação,[30] estrutura, sistema social e reprodução social no contexto da pesquisa sociocientífica.[31] O significado que deve ser atribuído à "cultura" neste contexto desempenha para ele um papel secundário. Seu intuito principal é chamar atenção para a "dualidade" das estruturas sociais e integrar as consequências daí advindas à teoria social.

O objetivo da obra de Giddens é clarificar a mediação de realidade sociocultural e sujeito, ou estruturas socioculturais e ação para assim poder se contrapor tanto a um objetivismo quanto a um subjetivismo inadequados. Ele pretende, assim, solucionar o problema da mediação entre as macro e microesferas, de modo que o abismo entre a análise estrutural e aquela que busca compreender o sentido possa ser superado. Para resolver esse problema "precisamos ir além tanto do positivismo quanto da sociologia interpretativa" (Giddens, 1984a, p.8), ou ainda da fronteira entre concepções objetivístico--estruturalistas e subjetivístico-hermenêuticas de pesquisa cultural e social.[32] Este é o objetivo da tese da dualidade de estruturas socioculturais.

O conceito de "dualidade da estrutura" representa, segundo Richard J. Bernstein (1986, p.242), a *"central vision"*, o "termo-chave da teoria da

---

30 Embora na tradução para o alemão de *A constituição da sociedade* o termo *"agency"* tenha sido vertido como "atuantes" (*Handelnde*), e não como "ação" (*Handeln*), tomando-se o contexto geral da obra de Giddens, esta última opção se aproxima mais do sentido intencionado pelo autor.
31 Ver Giddens (1988a, p.277).
32 Ver Giddens (1988a, p.52 et seq.). Não é possível responder aqui se essa pretensão da teoria da estruturação é, de fato, concretizada. Em todo caso, a advertência em relação à necessidade de uma maior consideração das estruturas sociais no contexto das teorias da ação tradicionais me parece sensata, ao menos quando "estruturas" forem entendidas como consequências, intencionais ou não, de ações às quais ações atuais se referem regularmente e com as quais determinadas ações atuais também podem ser comprometidas.

estruturação" para David Held (1982, p.99). Consequentemente, ação e estrutura devem ser concebidas como integrantes de um processo de mediação, como fatores da mesma realidade sociocultural.

A "estrutura" é definida por Giddens (1984a, p.147) da seguinte forma: "Uma estrutura não é um 'grupo', um 'coletivo' ou uma 'organização', estes possuem estruturas". Estruturas tampouco possuem um sujeito. Elas devem antes ser compreendidas como sistemas de regras semânticas (estrutura de concepções de mundo), como sistemas de recursos (estrutura da dominação) e como sistemas de regras morais (estrutura da legitimação). Estas estruturas se reproduzem apenas e somente através de ações. "Reprodução social deve ser analisada no processo imediato da constituição de *interações*" (ibid., p.148) e "investigar este processo de reprodução significa determinar as ligações entre 'estruturação' e 'estrutura'" (ibid., p.147). A estruturação se refere "a processos dinâmicos por meio dos quais as estruturas são geradas" (ibid., p.148), através das modalidades "esquema de interpretação" (concepção de mundo), "meio" (dominação) e "norma" (legitimação), ligados nesta ordem às formas de interação "comunicação", "poder" e "moral". A "dualidade da estrutura" é entendida por Giddens, portanto, pelo fato de "que estruturas sociais são ao mesmo tempo constituídas pela ação humana e também por meio desta constituição".

Assim, fica evidente que a tese de Giddens pode ser formulada como: o mundo social é constituído por meio de ações em situações interacionais concretas. Nestes processos de constituição, os atuantes se referem, de acordo com determinados recursos (disponíveis), a regras semânticas e morais específicas que acabam por ser utilizadas de modo integrado no ato de constituição. Quando essas modalidades de produção e reprodução "se referem a (...) um sistema integrado de regras semânticas e morais é que podemos considerar a existência de uma cultura comum" (ibid., p.150).

Desta forma, a "identidade cultural" se expressa na forma de execução de processos de estruturação, assim como na forma da aplicação de diferentes regras, sem que haja uma "oposição entre princípios estruturais". A "identidade cultural", como poderíamos formular hipoteticamente dando continuidade à argumentação de Giddens, é alcançada quando o atuante consegue harmonizar sem contradições as regras semânticas e morais, compartilhadas intersubjetivamente, com o conhecimento subjetivo. Essa perspectiva exige algumas explicações.

110 BENNO WERLEN

Em primeiro lugar é necessário ressaltar de modo veemente que "o conhecimento de uma regra não significa que se possa apresentar uma formulação abstrata dela, mas sim aplicá-la a uma nova circunstância incluindo o conhecimento a respeito de seus contextos de aplicação" (ibid., p.151). Em segundo, faz-se necessária uma diferenciação entre "conflito" e "contradição", relevante afinal também para a pesquisa e política regionais.[33] Para que um "conflito" surja, os parceiros de interação devem se referir às mesmas regras. No caso de "contradição", há uma oposição entre determinadas regras semânticas e morais. Assim, segundo a terminologia de Giddens, "conflitos" podem surgir no contexto da aplicação das mesmas regras semânticas e morais, especialmente no caso de diferenças na esfera dos recursos. "Contradições", ao contrário, poderiam surgir apenas no caso da existência de oposições estruturais no plano das regras (isto é, também no caso da "inexistência" de diferenças no plano dos recursos). Também neste sentido deve ser entendida a advertência de que identidade cultural implica uma referenciação, isenta de contradições, às diferentes regras, de modo que se faz necessário diferenciar claramente, no contexto desta terminologia, entre contradições interculturais e conflitos intraculturais.

Embora seja possível, com estes esclarecimentos, localizar a "esfera cultural" no mundo social por meio de categorias da teoria da estruturação, isso não é conceptualmente suficiente para uma diferenciação do âmbito da questão aqui abordada. O objetivo das reflexões seguintes será, portanto, delimitar o círculo temático através de referências a algumas das categorias básicas da geografia social baseada na teoria da ação.

A concepção cultural da geografia social baseada na teoria da ação

"Cultura" deve ser compreendida em toda perspectiva centrada na ação como uma categoria analítica,[34] não como objeto de análise *sui generis*. "Cultura" pode primeiramente – de forma mais geral em comparação à teoria da estruturação – ser contemplada como aspecto importante dos "resultados de ações passadas, atuais e futuras de indivíduos". A especificação se refere,

---

33 Ver Giddens (1984a, p.152 et seq.).
34 Ver Saunders (1987, p.64).

assim, às dimensões avaliadas e avaliadoras das formas de ação de sujeitos como integrantes de uma sociedade. Isso quer dizer que aquilo que – também na Geografia – é designado de forma geral como "cultura" não se refere nem à soma de artefatos materiais, nem apenas a sistemas imateriais de valores ou regras (por exemplo, no contexto da teoria da estruturação). Afinal, todo artefato apenas pode ser entendido e interpretado adequadamente se conhecemos o sentido que a ação humana lhe concedeu em sua produção, isto é, quando experienciamos o objetivo de sua utilização e seus conteúdos simbólicos – no sentido de Umberto Eco (1977, p.13 et seq.). A explicação e o entendimento de "cultura" pressupõem o conhecimento de ambos os aspectos.[35] Primeiramente quero tratar do aspecto imaterial e dos sistemas de valores e regras, para em seguida, diante desse cenário, tentar especificar o *status* da cultura material, tão central para a geografia cultural e social.

A expressão observável das formas de ação culturalmente específicas são modos, costumes e hábitos sociais.[36] Elas se orientam, assim como outras formas de ação, segundo um determinado referencial de orientação. O aspecto deste referencial, caracterizado por Giddens como sistema de regras semânticas e morais, abrange sobretudo também valores típicos, assim como normas e padrões de interpretação baseados nestes valores. O pertencimento a uma esfera cultural se dá quando atuantes se referem conjuntamente a estes valores de forma consciente, menos consciente ou rotineira, executando com isso os respectivos processos de estruturação e assim produzindo/reproduzindo os conteúdos culturais.

A forma da orientação de valores para determinada ação é também um critério importante, através do qual determinadas ações podem ou não ser associadas a uma determinada cultura. "Valor" deve ser compreendido aqui como princípio classificatório, como uma regra da interpretação de elementos e eventos. O processo de valoração representa, consequentemente, uma associação de significados a eventos, objetos físicos e elementos sociais de uma situação.[37] Deste modo, contradições – no sentido explicado anteriormente – surgem quando não é possível alcançar um entendimento a respeito

---

35 Ver Linde (1972), De Certeau (1980, p.75 et seq., 1988, p.77 et seq.).

36 Ver Weber (1980, p.14 et seq.)

37 A valoração de eventos, objetos físicos e elementos sociais está, por sua vez, vinculada aos recursos alocativos e autoritativos, como na definição dada por Giddens (1988a, p.84 et seq., 312 et seq.), que abordarei detalhadamente no que se segue.

112 BENNO WERLEN

de valores e valorações, minando assim os fundamentos inquestionados de certeza ontológica da identidade cultural.[38]

"Certeza ontológica" designa, segundo Giddens (1988a, p.431), a "segurança ou a confiança de que a natureza e o mundo cultural/social são como parecem, incluindo os parâmetros existenciais básicos da individualidade e da identidade social (e cultural)". Hipoteticamente pode-se considerar que a "certeza ontológica" pressupõe, ao menos até um certo ponto, uma identidade sociocultural e pessoal. Com isso, evidencia-se que "identidade cultural" no contexto de uma concepção centrada na ação se baseia na reciprocidade das constituições de sentido de diversos sujeitos em interação e, assim, nos padrões de interpretação compartilhados intersubjetivamente. E essa reciprocidade é um aspecto central da certeza ontológica.

A produção e relativa manutenção do padrão de valores, isto é, do sistema de regras semânticas e morais não pode ser situada em um contexto "isento de poder".[39] Ela deve ser contemplada numa estreita relação com a divisão social de classes, isto é, com a estrutura de classes,[40] que por sua vez, segundo Giddens, são constituídas através de recursos alocativos e autoritativos. Por recursos *alocativos* Giddens (1988a, p.86) entende

a capacidade – ou mais especificamente (as) formas de capacidade de reconfiguração – (,) que possibilitam o controle sobre objetos, bens ou fenômenos naturais. Recursos *autoritativos* (ao contrário) se referem a tipos de capacidade de reconfiguração que geram controle sobre pessoas ou atuantes.

Assim, pode-se considerar hipoteticamente que os princípios de atribuição de conteúdos de sentido que possuem uma maior chance de serem preferidos e se manterem são aqueles assegurados por dominação e legitimação.

O que Giddens designa por recursos alocativos e autoritativos são circunstâncias relevantes especialmente no contexto do regionalismo e das

---

38 Isso não significa que identidade cultural e certeza ontológica sejam equiparáveis e nem que a relação com as circunstâncias definidas por estes conceitos sejam completamente isentas de problemas. A definição precisa dessa relação necessitaria de uma análise mais aprofundada, impossível no presente contexto. No entanto, julgo importante ao menos apontar hipoteticamente para essa problemática.

39 Ver Claessens & Claessens (1979, p.21 et seq.).

40 Ver Giddens (1979b, p.192 et seq.).

chamadas identidades regionais.[41] Pode-se considerar que o domínio que Giddens reformula como "recursos autoritativos" é que determina quem possui o poder de disposição sobre pessoas e quem terá (em condições democráticas) legitimidade para sua representação. Nesse sentido, os recursos autoritativos são coadjuvantes também para a forma de acesso aos "recursos alocativos". Neste ponto gostaria de abordar – ainda que de modo bastante sucinto – a relação entre "recursos autoritativos" e "identidade", uma vez que ela parece ser muito relevante no contexto do "regionalismo" político.

Klaus E. Müller (1987, p.78) postula, no contexto de seu estudo etnológico sobre "identidade", a tese de que líderes (personalidades com cargos de liderança) "personificam a capacidade de sobrevivência de seu grupo e constituem as expressões centrais de sua identidade". Este é certamente um aspecto central, para o qual aponta também Pierre Bourdieu (1985), outro proeminente representante da teoria da estruturação.[42] Porém, esse aspecto de "identidade" também não pode ser situado no contexto isento de poder. Sobretudo não em relação ao regionalismo político. Afinal, um dos componentes instituidores de identidade – formulando-se aqui apenas de maneira hipotética – consiste exatamente no fato de que um líder político se pronuncia em nome de um grupo da sociedade.[43] No entanto, não pode

---

41 Ver Giddens (1981b, p.57 et seq.).

42 A relação entre o sujeito que se pronuncia em nome da coletividade e os outros integrantes desta constitui para Bourdieu (1985, p.37) em diversos sentidos um fator de formação identitária. As implicações sociais da passagem do sujeito porta-voz para a coletividade são por ele chamadas de o "segredo do processo de transubstanciação, no qual o porta-voz se torna o grupo pelo qual fala". Isso significa que o porta-voz se torna representante e "representação, por força da qual o representante (é legitimado) a simbolizar o grupo que o institui" (ibid., p.37 et seq.). Para Bourdieu (ibid., p.38), é decisivo o fato de que o porta-voz simboliza e representa o grupo e que o consciente coletivo "existe somente graças a este ato de delegação (...). O grupo é instituído por aquele que fala em seu nome". A ideia do coletivo como sujeito real sobrevive, assim, em razão da "transubstanciação" do representante no coletivo em si. Por meio da transubstanciação torna-se possível ao grupo falar e agir como "um indivíduo", tirando dos integrantes "o estado de indivíduos isolados (...). Para tanto lhes é concedido o direito de se posicionar, pronunciar e agir pelo grupo como se fossem sua corporificação" (ibid., p.38). O porta-voz é ao mesmo tempo sujeito e coletivo. Isso torna possível afirmações como: "Os eslovenos pensam que...". Essa forma de identidade se desenvolve, segundo Bourdieu, por meio e através do ato de representação.

43 Um outro componente é a utilização do "nós", reforçando o sentimento de pertencimento ao grupo.

ser apenas o significado simbólico do ato da representação que assegura a identidade de um sujeito no grupo. Também relevante é o fato de que os representantes podem, em função de recursos autoritativos, impor princípios de categorização de conteúdos de sentido para ações de uma maioria de sujeitos. Desta forma eles asseguram, por um lado, sua posição e por outro estabilizam a reciprocidade das constituições de sentido. Desenvolvendo-se essa imagem conclui-se que o poder "perfeito" se dá quando os "subalternos" engendram os significados "do mundo" no contexto de atos de comunicação de forma que as estruturas (de dominação) existentes sejam inalteradamente reproduzidas e, ao mesmo tempo, uma identidade coletiva seja desenvolvida/mantida.

Com isso, até aqui alguns importantes aspectos de "cultura" e sua reprodução foram abordados, porém nada foi dito sobre como diferentes culturas podem ser diferenciadas, ao menos hipoteticamente, entre si. A título de uma aproximação desta problemática gostaria de sugerir a seguinte formulação: pode-se falar de uma "cultura" como soma das ações (no sentido de processos de estruturação) que se referem aos mesmos valores e às normas e aos esquemas de interpretação neles fundamentados e como soma das consequências destas ações. Assim, "identidade" e "diferença" continuam a referir-se a si mesmos, particularmente no sentido apontado por Martin Heidegger (1986b) e Giddens (1991a).

Apesar da "estandardização" de expectativas e padrões de ação em tradições e instituições, toda "cultura" permanece submetida à interpretação dos atuantes. Visto assim, uma delimitação clara e precisa será sempre uma exceção, nunca sendo possível num sentido completo. É provável que seja possível haver apenas formas de maior ou menor aproximação da "mesma" referência a valores, normas e esquemas de interpretação correspondentes. Por isso é plausível também que elementos "comuns" possam ser alcançados antes em delimitação em relação a outros mais fortemente distintos que por meio de uma definição precisa do realmente "igual" ou "comum".

De todas as maneiras, parece sensato considerar que a "cultura" está, por meio de processos de estruturação, contida – assim como o "poder" – em ações, e não é externa a estas. Ou, assim como o "poder existe apenas *in actu* [e] seu exercício consiste num conjunto de ações no sentido de ações possíveis, uma ação sobre ações" (Foucault, 1987, p.254 et seq.), da mesma forma se manifestam cultura e identidades culturais em ações e em referências a ações e seus resultados. Por este motivo é que "cultura" não deve ser compreendida de maneira estática – como teorias estruturalistas muitas vezes fazem parecer[44] –, mas sim submetida a contínuos processos de interpretação e reinterpretação. Ela está integrada a fluxos de ação e se manifesta no "tornar-se" e "destornar-se" destes.[45] Formulado de forma mais clara, o que é designado por "cultura" se manifesta tanto no progresso contínuo de atos de estruturação da realidade social, quanto em suas consequências (intencionais ou não).

Com isso alcançamos uma aproximação da problemática da "cultura". Da perspectiva da geografia cultural/social é ainda necessário esclarecer o *status* da chamada "cultura material". Como anteriormente observado, a "cultura material" (de artefatos materiais móveis/imóveis) não pode jamais ser analisada de maneira isolada da chamada "cultura imaterial". Pois a primeira deve ser compreendida sempre como consequência (intencional ou não) do agir significado, que deve, por sua vez, ser compreendido como uma interpretação da "cultura imaterial". A "cultura material", de que se ocupa basicamente a pesquisa regional tradicional, deve portanto ser compreendida sempre como consequência de ações, não podendo ser analisada desvinculada das atribuições de sentido que ela adquire nas execuções de ações.

Por este motivo não é razoável considerar a chamada "paisagem cultural" "em si" como objeto de pesquisa da geografia cultural. Ela deve antes ser integrada nas categorias do agir ou nas categorias dos processos de estruturação da realidade sociocultural na pesquisa regional centrada na cultura. Pois a matéria modificada pelas ações apenas é inteligível e explicável quando o sentido da modificação é conhecido – sentido este que os usuários devem decifrar por meio de sua utilização (bem-sucedida) antes de ele se tornar, nesta forma, relevante para ações. Isso significa também, portanto, que na situação em que se dão ações, no sentido de processos de estruturação, esse componente simbólico-significado dos artefatos pode se tornar um aspecto da orientação de ações e da identidade cultural. Entretanto, não como elementos materiais em si, mas sim como veículo da simbolização através de processos de ação.

---

44 Ver Blau (1977, p.208 et seq.).
45 Ver Schütz (1981, p.79).

116 BENNO WERLEN

Nessa perspectiva centrada na ação, os artefatos, cuja soma é tematizada – de maneira duvidosa – na geografia cultural/social tradicional no sentido de "paisagem cultural" ou *um* "artefato espacial", devem ser compreendidos como o resultado, como expressão do agir culturalmente específico significado. Na situação do agir, seus conteúdos de sentido podem ser reconhecidos, de modo mais ou menos adequado, pelo ator em relação a determinadas orientações.

É possível haver uma identidade regional?

O fato de que culturas, especialmente no período pré-industrial, eram claramente delimitáveis no plano espacial terrestre, levou diversos pesquisadores a abordar a pesquisa cultural e a análise da identidade cultural através de categorias regionais, isto é, espaciais. Seus esforços se concentraram em delimitar espaços culturais homogêneos ou em declarar paisagens culturais como objetos de estudo dos estudos regionais.[46] A obsolescência deste propósito se torna evidente sobretudo em sociedades e culturas da modernidade tardia.

Em sociedades tradicionais, as distâncias espaciais da maioria das atividades humanas eram extremamente reduzidas, já que condicionadas pelo nível de desenvolvimento da tecnologia de comunicação, transporte e produção. Pelo fato de o alcance das atividades de integrantes específicos da sociedade permanecer fortemente reduzido e a diversidade das diferenciações sociais ser, em comparação com sociedades modernas, menos acentuada, a resposta ao "onde?" espacial se aproximava relativamente bem do "como?" sociocultural das manifestações da ação humana:

Formas de expressão cultural e social permaneciam limitadas majoritariamente ao contexto local e regional. Sob tais condições, uma representação do cultural e do social centrada no espaço podia, à primeira vista, parecer plausível, ainda que seja, mesmo no caso de sociedades tradicionais, menos adequada.[47] Entretanto, essa representação não corresponde mais às

---

46 Ver Bartels (1968a, 1970).

47 Ver Geertz (1983, p.186 et seq.). Geertz enfatiza sobretudo os aspectos restritivos das consequências para a compreensão de culturas estrangeiras ao se falar destas utilizando categorias regionais.

condições atuais de vida, na imensa maioria dos casos. E é este fato que traz consigo importantes consequências para a pesquisa cultural geográfica.

As deficiências da Geografia tradicional se tornam evidentes sob as condições, características da modernidade tardia, de processos sociais. Acontecimentos locais, regionais ou nacionais não podem mais – como na Geografia tradicional – ser interpretados somente como expressão de formas culturais e sociais locais, regionais ou nacionais. O fato de se poder observar e encontrar algo num âmbito local ou regional está longe de significar que aquele seja seu ponto de produção. Muito do que é relevante em termos de ação nem mesmo é observável no plano espacial terrestre.

As primeiras questões que se colocam para uma pesquisa regional centrada na cultura são: culturas podem ser delimitadas através de categorias espaciais? E seria adequado observar a paisagem cultural como objeto de estudo da pesquisa regional centrada na cultura? Se estas questões tiverem de ser negadas, é necessário esclarecer quais tarefas podem ser delegadas, na modernidade tardia, a uma pesquisa regional centrada na cultura.

Como anteriormente colocado, se a perspectiva da pesquisa cultural e social centrada na ação é aceita, nem "espaço", nem "paisagem cultural" podem representar um objeto de pesquisa adequado da pesquisa regional cultural-geográfica, mas sim ações no contexto de condições socioculturais e físico-materiais específicas. Afinal, de uma perspectiva centrada na ação, "espaço" significa apenas o conceito espacial e todo conceito espacial pode apresentar apenas um padrão de referência através do qual elementos problemáticos e/ou cientificamente relevantes podem ser estruturados e localizados, mas não explicados.[48]

No caso de determinadas problemáticas é perfeitamente admissível tratar questões sociais por meio de categorias espaciais, como forma de reduções da complexidade. Entretanto, deve-se manter sempre a consciência do caráter de redução. Nesse sentido, formulações "espaciais" podem constituir formas de expressão resumidas de: condições de interação/comunicação em relação à simultaneidade ou ausência do corpo ou como abreviatura para diferentes graus de ambiguidade de formas de interação, como categorias de orientação e diferenciação, assim como condições de ação no contexto físico-material em relação à comunicação.

---

48 Ver mais aprofundadamente sobre isso Werlen (1988a, p.161 et seq.).

Postulando-se, no entanto, "espaço" ou "paisagem cultural" como objeto de pesquisa da geografia cultural, será necessário lidar com os problemas típicos de toda forma de holismo e contrários a uma perspectiva centrada na ação.[49] Pois cada tentativa de se abarcar o mundo sociocultural imaterial e subjetivo de valores, normas etc. por meio de categorias espaciais leva, por um lado, à sua homogeneização inapropriada e, por outro, a uma "coletivização" inadequada.[50]

Observando-se mais precisamente entretanto, em comparação com o holismo relativo ao mundo social[51] há neste contexto o perigo de uma outra operação cognitiva intolerável, isto é, a de um essencialismo ingênuo que atribui ao "espaço" e à "paisagem cultural" uma força constitutiva em si. Esse perigo – como a história da disciplina mostra – já se concretizou no caso de inúmeros pesquisadores. Suas pesquisas afirmam não apenas que coletivos podem agir, mas também que é necessário atribuir uma significabilidade e uma capacidade de ação e efeito a "paisagens" e "espaços" em si.[52]

Paralelamente a esse fetichismo espacial extremo há ainda uma variante mais branda da crença no espaço. Ela propõe considerar todos os aspectos de realidades subjetivas e socioculturais como localizáveis no espaço terrestre. Ou como Alain Guillemin (1984, p.15) formula: "o 'local' (ou o 'regional') aparece hoje como o referente de todo um conjunto de discursos e de pesquisas (...) que tendem muito frequentemente a equiparar o 'objeto local' (ou 'regional') *a* um espaço dado, inscrito na realidade das coisas e ancorado no

---

49 A respeito do antagonismo entre posições holísticas e os fundamentos da teoria da estruturação, ver Giddens (1988a, p.263 et seq.). Sobre a relação entre a teoria da estruturação e o individualismo metodológico, ver Werlen (1989a).

50 A forma mais comum deste procedimento é sem dúvida a argumentação nacionalista ou regionalista, na qual fala-se sobre a vontade ou a opinião, p. ex., dos bávaros, bascos etc., da derrota da Suíça para a Áustria ou das características específicas dos nativos de Friburgo, de Valais etc. A inadequação da homogeneização se expressa, nestes casos, em geral na forma de preconceitos generalizadores que se caracterizam por ignorar diferenciações sociais de posições de ação e conteúdos de significação de ação (ver sobre isso ainda Geertz, 1983, p.185 et seq.). O componente holístico advém da afirmativa (ao menos) implícita de que um coletivo construído regionalmente pode, "em si", agir.

51 Ver Werlen (1989a).

52 As consequências desta perspectiva foram documentadas de forma mais evidente em Otremba (1961, p.135): "A consideração do valor dos espaços como personalidades na sociedade dos espaços é uma tarefa infinita e constante". "Todos os espaços (...) agem uns sobre os outros" (1961, p.134) e agem igualmente de forma determinante sobre atividades humanas; ver ainda Wirth (1979, p.229 et seq.) e Bartels (1968a, p.160 et seq., 1970, p.34 et seq.).

ESPACIALIDADE SOCIAL **119**

território". Em outras palavras, na maioria dos estudos regionais, o local ou regional num plano geral e a identidade local/regional num plano específico são tomados por objetos, de forma a tornar possível a pesquisa de "identidades" por meio de categorias espaciais.

Um exemplo atual da pesquisa geográfica é a sugestão de Hans Heinrich Blotevogel *et al.*,[53] cujo propósito é claramente localizar e estudar as chamadas identidades regionais em categorias espaciais ou regionais. O que é tematizado em seu trabalho são lembranças, noções e posições subjetivas de contextos de – ou relativos a – proveniência ou ainda contextos de vida atuais. Os atuantes, por sua vez, naturalmente se referem de forma interativa a estes contextos, de forma que estas relações podem assim ser atestadas como memória coletiva de vivências comuns.

Porém, exatamente por se tratar de posicionamentos e elementos da lembrança é que eles não apresentam uma existência material e não podem ser localizados no espaço terrestre, nem representados por concepções espaciais geográficas tradicionais.[54] O que se pode abarcar com os conceitos espaciais da Geografia tradicional são os veículos da lembrança e o posicionamento físico daqueles que se lembram (aspectos físico-materiais), mas não os conteúdos dos atos cognitivos (o aspecto subjetivo) ou os significados simbólicos. Levando-se em consideração apenas a materialidade ou o posicionamento físico daqueles que refletem não podemos obter uma explicação diferenciada sobre o conteúdo ou os resultados da reflexão. O que não significa que a materialidade dos atuantes, como focos de experiência imediata, seja irrelevante. Esse ponto será abordado mais tarde.

Primeiramente deve ser mencionado que soluções parciais para este problema levam a distorções e reducionismos. O grau de distorção naturalmente varia dependendo se nos decidimos pelo aspecto físico, mental ou social. A referência exclusiva ao aspecto físico, em todo caso, leva, em última instância, a um materialismo determinístico. Pois se parte assim da premissa

---

53 Ver sobre isso Blotevogel *et al.* (1986, 1987, 1989), assim como a crítica de Bahrenberg (1987) e Hard (1987a, 1987b, 1990), e a sugestão feita por Weichhart (1990) de uma reorientação.

54 Isso, evidentemente, se aplica também a normas sociais e valores culturais. Estes também não podem ser localizados no espaço terrestre de maneira indireta "através de sua relação projetiva para com objetos de referência materiais", como postula Weichhart (1990, p.3). Exatamente por se tratar de objetos de referência é que estes não podem constituir em si "a norma" ou "o valor". O conteúdo simbólico permanece imaterial mesmo quando associado cognitivamente a algo material.

de que o que é pensado, o que se lembra ou o que pode ser lembrado dependeriam somente da posição física do sujeito atuante. Essa argumentação ignora que o que é experienciado e lembrado sempre depende das interpretações subjetivas, que, por sua vez, não podem ser independentes do contexto social do sujeito que experiencia e se lembra.

A adoção de uma perspectiva de pesquisa centrada na ação significa, ao contrário, que "espaço" deveria ser compreendido antes como uma "abreviatura" para problemas e possibilidades que surgem na execução de ações concernentes ao mundo físico-material em relação com a corporalidade do atuante e a orientações relativas ao mundo físico. Assim, não pode ser sensato considerar que "espaço" ou materialidade já possuam "em si" um significado constituidor de sentido para elementos sociais, com o qual seria possível até mesmo a demonstração de uma "identidade". Somente através da execução de ações sob condições sociais específicas é que se chegaria a tanto. Isso significa que nem a "carga social"[55] ou simbólica de elementos regionalizáveis ou localizáveis espacialmente na superfície terrestre, como estudados no contexto da chamada "identidade regional", ou tampouco os conteúdos sociais de sentido de artefatos materiais, podem ser adequadamente compreendidos por meio de uma perspectiva centrada no espaço. Para tanto são necessárias categorias de ação em contextos respectivamente específicos.

Ao afirmar em sua análise identitária que "territórios representam o aspecto espacial no conjunto dos meios de expressão que circunscrevem o todo, a *identidade* de um grupo", Müller (1987, p.66) incorre exatamente no mal-entendido característico para a perspectiva centrada no espaço. Com espaços de vida *em si* não se pode demonstrar identidade alguma. Pois, mesmo no caso de que determinados elementos materiais em uma determinada ordenação espacial terrestre possuam o mesmo significado para uma maioria de indivíduos e se tornem, através disso, veículo de identidade cultural, isso não pode ser abarcado pelo estudo do território, do lugar ou de uma região. Como Georg Simmel mostra, é através da análise de processos de valoração de e em ações que se chega a uma aproximação adequada.

Simmel analisa a estrutura fundamental dos eventos que transmitem conteúdo de sentido simbólico a determinados lugares, artefatos em um

---

55 Ver Klüter (1986, p.2 et seq.).

determinado ponto terrestre e na descrição de um local. Segundo sua representação, artefatos imóveis estruturam espaços de ação físico-terrestre de tal maneira que se tornam eixos de relações sociais fixados espacialmente. Através da práxis de ações, tal lugar assume "uma forte sustentação na consciência. No caso de lembranças, o lugar, por ser mais perceptível aos sentidos, desenvolve uma força associativa maior que a do tempo" (Simmel, 1903, p.43). Em outras palavras: o contexto de ação e o conteúdo de sentido das ações são transmitidos ao lugar, ao artefato ou à descrição de um local, no qual ou através do qual a ação ocorreu, "de modo que, para a lembrança, o lugar costuma se ligar de forma indissolúvel a esta (ação)" (ibid., p.43).

Se o conteúdo de sentido das ações, que se tornam interações em determinados pontos espaciais físico-terrestres, persiste da mesma forma que o lugar da confluência, os atuantes, que em suas ações são movidos pelos mesmos conteúdos de sentido, preenchem aquele espaço com o mesmo conteúdo simbólico "ao redor do qual o lembrar enreda os indivíduos em correlações a partir de então ideais" (ibid., p.43). Em objetos e descrições de locais tão "socializadas" ou "assimiladas"[56] desenvolvem-se, portanto, socializações não apenas práticas, mas também ideais; o que significa que a comunicação social pode se dar por meio de conteúdos simbólicos compartilhados. Estes despertam nos atuantes que interagem naqueles pontos terrestres "a consciência de pertencimento" (ibid., p.41). O lugar, ou melhor, o conteúdo de significado da descrição do lugar, torna-se um símbolo, despertando a lembrança das ações conduzidas por diversos sujeitos com os mesmos conteúdos de sentido. Maurice Halbwachs (1967) fala, neste contexto, de uma "memória coletiva",[57] de uma forma de identidade relacionada ou referida de maneira local. O lugar, sua denominação local ou regional se torna, assim, veículo da memória coletiva, do lembrar coletivo, da representação. Uma vez, no entanto, que o lugar ou um artefato material não possuem "em si" previamente os significados, não é possível encontrar, através da análise do local, o significado especificamente cultural de ações. É preciso, antes, utilizar os contextos de ação e as formas de representação como referência:

---

56 A respeito do conceito de assimilação, ver Rolff & Zimmermann (1985) e Bruhns (1985). Rolff & Zimmermann enxergam a "assimilação" como aspecto central da socialização.

57 Essa "memória coletiva" não deve ser confundida com a "memória de um coletivo". Ela representa os conteúdos de recordação apresentados coletivamente a diversos sujeitos através de experiências imediatas vivenciadas coletivamente ou transmitidos por "contos".

Um dos critérios objetivos da identidade local deve ser buscado no âmbito das representações sociais, particularmente no trabalho simbólico por meio do qual os (...) dirigentes tentam fazer que seus benefícios individuais sejam aceitos pela população que representam. (Guillemin, 1984, p.15)

Aspectos regionais da identidade cultural

Esses resultados significam, ao mesmo tempo, que não faz sentido investigar a "identidade regional" de um indivíduo, mas sim, na melhor das hipóteses, suas "identidades culturais vinculadas a um local" ou "a uma situação".[58] Em vez de buscar uma identidade regional, parece mais efetivo analisar os aspectos regionais e as condições da *identidade cultural*. Isso significa que deveríamos nos dedicar mais intensivamente, no âmbito da pesquisa regional em geografia cultural, à questão da relevância dos contextos de ação físico-materiais na reprodução de valores culturais e na constituição de padrões de ação – da base da identidade cultural – compartilhados de modo intersubjetivo e quais valores culturais são assim reproduzidos, levando em consideração especialmente a corporalidade dos atuantes. Como direcionamento para essas análises poderiam ser utilizadas duas linhas argumentativas da teoria social. A primeira é a "teoria das formas de vida" de Schütz (1981). Colocando-se a constituição e a aplicação de padrões de interpretação compartilhados de modo intersubjetivo no centro das reflexões, há que se responder, no contexto de uma pesquisa regional centrada na cultura, primeiramente sob quais condições estes padrões podem surgir. E, caso um sujeito queira aprender as regras de interpretação válidas de modo intersubjetivo dentro de um mundo sociocultural, deve sempre ser possível para ele revisar suas interpretações e valorações. Isso significa que a constituição e a aplicação de contextos de significado intersubjetivos dependem da possibilidade de se pôr à prova a validade das atribuições de sentido. Disto se conclui que a primeira condição para

---

58 Ver sobre isso Weichhart (1990, esp. p.33 et seq.). Na impossibilidade de aprofundar a argumentação de Weichhart, gostaria de enfatizar que não considero que exista, ao lado das identidades pessoal, social e cultural – como esferas autônomas – também uma "identidade local", como Weichhart parece supor.

constituições de sentido intersubjetivas está na possibilidade do exame imediato de atribuições de sentido subjetivas.

A base de toda comunicação social está, assim, na classificação de atribuições de sentido subjetivas em contextos de sentido intersubjetivos. Segundo Schütz (1981, p.211), deve-se considerar que toda constituição de sentido se baseia em provisões de conhecimento subjetivas. Uma constituição intersubjetiva uniforme dos significados de circunstâncias ou uma reciprocidade das constituições de sentido exige provisões de conhecimento expressas de modo ao menos parcialmente uniforme. Disto conclui-se que – como segunda condição da construção de constituições de sentido intersubjetivas – experiências coletivamente compartilhadas devem ser vistas como um elemento constitutivo para o desenvolvimento ou manutenção da identidade cultural.

Aceitando-se essas duas condições fica evidente que experiências subjetivas não existem com certeza suficiente até o momento em que a existência do *ego* não é comprovada pelo *alter ego*. Isso significa, então, que a intersubjetividade do ambiente sociocultural e físico pode ser constituída apenas com base em interações sociais. Sobretudo na situação imediata do face a face é possível atingir a certeza em relação a constituições de sentido válidas intersubjetivamente. Pois, neste caso, os corpos dos atuantes estão frente a frente como campos de expressão da consciência do *ego* e do *alter ego*. Com isso torna-se possível reforçar a comunicação através de gestos simbólicos sutis, reduzindo o número de mal-entendidos. É possível, além disso, esclarecer dúvidas imediatamente, mobilizando-se simbolizações e interpretações mútuas da verificação e correção recíproca.

A copresença se torna, consequentemente, uma circunstância fundamental, na qual é possível a verificação imediata dos conteúdos de comunicação. É a base na qual se fundamentam subjetivamente – para os próprios sujeitos atuantes – os elementos de consciência mais "seguros", que, por sua vez, constituem a base da certeza ontológica. Esses elementos são a base para atribuições de significado tanto mais abstratas quanto mais anônimas. Pois todas as formas da experiência mediável do mundo social, que abrangem até realidades institucionais anônimas, devem, segundo Schütz,[59] ser consideradas derivações de experiências imediatas.

---

59 Ver Schütz & Lückmann (1979, p.90 et seq.), Werlen (1998a, p.67 et seq., 209 et seq.).

124 BENNO WERLEN

A estrutura básica regional terrestre de sequências de ações cotidianas também pode apresentar, segundo Schütz – aceitando-se a especial importância de interações face a face –, uma relevância para os percursos de vida de diferentes sujeitos. Sua tese é que a provisão de conhecimentos de um atuante passa, através das condições sociais do mundo cotidiano, sempre por uma *articulação* biográfica específica.[60]

Numa perspectiva formal, Schütz diferencia, para a análise dos percursos de vida dentro das condições citadas, os seguintes aspectos: todo atuante é, ao nascer, inserido em uma situação histórica com uma expressão específica da provisão de conhecimento de seus parceiros de interação, em um raio de ação imediata efetivo, que também foram, por sua vez, influenciados por encontros deste gênero com seus antepassados. Essas condições são impostas a todo e cada sujeito individualmente. A respectiva articulação biográfica da provisão de conhecimento limita as possibilidades de realização de vida dentro de uma dada situação. Assim, a todos os atuantes "encontra-se em aberto a estrutura social sob a forma de biografias típicas" (Schütz; Luckmann, 1979, p.127).

A socialização de cada indivíduo por meio de contatos imediatos define seu fazer geográfico respectivamente característico dentro de determinados graus de probabilidade. A influência das diferentes provisões de conhecimento e das biografias nelas fundamentadas é diferenciada de diversas maneiras através do confinamento dos atuantes ao plano corporal e de seus alcances factuais e potenciais nos sentidos físico-terrestre ou regional e ainda no sentido social. Às mais primevas interações face a face se associam diversas outras, que levam a outras seleções dos percursos de vida, de acordo com a configuração dos alcances factuais e potenciais do *ego* e dos *alter egos* de maneira espacial terrestre e social.[61]

---

60 Isso naturalmente não significa que elementos de conhecimento adquiridos em interações indiretas sejam irrelevantes. No entanto eles seriam, segundo a argumentação de Schütz, menos determinantes em relação à certeza ontológica. Obviamente, também essa afirmação carece de verificação mais acurada.

61 A copresença obviamente não determina ainda os conteúdos de comunicação, mas continua a ser importante como condição para a interpretação de conteúdos comunicados de forma verbal *e* não verbal. Ignorar essa diferenciação implicaria uma argumentação determinística do meio ambiente. Opostamente a isso, também os conteúdos comunicativos e as relações de poder que se manifestam em referências de ação são decisivos.

ESPACIALIDADE SOCIAL **125**

Schütz inaugura, assim, juntamente ao acesso às condições básicas para a identidade cultural, ao menos hipoteticamente, também o acesso à análise aprofundada das disparidades regionais de chances individuais de carreira. A relevância da dimensão espacial terrestre para diferentes percursos de vida se mostra, por outro lado, no confinamento dos atuantes ao plano corporal, isto é, na localização físico-terrestre do corpo e da relevância primária do encontro atual para a aquisição de conhecimento adequado sobre o mundo físico e social. Pois a atual relação em primeira pessoa está sempre vinculada à copresença físico-terrestre, e é dessa forma de relação que "emana originalmente o caráter intersubjetivo do mundo da vida" (Schütz; Luckmann, 1979, p.129).

Deste modo pode ser esclarecido hipoteticamente também o fenômeno das manifestações espacialmente diferenciadas, das formas de expressão dos mundos de sentido e de vida socioculturais intersubjetivos, que antes eram claramente delimitáveis, sobretudo no período pré-industrial. Uma vez que esses mundos por um lado se fundamentam em experiências vinculadas à corporalidade e por outro se manifestam em ações vinculadas à corporalidade e consequências materiais de ações, podemos experienciar formas concomitantes de expressão de "cultura", diferenciadas também no plano espacial terrestre, sem que valores e padrões de interpretação existam materialmente. E pelo fato de que sedimentações prévias de experiências nas provisões de conhecimento em geral mantém determinada relevância por toda uma vida, o local físico e social da socialização primária de certa forma também permanece relevante.[62]

Entretanto, em sociedades da modernidade tardia cresce, naturalmente, cada vez mais o percentual de aquisição indireta de conhecimento no contexto de processos de comunicação globais. Paralelamente a isso, avançam a diferenciação e a pluralização social dos valores norteadores de ações. Juntos, esses fatos solapam as sedimentações de experiências que foram e são adquiridas na comunicação imediata. Disto é possível concluir que as condições regionais de comunicação e integração social se tornam cada vez menos relevantes e que sua análise diferenciada seria portanto

---

62 Esse fato poderia representar um motivo pelo qual a origem (terrestre) do parceiro de interação é vista como importante aspecto para a tipificação mútua na práxis comunicativa cotidiana.

completamente supérflua. Oposto a essa conclusão está o fenômeno sociocultural do crescente "retorno emocional a regiões natais históricas" (Lübbe, 1990b), que é como se pode denominar as variadas formas de regionalismo na argumentação sociopolítica atual. É compreensível que se tenda a considerar esse fenômeno como mera expressão de uma perspectiva de vida antimoderna. Entretanto, há uma possibilidade de interpretação que aponta uma outra direção. Pois não é "o caráter retrógrado que torna as pessoas conservadoras em relação à origem, mas antes a dinâmica de processos de modernização, que nos interconectam cada vez mais rapidamente por espaços cada vez maiores e mais distintos em relação a nossas origens" (Lübbe, 1990b). Se essa noção estiver correta, podemos considerar como consequência o fato de que quanto mais rápida a transformação sociocultural e quanto mais abrangentes as condições de vida cotidianas forem integradas em processos globais, mais necessária se torna a possibilidade de averiguação imediata dos padrões de interpretação. Formulado de maneira mais abstrata: quanto maior a intensidade de vivência da diferença, tanto mais a "identidade" se manifestará como um problema e uma necessidade.[63] E quanto mais a globalização avançar de maneira abrangente, mais relevantes se tornarão os contextos de ação locais e regionais para a manutenção ou geração de certeza ontológica.

Isso não significa uma legitimação do "regionalismo" como modelo de argumentação política, mas sim uma indicação da razão do atual sucesso deste discurso. É interessante ressaltar novamente as homogeneizações problemáticas do mundo sociocultural (em função da utilização de categorias espaciais). Pois poderia ser comprovado que é exatamente a certeza ontológica ameaçada ou extinta em sociedades da modernidade tardia que gera uma maior suscetibilidade à argumentação regional, sem que esta seja julgada de forma crítica e racional por aqueles a que ela se dirige.

Nesse sentido, deveria ser levada em consideração – comparando-se a Schütz – a diferenciação social dos sujeitos participantes ou capazes de participar de interações concomitantes, assim como a forma dos valores culturais reproduzidos sob tais condições. Pois, como observado antes, seria difícil apresentar uma prova de que a forma do posicionamento físico-terrestre dos corpos determina os conteúdos comunicacionais dos que interagem.

---

63 Ver Heidegger (1986b) e Brody (1980).

ESPACIALIDADE SOCIAL **127**

Por essa razão é que uma diferenciação social na análise das condições regionais de identidade sociocultural se mostra extremamente necessária, podendo naturalmente ser de profunda relevância também em respeito à investigação de regionalismos políticos.

O potencial de controvérsia deste fenômeno sociocultural exige, de fato, uma consideração específica da diferenciação social, assim como dos componentes do poder. Ou, expresso de forma elementar: a subestimação, que prevalece até o momento, das condições regionais de reprodução social nas teorias sociais não deveria ser substituída pela subestimação do significado da diferenciação sociocultural de relações regionais, seja em argumentação científica ou política. Entretanto, a clarificação exata destes contextos pode ser fornecida apenas num contexto de pesquisa empírica, para o qual essas reflexões podem fornecer uma base de disposições para a extração de hipóteses.

A segunda base potencialmente promissora para o desenvolvimento, da perspectiva da teoria da ação, de uma pesquisa regional centrada na cultura é o conceito de "integração social" de Giddens. Ele consiste na "reciprocidade de práticas entre atuantes em situação de copresença, isto é, no sentido de suas continuidades em e suas disjunções entre confluências" (Giddens, 1988a, p.431).

Giddens considera os processos sociointegrativos como a base para o alcance da certeza ontológica, que pode, por sua vez, ser interpretada como expressão de identidade cultural. A "integração social" deve ser diferenciada da "integração sistêmica", que consiste na "reciprocidade entre atuantes (...) ao longo de seções maiores de espaço e tempo para além de situações de copresença" (Ibid., p.432), ou seja,

> a ligação para com aqueles que estão fisicamente ausentes temporal e espacialmente. Os mecanismos da integração sistêmica certamente pressupõem aqueles da integração social, no entanto estes mecanismos se diferenciam, em alguns pontos fundamentais, daqueles envolvidos nas relações de presença mútua (copresença). (Ibid., p.80)

Embora essas diferenças representem, em comparação com a concepção de Schütz, uma distinção importante, podendo até ser consideradas uma ampliação, não será possível aprofundá-las aqui. Decisivo é o fato de que Giddens e Schütz veem na copresença a base para o alcance da certeza ontológica, isto é, a condição para a possibilitação de constituições de sentido intersubjetivas. De acordo com a argumentação aqui desenvolvida – considerando-se as diferenciações sugeridas –, estes são os elementos fundamentais que constituem a identidade cultural. Uma vez que a copresença está vinculada às localizações materiais no contexto físico-terrestre, a consideração da corporalidade dos atuantes se torna uma importante condição da reprodução de valores culturais e da constituição de padrões de interpretação compartilhados intersubjetivamente – ao menos no contexto de ambas as teorias supracitadas.

Perspectivação do conteúdo

Essas reflexões, se aceitas, certamente oferecem um fundo de disposições para a obtenção de hipóteses no contexto de uma pesquisa regional centrada na cultura. Para encerrar, mesmo sem poder aprofundar aqui o conceito de pesquisa cultural regional centrada na ação, algumas de suas consequências devem ser mencionadas para sua comparação com a Geografia tradicional.

Junto às diversas formas de valores e padrões de interpretação reproduzidos em copresença,[64] que, mediados pela corporalidade dos atuantes, levam a diferenciações regionais da manifestação de mundos socioculturais, devem ser investigadas também as consequências destes contextos para o entendimento intercultural. Ademais, é necessário analisar ainda quais regularidades ou eventuais possibilidades de estabelecimento da copresença existem para quais atuantes dentro de uma determinada região,[65] isto é, quais prerrequisitos existem ou faltam para a manutenção ou retomada de/as identidade/s cultural/is no contexto de mundos da vida na modernidade tardia. Não serão o abarcar de espaços de consciência ou a regionalização ou mapeamento de conteúdos de consciência que constituirão um objetivo de pesquisa geográfica razoável, mas antes a análise das condições regionais para a comunicação em copresença.[66]

---

64 Ver sobre isso Saunders (1979, p.206 et seq.)

65 No sentido de uma construção administrativa no plano político e/ou do planejamento.

66 Isso alude a um vasto campo de organizações e possibilidades que abrange desde a reformulação das chamadas estruturas espaçotemporais nos campos da vida profissional, educação e lazer no âmbito de sociedades da modernidade tardia, até "centros de convivência" para

Em relação ao trabalho com os regionalismos atuais, essas condições de identidade sociocultural deveriam ser relacionadas a discursos políticos. Porém, também neste caso a perspectiva centrada no espaço deveria ser abandonada. "Regiões" devem ser compreendidas não mais como dados "naturais", mas sim como construções culturais, sociais, econômicas e jurídicas, com respectivas histórias específicas. "Regionalismos", consequentemente, devem ser apresentados como formas de movimentos sociais, buscando agir na transformação dessas construções ou almejando uma maior autonomia da construção já existente do Estado central.

O interesse particular da pesquisa sociogeográfica neste contexto seria como as condições regionais de identidade sociocultural são implementadas de modo político-argumentativo, o que naturalmente significa também: como se dão as reduções advindas da linguagem "espacial" no plano sociocultural e como elas são aplicadas na transformação da realidade social. Entretanto, mais uma vez: o "regional" não pode com isso ser considerado como detentor de sentido em si, como "objeto material", mas deve antes ser entendido como uma construção sociocultural, um resultado histórico de uma determinada combinação de fatores culturais, sociais, econômicos, políticos, infraestruturais e, por fim, também jurídicos: um campo de condições de comunicação social.

Espaço, corpo e identidade[67]

Noções da Ecologia Humana tradicional reinterpretadas pela geografia social

Vivemos hoje – na última década do século XX – num mundo que confronta a todos nós constantemente com uma profunda insegurança, sendo acometido por ameaças desconhecidas por gerações passadas. Ao mesmo tempo, este é um mundo que apresenta à maior parte das pessoas

---

diversas faixas etárias e grupos sociais. Essas medidas servem, em geral, à criação de melhores condições de eliminação do isolamento social e dos problemas daí resultantes.

67 Texto original: Raum, Körper und Identität. Traditionelle Denkfiguren in sozialgeographischer Reinterpretation. In: Steiner, D. (org.). *Mensch und Lebensraum*. Fragen zu Identität und Wissen. Opladen: Westdeutscher, 1997, p.147-69. (N. E.)

um campo de possibilidades para a configuração de suas vidas mais amplo do que jamais fora possível antes. Ambos os aspectos, a crescente incerteza e as crescentes possibilidades de escolha, podem ser interpretados como condição e expressão da globalização dos contextos de vida de todos os seres humanos.

Embora todas as pessoas passem suas vidas cotidianas fisicamente apenas em um contexto local, hoje a maior parte destas condições de vida cotidianas estão inseridas em processos globais. Local e global permeiam-se mutuamente. Processos globais se manifestam no local e são igualmente expressão do local. Esta é uma característica fundamental de sociedades da modernidade tardia. Através de nosso estilo de vida somos inseridos em processos globais, ainda que em nossa práxis física cotidiana não ultrapassemos limites locais.

Essas condições possibilitam a enorme extensão do alcance e das possibilidades de escolha supramencionados, entretanto geram – e esta é a tese aqui defendida – diversas inseguranças e coerções. Além disso, figuram na base da tão citada perda identitária do ser humano moderno. Essas características constituem ao mesmo tempo o cerne das consequências do Iluminismo.

Diversas estratégias para aplacar essas inseguranças se orientam retroativamente. A expectativa do encontro da identidade é projetada num contexto de modelos cognitivos pré-modernos que não oferecem, entretanto, a possibilidade de reconstituição do modo de vida pré-moderno. É possível observar nestes casos, ao menos do ponto de vista da teoria da ação, diversas combinações problemáticas, que levam antes a um racionalismo pela metade – no sentido de um instrumentalismo tecnologizado combinado com uma visão de mundo pré-moderna – que ao desenvolvimento de uma identidade ontologicamente adequada. Dentre as formas atualmente mais dramáticas destas estratégias orientadas retroativamente estão certamente o regionalismo e o nacionalismo. Nelas o espaço é enfatizado como central para a identidade sugestionada.

Essas relações entre modelos de pensamento pré-modernos e construções identitárias problemáticas atuais é que gostaria de analisar no que se segue. Primeiramente quero, baseando-me na obra de Anthony Giddens (1988a, 1989a, 1990b, 1991a, 1992a), delinear as diferenças entre sociedades pré-modernas e sociedades da modernidade tardia, para em seguida – introduzindo as categorias da geografia social baseada na teoria da ação (Werlen,

ESPACIALIDADE SOCIAL **131**

1986, 1987a, 1988b, 1989a) – abordar a relação problemática entre espaço e identidade no contexto de nacionalismo e regionalismo.

Da tradição à reflexividade

Para a categorização diferenciada de sociedades pré-modernas e sociedades da modernidade tardia no que concerne à relação entre globalização e identidade pode-se sugerir, baseando-se em Giddens (1991a), três dimensões: velocidade da transformação social, alcance da transformação social e pujança das instituições. Estas três dimensões estão intimamente relacionadas entre si, sendo, de fato, interdependentes. O ritmo da transformação está diretamente vinculado a seu alcance e, por fim, também ao grau de reflexividade exigido pela práxis institucionalizada no contexto de sociedades tradicionais e modernas. Essa vinculação pode ser ilustrada quando se leva em conta que cada uma destas três dimensões é combinada com seu respectivo par antagônico como características de diferenciação adicionais (ver síntese do conteúdo).

A *velocidade da transformação social*, altamente elevada no contexto da modernidade tardia em comparação com sociedades pré-modernas, está fundamentada na cisão de espaço e tempo. Para formas de vida pré-modernas, segundo Giddens (1990b), é típico que a percepção temporal esteja sempre vinculada ao "onde". Isso se deve ao fato de que a consciência temporal é sempre perpassada pelas qualidades de um nicho local, está inserida em tradições locais e – como quero acrescentar – se mantém disponível operacionalmente apenas dentro do horizonte destes elementos. A constelação da modernidade tardia se baseia, assim, primeiramente na separação das dimensões espacial e temporal e, em segundo lugar, na capacidade de recombinação de tempo e espaço, que pode variar de acordo com a atividade.

Síntese de conteúdo: Categorias de diferenciação entre a pré-modernidade e a modernidade tardia

velocidade da transformação social	–	unidade *vs.* separação de tempo e espaço
alcance da transformação social	–	mecanismo de arraigamento *versus* de desarraigamento
pujança das instituições	–	poder da tradição *versus* reflexividade institucional

132 BENNO WERLEN

A separação de espaço e tempo requer, antes de mais nada, os processos e práticas que Max Weber (1980, p.308) caracteriza como "desencantamento do mundo", ou aquilo que o geógrafo econômico Alfred Rühl (1927) identifica sob a forma do "cálculo da natureza" como característica fundamental do "espírito economicista americano" e que Bruno Latour (1991, p.21 et seq.) designa como *ensemble de pratiques (...) de (...) purification*", conjunto de práticas de purificação, que, segundo ele, constituiriam a base do processo fundamental da modernização. Isso significa que a separação de espaço e tempo requer sua destituição do profundo arraigamento às tradições locais. Somado a isso, é necessário superar sua reificação antes que ela possa constituir a base da formalização racional. Apenas deste modo é que se tornará possível uma diferenciabilidade clara de espaço e tempo. A consequência disto é, em primeiro lugar, que o "tempo" não permanecerá mais vinculado ao lugar e, em segundo, que a relação de espaço e tempo entre si se modificará. Pois a coordenação temporal de ações se torna então possível sem a necessidade de uma referência fixa a determinadas características de um determinado lugar.

Apesar disso, o aspecto espacial continua a desempenhar um papel fundamental também para constelações da modernidade tardia – como podemos abstrair da argumentação de Giddens –, ainda que em novos contextos. Uma vez que para os atuantes na modernidade tardia a fixação espacial apresenta implicações temporais específicas, não é possível supor uma dominância ilimitada do plano espacial sobre o temporal. Mesmo na separação, o vínculo entre ambos é mantido no contexto de modos de ação selecionáveis.

A recombinabilidade específica de atividades na base de sua separação prévia significa que o "quando" e o "onde" de atividades sociais não permanecem mais vinculados aos conteúdos tradicionalmente dados a estas, como fora característico para sociedades pré-modernas. Nesse contexto, o exaurimento de sentido do tempo é mais importante que o do espaço. Isso se dá talvez pelo fato de que apenas a partir da regulação temporal abstrata é que se torna possível a coordenação de atividades através de longas distâncias.

De modo geral, o "exaurimento" (de sentido) de tempo e espaço significa que ambos não são mais, através de determinações ontológicas, parte constitutiva do sentido de ações executadas em relação a estas dimensões. O "exaurimento" significa o mesmo que formalização e liberação para assimilações, significadas, de decisões em aberto.

Tanto a dimensão espacial quanto a temporal devem primeiramente ser tornadas aspectos formais da ação, cujos conteúdos não sejam predeterminados de modo significado para as atividades a serem executadas. Essa desvinculação de conteúdos de significado da ação (fornecidos pela tradição) em relação a componentes espaciais e temporais é, da minha perspectiva, uma expressão do reconhecimento da diferença entre conceito e objeto caracterizado, ou seja, como separação entre o símbolo e o conteúdo simbolizado. De forma geral pode-se compreendê-lo como expressão de um processo de racionalização reflexivo, característico do Iluminismo e, com isso, também da modernidade e da modernidade tardia. Não é apenas a natureza que é desencantada, ocorre também uma racionalização do mundo cotidiano, cujos efeitos se estendem por todos os âmbitos, inclusive espaço e tempo. Pode-se entender este processo, tal qual Giddens (1991b, p.306), como uma importante expressão do processo mais geral de estandardização.

No que tange ao *alcance da transformação social*, a segunda dimensão principal da dinamização da vida social na modernidade e na modernidade tardia – o desarraigamento da sociedade em relação a espaço e tempo – é central. O desarraigamento de sistemas sociais significa a desvinculação de relações e interações sociais de seus contextos locais. A condição para esse processo é, como apontado anteriormente, o exaurimento de tempo e espaço de suas atribuições de significado específicas.

A possibilidade de desarraigamento está, assim, intimamente ligada à separação de espaço e tempo. Ou poderíamos mesmo dizer que essa separação constitui a primeira condição para o desenvolvimento de mecanismos de desarraigamento através dos quais o distanciamento temporal-espacial ou a ampliação das capacidades de comunicação direta possam ser concretizados. Isso se refere primeiramente à possibilidade de comunicação remota e, num sentido geral, à relação entre presença e ausência ou entre os níveis de comunicação local e global. As mídias que permitem essa comunicação (a escrita, a comunicação eletrônica, dinheiro (crédito), sistemas técnicos de *expertise*) também constituem as características centrais das sociedades modernas e suas respectivas práticas sociais ao longo de distâncias espaciais e temporais.

A terceira dimensão, que torna tanto a velocidade quanto o alcance da transformação social tão dramáticos, é a reflexividade da modernidade, ou, formulado de modo mais geral, a pujança das instituições. Essa é talvez a diferença mais profunda em relação a sociedades tradicionais. O principal motivo para tanto é o fato de que a reflexividade ora se estabeleceu no lugar da tradição como condição de negociação. A reflexividade de instituições modernas está diretamente vinculada ao conhecimento de situações de negociação. Não se trata, portanto, apenas da capacidade de fazer-se ciente, mas sim do conhecimento situacional – um conhecimento que permite uma relação racional e reflexiva para com os diferentes aspectos da realidade. A reflexividade da modernidade se direciona sobretudo à assimilação reflexiva de conhecimento. E é exatamente neste ponto que a modernidade e a modernidade tardia se diferenciam fundamentalmente das sociedades pré-modernas.

Essas são as três dimensões através das quais as diferenças entre sociedades pré-modernas e da modernidade tardia – no sentido de uma tipificação não evolucionária – ora podem ser delineadas mais precisamente no que concerne à problemática da identidade. Essa tipificação corresponde, logicamente, a uma generalização grosseira. Ela sobretudo não considera que formas tradicionais de vida social teriam desaparecido completamente. E nem que, segundo cada uma dessas categorias, existiriam sempre manifestações exatas das mesmas. Cada uma apresenta, além disso, uma relevância diferente.

Com essa reconstrução da transformação do sentido de tempo e espaço para as três diferentes dimensões da transformação social está assentado o alicerce para a análise das noções em ecologia humana, que postulam, em geral, a unidade de natureza e sociedade e, com isso, de sociedade e espaço, espaço e identidade. Para a preparação sistemática de sua reinterpretação pela geografia social é necessário trazer essas dimensões para o plano da ação, para a partir daí poder-se explicitar as implicações para diferentes formas sociais.

Relações espaçotemporais e formas sociais

Todo estudo de sociedades tradicionais deveria, na verdade, partir da explanação do conceito de "tradição". A "tradição" deve ser entendida primeiramente como um referencial de orientações de ação. Ela é frequentemente equiparada ao rígido, ao completamente imutável, porém não são estas suas características centrais. Muito mais importante é o fato de que "tradição" representa uma forma não discursiva de legitimação de práticas e orientações de ação para a ligação de passado e presente. Para a descrição de sociedades tradicionais é necessário enfatizar os aspectos que, por um lado, possibilitam e, por outro, mantêm a forma tradicional de orientação e de legitimação da ação e que, com isso, na realidade não são mais compatíveis com os princípios básicos de sociedades da modernidade tardia segundo uma perspectiva sociogeográfica.

Afinal, a especificidade de formas tradicionais de vida consiste no fato de que em sociedades tradicionais não é feita uma distinção clara entre o designado e o designante. O significado simbólico de, por exemplo, um lugar de adoração ou considerado sagrado é identificado com magia e culto. Diz-se, assim, que quem visita um tal lugar ou seria por ele encantado ou o profanaria. Tais reificações de significado simbólico e espaço como entidades que exercem um efeito não permitem, por exemplo, uma metrificação do espaço. Entretanto, tampouco o espaço como mercadoria é pensável. O "espaço" não é vazio, mas sim preenchido com significado sociais e culturais bastante precisos e específicos. Ele está, como descreve Helmut Klüter (1986, p.2), "carregado socialmente". A carga sociocultural "está inscrita na realidade das coisas e ancorada no território", como Alan Guillemin (1984, p.15) formula.[68] É importante ressaltar, portanto, que a unidade de espaço e tempo e sociedade no fundo está acompanhada por uma reificação da importância social no símbolo codificado.

Diante de tais condições pode-se afirmar que sociedades tradicionais eram arraigadas em tempo e espaço. Isso significa que suas zonas de ação eram espacialmente limitadas e relativamente estáveis temporalmente. O modo de execução de tarefas cotidianas se perpetuava praticamente sem mudanças por longos períodos de tempo nos mesmos caminhos e dentro dos mesmos alcances de ação.

Nas sociedades da modernidade tardia, ou antes nas sociedades ocidentais contemporâneas, os modos de vida não são mais determinados na mesma medida por tradições, sendo antes expressão de um controle reflexivo de ações. A importância de tradições se mantém apenas para alguns setores da vida, não se estendendo mais para todos os seus aspectos. As possibilidades individuais de decisão possuem uma amplitude muito maior, o que é justificado pelas relações espaciais sociais estabelecidas e pelas condições sociais necessárias para tanto. Sistemas de parentesco praticamente não são mais

---

68 Para mais detalhes sobre o assunto, ver p.118 et seq.

determinantes para a regulação de relações sociais. Atividades econômicas ou profissionais são, nesse sentido, muito mais importantes. Assim, posições sociais são conquistadas por meio de posições nos processos de produção, e não mais necessariamente, por exemplo, em função da idade, assim como, seguindo essa "lógica", já não deveriam mais estar ligadas ao sexo.

Sendo assim, a transformação social e cultural se mostra permanente. Quase é possível dizer que tudo está em constante fluxo. Sociedade e cultura são altamente diferenciadas. Pontos de ruptura sociais e culturais da transformação surgem ora num ritmo geracional. Vivemos não mais a tradição local, mas sim estilos e políticas de vida globais e globalizantes, frequentemente inseridos em culturas geracionais.

A particularidade de sociedades da modernidade tardia reside, como anteriormente mencionado, primeiramente no fato de que as dimensões espaciais e temporais são separadas e exauridas de significados fixos. De forma que, secundariamente, espaço e tempo podem ser recombinados em atividades e modos específicos.

A possibilidade de recombinação da unidade espaçotemporal anteriormente unificada de maneira normativa implica que – de acordo com o sentido (subjetivo) da ação e de acordo com a forma da relação social – espaço e tempo podem ser combinados de modos respectivamente específicos. Não há tradições ou preceitos sagrados que permitiriam apenas determinadas combinações fixas fazendo com que determinadas atividades tenham que ser executadas sempre em um determinado ponto espacial ou dispondo de determinada orientação espacial em um dia, uma semana ou mês específicos. A coordenação espacial e temporal de atividades espaçotemporalmente distantes se torna, após a dissolução desta unidade, uma questão reflexiva no plano subjetivo e, no plano social geral, um dos maiores desafios da moderna formação de vida social, fato que, dentre outros, repercute no planejamento espacial governamental.

A separação de espaço e tempo significa sobretudo que estes não são preexistentes em combinações normativas fixas. Na práxis social sob condições da modernidade tardia eles se referem um ao outro. Entretanto, em comparação com sociedades tradicionais, sobretudo dois aspectos se modificam: a substituição da associação espaço-tempo-sentido, pré--formatada e vinculada à tradição, pela possibilidade de sua combinação rotinizada ou em função de decisões. Isso significa, portanto, que espaço e tempo podem ser combinados de modos específicos de acordo com o sentido da ação e da forma da relação social. O "exaurimento" de tempo e espaço, a isso relacionado, significa, consequentemente, que ambos via de regra não desempenham mais uma função de constituidores de sentido para ações conduzidas em relação a essas dimensões. "Exaurimento" quer dizer aqui o mesmo que formalização e estandardização. Estes dois processos, isto é, a separação de tempo e espaço assim como sua formalização e estandardização – de central importância para a velocidade da transformação social – apresentam implicações sociais profundas. Em vinculação a Lewis Mumford (1961), é possível constatar através de Giddens que o verdadeiro coração da Revolução Industrial e do sistema capitalista é o relógio mecânico, e não a locomotiva a vapor – como em geral se afirma. Pois é a invenção do relógio que possibilita a utilização sistemática das máquinas para o desenvolvimento de um novo sistema de produção – o capitalismo industrial. Nisso se evidenciam as profundas implicações sociais ligadas à disponibilidade do tempo mecânico: o relógio mecânico constitui a precondição para a coordenação de atividades humanas, de forma que estas possam ser perfeitamente integradas ao ritmo mecânico da nova forma de produção. O que Weber, no contexto do modo de produção do capitalismo industrial, caracteriza como uma nova ritmização é aprofundado na interpretação apresentada por Mumford.

Juntamente à coordenação, a mecanização do tempo possibilita, por outro lado, o controle estrito de trabalhadores. É uma das condições mais importantes para a comodificação e divisão do trabalho em unidades de tempo, de forma que estas possam ser tornadas mercadorias passíveis de serem compradas e vendidas no trabalho remunerado. O relógio mecânico constitui, assim, não apenas o cerne do capitalismo industrial, mas também a base para sua expansão. Permite a criação de zonas de tempo precisamente mensuráveis que, por sua vez, são a precondição para a coordenação adequada de atividades humanas em escala global.

A base para a coordenação espacial de ações humanas de forma global e diferenciada é constituída pelo mapa-múndi. Ele é, tal qual o relógio mecânico para o tempo, símbolo e expressão do exaurimento de sentido das relações espaciais. Também as condições sociais se modificam com o aumento quase inacreditável do potencial de acumulação, característico do capitalismo industrial.

Assim como no caso da medição do tempo podemos diferenciar momentos, também o espaço se desintegra em pontos, ou seja, em ambos podemos diferenciar intervalos. Isso possibilita a calculabilidade e uma limitação clara de superfícies, que por sua vez constitui uma importante condição para o desenvolvimento de uma forma diferenciada de propriedade territorial. Também as terras se tornam, através da mensurabilidade, mercadoria permutável, o que faz que o território se torne, no contexto do sistema de produção do capitalismo industrial, um fator de produção central.

As combinações de tempo e espaço ora se tornam relevantes para o controle social. O contrato de trabalho compra o tempo no local de trabalho, de modo que se pode afirmar que a produção capitalista está vinculada basicamente ao caráter de mercadoria de tempo e espaço. Isso implica, por sua vez, uma separação estrita entre domicílio e trabalho, fato que constitui a precondição para o urbanismo capitalista. No espaço construído e nas formas de vida urbanizadas é que a racionalização capitalista do mundo da vida encontra, por fim, outra de suas expressões centrais. O mundo comum, construído racionalmente, em oposição direta às sociedades tradicionais, nos obriga à racionalização de nossas atividades cotidianas.

Como um todo, a associação de controle social e a estandardização de tempo e espaço constituem a condição e a base para o surgimento e a expansão da organização racional – com base no caráter de mercadoria de trabalho, espaço e tempo. A separabilidade essencial destes e sua recombinabilidade de acordo com objetivos específicos deve ser vista como uma das características notórias da modernidade e da modernidade tardia.

Culturas e sociedades da modernidade tardia podem, nesse sentido, ser caracterizadas como "desarraigadas" espacial e temporalmente. Significados socioculturais, componentes espaciais e temporais da ação não se encontram mais acoplados de maneira fixa. Eles são, ao contrário, constantemente recombinados, dos modos mais diversos e específicos, através de ações individuais dos sujeitos. Elementos localizáveis no espaço terrestre sempre podem, por fim, assumir significados específicos de determinada ação, uma vez que os modelos de ação não são mais fixados de modo suprageracional por meio da tradição.

Consequências da modernidade

Em função de tais condições sócio-ontológicas de sociedades pré-modernas é que se torna possível uma unidade de tempo e espaço. Regulamentações sociais são frequentemente mantidas por meio de demarcações simbólicas de espaços físicos e temporais. Cabe ressaltar que isso é possível, em escala generalizada, apenas sob tais condições sócio-ontológicas e está ligado a um baixo grau de abstração em relação a "espaço" e "tempo", isto é, a uma concepção espacial e temporal concretística, reificante. Mas não são "espaço" e "tempo" em si que são reificados. A reificação de "espaço" abrange também a negação da diferença de "espaço" e dos conteúdos sociais, o que deve ser considerado como característica específica de concepções espaciais pré-modernas do mundo cotidiano.

Isso implica o fato de que em sociedades tradicionais não é feita uma diferenciação clara entre determinado e determinante, no sentido de que a carga simbolicamente normativa de lugares é vista como característica do lugar, e não como atributo de um processo social de determinação simbólica. O exemplo mais marcante é o de santuários. O ingressar no respectivo local é equiparado a uma transformação social ou psíquica do indivíduo em função de um movimento físico. Essa reificação de importância simbólica e o espaço como entidade operante levam a um cosmos encantado. As cargas simbólicas fixas fazem que este cosmos ao mesmo tempo pareça povoado (por espíritos). A carga simbólica ganha uma vida própria através do processo de reificação. O significado atribuído não é experienciado pelo sujeito como resultado de uma construção significada, mas antes como característica do veículo da atribuição físico-material. A unidade "espaço", "tempo" e "sociedade" está fundamentalmente acompanhada de uma reificação da relevância social no símbolo codificado. Esse contexto é igualmente importante para a relação sociedade-espaço de sociedades pré-modernas.

Através da combinação reificada de "espaço", carga simbólica e "sociedade" é que o território pode figurar como "metaorganismo" da construção holística "povo". Esse organismo pode, de forma similar, funcionar de maneira constituidora de identidade, como Jacques Lacan descreve o papel do corpo humano, no contexto da fase do espelho durante a infância, para o desenvolvimento da identidade do eu. Disto conclui-se hipoteticamente:

140 BENNO WERLEN

assim como o corpo desempenha um papel central na formação da identidade do eu, o espaço simbolicamente carregado e reificado adquire como metaorganismo uma importância constitutiva para a formação de uma auto-consciência social de cunho nacionalista. Território e lugares *são* o "social" nessa construção.

Em relação à esfera política deveria ser evidente que essa reificação também constitui o fundamento, por exemplo, da mentalidade naciona-lista voltada ao passado – à fase de transição da sociedade tradicional para a moderna. O tradicionalismo nacionalista ao fim do século XIX constituía o ponto de partida para as posteriores ideologias do sangue e solo.[69] Aos pontos espaciais é atribuída uma força que na realidade, sem que se perceba, advém da construção social da atribuição de sentido e não de uma caracte-rística do espaço ou de um lugar em si. Neste desconsiderar do conteúdo construtivo dos significados reside exatamente aquilo que, para um olhar externo, aparenta ser a chamada harmonia entre o ser humano e a natureza. Numa prática normativa, ou seja, quando se aceitam apenas determinadas relações entre natureza e significado, é que a ideologia do sangue e solo pode se desenvolver completamente. Determinadas relações são consideradas positivas, outras doentias, desarraigadas etc.

Desta forma, acredito ter ficado suficientemente claro até aqui o quanto concepções sociais e espaciais estão relacionadas entre si no contexto de sociedades pré-modernas. O espacial, ou aquilo que é tomado como tal, se torna assim constitutivo para a ação e para a compreensão holística de socie-dade. No contexto de um modo de contemplação voltado para a ação deve ser ressaltado, entretanto, que nem o espacial, nem o simbólico ou o holístico constituem totalidades sociais em si ou podem se tornar diretamente ativos. Apenas através de e na ação dos sujeitos é que se tornam "ativos". Quando atuantes os aceitam como elementos irrefutáveis é que eles se tornam sig-nificantes também nessa forma. Seu significado é, porém, consequência da interpretação (intersubjetivamente uniforme) dos sujeitos atuantes, perma-necendo dependente destes.

No Iluminismo, ponto de partida da modernidade, assim como das sociedades modernas e da criação de suas respectivas condições sociais, é conferido um papel central ao sujeito. Este é contemplado, de forma cada

---

69 Ver mais detalhadamente sobre isso Bourdieu (1988b).

vez mais consequente, como centro dos resultados do constituir significado da realidade. Uma expressão deste desenvolvimento é a separação, dentro da análise linguística, entre significado e significante. Neste ato, o substantivismo é substituído pelo nominalismo. Isso dá a entender também que os significados dos respectivos elementos não dependem da substância, mas são antes expressão de um consenso, de uma convenção, de uma determinação nominal/nominatória.

Em função dessas mudanças dramáticas, os mecanismos de arraigamento são primeiramente completados e, em seguida, substituídos em grande parte por mecanismos de desarraigamento. A prevalência da tradição é interrompida. Em seu lugar entram cada vez mais decisões justificadas discursivamente. No lugar de práticas de ação tradicionais, "vinculadas" espaçotemporalmente, entram rotinas concebidas racionalmente, que em princípio podem ser sempre reconfiguradas.

O desarraigamento de sociedades modernas e sobretudo da modernidade tardia é consumado, juntamente ao "desencantamento do mundo", por meio da separação de significado e significante, sobretudo através de "signos simbólicos" (escrita, dinheiro), tal como através de sistemas de *expertise* (artefatos). Eles fazem que interações indiretas se tornem a forma de comunicação dominante para a maior parte dos atuantes no contexto global.

O modo de vida da maior parte dos consumidores que interagem com fluxos globais de mercadorias está ligado, assim, a consequências globais. Como uma outra expressão do desarraigamento de sociedades da modernidade tardia deve ser visto ainda o fato de que formas e estilos de vida pessoais passam a ser cada vez menos expressão de elementos e formas de vida regionais ou transformações sazonais. Tais formas e estilos de vida podem, por conseguinte, ser encontrados de maneira similar por toda parte, o que, no entanto, não deve ser interpretado precipitadamente como homogeneização das formas de vida. Mas elas não se apresentam mais como formas de vida regionais, como *"genres de vie"* especificamente regionais no sentido de Paul Vidal de la Blache (1903) ou Hans Bobek (1948), mas antes estão relacionadas à posição social. Posições sociais são obtidas primariamente por meio de atividades econômicas e possibilitam maiores ou menores raios de ação na configuração da forma de vida pessoal. Em consequência, formas de vida se tornam objeto de decisões pessoais, inseridas, obviamente, em respectivos contextos sociais e culturais mais abrangentes.

Sociedades modernas e da modernidade tardia são, em grande medida, expressão de construções racionais que devem ser compreendidas como consequências – intencionais ou não – da ação. O mundo material contemporâneo é consideravelmente um mundo de artefatos e, com isso, ao mesmo tempo um mundo em princípio racionalmente inteligível, racional e racionalizante. Em função de tais condições é que o individualismo metodológico como perspectiva sociocientífica desfruta de uma posição privilegiada.

Sociedades modernas e da modernidade tardia devem, ademais, ser compreendidas como expressão de uma nova concepção de espaço e tempo. Componentes espaciais e temporais da ação não são mais seus reguladores definidos tradicionalmente. Suas relevâncias sociais são expressão de convenções racionais, podendo até mesmo ser determinadas pelos sujeitos atuantes individualmente. "Espaço" não é mais um regulador de ação estritamente pré-interpretado, mas se torna antes um meio da coordenação de ações, especialmente quando os sujeitos que interagem não coexistem espacialmente.

"Espaço" e "tempo" são destituídos de seu papel como reguladores sociais latentes. Em sociedades modernas, eles perdem progressivamente sua importância social de constituição de sentido. Esse exaurimento de sentido é a precondição mais importante para a metrificação de espaço e tempo, e a metrificação é, por sua vez, precondição para o controle e a coordenação dos sujeitos em situações de ausência. Essas metrificações podem, portanto, ser consideradas como condição fundamental do desarraigamento de sociedades modernas. Elas são, de modo bem geral, a base da industrialização e da sociedade contemporânea e fazem que a contemporaneidade material seja cada vez mais racionalmente construída e apresente um potencial de risco que mal pode ser estimado. Disso resultam sobretudo graves problemas identitários.

Identidade e espaço como corpos

A formatação da identidade é, segundo a fórmula tradicional, "A = A". A diferença entre "identidade" e mera tautologia é a condição de se poder assumir a existência de uma "identidade" sempre que em princípio existir a possibilidade da diferença.[70] "Identidade" se refere, assim, a pelo menos

---

70 Ver sobre isso Heidegger (1986b).

dois elementos, que poderiam ser fundamentalmente diferentes, e, no entanto, não o são. Por conseguinte, a identidade sem diferença potencial não é percebida. Apenas com uma possibilidade crescente de diferença é que a identidade se torna reconhecível. Por isso é que a "identidade" passa a ser tematizada somente em sociedades e culturas modernas, e não nas tradicionais.

"Identidade" é possível, entretanto, somente entre elementos de uma mesma categoria ontológica. Isso fica expresso em formulações diferenciadoras, como "identidade pessoal", "social" ou "cultural". Sendo assim, é absurdo buscar por identidades entre regiões com delimitações físico--materiais e elementos culturais ou emocionais. A afirmação de que apenas algo que possa ser diferente pode apresentar uma identidade deve portanto ser limitada a elementos que possuem um mesmo *status* ontológico.

Apesar disso existem diversas formas de ação e argumentação que contrariam essas diferenciações. Uma delas é o regionalismo, no qual essa desconsideração é até mesmo empregada estrategicamente. O componente constituidor de identidade da argumentação regionalística e nacional(-socialista) se fundamenta no direcionamento holístico. Na construção holística, por um lado, desaparecem cada vez mais as diferenças sociais e, por outro, é sugerida uma noção de pertencimento. E tal "planificação" social está relacionada ao fato de que para a categorização de regiões e territórios são utilizadas não categorias sociais, mas o contrário: categorias espaciais são utilizadas para a tipificação social e para a construção de uma totalidade social.[71]

Essa combinação espaço-sociedade dá a uma população regional a aparência de um indivíduo com um *corpus* claramente delimitável (território, regiões). De maneira análoga à fase do espelho na criança, o material (corpo/território) se torna instância instituidora de identidade. Antes de podermos passar para a análise da região reificada como metacorpo material de uma construção coletivística é preciso abordar brevemente, dentro de um pequeno excurso, primeiramente a importância da corporalidade na formação da identidade pessoal.

---

71 Ver Werlen (1989a, 1993 et seq.).

Excurso: corpo e identidade pessoal

Como os estudos de Sigmund Freud (1940 [1923]) e Jacques Lacan (1978) mostram em relação ao desenvolvimento do "eu", o corpo assume, no contexto de uma "analogia orgânica" específica, uma importância fundamental na formação da autoconsciência, que afinal é a base de toda forma de individualismo. "O Eu é sobretudo físico, não se trata apenas de um ser de superfícies, ele próprio é a projeção de uma superfície" (Freud, 1940 [1923], p.253). Isso quer dizer que a autoconsciência se constitui no contexto da descoberta da própria corporalidade, e de tal forma que da delimitação do corpo assume-se a delimitação da consciência.

É o que descreve Lacan (1978) em "O estágio do espelho como formador da função do Eu" lançando mão da teoria psicanalística do desenvolvimento. As origens da função do Eu são assim localizadas na fase mais tenra da infância (do 6º ao 18º mês). Segundo essa teoria, a criança desenvolve, ao se olhar no espelho, "uma imagem imaginária da forma de seu corpo. Ela antecipa uma unidade somática e se identifica com esta, embora sua competência física neste estágio ainda seja bastante debilitada" (Pagel, 1989, p.25). O Eu relativo à consciência e à identidade pessoal deve ser entendido, portanto, como projeções da percepção da singularidade do próprio corpo.

Assim, a identidade pessoal se constitui em referência ao próprio corpo apresentado a si mesmo. "No fascinante jogo de corpo e corporalidade imaginada, o sujeito projeta seu Eu como unidade psíquica" (ibid., p.26). A reprodução desta argumentação psicológica não deve ser compreendida como base para uma explicação psicologística de ações humanas, mas sim como uma ilustração da forma pela qual a corporalidade dos atuantes leva, implicitamente, à individualização de sua autocompreensão e à frequente superestimação em representações de estruturas sociais.

A segunda tese é: assim como o "eu" no estágio infantil do espelho, o "nós" no regionalismo é derivado do fundamento material. A essa totalidade, formada territorialmente, são atribuídas determinadas "qualidades de caráter" e outras características "individuais", como: "A Armênia é extremamente antiga" etc. A concepção vinculada a isso implica, por fim, o fato de que aqueles que ouvem uma afirmação como essa acreditam que poderiam fazer parte, na mesma medida, deste "*corpus* socioespacial". A unidade social construída por meio de categorias espaciais é contemplada como um todo existente "em si", em nome do qual pode-se postular afirmações, fazer exigências etc. Caso pessoas se identifiquem emocionalmente com essa totalidade social construída espacialmente, ocorre uma interseção mútua altamente complexa entre discurso político e ficção holística. A complexidade é provavelmente uma razão importante pela qual o regionalismo é tão dificilmente concebível.

Um aspecto problemático da mobilização de identidades em virtude de uma construção espacial é a referenciação a concepções de mundo pré-modernas aí contidas. O principal nisso é, obviamente, o fato de não ser feita uma separação entre o material-biológico e aquilo que foi significado, entre veículo e significado. Para finalizar, gostaria de apresentar essa tese em referência a um equívoco de interpretação filosófico e suas consequências para a história disciplinar mais recente da geografia social.

Espaço, identidade e determinismo

O contexto da concepção de que elementos sociais e culturais seriam determinados no espaço natural possui uma longa tradição. Num certo sentido isso se relaciona à ideia – típica para a geografia social – de que elementos sociais e culturais apresentariam uma existência espacial. Também ambas as concepções apresentam uma tradição filosófica. Sua lógica interna pode ser explicitada por meio do debate filosófico que sucedeu a monadologia de Gottfried Wilhelm Leibniz.

Leibniz descreve, ao lado da esfera do *monades monadem* (Deus), a esfera dos sujeitos capazes de decisões e dos animais e plantas como "lugares" das mônadas, das "substâncias do espírito". A natureza inanimada não é incluída por ele nessa esfera inteligível. A primeira é diferenciada da segunda no sentido de que apenas o cosmos espiritualizado, ou seja, a esfera das mônadas, se repetem "como microcosmos em cada alma", a natureza inanimada, no entanto, não.

É importante ressaltar essa diferenciação por dois motivos. O primeiro se refere a uma interpretação errônea, dentro do contexto do debate interno à Filosofia, o segundo se refere às consequências disto na discussão teórica geográfica, que perdura até o presente. A interpretação equivocada no âmbito da história da Filosofia está associada especialmente aos nomes de

Christian Wolff e Georg Wilhelm Friedrich Hegel: "A interpretação errônea, presente desde a história hegeliana da Filosofia, que confere também ao inorgânico o caráter de mônada remonta à concepção da teoria das mônadas postulada por Wolff" (Poser, 1981, p.397). Isso pode parecer irrelevante para as interpretações da realidade dadas pela Geografia e pela Ecologia Humana, porém está associado a consequências radicais.

A supressão da diferença entre as esferas animada e inanimada sustenta, dentro da argumentação de que o cosmos se refletiria no microcosmos de cada alma, o determinismo materialista. E é nisso que se encontram as consequências radicais mencionadas. Elas serão apresentadas primeiramente por meio da aplicação de Hegel da interpretação errônea de Wolff. Em seguida, as consequências internas para a Geografia serão exemplificadas brevemente por meio da interpretação de Johann Gottfried Herder e da sugestão de Jürgen Pohl de uma *Die Geographie als hermeneutische Wissenschaft* (Geografia como ciência hermenêutica) (1986) e do estudo da "consciência regional" (Pohl, 1993).

Hegel (1961 [1837], p.137 et seq.) escreve em *Filosofia da História*, no capítulo "Fundamentos geográficos da história do mundo":

> O contexto natural do espírito do povo é externo a este, entretanto, uma vez que devemos contemplá-lo como um solo sobre o qual o espírito se move, este contexto se torna necessária e essencialmente um fundamento. Partimos da afirmação de que, na história mundial, a ideia do espírito aparece na realidade efetiva como uma série de figurações externas que declaram, cada uma delas, serem um povo de fato existente. Tal existência recai, porém, tanto no tempo quanto no espaço, no modo do existir natural, e o princípio particular, que cada povo histórico do mundo carrega em si, porta consigo essa existência como disposição natural (...). (Nosso objetivo é) conhecer o tipo natural da localidade, relacionado exatamente ao tipo e ao caráter do povo, que é filho do solo.

Nisso se expressa tanto a forma materialístico-determinística de contemplação, argumentação e explicação, segundo a qual as condições naturais do espaço terrestre, distintamente manifestas, são vistas como fator condicionante da "cultura popular": "As diferenças naturais devem ser vistas antes de mais nada como possibilidades especiais das quais desponta o espírito" (Hegel, 1961 [1837], p.138). Isso é plausível exatamente no momento – e somente nele – em que se considera que também a esfera inorgânica do cosmos se reflete no microcosmo de cada espírito.

O que fica manifesto nesta interpretação de Hegel corresponde à concepção de Leibniz apresentada por Herder. Ambas são, ao mesmo tempo, representativas para o contexto cultural e filosófico no qual o "pensamento nacional" pré-moderno pode surgir, mas onde também se encontra – como sua variante geográfica – o geodeterminismo e, obviamente, suas interpretações normativas, que fomentaram, por fim, a ideologia do solo e sangue.[72] No caso de Herder, essa lógica leva ao desenvolvimento argumentativo e justificação dos chamados "indivíduos do povo":

> Assim como a fonte, que absorve partículas, princípios ativos e o gosto do solo no qual se encontra, o antigo caráter dos povos surgiu de traços dinásticos, da orientação cardeal, da forma de vida e da educação oriundas das negociações anteriores e dos feitos que esse povo tomou para si. (Herder, 1877, p.102 et seq.)

Ao apontar aqui também aspectos socioculturais que, segundo seu entendimento, marcam os "indivíduos do povo", Herder denomina primeiramente os fundamentos materiais como "instância de influência" primária do "espírito do povo". A interpretação materialista da referência de Herder à teoria das mônadas se expressa, assim, não apenas como metáfora, mas claramente também num sentido geodeterminístico.

A sugestão de Pohl (1986) de se compreender a "Geografia como ciência hermenêutica" é, na forma por ele exigida, amplamente fundamentada na interpretação errônea de Herder da teoria das mônadas de Leibniz: "Herder e o Romantismo, com sua visão de mundo ao mesmo tempo holística e idiográfica, provavelmente estavam certos" (Pohl, 1986, p.137) e, assim, a tarefa é definir "a Geografia como entendimento hermenêutico de sujeitos regionais" (ibid., p.146). Ou ainda: o objetivo da Geografia hermenêutica consistiria na compreensão da "geopsique", na compreensão do espírito da natureza inanimada, da "estrutura urbana", do "organismo espacial terrestre" etc. Através da não consideração das diferenças entre o inorgânico e o mundo sociocultural do agir significado, o espaço relacional se torna – ao menos de maneira implícita – novamente espaço objeto/-ificado, voltado

---

72 Ver sobre isso mais detalhadamente Bourdieu (1988a, 1988b), assim como Eisel (1980).

contra a emancipação do sujeito moderno de Leibniz. Isso leva, por fim, a um holismo nacionalista ou regionalista determinado materialmente.

Na obra de Hans Heinrich Blotevogel *et al.* (1986, 1987, 1989) e de Pohl (1993) se expressa, assim, a combinação de consciência e espaço objetal na concepção de uma consciência regional delimitável espacialmente. A concepção de Herder de um indivíduo popular, a ideia de Pohl do organismo espacialmente inteligível e de uma consciência regional espacialmente localizável podem ser identificadas, da perspectiva da concepção espacial relacional de Leibniz e do verdadeiro cerne da teoria das mônadas, como construções pertencentes a uma mesma família. Nenhuma das três é sustentável, nem com base em uma ontologia antisubstantivística de "espaço" – como defendida por Leibniz –, nem em relação às condições sócio-ontológicas de sociedades da modernidade tardia. Essa construção, entretanto, é uma boa ilustração da relação interna e da familiaridade ideológica entre uma concepção espacial substantivística, uma concepção social holística, tendências determinísticas e uma ontologia social pré-moderna.

Conclusão

Tipos de construção identitária baseados no espaço ou no corpo são claramente problemáticos em diversos aspectos. A condição básica da variante regionalística parece ser um acesso pré-moderno ao mundo espacialmente extenso. O que, num contexto como o da modernidade tardia, composto primariamente por construções racionais, diversas formas de alienação e inúmeras fontes de insegurança, sem dúvida não é difícil de se entender, mas ainda assim está associado a um dramático potencial de risco social e político.

O significado da situação de copresença no contexto de sociedades da modernidade tardia tampouco deve ser subestimado mediante a existência de possibilidades de substituição a princípio cada vez mais diversificadas e numerosas – especialmente em relação ao atingimento ou à conservação da identidade cultural. O problema identitário se apresenta a partir do surgimento das condições sociais da modernidade e da modernidade tardia, porém pode-se atestar nestas uma crescente tendência de substituição das situações de copresença por formas de interação indiretas, o que nos permite reconhecer a crescente relevância (problemática) de tais circunstâncias.

Tanto mais urgente se torna a tarefa de evidenciar com toda clareza a contradição entre a manifesta necessidade de uma identidade cultural, por um lado, e, por outro, a crescente repressão das condições para tanto necessárias (copresença).

As condições da identidade são baseadas na copresença, isto é, no contexto de experiência local, entretanto o contexto comunicativo cotidiano se torna cada vez mais global. A chamada "dialética do global e do local" apresenta aqui uma formação notável. As condições de ação locais cotidianas de cada pessoa são internacionalizadas, embora para a maioria das pessoas as experiências imediatas permaneçam, em função da corporalidade, local ou regionalmente limitadas. Sendo assim, o raio de ação da compreensão imediata, que necessita, na maioria dos casos, da referência contextual, permanecerá mais provavelmente vinculado ao âmbito local.

Um problema específico e novo de sociedades da modernidade tardia se refere, assim, aos modos ou categorias transformacionais por meio dos quais o "saber local", ou melhor, regras interpretativas localmente apropriadas alcancem uma compreensão adequada também no contexto comunicacional global. Este problema pode ser mais precisamente apresentado por meio das seguintes perguntas: como seria possível integrar as experiências subjetivas em uma rede intersubjetiva (válida supralocalmente) de regras interpretativas? Como é possível que a adequação da interpretação de meus conteúdos comunicacionais possa ser verificada por um parceiro de comunicação (espacialmente ausente) não familiarizado com o contexto que originou minhas experiências? Em relação à constituição da identidade cultural, um problema semelhante se coloca: as condições identitárias existem apenas em âmbito local ou regional, o agir e a ação dos atuantes sociais específicos, no entanto, estão integrados em âmbitos globais.

Isso mostra a importância fundamental das condições de situação locais ou regionais para a formação de padrões interpretativos socioculturais. E esta importância se mantém – mesmo na modernidade tardia. A justificativa para tanto é o fato de a copresença ou a integração social ainda constituir a base para a chamada integração sistêmica.

A mediação de uma identidade social (ou cultural, B. W.), por exemplo, de uma criança, se dá (sempre) em um contexto local, através de pessoas individualmente. As formas universais de identidade transpassam as pessoas. Nas cabeças de todas as pessoas envolvidas na socialização (ou enculturação, B. W.) estão presentes as categorias e medidas de valor da sociedade, e estas medidas são transmitidas por essas pessoas (em situações de copresença, B. W.). (Holling & Kempin, 1989, p.146).

Com isto disponibilizou-se um ponto de partida para o desenvolvimento de hipóteses em uma pesquisa regional não espacializante nem reducionista, mas centrada na cultura, que reforce antes os aspectos dinâmicos, orientados para a ação, que os estáticos, centrados no espaço. Ela poderia abordar, em primeiro lugar, as condições locais/regionais de situações de ação e enfocar os processos de regionalização. Assim, caberia analisar, além das diversas formas de valores e padrões de interpretação reproduzidos – que levam, transmitidos por meio da corporalidade dos atuantes, as diferenciações regionais de mundos socioculturais –, também as consequências destes contextos para o entendimento intercultural. Nessa era de crescente globalização de processos sociais e econômicos, isso se torna um campo de estudo cada vez mais importante. Pode-se formular hipoteticamente que, quanto mais a copresença é substituída por formas de interação indiretas, menores se tornam as possibilidades de verificação das interpretações de sentido por meio do parceiro de interação. Diante do cenário desta suposição caberia, então, analisar quais possibilidades de copresença existem regionalmente para quais atuantes, ou quais condições da possibilidade de manutenção ou recuperação da/s identidade/s cultural/is existem ou faltam, na modernidade tardia, no contexto de mundos da vida.

A geografia cultural e a guinada da teoria da cultura[73]

Quando, após o 11 de setembro de 2001, George W. Bush conclamou "novas cruzadas" contra "o eixo do mal", era possível ter a impressão de que o ensino sobre espaços culturais terrestres tinha alcançado êxito definitivo no âmbito político. Bush atribuiu limites espaciais claros às culturas,

---

73 Texto original: Kulturgeographie und kulturtheoretische Wende. In: Gebhardt, H.; Reuber, P.; Wolkersdorfer, G. (orgs.). *Kulturgeographie*. Aktuelle Ansätze und Entwicklungen. Heidelberg: Spektrum, 2003, p.251-68. (N. E.)

ESPACIALIDADE SOCIAL 151

tornadas assim elementos claramente localizáveis no espaço. Provavelmente também por esse motivo é que o combate territorial pareceu ser a resposta "adequada". Porém, a "luta das culturas", entendida por Samuel P. Huntington (1996, p.17) como paradigma da Ciência Política para a análise da "nova era da política mundial", alcançou uma nova lógica.

Pois os acontecimentos de 11 de setembro são exatamente um indício de que o caráter da chamada "guerra das culturas" não é (mais) prevalentemente territorial. Seu alvo é o cerne do cultural, a esfera representativa dos símbolos, especialmente aqueles de relevância global. Isso revela os contornos da nova geografia cotidiana do cultural: do concomitante "desarraigamento" (Werlen, 1993d) e do simbólico rearraigamento "puntual" de realidades culturais. Em vinculação a Edward S. Casey (2001, p.683) pode-se categorizar essa constelação da realidade cultural como um mundo de espaços simbólicos, e não mais como um mundo de espaços (culturais).

No desenrolar do processo do desarraigamento segmentário e do rearraigamento local, o cultural permeia tanto os campos econômico e social quanto o político. Isso exige novos modelos de explicação para processos – não para os culturais, mas para políticos, sociais e econômicos. A chamada "guinada cultural", a guinada da teoria da cultura nas ciências humanas busca abarcar conceitualmente essas transformações dos contextos de vida cotidianos.

Dentro da Geografia, tal reorientação do enfoque científico se manifesta no recente impulso dos chamados *"cultural studies"* (Davies, 1995), especialmente no contexto anglo-saxônico. Isso representa a superação de uma longa fase de estagnação da pesquisa em geografia cultural, está, porém, associado também a notáveis problemas, indicando que, neste caso, o papel pioneirístico anglo-saxônico parece ser pouco recomendável como exemplo para o desenvolvimento da pesquisa em língua alemã.

Para explicitar a relevância e as implicações dos mais recentes desenvolvimentos para a pesquisa em geografia humana é necessário ampliar a perspectiva histórica. Afinal, ignora-se muito facilmente que a mais recente guinada da teoria cultural ao fim do século XX possuía, já há aproximadamente cem anos, um precursor. Consequentemente é preciso diferenciar duas formas de *cultural turn*. Na primeira parte serão abordadas as características gerais dessa expressão, um tanto vaga. Nas segunda e quarta partes serão apresentadas as duas guinadas da teoria cultural. Na terceira parte serão caracterizadas as condições cotidianas, num sentido espacial e temporal, com as quais a atual pesquisa cultural-geográfica é confrontada. Na quinta parte será esboçada uma teoria geográfica da práxis para a investigação da visão contemporânea de realidades culturais, que constituirá então o fundamento da apresentação de um campo de pesquisa em geografia cultural.

Características gerais

O que chama a atenção em relação à mais recente guinada da teoria cultural nas Ciências Sociais e humanas é o fato de ela estar, na esfera cotidiana, majoritariamente vinculada à constelação histórica do pós-colonialismo e ao fim da "Guerra Fria". A emancipação das ex-colônias, que se transformaram em Estados com, formalmente, os mesmos direitos, levou (ao menos implicitamente) também a uma "igualdade de direitos" destas culturas, que antes podiam ser facilmente representadas como subdesenvolvidas ou em estágios anteriores do nível cultural das potências imperiais. O fim da Guerra Fria – ponto ressaltado especialmente por Huntington – contribuiu para que a diferença cultural, assim como divergências ideológicas entre os sistemas políticos e discursos doutrinários vinculados a eles, não precisassem ser relegadas. Nesse sentido, ambos os desenvolvimentos podem ser considerados como precondições para o aumento da visibilidade da relevância de aspectos culturais. Se tal interpretação estiver correta, espera-se que, com o aumento da pluralização de realidades sociais e da subjetivação de estilos de vida, essa tendência se mantenha futuramente.

A primeira guinada da teoria cultural, ao fim do século XIX, está igualmente relacionada a uma fase de transição para a esfera do mundo cotidiano, com o início da expansão radical do imperialismo ocidental e da colonização radical no mesmo ritmo do estabelecimento do capitalismo industrial. O destaque do cultural está evidentemente vinculado à relativização de padrões atuais de interpretação e ação através do confronto com o estrangeiro, independentemente se isso é avaliado como negativo – como em discursos racistas – ou positivo – como novos e exóticos horizontes de experiência.

O fenômeno, caracterizado no plano científico como "guinada da teoria cultural", revela, observando-se mais atentamente, quatro dimensões básicas. A primeira é que ele designa um aprofundamento da pesquisa em questões culturais, da diferenciação cultural de realidades sociais. A segunda é a acentuação de um padrão de argumentação e explicação no qual aspectos culturais possuem prioridade em relação a aspectos sociais e econômicos. Neste padrão, o conceito "cultura" é amplamente utilizado em contextos nos quais a perspectiva sociocientífica utiliza "sociedade" ou "classe social". Uma terceira dimensão consiste na ênfase da significância de identidade e diferença. Enquanto nas teorias sociais e econômicas "diferença" é considerada como algo a ser superado no sentido da igualdade ou ainda como uma implicação insuperável da liberdade da ação humana, na perspectiva centrada na cultura ela é colocada em uma relação (dialética) para com a "identidade". A quarta dimensão, tomada como central especialmente por Paul Claval (2001, p.10), consiste na ênfase da relevância do simbólico para a vida humana.

Essas quatro dimensões básicas são interpretadas de diversas maneiras no primeiro *cultural turn*, ao fim dos séculos XIX e XX.

Primeira guinada da teoria cultural: ortodoxia tradicionalística

Toda teoria das ciências da cultura está inserida em tradições filosóficas. A maioria das teorias culturais desde Platão e Aristóteles são, na verdade, "teorias climáticas". Isso significa que, desde a filosofia grega, "cultura e (...) o caráter popular dos seres humanos (...) se encontram diretamente associados a (...) zonas climáticas" (Dickhardt & Hauser-Schäublin, 2003, p.17). No lugar de diversos outros nomes podemos tomar Georg Wilhelm Friedrich Hegel (1837, p.109), em cuja representação, por exemplo, toda "nação, todo povo (...) traz em si o tipo natural de sua localidade, (...) que é o filho de seu solo". Com isso foram criadas, no plano filosófico, as condições argumentativas para tratar-se cultura e espaço ou cultura e natureza como congruentes. Pode-se considerar a obra *Civilization and Climate*, do geógrafo Ellsworth Huntington (1915), como a aplicação mais direta destes fundamentos filosóficos.

Esses trabalhos filosóficos preparatórios constituem o ponto de partida para o primeiro *cultural turn* ao fim do século XIX. Essa guinada da teoria da cultura é parte do chamado debate do historicismo, que almejava a emancipação das ciências humanas em relação às ciências naturais. O ponto fundamental deste passo – especialmente importante historicamente sob a perspectiva das ciências da cultura – reside no plano metodológico e se refere à exigência, apresentada especialmente por Wilhelm Dilthey (1865) e implementada nas Ciências Sociais e da cultura por Max Weber (1913), de que o entendimento constitui o método adequado para o estudo de todas as manifestações humanas.

Com essa delimitação da ambição de explicação (causal) das ciências naturais é inaugurado para as ciências humanas, da cultura e sociais um setor autônomo de pesquisa científica, que foi o fator que possibilitou a princípio, o surgimento das ciências da cultura. Tanto a Antropologia quanto a Etnologia e a geografia cultural puderam, então, lançar mão no plano disciplinar destes fundamentos teóricos científicos preliminares. É interessante observar, entretanto, que esse direcionamento não se referiu de maneira consequente às expressões ou atividades humanas. As tradições filosóficas mencionadas continuaram claramente como maior influência.

Em relação aos primórdios da pesquisa nas ciências da cultura pode-se constatar na Etnologia e na Geografia a objetificação de culturas como espaços de vida territorialmente arraigados. Como elementos centrais de "cultura" são considerados religião, raça, tradições, costumes etc. Nessa concepção encontram-se tanto visões holísticas quanto essencialísticas de "cultura", reificadas ao mesmo tempo como entidade espacial. Por essa razão, como podemos concluir de maneira generalizante e hipotética, a relação entre "natureza 'concreta'" (Eisel, 1987, p.94) e cultura (espacializada) se torna, na Geografia, um ponto de importância argumentativa e – com isso – também conceitual.

As diferentes formas de enfrentamento dos desafios da vida, que também podem ser entendidas como diferentes culturas, se manifestam – como Hans Bobek (1948) enfatiza – sobretudo na reconfiguração e utilização da "natureza". No contexto da geografia cultural podem-se observar duas formas básicas da interpretação argumentativa. Na variante possibilística, a cultura (regional) é concebida como um enfoque interpretativo desenvolvido regionalmente para a superação de problemas vitais.[74] "Cultura" se torna, assim, um tesouro da experiência, elaborado cognitivamente no lidar com condições naturais.

---

74 Em Vidal de la Blache (1922, p.8), "cultura" é entendida como "solução local do problema da existência".

Em contraposição a essa concepção está a segunda variante, a concepção determinística da natureza, cujas ideias principais se encontram na citação de Hegel já apresentada. Ela constitui também o fundamento programático dos estudos nacionais tradicionais e da geografia de paisagens culturais. Nas concepções dos estudos nacionais, "cultura" é interpretada não como um fenômeno espacial, mas como expressão direta de condições naturais. No contexto da pesquisa de paisagens culturais, "cultura" é entendida como "espírito objetivado" (Schwind, 1964, p.1), inscrito nos fundamentos materiais ou ainda como expressão destes. Os estudos nacionais (Hettner, 1929) e a pesquisa de paisagens culturais estão ambos comprometidos com o olhar centrado na natureza e no espaço, assim como com a comprovação da unidade entre natureza, espaço e cultura dentro de recipientes espaciais (maiores ou menores). Neste contexto fala-se ainda de "espaços de vida das culturas" ou analisam-se e representam-se os "espaços de vida na luta das culturas" (Schmitthenner, 1938).[75]

O debate geral do historicismo na última guinada de século, motivado pela teoria científica, leva, no contexto geográfico – ao longo do padrão dessa interpretação de cultura –, à ênfase da singularidade de cada país, cada região, cada paisagem. A desaprovação da pretensão (fundamentada pelas leis científicas) de um esclarecimento – no sentido da interpretação da cientificidade pelas ciências naturais – é implementada na Geografia, no entanto, não na direção da exigência da compreensão de ações humanas. Dela surge antes a prescrição de uma ciência que descreve (territórios).

Na variante possibilística, a interpretação geográfica da argumentação histórica é mantida de modo consequente. Na versão determinística é introduzida uma curiosa mistura de postulado singular histórico e causalismo das ciências naturais. Pode-se resumir o resultado, pouco convincente, da seguinte forma: numa perspectiva vertical é postulado um determinismo (natural), no sentido de que as formas culturais observáveis devem ser consideradas como expressão causalmente dependente dos fundamentos naturais. Numa perspectiva horizontal, entretanto, é postulada também a singularidade de cada cultura regional, à qual as representações descritivas deveriam fazer jus.

---

75 A categorização de Schmitthenner (1938) de espaços de vida das culturas apresenta ampla congruência com os espaços de cultura de Huntington (1996) em *O choque de civilizações*.

156 BENNO WERLEN

A legitimadora escolha de prioridades da geografia científica busca, consequentemente uma representação descritiva de espaços: "A Geografia é a ciência dos lugares, não dos seres humanos" (Vidal de la Blache, 1913). Essa fórmula, com a qual a Geografia é definida não – como se poderia esperar – como ciência humana, mas como ciência dos "lugares" e "espaços", foi aceita também tanto nos âmbitos germanófono quanto anglo-saxônico. Com isso, deveria ser alcançada uma ênfase da unidade *e* especificidade da Geografia como disciplina científica, que se ocupa sobretudo da relação entre o ser humano (ou a cultura/sociedade/economia) e a natureza. A pesquisa regional correspondente está inserida nas teorias de espaços culturais anteriormente mencionadas.

Dentre estas estão teorias etnológicas de círculos culturais (Schmidt, 1924), assim como as diferentes manifestações do paradigma da geografia cultural tradicional, desde os estudos nacionais até o ensino de territórios culturais (Kolb, 1962; Newig, 1986, 1993a, 1993b; Ehlers, 1996). Evidentemente há importantes diferenças entre as correspondentes pesquisas etnográficas e geográficas. Porém, seu núcleo comum se manifesta tanto no conteúdo programático da etnologia (*Völkerkunde*) quanto no dos estudos nacionais (*Länderkunde*), que foi por muito tempo o âmbito mais importante da geografia cultural. Enquanto na primeira concepção dá-se maior ênfase ao étnico em relação ao natural, na segunda acontece o contrário: o natural é alçado argumentativamente à posição de fundamento do étnico ou do cultural. "Culturas" existem territorialmente, como parte de espaços de vida. Assim, surgem de teorias da cultura, teorias de espaços de cultura.

A concepção de mundo que se estabeleceu desde a primeira guinada da teoria da cultura perdura até o presente na Geografia – no entanto, como *O choque de civilizações* de Huntington (1996) mostra, não apenas na Geografia.

Dessa perspectiva, também a tematização de "identidade" e "diferença" se tornam figuras espaciais. O "nós" instituidor de identidade é vinculado ao "aqui"; os "outros", delimitadores da identidade, são vinculados ao "lá"; o próximo constitui o familiar; o distante, o estranho.

Desta forma, no debate geográfico, "identidade" e "espaço" são unidos argumentativamente. Esse padrão permanece também nos estudos recentes sobre a chamada identidade regional ou "consciência regional" (Blotevogel *et al.*, 1986, 1987). Consequentemente, mundos semânticos devem ser analisados no contexto da pesquisa sobre consciência e identidade regional. Relacionado a isso encontramos, na Geografia anglo-saxônica, o tópos "as vozes do outro".

A vinculação territorial e a disposição espacial do cultural se manifestam, até um determinado grau, em relações tradicionais, porém não em condições da modernidade tardia. Com isso, os avanços preliminares da primeira fase das ciências da cultura não apenas perdem seu potencial de orientação, como chegam até mesmo a se tornar – ao serem considerados, sob condições modificadas, padrões de interpretação da realidade – tradicionalismo ortodoxo. Compreendendo-se *fundamentalismo*, como o faz Anthony Giddens (2002, p.5), como uma postura que, sob condições modernas, exige a observância de padrões tradicionais – adquiridos por vias não discursivas –, pode-se compreender por que o tradicionalismo ortodoxo pode reforçar posições fundamentalistas. Combinando-se a ortodoxia tradicionalista da essencialização (espacial) de cultura com a relativização de todos os padrões de valor, obtém-se a tendência da absolutificação e homogeneização de culturas particulares.

Se as representações de realidades culturais, adotadas pela geografia cultural, podem evitar a inclinação à ortodoxia tradicionalista, é necessário adaptar sua metodologia em relação às atuais condições modificadas da vida cotidiana. Como tais condições podem ser caracterizadas?

Novas condições do cultural

A característica principal dessas novas condições consiste na globalização da vida local. Esse processo é descrito por Roland Robertson (1992, p.173) como "glocalização", formulação que enfatiza especialmente a reconfiguração da relação entre cultura, sociedade e espaço. Zygmunt Bauman (2001, p.110) constata uma curiosa transição do sentido de "espaço" nesse neologismo: "Uma aventura bizarra cruzou o caminho do espaço rumo à globalização: ele perdeu sua aplicabilidade enquanto ganhou em significado".

Essa tensão característica se baseia primariamente no progressivo desarraigamento espacial e temporal da práxis sociocultural. Esta consiste na capacidade, adquirida recentemente, de se poder atuar à distância sem perdas temporais. Desta forma, o espacialmente longínquo pode se tornar

Figura 1 – Aspectos espaciais e temporais de condições regionais.

temporalmente próximo e o espacialmente adjacente – como tradições locais – pode ter suas origens no longínquo temporal. Sob tais condições, contextos de ação se caracterizam não apenas por uma assimultaneidade do simultâneo, como também pela ausência (física) do disponível.

Como consequência do desarraigamento ou da concretização das opções mencionadas, uma variedade de estilos de vida configurados subjetivamente entra no lugar de formas de vida regionalmente homogêneas. Diversidade cultural se torna, assim, característica do contexto local.[76]

A possibilidade de as opções de ação se apresentarem em diferentes formas (ou seja, sua heteromorfia) possui sobretudo duas potencialidades. Uma delas é seu enorme potencial de inovação, afinal o novo surge sempre do questionamento do conhecido. Outra é um potencial de conflito brisante: para "administrá-las", frequentemente são gerados discursos fundamentalistas que podem abarcar posicionamentos tanto regionalistas ou nacionalistas quanto amplamente baseados na teoria da cultura no contexto de embates culturais. Por fim, essa forma de administração de conflitos corresponde a uma duplicação da ortodoxia tradicionalística das ciências da cultura no plano cotidiano, descrita previamente.

De modo geral, podemos considerar que "espaço", sob condições atuais, não pode ser visto como "algo" capaz de esclarecer circunstâncias culturais. A tarefa da pesquisa em geografia cultural é antes clarificar ou esclarecer o

---

76 Ver mais detalhadamente sobre isso Baecker, 2000, e Lippuner, 2005, p.20 et seq.

ESPACIALIDADE SOCIAL 159

significado de "espaço" para o sociocultural – também em relação a condições globalizadas de ação. Para tanto, porém, é necessário um conceito de cultura que não seja reificado e espacializado. Como o apresentado no contexto da segunda guinada da teoria cultural.

A segunda guinada da teoria da cultura: o construtivismo interpretativo

Um dos aspectos centrais, colocados em primeiro plano pelo atual debate sobre culturalismo, é a diversidade cultural de contextos locais. A experiência de tais contextos exige competência cultural no plano do cotidiano. A compreensão da alteridade faz-se necessária, assim, não somente em relação ao distante, mas também ao próximo. Ao mesmo tempo torna-se claro que o postulado de um monismo cultural, como é inerente às teorias culturais espacializadas, se torna *obsoleto*. No plano científico torna-se necessário antes um entendimento cultural que, de fato, leve em consideração a relevância da dimensão espacial para realidades culturais, mas não as compreenda como instâncias causais. As condições espaciais devem ser vistas antes como um contexto de ação a ser interpretado, cujos significados poderão variar contextualmente.

Levando tais contextos em consideração, o conceito de cultura da segunda guinada da teoria cultural se distingue, em primeiro lugar, por considerar que "cultura" representa o conjunto de formas e modos de vida com os quais os problemas existenciais são superados. O aspecto primordial do cultural é visto, assim, nos valores, regras e padrões de interpretação aos quais a ação humana – e também as transformações da natureza – se refere(m). Com isso, "cultura" é compreendida a princípio como:

a) expressão e condição da práxis (cotidiana), que consequentemente

b) é considerada acessível apenas através de seu estudo. Por esta razão, a metodologia das ciências da cultura – especialmente desde Clifford Geertz (1973) – é fundamentada em uma posição hermenêutica--fenomenológica. Por fim,

c) a forma de transformação da natureza é entendida como expressão de hierarquias culturais de valor e conhecimento cultural (e não o contrário: cultura como expressão da natureza).

160 BENNO WERLEN

Essa perspectiva compreende, consequentemente, a consciência de que "cultura" não é algo que se pode ou não ter. Toda atividade de um sujeito deve ser vista também como expressão de determinados padrões culturais, como sua reprodução ou transformação. Resumidamente, a concepção de cultura em que a segunda guinada se baseia é caracterizada – distinguindo-se da ortodoxia tradicionalística – como *intepretativo-construtivística*. Com base nisto – e diferentemente da primeira guinada da teoria da cultura –, "cultura" não é mais vista como uma mera dimensão social ao lado de outras. Ela compreende, antes, a "totalidade de possíveis objetos das ciências humanas" (Lackner & Werner, 1999, p.23).

A segunda característica importante do *cultural turn* a ser mencionada é a tendência à autoreflexividade. "Verdades" de realidades culturais, tidas até então como óbvias, são submetidas a uma revisão crítica com base no construtivismo interpretativo. Análises científicas, por sua vez. também passam a ser vistas como construtos socioculturais.

Além da concepção cultural construtivística e da tendência à autoreflexividade, esse *cultural turn* é caracterizado, em terceiro lugar, pela acentuação (problemática) de um padrão de argumentação e esclarecimento, no qual surgem aspectos culturais da diferença no lugar da origem social e da socialização. O conceito de "cultura" é amplamente utilizado onde antes figurava "sociedade".

Neste contexto, em justificativas e esclarecimentos de processos sociais pela teoria da cultura, é apoiado – também no plano científico – um relativismo cultural que parece derivar-se de uma tese de incompatibilidade de universos culturais. Isso se torna – como mostra o debate sobre direitos humanos[77] – um grave problema, especialmente no contexto da crescente globalização. Quando interações alcançam um nível global, surge a necessidade de um padrão comum de julgamento ético para sua concretização (não conflituosa). Se particularismos culturais forem utilizados para julgamentos, dependendo da origem cultural poderão ser exigidos determinados direitos que em larga escala dificultam – quando não impedem – o entendimento.

Em quarto lugar, a segunda guinada oferece uma nova interpretação de "diferença" como dimensão central da experiência de identidade cultural. Na relação, pensada dialeticamente, entre identidade e diferença, nenhum

---

77 Ver sobre isso, por exemplo, Held *et al.* (1999, p.32 et seq.) e Held (2001).

tipo de conotação estritamente espacial é considerada. O "nós" não está mais primariamente acoplado ao "aqui", referindo-se antes ao compartilhamento de elementos de estilos de vida. A identidade cultural pode, consequentemente, ser considerada como a conformidade de um sujeito em relação a valores culturais, ordenações de valor e valorações estabelecidos intersubjetivamente no processo de sua própria ação; a diferença cultural, por sua vez, como sua desconformidade.[78]

Na Geografia anglo-saxônica, a implementação do segundo *cultural turn* das ciências da cultura levou à pesquisa empírica do *"new consumerism"* (Crewe & Lowe, 1996, Bell & Valentine, 1997), da análise de *"consuming places"* (Kearns & Philo, 1993), da *"cultural economy of cities"* (Scott, 2000) ou, mais amplamente, a *"geographical imaginations"* pós-coloniais (Gregory, 1994), dentre outros, efetuados primariamente centrados na práxis e fundamentados teoricamente.

Além disso, o *cultural turn* também abriu caminho para um número praticamente incontável de *cultural studies*, responsáveis pela superação de uma longa fase de estagnação da geografia cultural. Ao mesmo tempo, a interdisciplinariedade foi incentivada, as fronteiras disciplinares se tornaram mais permeáveis e, assim, trabalhos em geografia cultural suscitaram amplo interesse (interdisciplinar). Estes exercícios, no entanto, são cada vez mais criticados.[79] Alvo desta crítica são a arbitrariedade de seu conteúdo e o "caráter impressionístico" que disto resulta, seu baixo nível de comprometimento metodológico, assim como a carência de coordenação temática dos esforços de pesquisa. Don Mitchell (2000, p.3) chega até mesmo a associar a guinada da teoria cultural com o risco de um "culturalismo" menos diferenciado, superficial.

As carências identificadas possuem, na minha opinião, três motivos. O primeiro é o fato de que os instrumentos analíticos intradisciplinares não foram suficientemente adequados aos novos desafios. O segundo consiste na recepção apenas fragmentária das condições ontológicas modificadas. O terceiro motivo é que até o momento não foi possível para os *cultural studies* inserir as pesquisas em um contexto geral das teorias sociais e culturais.

---

78 Ver sobre isso também Werlen (1989a, 1992).
79 Um panorama desta crítica encontra-se em Mitchell (1995, 2000), Rojek & Turner (2000) e Claval (2001, p.8 et seq.).

Ocasionalmente, a referência a todo tipo de cânone teórico ou *"grand theory"* (Skinner, 1985) é até mesmo estritamente rejeitada.

Entretanto, se a pesquisa em geografia cultural não permanecer comprometida com um tradicionalismo ortodoxo e nem se desvirtuar em um âmbito marginal ensaístico-impressionístico dos *cultural studies*, então o mais recente avanço anglo-saxônico não pode ser classificado como orientação programática promissora. A pesquisa em geografia cultural deve antes contribuir de forma substancial para a pesquisa cultural de forma a possibilitar a descoberta e a reconstrução interpretativa da "lógica" das novas constelações políticas e econômicas. Para uma pesquisa fundamentada teoricamente parece haver poucas alternativas sérias nesse sentido – é o que se pode concluir dos avanços nas ciências humanas como consequência para a geografia cultural.

A tarefa principal da pesquisa em geografia cultural é – tanto em relação às condições cotidianas, crescentemente globalizadas, de vida quanto ao estágio atual da pesquisa em Ciências Sociais e da cultura – direcionar-se de maneira consequente para a exploração da constituição e reprodução do cultural. Nesse sentido, deve-se atentar ao fato de que realidades culturais estão inseridas de forma cada vez mais intensa nos processos de desarraigamento e (re-)arraigamento.[80] A investigação teórico-conceptual e empírica destes processos constitui um dos maiores desafios da geografia cultural após o *cultural turn*, interpretativo-construtivístico. Para tanto, é necessário adaptar os instrumentos analíticos às novas condições, *intradisciplinarmente*, também na Geografia. Para a ação *extradisciplinar*, a tarefa também para a geografia cultural é promover uma concepção de cultura diferenciada no plano cotidiano – especialmente em contextos políticos e econômicos. Para atender a estas necessidades é necessária uma renovação do olhar habitual.

Elementos de uma teoria da práxis em geografia cultural

Na perspectiva de uma geografia cultural centrada na ação, entendo o termo "globalização" como classificação de um novo *modus operandi* geográfico, um novo modo de definição da relação entre cultura e espaço, cujas

---

80 Ver sobre isso Werlen (1997).

implicações podem ser comparadas, no melhor dos casos, com a importância da Revolução Industrial. "Globalização" consiste, assim, também em um novo modo de fazer geográfico cotidiano. Sua particularidade reside na possibilidade de ação em tempo real à distância. Sob esta perspectiva, do mesmo modo que as exigências do *cultural turn* para a pesquisa cultural, as análises geográficas da globalização devem referir-se às próprias práticas globalizantes e globalizadas.

Considero essas práticas como formas de *vinculação ao mundo* no campo de tensão entre desarraigamento e rearraigamento. A ideia de *"vinculação ao mundo"* deve ser entendida como *o potencial de controle cultural, social e econômico, desigualmente distribuído, sobre referenciais espaciais e temporais para o ajuste das próprias ações e da práxis de outrem.*

Com seu foco sobre as práticas globalizadas e globalizantes, a nova geografia cultural se destaca por um olhar específico sobre práticas cotidianas, e não por um objeto específico. Com base nos resultados fomentados pelo *cultural turn* e no nível atual de desenvolvimento da geografia cultural, o foco das práticas cotidianas da vinculação ao mundo deve fazer jus especialmente a quatro principais exigências programáticas:

Primeira: Para o desenvolvimento e avanço dos instrumentos analíticos da pesquisa cultural geográfica, é necessário diferenciar as formas de práticas segundo sua orientação.

Segunda: Essa abordagem deve possibilitar a integração de componentes do poder na perspectiva da teoria da cultura, até mesmo para evitar a arbitrariedade em *cultural studies*.

Terceira: Deve tornar possível representar a vinculação temática de âmbitos isolados de realidades culturais de forma integrada em seu contexto.

Quarta: O direcionamento interdisciplinar da pesquisa deve ser mantido e fomentado pelo enfoque na práxis.

Práticas culturais podem, em relação à primeira exigência (diferenciação de formas específicas de práticas) e em consideração do estágio atual da pesquisa em *humanities*, ser categorizadas num plano abstrato em três formas principais.[81]

---

81 Ver quadro Perspectiva geral 1.

Visão geral 1 – Tipos de práticas em relação estrutural

	Tipos	Poder	Relações
	simbolizar	autoritativo **significativo** alocativo	informação – significado
Práticas	legitimar	alocativo **autoritativo** significativo	sociedade – política
	trocar	autoritativo **alocativo** significativo	produção – consumo

a) *Simbolizar, interpretar e compreender* como âmbito central do cultural. No centro desta perspectiva está a relação entre informação, conhecimento e significação.

b) *Legitimar* no contexto de interpretações culturais do social e político. No centro desta perspectiva está a relação entre expectativas sociais e padrões de validade políticos.

c) *Trocar* no contexto de interpretações culturais do econômico. No centro desta perspectiva está a relação entre produção e consumo.

Em relação à *segunda exigência* (inserção dos *componentes do poder*), práticas culturais devem ser compreendidas como práticas estruturadas. Isso quer dizer que toda e cada práxis sempre se refere ou terá que se referir a condições estruturais. Essa referenciação é o que possibilita, por um lado, a ação prática, por outro é o que limita sua configurabilidade. O componente estrutural da ação é diferenciado, no sentido dado por Giddens (1988a), em *regras* e *recursos*.

Para a análise de práticas *culturais*, o componente semântico ou as regras semânticas das atribuições de significado em *regras* assumem uma relevância central. Essas regras constituem padrões de interpretação poderosos, que fundamentam tanto o *simbolizar, interpretar* quanto o *compreender* de práticas específicas de uma cultura.

"Padrões de interpretação" devem ser entendidos como regularidades típicas da atribuição de sentido. Ulrich Oevermann (2001, p.38) caracteriza hipoteticamente esse "padrão de interpretação pré-configurado" por meio de a) um "alto grau de capacidade de generalização suprassituacional" e b) um (frequentemente atingido) "alto grau de coesão e consistência interna". Eles se expressam no agir habitual e compreendem as regras a serem configuradas como práticas e situações. Ao mesmo tempo definem o que pode ser esperado de outrem e o que determinados símbolos significam. Como matrizes da configuração da práxis, padrões de interpretação podem ser justificados pelo viés religioso. Eles, entretanto, surgiram de forma histórica e devem, portanto, ser entendidos como mutáveis. Tendo sido transmitidos por meio da socialização – sobretudo em situações face a face[82] –, são "incorporados", como afirma Pierre Bourdieu (1972, 1987).

Padrões de interpretação se baseiam, no entanto, não em um conhecimento verificável, mas em um "conhecimento tácito", implícito (*tacit knowledge*) e são parte integrante do que Giddens (1988a, p.57) caracteriza como "consciência prática". A evidenciação de padrões de interpretação – que são a base das interpretações de mundo cotidianas – não pode ser alcançada por meio de questionamentos. Sua investigação exige, antes, a reconstrução da "semântica dos discursos" ou a "análise do discurso" de um "conjunto de práticas e métodos comunicativos" (Bollenbeck, 1996, p.18 et seq.).

Com relação aos *recursos*, é necessário diferenciar, segundo os critérios de Giddens (1988a, p.86 et seq.), recursos alocativos e autoritativos.[83] Sobre a operacionalização de recursos alocativos, com os quais graus de controle de condições físico-materiais e de bens são caracterizados, podem-se analisar tanto relações de dominação no acesso a matérias-primas, recursos hídricos, estruturas de produção etc., quanto as diferentes relações de poder de compra por parte dos consumidores.

Por meio da operacionalização de recursos autoritativos, com os quais o grau de controle sobre pessoas é caracterizado, é inaugurado o acesso à relevância política da organização espaçotemporal da vida social em diferentes constelações culturais. Neste contexto, a análise da relevância do espacial para a constituição de práticas culturais é central, como afirmam Michael Dickhardt e Brigitta Hauser-Schäublin (2003). Em relação a análises empíricas correspondentes, deve-se partir do princípio de que tanto os conteúdos

---

82 Ver Werlen (1992).
83 Ver mais detalhes sobre isso em Werlen (1997, p.188 et seq.).

de sentido atribuídos a locais quanto a espacialidade de elementos apenas podem ser contemplados segundo a teoria da ação em relação *a* e como consequência *de* atividades. A "espacialidade" deve portanto ser vista, segundo a perspectiva centrada na práxis, como aspecto do cultural. *"Meaning of places"* (Entrikin, 2001) – o significado de lugares – e *"meaning of settings"* (Weichhart, 2003) – o significado de constelações de ação pessoal – devem ser abordados pelo viés de sua significância *para* ações e *como* expressão da assimilação simbólica da ação.

A relação entre recursos alocativos e autoritativos é de central importância especialmente para questões da ecologia humana relativas aos modos (sociais e culturais) de transformação da "natureza". As "relações espaciais" do "natural" devem ser vistas como resultado das estruturações de condições físico-materiais, causadas por ações humanas. Essas estruturações devem ser compreendidas como expressão das possibilidades técnicas respectivamente disponíveis para um determinado contexto cultural.

A *terceira exigência*: vinculações temáticas são facilmente realizáveis por meio da contemplação centrada na práxis. Para tanto, basta a indicação de que áreas temáticas, que em geral estão separadas entre si, se tornam dimensões e aspectos das mesmas práticas. Isso se expressa nas formulações da culturalização dos âmbitos econômico e político.

Contornos de um campo de pesquisa centrado na prática

A perspectiva básica acima esboçada deve agora ser relacionada às novas condições globalizadas da ação. Como insinuado, na perspectiva da geografia cultural diversas práticas podem ser compreendidas como formas de vinculação ao mundo. Isso significa que se trata ao mesmo tempo de tipos de fazer geográfico através dos quais os sujeitos relacionam "o mundo" a si, isto é, o assimilam dentro de suas possibilidades. Ao longo destas três dimensões deverá ser esboçado, ainda que num plano abstrato, o campo de pesquisa da geografia cultural, no formato de um breve resumo geral.

As três dimensões de geografias cotidianas, representadas na síntese de conteúdo (ver visão geral 2), implicam, em primeiro lugar, práticas da assimilação simbólica de objetos e lugares com base nas informações disponíveis, adquiridas de maneira direta ou mediatizada; em segundo lugar, práticas da "assimilação" autoritativa sob a forma de controle de sujeitos à distância, assim como, em terceiro lugar, práticas da assimilação alocativa de elementos materiais, especialmente de bens.

A primeira esfera analítica (*informação, conhecimento*) trata da geração e controle da assimilação potencial de informação e conhecimento como base de interpretações significadas da realidade. Esse controle deve ser implementado em relação a diversos programas e instituições de ensino, mídias, canais informativos, jornais, livros e até TV e internet. Essa esfera aborda, de modo geral, a análise da constituição de padrões de interpretação sobre vinculações informativas para com o mundo. Nesse processo é necessário dar especial atenção aos respectivos significados de situações face a face e formas mediatizadas de aquisição de conhecimento, geração e transformação de padrões de interpretação.

Visão geral 2 – Tipos de fazer geográfico cotidiano

Tipos principais	Esferas de pesquisa
informativo-significativo	geografias da informação
	geografias de assimilação simbólica
normativo-político	geografias de assimilação normativa
	geografias do controle
produtivo-consumptivo	geografias da produção
	geografias da consumpção

Fonte: Werlen (2000, p.337).

De maneira hipotética, é possível considerar que a transmissão de padrões de interpretação baseados regionalmente se dá antes por meio de situações face a face e que, além disso, conteúdos mediatizados são absorvidos apenas por meio deste "fundamento".

A segunda esfera de análise (*significação*) deve se referir à investigação das atribuições subjetivas de significado, relacionadas a determinados recortes do mundo de experiência, especialmente da interpretação da própria situação de vida (local) por meio da assimilação simbólica. Uma questão central dentro desta pesquisa seria: que significados adquirem os conteúdos de informação mediatizados para a interpretação da própria tradição local? Outras questões importantes concernem à exploração da chamada cultura globalizada em âmbitos como música, filme, literatura etc. e seus desdobramentos. De modo geral, essa esfera trata da análise da utilização de padrões de interpretação em vinculações ao mundo significativas sob a forma de simbolizações.

O terceiro campo de pesquisa – as relações normativas com suas regionalizações prescritivas – deve ser relacionado, da perspectiva cultural-geográfica, sobretudo a padrões de práticas diferenciadores. Dentre eles estão regionalizações específicas de gênero do mundo cotidiano na comparação intercultural, regionalizações especificamente linguísticas na história do imperialismo e dos Estados nacionais, da exclusão étnica, cenários de integração ou exclusão dentro de um Estado no contexto de sociedades multiculturais etc.

O quarto campo é constituído pela culturalização do âmbito político, especialmente por meio de discursos religiosos, mas também de discursos regionalistas e nacionalistas.

A quinta e a sexta parte do programa se referem à culturalização do âmbito econômico. Em relação à produção, a perspectiva inaugura, por exemplo, uma nova abordagem de análise de áreas do conhecimento, culturas de empreendimento no contexto da tradição, abertura discursiva e inovação.

A última parte – de pesquisa da culturalização do consumo – está intimamente relacionada a estilos de vida configurados individualmente e inseridos em processos globais. Eles devem, consequentemente, ser investigados em relação direta com as geografias informativo-significativas. No centro destas pesquisas devem figurar as questões a respeito das influências diferenciadoras de estilos de vida em relação a fluxos de mercadorias e a respeito da "culturalização da economia", que encontra sua expressão neste contexto. Os estilos de vida reconstruídos podem, então, em uma etapa subsequente, ser colocados sob o julgamento da ecologia (humana).

Conclusão

A essencialização da cultura sobre representações da realidade centradas no espaço, no estilo da ortodoxia tradicionalística, provavelmente será um dos problemas centrais do futuro, uma vez que a base do mundo cotidiano para tanto se dissipa progressivamente. Uma comparação da tradicional pesquisa geográfica de espaços culturais com padrões de argumentação regionalísticos, nacionalistas e fundamentalistas mostra uma similaridade assustadora. Tais repercussões nas realidades cotidianas sociopolíticas são altamente polêmicas.

Tanto a crescente constatação da relevância de ordenações simbólicas para a práxis social, quanto o crescente reconhecimento de métodos qualitativos para a exploração de campos de significado levantam a hipótese de que o *cultural turn* perpassa também o campo das Ciências Sociais. Que tal fato traga necessariamente consigo um enfraquecimento da importância do social parece duvidoso. Mais provável parece ser, antes, que a análise da crescente pluralização de realidades sociais requer que se leve em consideração de forma mais veemente o construtivismo interpretativo.

Corpo, espaço e representação medial[84]

Desde Alexander von Humboldt, a geografia científica reivindica uma competência específica para o "espacial", compreendendo-se desde há quase um século como ciência espacial empírica. Diante desta história disciplinar, obviamente não pôde haver uma *spatial turn* na Geografia. Sua história é uma mina de ouro para padrões de pensamento e perspectivas da investigação relacionada ao espaço de dimensões sociais, culturais, políticas e econômicas de ações cotidianas. Há exatos vinte anos a geografia científica – para a grande tristeza de morfólogos do espaço, como o ensaísta e historiador Karl Schlögel (2002) – inicia uma guinada na direção oposta: da centralização no espaço para a centralização na práxis, da análise do espaço para a investigação científica de práticas cotidianas do fazer geográfico.

Na perspectiva centrada na práxis pode-se colocar a questão sobre quais configurações espaciais desempenham um papel preponderante para práticas cotidianas e de que tipos de ações surgem. De forma sucinta: em vez de querer espacializar todos os aspectos possíveis do social, deve-se antes

---

84 Texto original: Körper, Raum und mediale Repräsentation. In: Döring, J.; Thielmann, T. (orgs.). *Spatial Turn. Das Raumparadigma in den Sozial- und Kulturwissenschaften.* Bielefeld: Transcript, 2008, p.365-93. (N. E.)

perguntar o que o espacial representa e que papel assume ou pode assumir para a práxis social. Um esclarecimento desta questão é necessário para evitar que a *spatial turn* se dirija para um beco sem saída por carência de reflexão. Que a espacialização de realidades culturais sob as atuais condições de vida pode trazer consigo consequências altamente problemáticas ou até fatais é demonstrado de maneira clara, por exemplo, pelo discurso do "eixo do mal" e pela daí advinda "luta contra o terrorismo", conduzida territorialmente de modo pouco objetivo.

A perspectiva vinculada à exigência de uma concepção de mundo centrada na práxis e um entendimento geográfico da realidade será tomada no que se segue como fundamento para uma análise crítica da geografia das mídias. Esse objetivo se baseia na suposição de que um *geocode* midiático é constatável e bem-sucedido pelo fato de o significado social de "espaço" e a comunicação midiática estarem intimamente acoplados um ao outro. Eles estão acoplados porque – supõe-se – se referem a algo comparável. A análise de geografias produzidas midiaticamente deve esclarecer, em primeiro lugar, que tipo de relações sociais para com o espaço são produzidas e reproduzidas, assim como, em segundo, fornecer uma avaliação (crítica) de realidades socioculturais geocodificadas. O programa de pesquisa correspondente a isto se orienta, consequentemente, no sentido da solução da seguinte questão básica: que implicações apresentam, sob condições atuais, representações espaciais da realidade cultural e social – e, com isso, também uma *spatial turn*? Ou mais precisamente: o que significa, sob condições atuais, marcadas pela globalização dos contextos de vida locais, implementar uma geocodificação de realidades socioculturais não espaciais?

A direção desta questão é derivada do objetivo central da geografia social centrada na ação e na práxis.[85] Em vez de tornar, num modo geograficamente ortodoxo, o "espaço" objeto de pesquisa, o significado de relações espaciais da ação para a constituição de realidades socioculturais deverá ser tornado transparente no contexto de uma perspectiva centrada na práxis. Esse deslocamento da ênfase pode à primeira vista parecer um bizantinismo (no máximo, academicamente interessante), e não uma diferenciação relevante para as Ciências Sociais. A história, entretanto, mostra que as consequências a isso relacionadas possuem – tanto cotidiana quanto cientificamente – um

---

85 Ver Werlen (1987a).

ESPACIALIDADE SOCIAL **171**

alcance que não pode ser subestimado. De forma análoga, a relevância maior de uma *spatial turn* fundamentada na teoria social e na ontologia sociológica poderia ser o esclarecimento das implicações de formas e perspectivas de argumentação centradas no espaço sob atuais condições sócio-ontológicas da modernidade tardia.

Espaço *container* e realidade significada

Uma reorientação da pesquisa social e cultural na direção da dimensão espacial pode ser considerada necessária e sensata pelo fato de que as teorias sociais mais influentes do fim do século XIX foram concebidas de maneira decididamente desvinculada do espaço. Que isso tenha acontecido exatamente no momento em que territorializações nacional-socialistas começavam a permear todas as esferas da vida é uma ironia notável. No que se segue deverá ser esclarecido o motivo pelo qual a sociologia interpretativa e a pesquisa cultural foram concebidas explicitamente sem referência espacial. Através disso deverá ser possível também lançar um olhar crítico para a significabilidade da atual *spatial turn* nas Ciências Sociais.

O estabelecimento da Sociologia moderna como Ciência Social foi marcado pela interação entre duas frações: a sociologia interpretativa – representada por Max Weber e Ferdinand Tönnies – de um lado e, do outro, a fração biologicista ao redor de Alfred Ploetz. No contexto da fração biologicista deve ser vista também a florescente geografia humana, como concebida por Friedrich Ratzel. O ponto central do debate consistia, segundo Weber,[86] no fato de que os representantes da Sociologia interpretativa queriam reconhecer apenas elementos significados como objetos de pesquisa sociológica, e a fração biologicista, ao contrário, queria tematizar "com os recursos da Biologia o social como fato na natureza" (Werlen; Weingarten, 2003, p.205). O principal argumento para tanto era que a diferença entre o social e o biológico não seria grande o suficiente para tornar necessárias perspectivas de pesquisa específicas. Pois – segundo um dos argumentos centrais – o social do biológico se manifestaria em cada contexto organizacional. Os representantes da Sociologia interpretativa viam nisto – como o desenvolvimento

---

86 Ver Weber (1988b [1924], p.459 et seq.).

da (geo)política racial nacional-socialista mais tarde mostraria –, não sem razão, uma imposição biologicista e causalística inaceitável, que nega, por fim, toda a relevância da intencionalidade e da atribuição de significado das ações humanas.[87]

Uma das consequências desta atribuição foi que a sociologia interpretativa baniu, juntamente do campo biológico, também a corporalidade humana e todo o contexto material da ação do campo de visão sociológico ou sociocientífico. Segundo Weber (1980, p.3), elementos "não interpretáveis" como o corpo e/ou outros objetos naturais – e com isso também constelações espaciais – devem ser "(tomados) como dados a serem considerados", porém aos quais não se devem atribuir significado sociológico.

Do lado biologicista argumentou-se na direção diametralmente oposta. Ratzel, um discípulo do biólogo, ecólogo e teórico do espaço de vida Ernst Haeckel, coloca o plano biológico e, com ele, o espacial, no centro da contemplação científica. Como Haeckel, também Ratzel (1901) parte do princípio de que o espaço *container* preestabelecido na história evolutiva constitui a mais importante instância de seleção para a diferenciação de espécies e gêneros. O "espaço" é preconcebido como recipiente material dentro do qual as espécies lutam por sua perpetuação e são, assim, selecionadas. É importante reconhecer que "espaço" não representa uma categoria teórica nessa argumentação, sendo concebido como elemento material presente independentemente de qualquer reflexão teórica, apresentando sempre as mesmas características causais ativas.

Como um resultado parcial podemos afirmar que na sociologia interpretativa "espaço" é excluído por não poder ser categorizado como elemento interpretável. No contexto da perspectiva biologicista, "espaço" se torna, ao contrário, um ponto central, sendo considerado experienciável e, para a geopolítica nacional-socialista, mesmo um elemento a ser conquistado. A esse objeto é atribuída uma efetividade causal para o desenvolvimento social. Com esse posicionamento argumentativo, mesmo a inserção de relações espaciais na explicação interpretativa já é impossibilitada, além de ser relacionada a diversas outras implicações (problemáticas).

---

87 Uma subcategorização de atribuições de significado humanas sob critérios biológicos – ou seja, racistas – era, segundo Dilthey (1865), insustentável sob a diretriz da diferenciação entre ciências naturais explicativas e interpretativas.

Quando se tenta representar espacialmente algo não material pratica-se uma redução de elementos imateriais em físico-materiais. Em outras palavras: se significados ou significações são reduzidos ao veículo material da representação, passa a ser como se a unidade assim construída de significado e matéria fosse inseparável. O significado é acoplado ao objeto sem que a consciência atribuidora de sentido seja refletida. Através desta objetificação são produzidas espacializações linguísticas. Mas, como se trata, ainda assim, de significados atribuídos a elementos materiais, eles não podem ser considerados características do plano material. E não sendo expressão do material, não podem ser representados (territorial-)espacialmente *per se*. Significados possuem apenas uma existência ideal, e não material.

Quando, apesar disso, se resolve tratar da materialidade do espaço, como é mais flagrantemente o caso de Isaac Newton (1872), René Descartes (1922) e Ratzel (1882), e no caso de darem a "ele", ao espaço, o tratamento de matéria, falta pouco para o próximo passo, que consiste em atribuir-lhe uma força causal. Tais implicações não podem ser perdidas de vista em um julgamento minucioso da *spatial turn*.

Spatial turn e realidade social

A expressão *spatial turn* – como analogia à expressão *linguistic turn* – deve-se em grande medida ao geógrafo Edward Soja (1980). Em sua representação, a "guinada espacial" foi introduzida sobretudo pelos escritos de Henri Lefebvre (1981), Michel Foucault (1973, 1977, 1990) e Manuel Castells (1972). Igualmente importante deveria ser, no entanto, o fato de que, independentemente desses trabalhos a partir do início dos anos 1980, pode-se constatar uma interessante convergência de construção teórica sociológica e sociogeográfica. Da parte sociológica, por exemplo, Pierre Bourdieu (1977), Erving Goffman (1991) e Anthony Giddens (1984b, 1985, 1988b, 1990b) desenvolvem uma forte sensibilização para com relações espaciais de práticas sociais e seu significado para diferentes desdobramentos da vida cotidiana. Da parte sociogeográfica pode-se observar especialmente com David Harvey (1973, 1982), Derek Gregory (1978, 1994), Nigel Thrift (1983), Doreen Massey (1984), Derek Gregory & John Urry (1985), Allan Pred (1986), Helmut Klüter (1986) e Benno Werlen (1987a), uma forte referenciação a concepções da teoria social, de modo que um trabalho interdisciplinar com a relação entre sociedade e espaço pudesse se desenvolver. Giddens (1984b) constata, durante a implementação desta abordagem, que neste debate não é mais possível identificar diferenças importantes entre as construções teóricas sociológica e geográfica.

A *spatial turn* abrangente, concebida com base nestas diretrizes, sofre, no entanto, cada vez mais com um esclarecimento deficitário do *status* ontológico "espaço". Por causa deste déficit, o discurso sobre "espaço" se enreda em uma espacialização do social típica da Geografia tradicional, isto é, em uma concepção de mundo geográfica marcada pela ciência do espaço. Em consonância com Christian Schmid (2005, p.13) pode-se ainda enfatizar que os atuais protagonistas da *spatial turn*, por um lado, elogiam o "caráter eclético das premissas pós-modernas" e, por outro, evitam um exame sistemático de suas fontes. A teoria de Lefebvre, por exemplo, "apesar de seu próprio posicionamento e orientação epistemológica" (Schmid, 2005, p.13), teria sido reinterpretada para fins alheios. Para Soja (1996, p.45 et seq.), por exemplo, a interpretação da teoria de Lefebvre consiste no fato de que ele – ao contrário de seus teoremas básicos – trata de um espaço material "em si" ou *"per se"*, tornando-o ponto de partida para considerações teóricas subsequentes: "O espaço em si pode ser primordialmente dado, a organização e o sentido do espaço, entretanto, são um produto da tradução, transformação e experiência" (Soja, 1996, p.79 et seq.). Como Schmid (2005, p.296 et seq.) acertadamente pontua, este é o problema principal que perpassa a maior parte das interpretações pós-modernas da teoria de Lefebvre. É possível até mesmo ir além e ampliar esta estimativa para a maior parte das "re-"descobertas do espaço pelas Ciências Sociais, culturais e humanas: a concepção corrente da *spatial turn* se baseia em grande medida na concepção de que existiria um "espaço em si", no qual as teorias sociais e culturais podem ser construídas sem levar em consideração o fato de que o "espaço em si" é ele mesmo um construto teórico. Assim, confunde-se "uma teoria física do espaço com a realidade" (Schmid, 2005, p.297). As implicações daí resultantes podem ser caracterizadas, segundo Roland Lippuner e Julia Lossau (2004, p.51), como "espacialização reificante do social". Essa concepção, por fim, não encerra necessariamente o dilema existente desde o embate entre a Sociologia interpretativa e a biologística: ou seria preciso contestar com a espacialização a significabilidade do social ou compreender esta, para a postulação argumentativa da significabilidade da realidade social, como não espacial.

Diante disso, torna-se possível contemplar sob uma nova luz a crítica implícita de Schlögel[88] ao recente desenvolvimento teórico da geografia social de língua alemã. Diante deste cenário parece questionável querer impingir programaticamente à historiografia a ideia contida na citação de Ratzel – "Lemos o tempo no espaço" (1904) – e ao mesmo tempo vincular a ela a esperança de uma imunização contra toda forma de reducionismo exagerado e contra as implicações "causais" de um espaço *container* absoluto.[89] Tende-se a prognosticar que esse futuro da nova historiografia leva a um passado sombrio. As implicações problemáticas do programa de Ratzel não podem ser remidas por meio de referências a Lefebvre ou Walter Benjamin. À primeira vista poderá talvez surgir a impressão, suscitada pelo ecleticismo constatado por Schmid, de que a concepção de Ratzel, segundo a qual a história acontece "no espaço", poderia ser compatibilizada com o programa teórico das referências citadas por Schlögel. As aparências da superfície enganam também neste caso – é o que se pode perceber especialmente mediante ao fato de que a ontologia espacial desempenha um papel não apenas secundário, mas primordial para a constituição de sentido de "sociedade". A efetividade da "ontologia profunda" (Werlen, 1997, p.11) do espaço *container* influencia também a forma como se pensa, fala e escreve sobre contextos sociais e, com isso, também históricos. A Geopolítica tradicional mostra claramente o quanto a ideia de espaço *container* de Ratzel leva à tematização, por exemplo, da sociedade alemã como um povo que precisa de *seu* espaço. Insustentável é, além disso, a associação, amplamente irrefletida argumentativamente, da posição de Ratzel, que postula um poder instaurado do espaço, com as ambições teóricas de Lefebvre, Foucault ou Harvey, que se orientam decididamente rumo a uma análise crítico-construtiva de estruturas de poder e de dominação. Compatível com as referências citadas – especialmente com os trabalhos de Benjamin –, seria antes um programa que focasse a leitura de pistas espaciais, como sugerido pela Geografia de

---

88 Ver Schlögel (2002, p.308 et seq., 2003, p.60 et seq.).

89 Agradeço a Hans-Dietrich Schultz por essa indicação.

Wolfgang Hartke[90] ou Gerhard Hard[91] e pela Antropologia cultural de Clifford Geertz.[92] Poderia ser o início do programa de pesquisa de uma *spatial history* bem fundamentada, que poderia explorar contextualmente a sequência temporal com referência ao paralelismo (espacial) coexistente. Ora resta em aberto a dúvida se para tanto seria, de fato, necessária uma *spatial history* ou se essa tarefa já não seria percebida pela Geografia histórica (crítica) ao estilo de *"geographical imaginations"* de Gregory (1994, p.203 et seq.; 2004).

Para podermos tornar a *spatial turn* das Ciências Sociais/culturais frutífera num sentido abrangente e escapar, assim, da "armadilha espacial" (Lippuner; Lossau, 2004) é necessário associar tais ideias de forma consequente a uma perspectiva de pesquisa centrada na práxis. Só então será possível explorar de maneira diferenciada a relevância de relações espaciais para a constituição da sociedade. Ao aceitarmos essa diferenciação central entre pesquisa da práxis e pesquisa do espaço, os objetivos de uma "sociologia do espaço" (Simmel, 1903; Schroer, 2006) ou de uma "sociologia espacial" (Löw, 2001) se tornam questionáveis, pois essa denominação programática também propaga, por fim, uma pesquisa espacial social, ainda que isso não tenha sido planejado de forma consequente. A pesquisa do elemento empírico "espaço", como pode-se aprender na disciplina Geografia, é possível apenas com base em técnicas de reificação muito bem apregoadas, porém cientificamente inaceitáveis. Uma perspectiva de pesquisa centrada na práxis, ao contrário, oferece a possibilidade de se evitar a estática da análise espacial e voltar-se para a pesquisa de processos cotidianos de constituição de relações espaciais sociais. Isso possibilita o desenvolvimento de um olhar científico que torna superáveis "a 'obsessão pelo espaço' por parte da Geografia em geral, de um lado e, de outro, o 'esquecimento do espaço' por parte da Sociologia" (Werlen, 2000, p.13).

Na exploração científica das relações espaciais mutáveis ao longo da história é necessário levar-se em consideração a "medida" do arraigamento espaçotemporal de práticas sociais por meio da comparação com os dois

---

90 Ver Hartke (1956).
91 Ver Hard (1995).
92 Ver Geertz (1997).

tipos ideais, por mim sugeridos, de formas de vida "tradicionais" e "da modernidade tardia".[93]

Relações espaciais sociais

Tornou-se natural caracterizar realidades do mundo social segundo o setor de produção nelas dominante, como sociedades agrárias, industriais, de serviços ou informacionais. No entanto, uma vez que tais formas sociais se diferenciam não apenas em relação a seu modo de produção, seria talvez mais sensato buscar suas diferenças em um *modus operandi* específico da formação da realidade. Com isso, atenta-se ao fato de que estes *modi operandi* não devem ser confundidos com determinantes econômicos do social, mas sim entendidos como o modo de ação básica específico para cada formação social, como o elemento fundamental de uma realidade sociocultural existente espaçotemporalmente. Cada tipo de ação básica possui sobretudo meios disponíveis de configuração das relações espaciais e temporais. O tipo destes meios de configuração, dos quais depende, por exemplo, a capacidade de ação à distância, é essencial para a constituição e o estabelecimento de relações espaciais sociais.[94] Enfocando-se não os aspectos econômicos, mas as formas de constituição de relações espaciais, podem-se tipificar formas sociais e culturais também no sentido de sua relação espacial. Para essa tipificação é importante esclarecer de que maneira as relações espaciais da ação são acolhidas nas práticas e por elas reproduzidas. Não é possível aprofundar neste ponto as questões centrais do campo de pesquisa "relações espaciais sociais", mas o conceito geral da concepção[95] a ele correspondente deverá ser mencionado.

Para esclarecer os três principais tipos de relações espaciais sociais pode-se, em alusão a Giddens, partir dos três tipos idealizados de constelações – pré-moderna, moderna e da modernidade tardia.[96] Todas as três podem ser consideradas como direcionamento heurístico para a clarificação da relação

---

93 Ver Werlen (1993d) ou o primeiro artigo deste volume.

94 De forma análoga pode-se considerar que as capacidades disponíveis de armazenamento de informação para a documentação do passado possuem, por sua vez, central importância para o estabelecimento de relações temporais sociais.

95 Ver mais detalhadamente sobre isso Werlen (1995d).

96 Ver Giddens (1990b).

entre formas de vida e relações espaciais sociais. A primeira forma pode ser classificada como constituída por constelações tradicionais e caracterizada como "'arraigada' espacial e temporalmente" (Werlen, 1993d, p.243) ou *"embedded"* (Giddens, 1990b, p.20). A relação espacial social da segunda constelação, moderna, se caracteriza pela territorialização racional espaço-temporal da organização da convivência social. O terceiro tipo, das constelações da modernidade tardia, é caracterizado em relação aos campos centrais de atividades como "'desarraigado' espacial e temporalmente" (Werlen, 1993, p.250) ou *"disembedded"* (Giddens, 1990b, p.20).

Constelações pré-modernas

Os mecanismos e meios mais importantes do arraigamento – fundamentais para o primeiro tipo de constelação – se baseiam, da perspectiva temporal, em tradições localmente predominantes. Tradições garantem a maior consonância possível entre passado e futuro. Delas são derivados e ao mesmo tempo justificados os padrões de organização social (não discursivos). Elas constituem, assim, as instâncias centrais de orientação e legitimação. A estabilidade daí advinda ao longo do tempo (arraigamento na perspectiva temporal) deixa uma margem bastante restrita para decisões individuais. Relações sociais são antes determinadas por meio de relações de parentesco, de pertencimento a um mesmo grupo ou classe, em vez de poderem ser objeto de decisões pessoais. Isso se aplica também à conquista de posições sociais, que dependem menos do desempenho pessoal e mais da proveniência, idade e sexo.

Assim como na perspectiva temporal a estabilidade é expressão de arraigamento, na perspectiva espacial domina uma disposição terrestre compacta das amplitudes cotidianas de ação. Essa disposição é justificada pelo nível de desenvolvimento técnico dos meios de locomoção (marcha a pé, tração animal etc.) e de comunicação (interações face a face, significância reduzida da escrita). Ela é também um atestado da limitação de formas de expressão culturais e sociais à amplitude local ou regional. Em função do grau de desenvolvimento técnico das ferramentas de trabalho há a obrigatoriedade de vasta adaptação às condições naturais. Formas científicas observáveis podem ser facilmente mal interpretadas como expressão das condições do espaço natural. A aceitação desta interpretação é uma etapa preliminar para a naturalização e causalização tanto de realidades socioeconômicas quanto culturais.

Na práxis cotidiana, componentes espaciais e temporais, assim como socioculturais e econômicos estão intimamente associados. Segundo padrões tradicionais de ação, determinadas ações devem ser executadas não apenas em um horário, mas também em um local específicos com uma dada orientação espacial. Regulamentações sociais e padrões de orientação são frequentemente reproduzidos e impostos através de determinações espaçotemporais. Essa unidade de espaçotempo sociocultural é efetivada em geral com base na reificação. Isso significa que não é possível constatar uma separação clara entre determinante e determinado no pensamento cotidiano, de modo que o local de culto é identificado com o culto. A regulamentação social correspondente a isso é: aquele que adentrar esse recinto sem permissão o estará profanando e sofrerá sanções. Desta forma, significados parecem estar inscritos nas coisas e ser arraigados espacialmente. Coisas e lugares não são mais considerados portadores de significado, mas sim geradores de sentido.

A constelação tradicional de relações espaciais sociais pode ser caracterizada, em vinculação a Tönnies (1979), como realidade comunitária. São próprias dela interpretações de sentido relativamente homogêneas de contextos de vida dispostos de modo espacialmente restrito. Atuantes sociais interpretam as situações de ação de acordo com os padrões de interpretação dados pela tradição. A transmissão acontece no contexto de interações face a face e através de veículos materiais de representação simbólica carregados de sentido, que (geralmente) se encontram dentro do raio de alcance real.

Quando essas condições estão presentes, representações espaciais de elementos socioculturais podem, se observadas superficialmente, parecer plausíveis. Mesmo explicações de realidades socioculturais que atribuem causalidade ao espaço podem parecer, à primeira vista, merecer uma busca por validação. A concepção de um espaço-sociedade existente *per se* no espaço terrestre só pode ser postulada como representação adequada sem sofrer uma oposição mais veemente porque é constituída, em função de atributos espaçotemporais, de acordo com práticas sociais. A aparente vinculação espacial é devida, em primeiro lugar, a atividades ligadas à corporalidade e às assimilações econômicas, sociais e culturais criadas através delas. A vinculação espacial, como é possível deduzir das ideias de Markus Richner (2007,

180 BENNO WERLEN

p.289 et seq.), se baseia em práticas "de incorporação" (Bourdieu, 1985, p.22), com as quais os contextos (físico-materiais) da ação se tornam, no plano da consciência, praticamente um componente da própria identidade. O segundo motivo decisivo deve ser visto no fato de que o alcance destas atividades ligadas à corporalidade é bastante limitado para (a maior parte dos) habitantes de uma região da terra.

A constelação moderna

O estabelecimento das relações espaciais estatal-industriais implica a dissolução do arraigamento espaçotemporal da constelação tradicional. Essa transição é implementada, no plano da configuração política da vida social, através da territorialização racional de instituições estatais. Como consequência do Iluminismo, a transformação (produtiva) da natureza é trazida, junto ao desenvolvimento de possibilidades técnicas, a um novo patamar. A dependência dos chamados elementos espaciais naturais cresce rapidamente com a industrialização dos processos de produção. Junto ao estabelecimento do sistema capitalista é reconfigurada não apenas a relação com a natureza, mas todo o âmbito da constelação espaçotemporal. A transformação dessa relação se dá, segundo Giddens, ao longo das dimensões "capitalismo", "industrialismo" e "burocratização".[97] Na primeira, as relações econômicas são reordenadas; na segunda, as formas de produção são modificadas. Na terceira dimensão são, por um lado, permitidos o controle e a coordenação dos sujeitos através de distâncias espaciais e temporais, possibilitando o estabelecimento suprarregional do "capitalismo" e "industrialismo"; por outro lado, a competência da burocracia estatal é amplamente containerizada pela territorialização.

A containerização (espacial) da vida social sob a forma da territorialização racional – fundamentada na constituição dos Estados nacionais – se caracteriza por uma contradição singular. Com as três dimensões mencionadas instauram-se o desaparecimento das "resistências espaciais" e uma uniformidade do espaço. Porém, as instituições de Estados nacionais associam o processo de desarraigamento por meio do rearraigamento da vida social em novas dimensões conquistadas através de (re)ordenação territorial. O desarraigamento

---

97 Ver Giddens (1985, 1992a).

ESPACIALIDADE SOCIAL **181**

espacial, fundamentado na modernidade, é vinculado ao território através de moedas nacionais, da formação de economias nacionais, da cobrança de impostos alfandegários ao longo de fronteiras nacionais etc. A formação de idiomas nacionais padrão, a organização do conhecimento e da informação nacionais através do sistema de educação, o estabelecimento de emissoras estatais (de rádio ou televisão) etc. possuem igualmente um efeito territorializante. Desta forma é desenvolvida uma forma moderna e racional de espacialização ou territorialização de realidades sociais.

Os *modi operandi* da constituição de relações espaciais estatal-industriais não são baseados na corporalidade na mesma medida que aqueles tradicionais, porém ainda estão fortemente vinculados a uma base material. A superação de distâncias está em grande medida associada ao "gasto" de tempo, embora já a partir do telefone se apresentem modificações nesse sentido.

A constelação da modernidade tardia

Sob condições da modernidade tardia, tanto as formas de arraigamentos espacial e temporal tradicionais (baseadas em reificações) e modernas (baseadas na territorialização) começam a desaparecer. No lugar da estabilidade temporal entra uma transformação social cada vez mais acelerada.[98] No lugar da disposição espacial entram contextos de vida globais.

Em comparação com formas de vida tradicionais, rotinas discursivamente reavaliáveis substituem, por fim, tradições. Práticas da modernidade tardia em geral não se orientam segundo tradições locais, mas sim segundo padrões de vida de ocorrência global. A margem de atuação para a tomada de decisões individuais cresce, relações sociais quase não são mais reguladas por relações de parentesco, mas antes através de atividades econômicas. Posições sociais são adquiridas em processos de produção e não estão, em princípio, vinculadas a idade ou sexo.

Em relação ao espacial, as disposições mais estreitas são anuladas, em muitos sentidos, por meios de transporte que possibilitam ampla mobilidade. A liberdade de locomoção e a ampla liberdade de estabelecimento levam ao contato bem próximo das mais diversas culturas, outrora locais.

---

98 Ver Rosa (2005).

A mistura resultante se soma a sistemas de comunicação globais que possibilitam o acúmulo e a propagação da informação de forma não vinculada à copresença física. Interações face a face se mantêm, preservando também sua importância especialmente no contexto da socialização ou de decisões a serem negociadas discursivamente, porém a maior parte do contingente comunicacional se encontra mediatizado. Ligado ao crescente poder de ação das mídias, o desarraigamento temporal e espacial – ao qual pertencem sobretudo os chamados sistemas abstratos, como dinheiro eletrônico, escrita, sistemas de *expertise* e sobretudo mídias da comunicação – é uma forma de implosão espaçotemporal das condições de vida na modernidade tardia.[99]

Considera-se um padrão comunicativo que as dimensões espacial e temporal estejam separadas por significados fixos e tenham que ser sempre renegociadas. Dimensões espaciais e temporais são sempre recombinadas pelos sujeitos de maneiras específicas em ações individuais.[100] A circunstância de que as dimensões espaciais e temporais não determinam conteúdos, mas apenas representam aspectos formais de atividades humanas se torna evidente especialmente no uso cotidiano da telecomunicação móvel. Com base na grande mobilidade e na crescente independência espacial da comunicação, o momento de um encontro se torna, em contraposição ao local, um critério decisivo.

Seguindo a argumentação atual pode-se concluir primariamente o seguinte: as representações espaciais do sociocultural apresentam relativamente poucos problemas no caso de formas de vida tradicionais. Isso de certa forma vale também para formas de vida no contexto de containerizações dentro de limites nacionais. Se forem dadas as condições de relações espaciais sociais arraigadas espacial e temporalmente, então será possível efetuar um *spatial turn* das Ciências Sociais, culturais e humanas no estilo de uma descrição e análise espacializante de condições e formas de vida cotidianas sem que se entre no beco sem saída de uma ciência do espaço empírica.

Com a perda dos mecanismos centrais de arraigamento, a plausibilidade de representações espacializantes diminui drasticamente. Isso se aplica sobretudo aos âmbitos da vida que se aproximam de formas de vida da modernidade tardia e que podem ser tematizadas como formas de vida globalizadas.

---

99 O geógrafo norte-americano David Harvey (1989, p.241) reformula esse processo de retração temporal-espacial sob o termo *"time-space compression"*.

100 Ver Werlen (2000, p.35).

Para que as orientações correspondentes possam funcionar sob condições da modernidade tardia é necessária sobretudo uma nova consciência geográfica. Ao tentar-se construir uma relação espacial (arraigada espacial e temporalmente) com base em uma concepção de mundo geográfica antiga, produz-se uma consciência geográfica que não corresponde às próprias condições geográficas. Seria possível dizer que é produzida uma consciência geográfica "errônea", que leva ao afastamento em relação às condições de vida cotidianas em direção, nos casos mais extremos, à reprodução de ortodoxias fundamentalistas. Isso é a consequência da ineficácia ou completa ausência de um referendo sobre a "ontologia de sociedade e espaço" (Werlen, 1995d).

Especial relevância ganha, nesse contexto, os geocodes colocados em pauta pela mídia. A exposição midiática, segundo a tese aqui defendida, contribui amplamente para a produção de representações espacializadas da realidade. Para uma análise diferenciada desta temática é necessário, entretanto, uma outra etapa preparatória: a clarificação da relação entre espaço e corpo ou entre corpo e espaço.

Espaço e corpo – corpo e espaço

Ao concluir que o "espaço" atualmente perde força elucidativa e, ao mesmo tempo, ganha relevância (discursiva), Zygmunt Bauman (2001, p.110) expressa que não se pode mais, por exemplo, justificar ou explicar determinadas características pessoais por meio da proveniência regional. Com o perpassar de contextos locais pelos inventários globais de conhecimento torna-se cada vez mais problemático afirmar que alguém age desta ou daquela maneira apenas por apresentar um determinado local de origem. A conotação espacial da proveniência ou de condições factuais de vida não explica, numa perspectiva sociocultural, mais nada ou, no mínimo, cada vez menos. A ocorrência de relações espaciais específicas nos mais diversos discursos – que, segundo Bauman, se coordenam paralelamente a isso – pode ser identificada como um movimento deveras paradoxal: geografias cotidianas não são mais conotadas de forma estritamente espacial, nem local nem regionalmente. Paralelamente a isso surge, entretanto, uma linguagem espacial ou espacializante nas mais diversas esferas da vida.

Que implicações apresenta a constatação de Bauman para a *spatial turn*? Primeiramente podemos registrar que neste paradoxo a redescoberta da relevância de relações espaciais se torna manifesta no plano cotidiano, embora a base empírica correspondente se torne cada vez mais fraca. A implementação de uma guinada espacial da orientação de pesquisa das Ciências Sociais, culturais e humanas deve utilizar conceitos espaciais específicos para circunstâncias ontologicamente diferenciadas.[101] O tradicional conceito geográfico de espaço é, a rigor, responsável exclusivamente pela ordem de elementos materiais. Para circunstâncias sociais pode ser desenvolvido, como em Bourdieu (1985, p.14), um "espaço social" multidimensional, para circunstâncias mentais ou espirituais, espaços mentais com dimensões correspondentes etc.

O que exatamente "espaço" designa quando se fala, por exemplo, de espaço terrestre em relação a circunstâncias materiais? E por que isso que é designado por "espaço" ainda seria relevante para as Ciências Sociais, culturais e humanas se com isso é possível representar "apenas" constelações materiais? Em consonância com a fenomenologia de Edmund Husserl e Alfred Schütz pode-se considerar que concepções espaciais advêm da experiência da própria corporalidade e apontam, assim, para a experiência de mundo vinculada ao corpo, para o relacionar do próprio corpo com outros elementos corpóreos.[102] Segundo Husserl e Schütz, a experiência do mundo é espacial, em primeiro lugar, baseada na corporalidade individual, embora, em segundo lugar, o próprio corpo se torne um ponto zero de coordenada da experiência de mundo imediata. O ponto de localização do corpo pode ser idealizado, por exemplo, através da cartografia, como ponto zero de coordenada, de forma que, através de mapas, inúmeros sujeitos podem compartilhar uma informação correta sobre elementos extensos em pontos distantes sem compartilhar um contexto comum. O que é designado por "espaço" no sentido geográfico se refere, assim, à própria corporalidade no contexto de elementos físico-materiais extensos.

Aceitando-se essa visão, o que se segue é que "espaço" não pode ser um objeto, não possui existência material e, com isso, não é ele próprio o elemento material. Consequentemente, toda afirmação no sentido de um

---

101 Ver Werlen (1987a).
102 Ver Husserl (1973), Schütz (1981).

espaço material ou *"material space"* (Harvey, 2005, p.105) é um despropósito, ou seja, nada mais que expressão daquilo que se pode chamar de falácia cartesiana.[103] "Espaço", ao contrário, certamente pode ser considerado um meio de lidar com ou como uma descrição de uma constelação que se refere à materialidade do descrito sem necessariamente ser ele próprio material.

O relacionar do corpo e outros elementos extensos pode, entretanto, ser interpretado de maneira bastante diversa. A forma desse relacionar depende, resumidamente, dos conteúdos de sentido que coordenam atividades ou o manejo corporal. De acordo com a forma de ação, esse relacionar pode ser configurado ou produzido de forma diferente. Podem-se diferenciar aqui três tipos principais das dimensões econômica, social e cultural.[104]

Visão geral – Ação e espaço

	racional	formal / classificatório	exemplos
racional- -instrumental	ponto zero de coordenada absoluto	geométrico / cálculo classificatório	mercado fundiário, teorias de localização
orientado segundo a norma	absoluto / centrado no corpo prescriptivo	geométrico / prescrição classificatória	Estado nacional, *back* e *front regions*
comunicativo	centrado no corpo significativo	emocional / significação classificatória	pátria, símbolos emblemáticos

Fonte: Werlen (2000, p.329).

---

103 Descartes considera, partindo do dualismo de corpo e alma, que devemos diferenciar entre o mundo da extensão (*res extensa*) e o da cognição (*res cogitans*). Sua conceptualização de "espaço" se refere à diferenciação entre corpos extensos e elementos cognitivos: "A extensão em comprimento, largura e altura, que constitui o espaço, é a mesma que constitui o corpo. (...) A ideia da extensão, que nos vem quando pensamos em qualquer espaço, é a mesma ideia da substância corporal" (Descartes, 1922, p.35). Descartes deriva desta definição a seguinte cadeia argumentativa: uma vez que toda substância deve ser caracterizada por sua extensão e a extensão da substância é a mesma do espaço, também o espaço tem que ser uma substância material. A história disciplinar comprova que a conclusão de que a extensão dos corpos significaria uma corporalidade do "espaço" não apenas não é sustentável, mas antes fatal. O problema consiste, resumidamente, no fato de que "espaço" é considerado não como meio de descrição de constelações do paralelismo de corpos coexistentes, mas como objeto material, que seria mais que a soma dos corpos individuais que nele se encontrem. Ver mais detalhadamente Werlen (1995d, p.162 et seq.).

104 Ver Werlen (1999, 2000).

Se a orientação racional-instrumental, calculista da ação econômica, estiver em primeiro plano, o relacionar se dá de maneira preferencialmente métrica. Com isso, torna-se possível elaborar cálculos correspondentes. A assimilação moderna de contextos de vida físico-materiais exige essa métrica e a mensurabilidade. Através da metrificação do espaço é que se tornaram possíveis, por exemplo, a comodificação do solo e consequentemente o mercado fundiário.

Também a formação de Estados nacionais, que exige uma delimitação precisa de fronteiras, só pode ser concebida em função da possibilidade de metrificação. Estados nacionais se baseiam, entretanto, em uma interpretação específica desse relacionar, que vai além disso. Ela é realizada através do segundo tipo, a territorialização, que advém da normatização da relação espacial, isto é, uma assimilação normativa. Regulamentações como "aqui não se pode fazer isso, ali sim" constituem a figura principal da ordem territorial da convivência social. Jurisdições determinadas localmente como direito e legislações nacionais são igualmente expressão disto.

O terceiro tipo de interpretação da relação entre corpo e elementos materiais é de natureza significativa e se baseia em representação e assimilações simbólicas. Diferentemente dos outros dois primeiros tipos, aqui a métrica não desempenha papel algum. "Sentimentos patrióticos" ou "símbolos emblemáticos" são o resultado de uma assimilação e cargas simbólicas. Na lembrança, o contexto de ação e seus conteúdos de sentido são transmitidos para o lugar, para o artefato ou para a descrição local respectivos nos quais ou através dos quais ocorreu a ação com um conteúdo de sentido específico. Desta forma – segundo Georg Simmel (1903, p.42) –, o lugar e o conteúdo de sentido da ação se unem inseparavelmente na lembrança. Elementos simbolicamente assimilados se tornam, assim, representação, motivação ou auxiliares da lembrança, sem representarem ou apresentarem propriamente os conteúdos lembrados. Esse contexto é um ponto decisivo para a representação midiática, uma vez que nesta a centralidade física é substituída pela centralização no meio de registro e de transmissão da representação midiática (como câmeras etc.).

Que o significado de "espaço" possa ser uma expressão, relacionada a uma ação e contexto respectivos, de relações específicas para com elementos físico-materiais, é uma indicação do caráter conceitual do espaço.[105] Com a

---

105 Ainda que Kant (1985 [1781], p.85) tivesse razão ao afirmar que o "espaço" não é um conceito por não determinar nenhum objeto específico, isso não compele à aceitação da conclusão de

qualificação de "espaço" como conceito abstrato que tematiza o relacionar do corpo dos atuantes sociais com outros elementos corporais, inaugura-se uma possibilidade decisiva. Através desta perspectiva é possível superar o abismo que surgiu ao longo da história disciplinar entre as posições biologística e interpretativa. Afinal, a formulação de "espaço" como conceito abstrato possibilita tanto a superação das implicações argumentativas problemáticas de um espaço *container* causalmente efetivo – como é característico para a sociologia biologicista e para a geografia humana tradicional –, quanto da negação da relevância de aspectos espaciais para a ação humana, como defendido até o momento pelas Ciências Sociais e culturais. "Espaço" deve ser entendido, consequentemente, não como elemento material, como postulado ora direta, ora indiretamente, pelas duas posições. "Espaço" deve ser caracterizado como "conceito formal-classificatório".[106] "Formal" por se referir apenas a aspectos formais e não a aspectos de conteúdo, tornando possível, assim, o surgimento de uma espécie de gramática de orientação no mundo físico. "Classificatório" pelo fato de que através de conceitos de espaço podem surgir evidentemente descrições de ordenação sem que "espaço" precise se tornar uma classe em si.

Compreendendo-se "espaço" não como recipiente material, mas como conceito que torna tematizáveis determinadas formas de se relacionar concernentes ao corpo – que podem ocorrer social ou culturalmente de maneiras altamente diferentes –, inaugura-se o acesso a uma nova concepção de mundo geográfica. Nem a Geografia-*container* nem a Geografia como ciência do espaço baseada na concepção de leis espaciais serão caminhos obrigatórios. No centro dessa nova concepção de mundo geográfica não estará mais o espaço (de vida), mas antes o sujeito que age, o atuante social. A questão será então não quais coisas e pessoas estão ordenadas por quais motivos ou razões de modo específico no recipiente "espaço", mas antes como os sujeitos relacionam o mundo a si e que significado possuem os conceitos de espaço e tempo nesse relacionar. No centro de um tal interesse científico reside a clarificação dos graus culturais, sociais

---

que "espaço", então, precederia toda experiência e teria que ser *a priori*. Afinal, ainda que não exista um objeto "espaço" experienciável, seu conteúdo de sentido pode indicar experiência, por exemplo a experiência, acima mencionada, da própria corporalidade na relação para com outros elementos corporais.

106 Ver Werlen (1999, p.261, 2000, p.327).

e econômicos de dominação de relações espaciais e temporais para o controle das próprias ações e da práxis de outrem. Ou seja, "espaço" deve ser entendido como meio conceptual de vinculação de mundo, e não como objeto de investigação e muito menos como algo que pode desenvolver uma força ativa causal. Ele é um meio conceptual de representação de algo que possui, de fato, existência material, no entanto o material não é o espaço, mas sim uma constelação de objetos, dentre os quais se encontra também nosso próprio corpo.

Além disso, torna-se possível explorar, sem causalizações inadequadas e os reducionismos para tanto necessários, o significado, para práticas sociais, da própria corporalidade e dos contextos materiais. Seguramente não é exagero afirmar que inúmeros problemas ecológicos se baseiam no fato de que tanto as Ciências Sociais e culturais interpretativas quanto a teoria de valores subjetiva, que fundamenta a Economia neoclássica, foram vítimas de uma argumentação omissa. O fato de que elementos puramente físico-materiais não apresentam uma estrutura própria de sentido e relevância não significa que não possuam significância para a constituição de elementos socioculturais. E tampouco é suficiente abarcar apenas sua significância baseada na "consciência discursiva" (Giddens, 1984b, p.92). Elementos físico--materiais são, em função da corporalidade de atuantes sociais, de importância primordial – ainda que de modo completamente diverso em relação à Biologia e às ciências naturais.

Corpos e mídias

A consideração de Marshall McLuhan (1995) de que a característica decisiva das mídias consiste em representar um prolongamento do corpo no sentido de tornar experienciáveis acontecimentos e dados transmitidos que não podemos vivenciar diretamente é uma primeira abordagem da relação entre espaço e mídias de informação baseadas na visualidade. Se postularmos uma vinculação corporal da constituição de "espaço" e considerarmos que a perspectiva de McLuhan deriva essencialmente da tese de Ernst Kapp sobre uma "projeção orgânica" (1877, p.vi) de todos os meios mecânicos e técnicos, então a suposição de uma relação entre os dois âmbitos começa a ganhar contornos.

Na centralização corporal de "espaço" e "mídias" se encontram justificadas as condições, mencionadas anteriormente, para a utilização de geocodes. Compreendendo-se "mídias" como prolongamento do corpo e "espaço" como espaçador para a relação entre o corpo humano e outros objetos (corpóreos), torna-se evidente o teor central de relevância de "mídias" como instâncias mediadoras da experiência em face da ausência do próprio corpo ou organismo. A isso corresponde o significado real de "mídia", como "o que está no meio, intermediário", como "o terceiro entre dois elementos" (Roesler, 2003, p.39), que ganha uma tarefa específica no processo comunicativo. Assim se dá o prolongamento do corpo para o relacionar remoto de objetos por meio de transmissão eletrônica. Esse processo pode ser configurado de forma que a comunicação midiática possibilite uma extensão dos alcances factuais e potenciais da ação a dimensões globais. Antes que a relação entre espaço e mídias possa ser aprofundada, é sensato apresentar uma etapa argumentativa intermediária, que se refere ao breve esboço da significância do corpo para a comunicação.

A significância do corpo para a comunicação pode, segundo Schütz, ser caracterizada como "contexto funcional" (Schütz, 1981, p.92). O corpo constitui, segundo essa concepção, o "integrante transmissor" entre idealizações, ou seja, conteúdos de consciência sem extensão, e o mundo objetal extenso. Na situação de presença física, o vínculo simbolizador pode ser criado através de indicação direta. Na copresença, o corpo se torna contexto funcional e instância de transmissão da ação. A espacialidade se constitui no agir corporal e nessa execução de atividades são atribuídos significados às coisas.

Se a ausência tomar o lugar da presença, meios midiáticos (escrita, telefone, câmera) assumem a posição do corpo para a experiência remota. Nesse caso, uma intervenção corporal e uma atribuição autônoma de significado não são possíveis. Remotamente são possíveis apenas uma experiência pré-interpretada e pré-selecionada da realidade mediatizada. Com isso, as condições reais de relações espaciais constituídas socialmente se diferenciam decisivamente das condições tradicionais e modernas.

Com base na tipificação adotada acima, podemos diferenciar três fases no desenvolvimento comunicativo midiático. Na primeira, sob condições tradicionais, a comunicação diretamente corporal figura em primeiro plano. A necessidade da situação face a face exige proximidade espacial e simultaneidade. O passado pode obviamente ser lembrado, entretanto a lembrança é contada ao mesmo tempo em que é ouvida. Falante e ouvinte estão engajados contemporaneamente na comunicação, apresentam proximidade espacial e não dispõem de prolongamentos corporais, no sentido de mídias, dignos de menção.

A segunda fase se caracteriza, ao contrário, pelas primeiras formas de prolongamento do corpo, possuindo características dos primórdios da industrialização mecânica que se expressam, a princípio, no prolongamento da escrita vinculada ao corpo. Através de máquinas, letras são ordenadas como anteriormente se fazia de forma manual, possibilitando a automatização do processo de reprodução. A prensa, a máquina de escrever etc. figuram nesta linha evolutiva. A comunicação mediatizada se dá, entretanto, ainda através do transporte (vinculado ao elemento físico) de produtos. Embarcações transportam o correio, o carteiro as cartas etc. A superação de distâncias está vinculada a uma sequência temporal, de forma que a comunicação remota simultânea ainda não se faz possível. Junto à distância espacial há ainda a distância temporal entre a produção e a comunicação ou leitura do texto.

A terceira fase se caracteriza pelo "tempo real midiático" (Beham, 1996, p.11). Sua particularidade reside no fato de que as distâncias espacial e corporal são superadas comunicativamente na simultaneidade. Como resultado, a maioria das experiências e informações não são (mais) adquiridas num contexto de presença física. Ao contrário, a maior parte do que sabemos sobre "nossa sociedade e mesmo sobre o mundo em que vivemos" nos chega "por mídias de massa" (Luhmann, 1996, p.9).

Mídias e representação espacial

O que isso significa para a representação midiática de elementos espaciais? Para poder elaborar as particularidades correspondentes a isto, ao menos em parte, é preciso abordar as atribuições de significado a elementos materiais em relação às fases diferenciadas anteriormente. Na primeira fase, as provisões de conhecimento biográficas, construídas no contexto da comunicação face a face, constituem o único esquema de interpretação disponível, com base no qual são atribuídos significados a coisas e eventos. Muito frequentemente elementos são carregados simbolicamente no contexto da assimilação transmitida corporalmente. A atribuição de significado a elementos e fenômenos sociais ocorre, por um lado,através da reprodução de padrões tradicionais que asseguram uma constituição relativamente homogênea de realidades significadas. Por outro lado, essa atribuição se dá através da manipulação mediada pelo corpo dentro de um alcance relativamente restrito. Ambos os aspectos – e uma forte tendência à reificação – dão a impressão de uma existência espacial de realidades socioculturais em formações tradicionais, comunitárias de convívio humano.

Caso as provisões de conhecimento biográficas como esquema de interpretação não se baseiem mais preponderantemente na experiência direta e na assimilação pessoal, mas sim em informações adquiridas e comunicadas de forma mediada, a pluralidade da assimilação simbólica dos mesmos contextos regionais crescerá. Fluxos de informação não estão vinculados nem aos guardiões de acesso da interpretação do mundo, nem às amplitudes de círculos de ação regionais. A diversidade das mídias e canais de informação abala a homogeneidade da assimilação simbólica de contextos de ação, pois as provisões de conhecimento e os esquemas de interpretação que nelas se baseiam surgem muito menos de experiências compartilhadas, como era o caso em constelações tradicionais. No lugar da homogeneidade regional e da diversidade inter-regional entra a diversidade regional simultânea à homogeneização global em segmentos específicos de realidades culturais. Sob tais condições, representações espacializantes de realidades culturais perdem sua legitimação. Com isso, não apenas as concepções de mundo dominantes até o momento entram em crise. As tentativas de representação midiática de mundos culturais espacialmente homogêneos perdem sua base empírica no decorrer progressivo da ação à distância.[107] A contradição específica da representação midiática consiste no fato de que a atribuição de significado a elementos objetais é comandada pelo comentário redacionalmente estabelecido ou por algo similar como se essas atribuições fossem comuns a todos os atuantes sociais do contexto regional. A coerção de visualização implica, de certa forma, o controle da atribuição de significado.

Essa constelação porta consigo um duplo paradoxo. Por um lado, a desmaterialização da comunicação visual está acompanhada da pressão pela objetificação de elementos significados. Por outro, com o controle da assimilação simbólica de elementos materiais, simula-se o arraigamento

---

107 Ver Lippuner (2005, p.30 et seq.).

espaçotemporal de formas de vida da modernidade tardia com uma mídia que figura no centro do próprio desarraigamento espaçotemporal. Esse duplo paradoxo constitui a base para a possibilitação do que pode ser caracterizado como geocode: a codificação espacial de contextos de vida que se desvincularam em grande medida de arraigamentos e ligações espaciais. Disto resulta, por fim, uma tendência problemática de categorização espacial de elementos culturais e sociais, assim como da constituição de elementos culturais como realidades espaciais.

Que implicações estão ligadas a esse duplo paradoxo? A unificação das múltiplas relações entre significado e matéria em unidades fixas – entidades localizadas com lugares claramente determináveis espacialmente – equivale, por fim, à geração de uma realidade fictícia. Pode-se caracterizar esse processo, segundo Roland Barthes, como uma produção de *Mitologias* (1964). Pois a representação midiática trabalha com força total na mitologização do cotidiano – no instituir, através da transmissão eletrônica, de uma reificação de sentido como matéria e na canalização de atribuições de sentido no modo como, em sociedades tradicionais, apenas os guardiões de acesso da instituição de sentido tradicional conseguiram. Assim se dá uma semicontextualização da comunicação midiática em tempo midiático real. O resultado pode ser caracterizado, segundo Lambert Wiesing (2005), como "presença artificial" das imagens, como uma relação enigmática entre contextos de vida materiais e atribuição de sentido alheia, representada como realidade sociocultural autêntica.

O que é representado é certamente mais que o simplesmente material. É algo comunicado como símbolo a um sentido claro e exclusivamente determinado, fomentando, assim, rearraigamentos espacializados imaginados. Com isso é gerada uma realidade telegênica que porta caraterísticas do comunitário, embora a mídia de comunicação esteja ao mesmo tempo empenhada antes na dissolução que na manutenção de formas tradicionais do convívio praticado. Através de rearraigamentos imaginados, a unidade de espaço terrestre e cultura, como ela deve existir para sociedades tradicionais, é sugerida na representação midiática, embora ao mesmo tempo as práticas que seriam necessárias para tanto sejam substituídas por novas formas desarraigadas de fazer geográfico.

Aí se encontra um outro paradoxo da representação midiática. A representação midiática do mundo recorre a relações que são levadas à extinção

ESPACIALIDADE SOCIAL **193**

pelas mídias eletrônicas. Afinal, as próprias mídias eletrônicas transformam as relações espaçotemporais das sociedades da modernidade tardia. Este é possivelmente um dos maiores paradoxos da sociedade midiática. As coisas são representadas como se as consequências observáveis dessas mídias não existissem. Mídias eletrônicas desempenham, assim, um papel central no desarraigamento espaçotemporal e fomentam, ao mesmo tempo, concepções de mundo que nada (mais) possuem em comum com esse desarraigamento.

Considerando-se o que Giddens (1984a, p.95, 1990b, p.15) caracteriza como "hermenêutica dupla", representações midiáticas deste gênero assumem uma relevância política altamente problemática. Pois, assim como conhecimento sociológico transforma a constituição da realidade social, concepções de mundo disseminadas midiaticamente exercem uma influência decisiva na formação cotidiana do mundo. As concepções de mundo transportadas por mídias podem, dessa maneira, ser caracterizadas como instância ficcional de reprodução de relações espaciais sociais tradicionais, pois representam como realidade aquilo que ao mesmo tempo desconstroem. Elas fomentam, assim, ao menos tendencialmente, discursos espacialmente codificados, políticas e semânticas espaciais, embora as práticas cotidianas de assimilação e incorporação, que constituiriam a condição de uma adequação semântica plausível, não (mais) existam.

Ao reconhecermos a existência do duplo paradoxo anteriormente identificado, surge um grave desafio para a chamada "guinada espacial" ou *spatial turn*. A tarefa decisiva consiste antes no desenvolvimento de um potencial crítico diante de discursos geocodificados que na exigência de espacialização em abordagens de contextos de vida cotidianos pelas Ciências Sociais, culturais e humanas. A relevância da *spatial turn* deve ser vista, assim, antes na formulação da pesquisa de relações espaciais sociais da modernidade tardia como programa científico, e não na produção de discursos de espacialização problemática.

3
TERRITORIALIZAÇÃO E GLOBALIZAÇÃO

Tanto as Ciências Sociais quanto a geografia científica constituem, desde sua fundação, parte importante da história da formação de Estados nacionais. Ao passo que a compreensão de "sociedade" permaneceu, até há pouco tempo, vinculada à concepção de sociedades nacionais, na Geografia "país" adquiriu também – como uma variante naturalizada de "sociedade" – um *status* disciplinarmente constitutivo. Desde a metade dos anos de 1980, tais perspectivas do objeto de pesquisa, amplamente legitimado e legitimador, entraram em uma grave crise. Querendo-se estabelecer uma data, a do desastre nuclear de Chernobil em 1986 seria não apenas adequada, mas também provavelmente o marco histórico mais importante. No mais tardar, nesse momento tornou-se evidente que a containerização da realidade social – e a "fronteiriçabilidade do pensamento" (Beck, 1993, p.70) a ela vinculada – havia chegado ao fim de sua significabilidade.

Por volta da mesma época – ou pouco depois –, começa o desenvolvimento de uma nova conceptualização sociocientífica e sociogeográfica, que aborda a reconfiguração dramática da relação entre sociedade e espaço, assim como a dinâmica dela advinda. Com conceitos teóricos como "desarraigamento", "desenraizamento", "fragmentação", "desregulação", "aceleração", "regionalização", "rearraigamento" etc., tentou-se abarcar a transformação das relações espaciais sociais. Independentemente de nosso posicionamento em relação a estes neologismos – ou em relação a transposições semânticas de conceitos anteriormente já existentes, como "regionalização" –, dois fatores se evidenciam claramente: Por um lado, as condições sociais e espaciais passaram de modo evidente por uma mudança tão abrupta em direção à globalização que um novo aparato conceptual e uma nova linguagem tornaram-se necessários. Por outro lado, essa mudança concerne a uma das mais importantes dimensões da Política moderna: a territorialidade do convívio social, base do Estado moderno e elemento fundamental da dissolução do regime feudal. Os textos reunidos neste capítulo tematizam a reconfiguração crítica da relação sociedade-espaço e, associada a isso, a nova formação das vinculações com o mundo na dimensão política.

O primeiro artigo do capítulo, "Google Earth – Uma nova visão de mundo e suas possíveis implicações políticas" (2007/2010), tematiza a forma de vinculação ao mundo possivelmente mais poderosa até o momento. As implicações (potencialmente) problemáticas mencionadas – dessa modalidade paradigmática de controle e orientação espacial – atingiram nesse meio-tempo, através do "debate sobre o Google Street Viewing", a esfera da discussão pública. Esse debate torna claramente visíveis contextos tratados até o momento, sobretudo primeiramente no plano científico, como uma dimensão (de poder) oculta da representação geográfica. Algumas das potencialidades deste meio – tanto úteis quanto problemáticas – de fato se concretizaram nesse ínterim. Outras provavelmente ainda virão.

Quanto ao texto, trata-se de primeira publicação da transcrição, editada para o novo contexto de utilização, de uma entrevista com duração total de 45 minutos para uma emissora de televisão suíça, a 3sat, concedida por mim a Markus Wicker e Markus Tischer em 25 de abril de 2007 na cátedra de Geografia Social da Universidade Friedrich Schiller de Jena. Dela foram extraídas pequenos excertos para o episódio "O olho global: como o 'Google Earth' transforma nossa visão do mundo" do programa *Kulturplatz* de 2 de maio de 2007. Um extrato de dez minutos da entrevista foi disponibilizado como *blog* na página do canal suíço de televisão para um círculo mais amplo de interessados.

O texto "Identidade e espaço – regionalismo e nacionalismo" (1993) surgiu como contribuição para a revista *Soziographie* no contexto da Guerra dos Bálcãs e do ressurgimento do nacionalismo na Europa após a queda do muro de Berlim. Nele, além da tentativa de esclarecer conceitos-chave de discursos regionalistas e nacionalistas no cenário da Geografia tradicional, é mostrado em que medida essa forma de modernização – com suas estratégias radicais de rearraigamento como "fixação ao solo" – tornou-se altamente problemática no contexto do progressivo desarraigamento das condições e formas cotidianas de vida do modo como são características para a modernidade tardia. Ainda que as consequências não tenham que resultar tão drásticas, como a limpeza étnica nos Bálcãs, nesse ínterim numerosas práticas europeias relativas à questão dos estrangeiros revelam as implicações problemáticas de tais políticas de identidade e formas correspondentes de fazer geográfico nacionalístico.

"'Regionalismo na ciência e no cotidiano" (1997), texto publicado como contribuição ao volume *Geographisches Denken* (Pensamento geográfico), editado por Ulrich Eisel e Hans-Dietrich Schultz em honra do professor Gerhard Hard, levanta que consequências se pode esperar quando a metodologia da Geografia científica não é adaptada adequadamente à ontologia de sociedades da modernidade tardia. Nele é tratada também a tese de que concepções de mundo construídas por meio da metodologia da Geografia tradicional ocultam, sob as condições da modernidade tardia, a tendência de alimentar discursos fundamentalistas. Como alternativa, utilizando-se a "ruptura epistemológica" de Gaston Bachelard, é trazida a sugestão de se tornar o fazer geográfico cotidiano objeto da pesquisa científica, e não – ao contrário – fornecer descrições do mundo no contexto de uma configuração cotidiana de descrições de mundo e apresentá-las como resultado de pesquisa científica.

O terceiro texto do capítulo, "Existem ou não regiões?", dedica-se à questão dos *modi* de construção de regiões. A concepção tradicional de região – da região natural pré-formada, que goza de grande popularidade também fora da Geografia – é confrontada com o conceito da construção social "região". Essa sugestão foi elaborada como contribuição para o primeiro de três congressos sobre "Processos de busca em pesquisa inovativa: *Cultural turn* e *area studies*", organizados em Bad Homburg nos anos de 1996 e 1997 pela Fundação Werner Reimers em cooperação com o Ministério da Ciência e Pesquisa alemão, com a Fundação Max Planck, além do Instituto de Estudos Avançados de Berlim. O centro da argumentação – que toda forma de região representa sempre o resultado de uma construção (científica ou cotidiana) significada – fez parte do boletim de encerramento redigido por Michael Lackner e Michael Werner (1999), "Der *cultural turn* in den Humanwissenschaften: *area Studies* im Auf-oder Abwind des Kulturalismus?" (Debates sobre culturalismo e *area studies*: problemas da *cultural turn*) e das recomendações adotadas pelo grupo de trabalho frente ao conselho de ciência e ao Ministério da Ciência e Pesquisa no sentido da reconfiguração do apoio à pesquisa, organização científica e docência. Como uma consequência indireta dos debates em Bad Homburg podem ser consideradas tanto a seção disciplinar *"Cultural turn"* do 51º Dia do Geógrafo, em Leipzig na Alemanha, quanto a série de conferências "Nova geografia cultural", que surgiu dessa seção em 2004 e é continuada até o presente, tendo se tornado um importante fórum de discussão teórica geográfica após a guinada social/teórico cultural e construtivística.

Google Earth – Uma nova visão de mundo e suas possíveis implicações políticas

Entrevista com Markus Wicker e Markus Tischer[1]

Caro professor, a maioria das pessoas escutou sobre o Google Earth (GE) provavelmente há apenas dois ou três anos. A maioria delas viu o GE apenas como um brinquedo tecnológico, a ser usado como *hobby*. Nos últimos tempos, entretanto, ficou cada vez mais claro que o GE talvez tenha sido subestimado. Como o senhor como geógrafo, aliás, como geógrafo social, vê isso?

Por conta do meu profundo interesse profissional na relação entre sociedade e espaço, me perguntei, já durante o surgimento da telefonia móvel, que significado essa nova possibilidade de comunicação remota sem cabo – e, com isso, em grande medida independente da localização – poderia trazer para nossos contextos de vida individuais e para nossas condições de vida geográficas. Em uma entrevista para a revista mensal *Swisscom* apontei em resposta à questão sobre por que falo de "Geografias" e não *"da* Geografia da informação" que essa formulação está intimamente ligada a uma concepção de mundo geográfica específica. Esse contexto é de central importância para o trabalho com o GE e por isso eu gostaria, se me for permitido, de elaborá-lo um pouco mais amplamente.

A maior parte das pessoas está acostumada a falar *da* Geografia. Em geral o que querem expressar com isso é a disposição espacial terrestre de elementos (materiais) naturais e produzidos por seres humanos. Mesmo

---

1 Publicada originalmente em Schweizer Fernsehen, 25/4/2007. (N. E.)

considerando essa forma de Geografia, não devemos fechar os olhos para o fato de que, sob condições de vida globalizadas, as relações geográficas se diferenciam cada vez mais pelo modo como os sujeitos relacionam o mundo a si. Cada sujeito traz o mundo a si e o integra no processo de suas atividades de formas e em intensidades diferentes. Consequentemente não existe mais apenas a Geografia das relações regionais, mas sobretudo também diversas Geografias dos sujeitos. Isso se manifesta especialmente no âmbito da informação. Os novos meios de informação transformam as condições de vida geográficas e sociais, ou seja, sociogeográficas de modo decisivo. Nisso se expressam, de modo similar ao GE, significados especificamente sociogeográficos da telefonia móvel.

O desenvolvimento do GE e dos telefones celulares possui, naturalmente – como todo meio de comunicação –, uma longa história que é, por sua vez, um aspecto central da história da cultura de formas de vida modernas. Uma característica específica da sociedade moderna – que a diferencia de todas as outras – consiste na capacidade disponível de ação e comunicação por grandes distâncias espaciais e temporais. A linha evolutiva dos meios que possibilitam isso vai desde a escrita, passando pelo papel-moeda, código morse, telefone, televisão, até o dinheiro eletrônico, internet e todas as formas de comunicação via satélite. As ordenações atuais da vida social se tornam, através do efeito desses meios, cada vez mais desarraigadas espacial e temporalmente. Formas territoriais de controle social – como a maior parte das instituições estatais representa – enfrentam um desafio cada vez maior, claramente fracassando mais e mais frequentemente.

Ao mesmo tempo, esses meios de comunicação constituem uma instância central para o avanço da capacidade de ação do sujeito moderno. A especificidade do telefone celular consiste na sua disponibilidade espacial *quase* total. Para os usuários surge um campo de possibilidades de permeação dos atuais limites territoriais e temporais. Este é um aspecto importante da globalização da comunicação centrada no sujeito e, por outro lado, uma instância central da transformação social acelerada. Com o GE esse avanço dá mais um passo. Agora podemos "buscar" qualquer lugar digitalmente a qualquer hora do dia ou da noite. É possível até inserir um endereço exato a ser pesquisado ou encontrar o lugar em que uma pessoa se encontra. Além disso, podemos enxergar o lugar em que vivemos de uma outra forma. A novidade consiste seguramente também no fato de que é possível localizar a própria posição espacial em relação ao globo inteiro e, de certa forma, até mesmo contextualizá-la. Com isso, pela primeira vez na história da humanidade o indivíduo pode incorporar seu contexto de vida regional de forma bastante clara a um contexto global. Essas novas condições apresentarão em muito pouco tempo – tanto no que se refere à independência do lugar para o estabelecimento de contatos com outras pessoas quanto à acessibilidade digital de praticamente qualquer número de pessoas em tempo mínimo – consequências radicais. Entramos em uma nova constelação de relações espaciais sociais e em uma nova era da relação espaçotemporal.

O senhor então chegaria a afirmar que, em relação ao GE, hoje teríamos de falar de uma nova concepção de mundo?

Como mídia, o GE é – na forma como oferece novas possibilidades de se ver o mundo – sem dúvida radical. Isso certamente levará à formação de uma nova concepção de mundo e, segundo me parece, num sentido profundo. Ao mesmo tempo, não devemos exagerar na categorização da importância do GE. Trata-se de uma das mídias disponíveis, entre inúmeras outras da comunicação digital, que possibilitarão interação social e orientação por grandes distâncias espaciais em tempo real. A importância do GE poderia rapidamente ser ultrapassada, possivelmente, caso venha a ser possível, pela combinação das capacidades da telefonia móvel e do GE. Poderíamos, então, nos posicionar e encontrar o que procuramos – independentemente da localização. Com tal avanço seria possível eliminar amplamente a diferença de tempo entre informação e locomoção, representando, provavelmente em breve, a conclusão de um desenvolvimento iniciado com a ampla disponibilização do telefone celular.

O senhor avançou mais um passo em sua resposta e entrou em parte na questão de em que medida seria de fato possível falar de uma nova forma de concepção de mundo. De que exatamente se trata nesse caso?

Também a esse respeito é necessário, se me permitem, um breve retrospecto histórico. A Cartografia, na verdade, é, de modo geral, a precursora do GE. Historicamente, a Cartografia representou um importante aspecto do desvelar do mundo. Pode-se dizer que representa um desenvolvimento paralelo ao do Iluminismo no sentido filosófico. Visto desta perspectiva, não causa surpresa que Immanuel Kant tenha atribuído um papel central à Geografia para o processo do Iluminismo. Na minha opinião, o motivo pelo qual Geografia e Iluminismo apresentam uma relação tão estreita deve ser visto no fato de que para compreender a experiência subjetiva, isto é, a si mesmo como sujeito, como pessoa capaz de agir, no sentido do Iluminismo kantiano, é ao mesmo tempo importante saber onde, em que lugar do planeta se está. Somente ao saber onde estou é que estarei em condições de contextualizar minha situação de vida no sentido (espacial) geográfico. Com base nisso torna-se possível inserir minha vida também em novos contextos de significado.

Na inauguração dessa experiência de mundo subjetiva – iniciada com a exploração geográfica e cartográfica e ora trazida a um novo patamar com o GE – podem ser vistos também os motivos pelos quais prognósticos de desenvolvimento especificamente regionais ou nacionais perdem cada vez mais relevância. Por isso surge a necessidade de se falar não de uma concepção de mundo geográfica centrada no espaço ou em países, mas de Geografias de "vinculações de mundo centradas no sujeito".

Devemos aprender a compreender e aceitar que a vida sob condições globalizadas se diferencia radicalmente daquela de relações tradicionais. Formas de vida não são mais completamente reguladas por tradições, estando cada vez mais abertas a decisões subjetivas. Somos consequentemente confrontados todo o tempo com decisões a respeito de estilo de vida – que tomamos, por fim, como sujeitos, e não como nações. Da perspectiva atual pode-se dizer de forma resumida que com a possibilidade de posicionamento do sujeito no globo por meio de um mapa foi alcançada uma importante condição básica para o desenvolvimento de uma postura global esclarecida.

Uma segunda possibilidade consiste na circunstância de que, com a Cartografia e o conhecimento geográfico do mundo, também relações econômicas puderam avançar em dimensões completamente novas. Com o desenvolvimento, intensificação e extensão espacial das relações econômicas supralocais, as transformações das formas de vida através de longas distâncias espaciais – como o desenvolvimento do comércio internacional e do imperialismo – começaram a se estabelecer, no sentido positivo, problemático e até catastrófico. O mapa, com seu "desvelar do mundo", e as novas possibilidades a isto condicionadas de orientação geográfica global foram, assim, uma condição tão central para a moderna conquista econômica do mundo quanto a postura moderna em relação à natureza, descrita pelo grande sociólogo alemão Max Weber como "desencantamento do mundo". O mapa constitui, de modo geral, o prerrequisito fundamental para a ampla expansão das relações econômicas. Ao mesmo tempo, representa um dos meios centrais de dominação e controle de outras pessoas à distância ou em situações de ausência do dominador.

Esses aspectos podem, naturalmente, ser acompanhados e comprovados também pela história do Estado nacional. O mapa foi, também aqui, sempre ao mesmo tempo meio de orientação ou de viabilização e também de controle ou de imposição. Por isso ele se torna parte integrante da burocracia e do controle estatais – um contexto que é, natural e especialmente em relação ao GE, de alta relevância.

Devemos esperar, então, com a crescente popularização de possibilidades de comunicação e posicionamento digitais, por consequências sociais problemáticas?

Muitos já vivenciam diariamente formas problemáticas mais superficiais, como quando o telefone celular do vizinho no transporte público ou no restaurante se torna um instrumento de "terror" que, através do diálogo com outrem ausente, coloniza o espaço público situativo de forma desagradável. Entretanto, o imperialismo de banalidades pseudointímas é, na realidade, uma questão de estilo.

Bem mais impactantes são – como apontei já na metade dos anos 1990 – as implicações políticas e jurídicas. Como mencionei há pouco, sobretudo telefones celulares são um meio de supressão de barreiras espaciais de comunicação. Mas, uma vez que a política e o direito estatais são concebidos territorialmente, eles se posicionam diametralmente contra a efetividade das novas mídias. A questão se isso é uma consequência problemática da comunicação móvel ou uma consequência problemática da relação territorial entre direito e política sob condições cada vez mais desarraigadas permanece, ao menos por enquanto, em aberto. Uma vez que não se pode considerar que o avanço da comunicação à distância poderá ser contido, a intensificação da busca por soluções na segunda direção pode ser útil.

Aplicando-se essa perspectiva estritamente ao GE, o senhor diria que se trata antes de um instrumento de vigilância que de uma possibilidade de abertura de chances, ideias e processos democráticos?

Com certeza pode-se constatar também aqui uma dubiedade, como os dois lados de uma moeda. É possível enfocar a circunstância de que todas as mídias que possibilitam agir à distância fomentam, potencializam e até multiplicam as possibilidades de escolha e, com isso, o grau de liberdade dos indivíduos. No entanto, sempre deixamos um rastro ao lançar mão destas possibilidades. Seja utilizando uma ferramenta de busca, um telefone celular ou algo similar: Aquilo que nos possibilita maior liberdade traz consigo também o potencial da vigilância total. Essa segunda potencialidade é atualizada sobretudo quando as circunstâncias políticas não estão adequadamente esclarecidas ou quando a proteção de dados não significa proteção da personalidade.

Estes dois aspectos devem ser pensados sempre em conjunto. Assim como já o mapa analógico trouxe inúmeras novas possibilidades e liberdades exatamente para negociantes – se pensamos na Liga Hanseática e, mais tarde, na disseminação do imperialismo europeu –, ele era também um instrumento de vigilância, um meio de controle político dos sujeitos.

Devemos considerar – ainda que não seja possível elaborar detalhadamente esse pensamento aqui – sobretudo que apenas os componentes materiais e não aqueles significados, significativos podem ser registrados cartograficamente. Isso significa, por exemplo, que "apenas" a corporalidade de um sujeito atuante pode ser registrada e representada, mas não seus pensamentos e o significado, o sentido de seu agir. Apenas a base material de realidades sociais, culturais e econômicas pode ser registrada, e não a própria realidade. Pode-se, por exemplo, localizar a base econômica e os objetos de interesse da ação econômica, como é o caso, de alta relevância atualmente, em relação a campos petrolíferos. Esse conhecimento permite igualmente, entretanto, que eu encontre uma pessoa ou ela a mim. Essa condição é válida, de forma independente de boas ou más intenções de qualquer das partes.

Assim é possível dizer que o GE apresenta um componente até certo ponto potencialmente democratizador, conquanto não haja controle político e vigilância dos rastros deixados. Devemos notar ainda que a Google, empresa que disponibiliza essa mídia, também pode ou poderia desenvolver uma alta capacidade de controle. No caso de esta ser combinada com poder político, estaria instaurado o que – em geografia social – chamamos de "situação totalitarista".

204 BENNO WERLEN

Por ora trata-se – até onde posso julgar – de um meio, no mínimo em princípio, que fomenta primariamente a democratização. Entretanto, esta é, como deve ter ficado claro, apenas uma das possibilidades de utilização. Como no caso de todos os meios tecnológicos, vale também aqui: a disponibilidade define a forma e a ética da utilização.

E como o senhor enxerga a possibilidade de utilização do GE por terroristas para o planejamento de atentados?

Como anteriormente assinalado, um meio técnico pode ser utilizado para as mais diversas finalidades. Assim como uma ponte pode auxiliar o transporte mais rápido de enfermos ao hospital, ela também pode ser utilizada para outras finalidades. A tecnologia está, dentro de determinado alcance temático, amplamente desvinculada de finalidades, pode-se utilizá-la para uma ou outra coisa. Não é possível vincular obrigatoriamente (uma) moral a uma tecnologia específica. Qualquer afirmação contrária representa uma visão ingênua dessa situação.

O GE tem sido associado a uma imagem ecológica, sendo, por outro lado, a marca mais cara do mundo, com um saldo econômico extremamente positivo. Como esses fatores – democratização, ecologia e saldo econômico positivo – se relacionam, se é que podem se relacionar?

Esses fatores com certeza podem se relacionar. Nesse caso, a relação é que já antes do GE existiam movimentos ecológicos que se autointitulavam One World ou Save Planet Earth; além disso, o ano de 2007 foi eleito pela ONU como ano internacional Planeta Terra. Quero dizer com isso que nos últimos anos e décadas houve e há um amplo movimento de convergência da perspectiva em relação às condições de vida humana, um movimento independente do GE, que abrange a alta e imediata aceitação deste. Por isso não surpreende que o GE tenha sido considerado por muito tempo completamente isento de problemas.

A relação entre o GE e o pensamento ecológico poderia, de fato, ser vista como a base de seu sucesso. Afinal, uma das premissas do pensamento ecológico é salvar o planeta. Esse padrão é tornado a base para a mobilização política e nesse sentido é que o GE se torna interessante. Essa mídia possibilita experienciar o planeta Terra de uma perspectiva nova e muito direta. Uma perspectiva que até há pouco era acessível apenas a um astronauta ou cosmonauta pode agora, graças ao GE – ainda que de modo midiatizado –, ser levada a um grande número de pessoas. Assim se torna possível uma experiência virtual do planeta Terra, que se revela de extrema importância para o desenvolvimento de uma consciência global, da inescapável singularidade planetária da humanidade – e, com isso, também de uma correspondente consciência ecológica. No entanto, o sucesso atual é certamente devido ao fato de que o pensamento, em cujo contexto a mídia GE se revela tão útil, pôde antes se estabelecer, podendo ora ser atualizado, aprofundado e disseminado com sua utilização. Nesse sentido, a empresa Google não se diferencia tanto de outros setores mercadológicos de sucesso dos *global players*. Outros também mobilizam a ideia ecológica para melhorar cada vez mais seus resultados econômicos – o que, entretanto, no caso de um engajamento ecologicamente sustentável, não tem que ser visto necessariamente como negativo.

A importância dessa nova concepção de mundo não poderia estar talvez na disponibilidade de tais enormes possibilidades que o senhor acabou de descrever, isto é, o GE transmite mais que apenas fotos de satélite do planeta?

O GE possibilita, na minha opinião, a radicalização da concepção moderna do mundo, ou, mais precisamente, do desenvolvimento de uma nova *visão* de mundo. Com isso quero dizer, primeiramente, que a concepção de mundo que considerava que existe um espaço dado, no qual todas as coisas – um país, uma pessoa, uma cultura, a economia, ou o que quer que seja – estão contidas, não existe mais ou não pode mais existir dessa forma. Com o Iluminismo, a ideia de "espaço" como recipiente foi amplamente abolida ou superada na Filosofia e nas ciências naturais. Cotidianamente, entretanto, a maior parte das pessoas mantém uma concepção geográfica de mundo próxima daquela pré-iluminista.

De um ponto de vista sociogeográfico pode-se acrescentar que uma *visão* de mundo atualizada poderia, ou antes, deveria se basear em uma perspectiva de que "espaço" não existe como *container* ou recipiente, mas sim se fundamenta no princípio de – como o chamo – vinculação ao mundo. Trata-se, assim, de uma *visão* de mundo não baseada em um espaço que existe independentemente de nós, sujeitos corpóreos agentivos. É sugerida, antes, uma visão de mundo na qual os sujeitos (com as capacidades e características mencionadas) estão no centro, criando em primeira mão seus mundos assim como os dos outros, entrando em contato com as condições naturais de vida e concretizando, desta forma, vinculações ao mundo. Essa visão de mundo enfoca, assim, os seres humanos ativos, digamos, e os contempla não somente como elementos de localização *em* uma paisagem, *em* um país, *em* um espaço, *em* uma cidade. É provável que exatamente por isso o GE é tão bem-sucedido, por possibilitar exatamente isso: ao inaugurar uma visão de mundo centrada no sujeito e suas atividades que parece aumentar significativamente também a capacidade de ação das pessoas.

Como o senhor enxerga o papel do GE para sua disciplina, a Geografia, como um todo? Ele representa uma transformação radical?

Para a nova forma de pensamento geográfico, que considera a Geografia do mundo não como preexistente, mas como construída, produzida, as possibilidades que o GE traz são de fato muito interessantes. E ao utilizarmos o GE vemos: as fronteiras são criadas, traçadas, e não dadas pela natureza. É possível reconhecer facilmente que se trata de Geografias produzidas, que são expressão de poder político, de possibilidades econômicas de utilização da natureza, assim como expressão de assimilação simbólica de lugares. Geografias não *são* – elas são feitas! O GE é um meio com o qual nós próprios podemos fazer um pouco de geografia, graficamente. Isso é, na minha percepção, especialmente para a geografia social, um ponto interessante. Por outro lado, a transição impecável dos planos de escala cartográfica é impressionante tecnicamente. É possível observar nosso planeta primeiramente de uma longa distância e aproximar a visualização sem interrupções até uma única cidade, um único vilarejo, uma única rua, até o estacionamento em frente de casa. Comparativamente, o vilarejo antes não aparecia no globo. Para localizar o vilarejo era preciso um mapa com escala 1:25.000. Mas em um mapa assim não se vê mais o globo, não dá para compreender a contextualização global. Para a contextualização da própria vida o GE é, também nesse sentido, um instrumento fantástico.

Ao mesmo tempo trata-se de um instrumento digital. Qual é a particularidade desses processos que estamos vivenciando, nos quais o mundo analógico, por exemplo mapas e livros, é substituído por representações digitais, tornando nossa sociedade uma espécie de "sociedade Google"?

No caso de esferas de conhecimento e informação fica evidente que muitas pessoas passam a ter acesso a áreas a que antes não teriam condições financeiras para acessar, como comprar livros etc. Ou, dito de forma mais genérica, com a digitalização são disponibilizados inventários de conhecimento que estavam fora do alcance de inúmeras pessoas. Entretanto, não estou tão otimista de que essas novas acessibilidades realmente ajudarão a de fato abrir novos horizontes. Afinal, sabemos que para a maiorias das formas de aprendizado a proximidade corporal sob a forma de copresença é preferível, e isso provavelmente permanecerá assim. Quando não se tem ninguém à disposição para auxiliar no aprendizado de uma língua, pouco ou nada mudará, em princípio, disponibilizar uma ajuda digital sem nenhuma contextualização factual. Pode-se tentar, por exemplo, aprender uma língua por um curso à distância, mas no contexto de copresença será sempre mais fácil e eficiente aprendê-la onde ela é a língua corrente. Podemos enxergar esse tema também no sentido de que a distância desaparece, mas isso não significa que, após a dissolução da distância, aquelas pessoas que poderiam, então, se relacionar de fato queiram se relacionar. Na verdade, o contrário poderia ocorrer, ou seja, que as relações locais sejam mais fortemente cultivadas pelo fato de as pessoas perceberem que relações à distância não são iguais àquelas de copresença física, isto é, quando as pessoas se encontram. O corpo como campo de expressão não poderá ser substituído por mídias eletrônicas.

Será que as pessoas ainda vão querer viajar quando as novas mídias de superação de distâncias estiverem disponíveis ao público geral?

Se o que acabei de dizer não estiver completamente errado, então é certo que a possibilidade de dissolução, isto é, de fazer que a distância desapareça no contexto digital terá a consequência paradoxal de que as pessoas vão querer viajar mais, e não menos que antes. Essa suposição se baseia no fato de que tendemos, em geral, a preferir a experiência real à digital. Essa mesma relação pode ser vista no caso da digitalização da comunicação escrita. Supúnhamos e esperávamos que através desta o consumo de papel poderia ser fortemente reduzido, no entanto, o que se deu foi o contrário. Desde que a possibilidade da escrita digital está disponível – por mais paradoxal que isso possa parecer à primeira vista –, pôde-se constatar um aumento exponencial do consumo de papel. As "realidades" digital e analógica claramente são não apenas totalmente incompatíveis, como a forma analógica é ainda notoriamente preferida em diversos contextos. Algo similar se dá com viagens. Uma experiência se torna de fato "real" quando é tida no próprio local, quando está relacionada ao corpo, e não através da contemplação de uma determinada região terrestre através de uma tela. E, caso se queira, o ato de viajar não apenas permanecerá necessário, mas também crescerá amplamente. Afinal, os incentivos, ou até os desafios de viajar, que se tornam um teste com a multiplicação dos modelos digitais, continuarão a crescer.

O que a era do GE exige de nós, cidadãos, consumidores, pessoas politizadas, atuantes econômicos?

A era do GE exige um aprimoramento da consciência crítica em relação a realidades digitais. O GE transmite uma representação da superfície terrestre que lembra uma representação fotográfica ou até mesmo uma das representações analógicas. Dessa forma não temos a possibilidade de constatar se o que nos é apresentado é de fato *real* em algum lugar, no sentido social e no sentido material. Esta é a primeira dificuldade. A segunda é, com certeza, estarmos atentos para o fato de que não se pode localizar responsabilidade. Vivendo em contextos globais, cresce também a responsabilidade ou, ao menos pelas ações de alcance extremamente amplo no sentido espacial terrestre, terá de crescer o grau de responsabilidade. O mínimo a se fazer seria criar uma consciência política no sentido de reconhecer que as responsabilidades também devem ser definidas nestas relações espaciais. Não se pode, como apresentei mais detalhadamente em *Globalisierung, Region und Regionalisierung* (Globalização, região e regionalização) (Werlen, 1997, 2007), lançar mão apenas do lado positivo da globalização das relações de vida, isto é, da superação de distâncias para fins econômicos de aumento de lucros e do poder de compra, de um lado, e do outro fingir que a responsabilidade seria apenas local. Esse é o principal problema atual: responsabilidade e encargo político, assim como seu controle, ainda estão organizados como antes, em Estados nacionais e, consequentemente, territorialmente. Entretanto, relações econômicas e culturais há muito já não apresentam mais (apenas ou na mesma medida) relações territoriais e de vinculação territorial.

Qual é o poder do GE?

Para responder também a essa questão ajuda voltarmos primeiramente à comparação com o mapa e, assim, à relação de mapa e poder. Ambos, mapa e GE, dispõem, em primeiro lugar, sobretudo de um poder de representação. O que não está no mapa, o que não é registrado pelo Google Earth se torna inexistente para o observador. Ambos dispõem, assim, como meio de exposição, de apresentação, de um poder de representação. Em segundo lugar, este poder implica também o seguinte: quem não aparece no mapa, não existe, bem no sentido da expressão *"being on the map"* em inglês. Com isso fica claro que há um poder de denominação associado tanto ao GE quanto ao mapa. O que foi mantido no mapa pode ser encontrado (mais facilmente), o que não foi ou não pode ser encontrado ou apenas com muito mais dificuldade. O mesmo se dá com o GE. E, em terceiro lugar, há, é claro, o poder de sabermos onde se encontra algo de que precisamos ou que outros poderiam precisar ou querer. É o antiquíssimo poder do conhecimento local, que é a chave para a implementação do poder territorial e, com isso, do exercício do poder sobre outras pessoas. Câmeras de vigilância é um termo que aponta, por exemplo, nessa mesma direção.

Pode-se chegar a dizer que o que não está digitalizado, o que não aparece no GE, pouco a pouco deixa de existir?

Isso se aplica no caso dos diferentes mecanismos de busca e também do GE. Entretanto, é necessário restringir um pouco essa comparação. O não digitalizado não existe apenas para os usuários dessa mídia específica, mas fora isso, sim.

Seria possível ampliar o contexto mais um pouco e ao mesmo tempo referir-se mais especificamente ao GE?

No caso da ferramenta de busca o processo é assim: diz-se que quanto mais resultados encontrados a respeito de uma pessoa ou palavra, maior sua importância. Essa tese é duvidosa. Afinal, com certeza não é correto dizer que as coisas mais importantes são aquelas que são mencionadas mais frequentemente. Muitas coisas importantes não se tornam objeto de fóruns digitais e plataformas de publicação. E muitas pessoas que fazem coisas importantes não são contempladas por essa mídia. Trata-se de uma esfera pública que é criada, um espaço público digital global no qual a especulação talvez tenha mais importância que afirmações realmente relevantes. A digitalização dos órgãos de notícias apresenta ao mesmo tempo uma forte tendência à sintetização, à busca pelo mínimo dividendo comum de interesse e atenção, ou, em suma, à hipersimplificação. Assim, a aldeia global se caracteriza sobretudo pelo fato de termos de ouvir as fofocas de outras pessoas, mesmo daquelas de quem nunca ouvimos falar e que nunca serão relevantes em nossas vidas.

Nesses casos já é possível identificar a problemática de afirmações que sustentam que a frequência de ocorrência determinaria a importância. Isso é difícil de se comprovar. No entanto, é certo que, dentro do contexto dessa realidade gerada de forma midiática e eletrônica, aqueles que não são abarcados pela mídia não aparecem nesse *modus* de produção de realidade e, assim, não pertencem – nos contextos representados por essas mídias, ou seja, os contextos supralocais e sobretudo globais – aos reais sociais tematizados comunicativamente e, com isso, translocais. Porém, mais uma vez: isso não significa que eles não sejam *reais* de outra forma, fora desses *modi* da realidade.

Por que até agora se ouve tão poucas coisas palpáveis sobre o GE?

Isso se deve, na minha opinião, certamente a uma das carências mais graves das perspectivas científicas de exploração do mundo, dominantes até o momento. De um lado temos a tradição atual das Ciências Sociais, da cultura e humanas, na qual o componente espacial, ou antes, a espacialidade de sociedades e culturas é considerada – quando é considerada e ainda assim – apenas muito pouco, ou melhor, de forma extremamente marginal. Isso possui motivos científico-históricos de longa data. De forma resumida, o fato de que as disciplinas mencionadas negaram quase completamente a importância do aspecto material e físico/corporal para seus temas de pesquisa foi justificado com a indicação de que elementos materiais e físicos não seriam algo inteligível e não pertenceriam, assim, ao âmbito científico. Consequentemente, essas disciplinas demonstram pouquíssima – e seguramente não suficiente – sensibilidade para as transformações, atualmente dramáticas, das relações espaciais de realidades sociais de modo a poder formular alguma coisa plausível a respeito de inovações como o GE. O motivo mais importante consiste, portanto, no fato de que a dimensão espacial foi por longo tempo ignorada nas Ciências Sociais, da cultura e humanas.

Do outro lado está a Geografia tradicional, cuja especialidade consiste na centralização espacial de sua perspectiva, considerando a evolução social e cultural como determinada pela natureza e pelo espaço. Com isso, a Geografia tradicional se privou de toda e qualquer possibilidade de conexão social e científico-cultural. Uma vez que o GE refuta toda forma de determinismo natural das dimensões sociais e culturais da vida humana, não se deve esperar um trabalho elucidativo relativo a essa mídia por parte da Geografia tradicional. O motivo principal consiste no fato de que o pensamento geográfico foi dominado durante tempo demais por uma concepção de mundo naturalista para ser capaz de reconhecer a importância de mídias de construção de realidades geográficas, como, no fundo, é o GE.

Ambas as linhas de desenvolvimento científico não puderam – ainda que por razões contrárias – desenvolver uma responsabilidade para o componente espacial do convívio social e para realidades culturais. Elas consequentemente não dispõem de uma sensibilidade para as transformações tão profundas das relações espaciais e da espacialidade social, assim como das relações espaciais sociais como um todo.

A geografia social mais recente tenta há aproximadamente duas décadas superar essa barreira e, através de novas perspectivas, inaugurar o acesso também científico a novas realidades geográficas. Simultaneamente pode-se constatar um esforço para eliminar esse obstáculo histórico também por parte da chamada *"spatial turn"* das Ciências Sociais. Entretanto, também aqui é possível identificar uma forte tendência para a apresentação, em uma nova embalagem, do mesmo antigo produto (geográfico) como sendo um lançamento mundial. Apesar de tudo, esses esforços permanecem atrelados à antiga concepção de mundo geográfica nas categorias do pensamento geográfico tradicional.

Para a elaboração crítica de uma mídia de tão grande importância social e geográfica como essa disponibilizada pela Google e outros provedores faz--se necessária não apenas uma outra concepção de mundo, mas uma outra visão geográfica de mundo, diferente daquela amplamente praticada até o momento. Caso não consigamos modificá-la, ignoraremos – com consequências possivelmente drásticas – a importância fundamental das mídias que revolucionam amplamente as condições geográficas da vida e, assim, do convívio social. Espero, naturalmente, que num futuro próximo possa ser inaugurado um campo de pesquisa que estará em condições de revelar essa importância, suas implicações e consequências. Afinal, mídias digitais como o GE estão no centro da transformação atual das relações espaciais sociais,

212 BENNO WERLEN

cuja importância para os mais variados contextos de vida parece, por sua vez, ser fundamental.

Muito obrigado pela entrevista!

Identidade e espaço – regionalismo e nacionalismo[2]

> *"De onde vem esse ódio? O nacionalismo se espalhou porque as pessoas tinham medo. Tinham medo e buscavam refúgio em seus grupos nacionais. Havia não apenas nacionalistas sérvios, nós todos passamos a ser sérvios, croatas e muçulmanos."*
>
> Cirurgião de Bosanski Brod, 1992

> *"Se você puder acreditar em algo maior que você mesmo, então poderá seguir a bandeira para sempre."*
>
> Randy Newman, 1988

> *"Ali há jurassianos e ali há outros que possuem a lei a seu lado: Aqueles da Polícia de Berna. Jura libre! Jura libre! Agora sei o que isso significa, o Jura independente. Agora sei o que aqueles lá em cima querem: eles querem ser aqueles que possuem a lei a seu lado."*
>
> Urs Hofstettler, 1976

Regionalismo e nacionalismo são fenômenos sociais atualmente polêmicos e de consequências políticas de vasto alcance. Ambos são não apenas discutidos de maneira controversa, em muitos casos eles estão associados a derramamentos de sangue hediondos. O regionalismo possui conjuntura internacional: o Quebec, o norte da Itália, a Escócia, o País Basco, a Córsega, a Eritreia são algumas regiões nas quais padrões de argumentação regionalista e nacionalista são utilizados.

Esse caráter controverso se refere certamente também ao fato de que programas e concepções vinculados ao "regionalismo" podem apresentar

---

2 Texto original: Identität und Raum. Regionalismus und Nationalismus. *Soziographie*, 6, 2(7), p.39-73, 1993. (N. E.)

contradições. Em padrões de argumentação regionalista é possível observar tendências tanto "progressivas" quanto "reacionárias" nesse sentido. Argumentar em favor de uma região pode equivaler à exigência de maior autonomia e direitos de autogestão para seus moradores ou à reivindicação do direito à diferença ou até à soberania. Essas exigências são categorizadas pela maioria como "progressistas". Por outro lado, o regionalismo, como mera expressão de xenofobia, pode também esconder nada mais que puro racismo ou ainda uma forma de evitar a confrontação com o medo de quaisquer mudanças.

Ambos os padrões de exigência evidenciam o caráter dúbio do regionalismo e adquiriram uma relevância política dramática nos últimos tempos. Neste mesmo período intensificaram-se também as tendências da globalização, ao mesmo tempo que a União Europeia assume formas cada vez mais concretas. Em paralelo a estratégias de justificação controversas, podemos constatar duas tendências claramente contrárias entre si: de um lado, a tendência da abdicação de soberanias nacionais em prol de construtos supranacionais. De outro lado, regiões – como construtos parciais de Estados – reclamam maior autonomia ou almejam completa independência de um Estado nacional. É o que estamos vendo nas notícias diárias há anos.

Particularmente interessante é, entretanto, o modo como a lógica dessa combinação entre espaço e sociedade é implementada de modo argumentativo e quais são suas implicações sociais. Quaisquer que venham a ser as concepções e legitimações vinculadas a regionalismos e nacionalismos, não poderá ser ignorado o fato de que os padrões de argumentação a eles correspondentes apresentam um esquema comum. Regionalismo e nacionalismo podem, assim, ser vistos como produtos de uma combinação particular entre sociedade e espaço, na qual a homogeneização e o holismo do mundo social desempenham um papel central. Regionalismo e nacionalismo apresentam nessa relação uma lógica interna comparável à do "racismo" e do "sexismo", independentemente da posição argumentativa política em que são utilizados.

O componente instituidor de identidade – e, por conseguinte, atraente para muitos – da argumentação regionalista e nacionalista se fundamenta, como se pode formular hipoteticamente, no fato de que nesta as diferenças sociais desaparecem amplamente, enquanto em contrapartida é sugerido um pertencimento. Em condições de isolamento social, a sensação de pertencimento alcança uma atratividade cada vez maior diante de um mundo que se transforma cada vez mais rápido.

Tanto o discurso político quanto o sociocientífico muitas vezes carecem de precisão conceptual. Essa carência impossibilita não apenas a análise diferenciada, mas também a busca por soluções adequadas. Para retraçar a lógica interna destes fenômenos sociais é urgente estabelecer uma diferenciação clara. Assim, a partir deste ponto, caberá sugerir diferenciações embasadas entre "região" e "regionalismo", "nação" e "nacionalismo", de um lado, e, de outro, entre "identidade regional" e "regionalismo", "identidade nacional" e "nacionalismo". Diante das mais horrendas formas e consequências do nacionalismo faz-se necessário também investigar se tais fenômenos são um ressurgimento dessa vertente em sua forma como no século XIX ou antes se são uma outra forma de nacionalismo. Essa maior precisão conceptual deverá ainda auxiliar na diferenciação entre um regionalismo demagógico e uma política regional fundamentada no federalismo nacionalista estatal.

Região e identidade regional

Aquilo que "identidade regional" em geral descreve é de certa forma um pré-requisito para que pessoas abordem padrões de argumentação nacionalistas. Os próprios padrões de argumentação nacionalistas também podem, entretanto, contribuir para que o anseio por uma "identidade" seja equiparado àquele por uma "região". A questão é, porém, a que tipo de identidade podemos estar nos referindo aqui e qual sua orientação.

A expressão "identidade regional" geralmente indica uma "identificação" com a região de origem ou com o contexto de vida regional atual. O que chama a atenção nisso é o fato de que o objeto de referência de identidade ou identificação permanece bastante vago ou até mesmo indefinido. Apenas após uma observação mais apurada torna-se claro que "identidade" não pode se referir a uma "região" em si – ou seja, a um elemento puramente espaço-territorial.

Da mesma forma, na comunicação cotidiana ou em discursos políticos territoriais, a expressão "região" muitas vezes é utilizada como se tratando de um elemento claramente identificável. O discurso de identidades regionais correspondente age exatamente no sentido mencionado à primeira vista de modo bastante plausível. Pode-se considerar, entretanto, que essa impressão apenas surge quando os conceitos "espaço" ou "região" são objetificados, hipostasiados. No entanto, é mais adequado compreender "região" como um território da superfície terrestre definido segundo um determinado ponto de vista social. Afinal, as características de um território podem ser definidas de maneira diferente dependendo da definição do conceito "região" e do critério de relação utilizado.

Assim, determinados setores da superfície terrestre podem ser subdivididos e nomeados segundo alguns, porém não quaisquer critérios. Frequentemente tais subdivisões se referem a uma mesma língua, história ou outras características, ao menos subjetivamente percebidas como comuns, compartilhadas com outros habitantes de determinado território terrestre. Também, por essa razão, é que praticamente todas as regionalizações do mundo cotidiano carecem de qualquer precisão. Para a superação dessa imprecisão é que, na comunicação do mundo cotidiano, regiões são aludidas de forma ontologizadora, como entidades semelhantes a pessoas.

Apesar disso, a alusão de uma "identidade regional" permanece, sob muitos aspectos, difusa. Essa "obscuridade" poderia ser um motivo pelo qual a referenciação a ela é utilizada argumentativa e politicamente de forma tão variada e bem-sucedida. Somado a isso está o fato de que nem sequer fica claro através de quais aspectos de "região" se poderia demonstrar identidade. Em rigor, apenas elementos puramente físico-materiais podem ser regionalizados em relação a uma determinada característica espacial terrestre, e não elementos significados ou simbólicos e socioculturais. Significados necessitam de um "veículo" material que os simbolize. A relação entre significado e portadores materiais de significado permanece quase sempre obscura no contexto regionalístico.

Nessa relação obscura entre significado e matéria revela-se um aspecto fundamental da "claridade turva" no campo semântico de "identidade regional". Ela muitas vezes induz à crença de que todos os aspectos significados e plenos de sentido de realidades subjetivas e socioculturais seriam, como elementos materiais, de maneira similar localizáveis espacialmente. Alain Guillemin (1984, p.15) resume essa ideia da seguinte forma: "O 'regional' aparece hoje como o referente de todo um conjunto de discursos e pesquisas (...) que tende muito frequentemente a assimilar o 'objeto local' a um espaço dado, inscrito na realidade das coisas e ancorado no território".

Como consequência, o local ou regional, numa perspectiva geral, e identidades locais ou regionais numa perspectiva específica são via de regra considerados objetos concretos, de modo que se poderia considerar que "identidades regionais" seriam uma espécie de fenômeno espacial passível de ser pesquisado com categorias espaciais e conservado, defendido territorialmente. De modo semelhante, com frequência é construída argumentativamente uma relação inseparável entre expressões como "espaço jurassiano" e "identidade jurassiana" (Gigandet *et al.*, 1991, p.21 et seq.).

Mesmo quando não se contempla "identidade regional" como um fenômeno espacial, podem-se considerar aspectos regionais (em sua forma "mediatizada") relevantes para a formação de "identidade". A questão é apenas em que medida isso se aplica, assim como quais aspectos regionais podem ser relevantes para o desenvolvimento de quais formas de "identidade". A combinação imediata e determinista de "espaço", "região", "sociedade" e "identidade" é, em todo caso – como as consequências do pensamento nacional-socialista e os acontecimentos atuais na Bósnia e Herzegovina mostram –, altamente problemática.

O ponto central da problemática está, numa análise mais precisa, na equiparação de "significado" e "veículo". Toma-se o veículo da representação semântica como sendo o próprio significado.[3] Com frequência, o significado simbólico é considerado não apenas uma entidade material, mas alega-se ainda que o real significado simbólico "materializado" e a identidade são produzidos fundamentalmente pela própria estrutura material. Essa construção pode, na melhor das hipóteses, ser sustentada no contexto de um animismo pré-esclarecido ou de um materialismo cru.

Contrário a isto pode-se constatar que a "identidade regional" não se trata de um fenômeno material, regional, sendo tampouco regionalizável, representável espacialmente[4] ou "defensável". Ela deve antes ser considerada uma representação social específica que os habitantes de uma região elaboraram de si mesmos. Ou, nas palavras de Michel Bassand (1981, p.5): "A identidade regional é a imagem (composta de normas, de modelos, de

---

3 A extensão das consequências dessa concepção se evidencia em eventos como o incêndio da Kapellbrücke em Lucerna. A danificação do veículo material levou claramente a sérios distúrbios emocionais da parte de pessoas incapazes de diferenciar entre significado e veículo.

4 Ver sobre isso mais detalhadamente Bahrenberg (1987).

representações, de valores etc.) que os atuantes sociais de uma região forjaram de si mesmos". Trata-se de um "autorretrato" dos integrantes de uma comunidade que define – por meio dos locais de moradia e dos espaços de ação cotidianos – a si mesma regionalmente, assim como das normas, dos valores etc. considerados vinculatórios dentro dela: "Uma imagem de si mesma que, ao mesmo tempo, situa a comunidade em relação aos outros" (Rémy *et al.*, 1978, p.20).

"Identidade" aponta, assim, para algo que pode apresentar uma diferenciação regional sem ser diretamente localizável regionalmente. Isso, é claro, não indica com exatidão quais especificidades espaciais podem satisfazer o desejo identitário. Entretanto, não se deve compreender "identidade regional" como um fenômeno localizável territorialmente, a que se deveria defender, mas antes como uma questão de consciência. Ela se refere à concepção e ao conhecimento das características socioculturais possuídas por indivíduos da comunidade regional da qual eles se sentem membros (ao menos em determinados momentos e em relação a determinados interesses).

Com isso se poderia dizer que se trata de uma "identidade coletiva" diferenciada regionalmente. Mesmo que, para o desenvolvimento e manutenção de uma identidade coletiva regionalmente diferenciada, elementos materiais possam desempenhar um papel importante – como cenários ou testemunhas de uma história comum, como designações de locais, como veículos da lembrança coletiva etc. –, isso não representa motivo suficiente para se falar de forma indiferenciada de um "pertencimento a um determinado espaço" (Blotevogel *et al.*, 1986, p.104). Pertencimento este que pode ser utilizado, por fim, até mesmo como legitimação da exclusão ou até do banimento de outrem.

Identidade regional e regionalismo

Como já mencionado diversas vezes, é necessário diferenciar claramente "identidade regional" de "regionalismo". Colocado de forma simplificada, pode-se considerar que "regionalismo" é compreendido como uma argumentação motivada territorial-politicamente ou como um movimento social no plano subnacional que "desafia" os representantes do centro de decisões (centralista) estatal:

218   BENNO WERLEN

"Regionalismo" significa que unidades subnacionais se tornam ou (devem ser/) são tornadas um tema político controverso dentro de "Estados nacionais" territorialmente delimitados, de forma tal que os atuantes decisivos do centro político reajam (devam reagir) a esse tema. (Gerdes, 1985, p.26 et seq.)

Isso quer dizer que regionalismo deve ser entendido primariamente como um discurso (político) em favor ou desfavor de uma sociedade regionalmente definida e suas condições sociais e/ou infraestruturais de ação. Neste contexto são necessárias outras diferenciações que deverão ser introduzidas, com uma "lógica" comparável, em referenciação a circunstâncias mais evidentes.

Assim como "sexo" e "sexismo" ou "raça" e "racismo" devem ser distinguidos de modo claro,[5] obviamente também é necessário diferenciar entre "região" e "regionalismo". O fato de que alguém, em razão de características biológicas, seja considerado como pertencente ao sexo masculino ou feminino não é em si problemático. Apenas quando essas características são tomadas, de forma generalizante, como justificativa ontologizadora[6] de uma determinada tipificação social, que então, por sua vez, é utilizada na constituição da diferença (discriminadora) ou na derivação de determinações legais ou não, podendo se expressar em uma argumentação "política"

---

5 Evidentemente não se pode equiparar "sexo" e "raça" no "plano biológico". "*Sexo*" designa uma diferença biológica ou anatômica entre mulher e homem. Da perspectiva sociocultural, entretanto, a diferença deve ser enxergada apenas como resultado de uma construção para a qual não existe nenhuma base biológica concreta. Por essa razão diferencia-se claramente na língua inglesa entre "*sex*" (interação biológica) e "*gender*" (construto social). Em relação a "raça", os termos são mais complicados, uma vez que não existem critérios segundo os quais os seres humanos poderiam ser separados em "raças" biologicamente distintas. Não existem "raças" biologicamente definíveis e claramente separáveis. A humanidade constitui antes um contínuo. Que muitas pessoas ainda assim acreditem na existência de "raças" está relacionado ao fato de que grupos humanos se diferenciam bastante em sua forma de ocorrência (por exemplo, a pele escura ou clara, o formato do rosto etc.). Determinante é que algumas destas *formas de ocorrência física* (provavelmente a cor da pele sendo a mais frequente) são utilizadas como base para diferenciações sociais, geralmente na forma de discriminação e preconceitos negativos. Embora do ponto de vista biológico não haja nenhuma base para se falar de "raças", ainda assim existe o fenômeno social da diferenciação racial ou racista. Esta pode ser descrita, segundo Rex (1986), da seguinte forma: a diferenciação racista consiste em ressaltar uma diferença na aparência física de uma pessoa ou grupo de pessoas, consideradas, então, etnicamente significantes. A cor da pele, não a cor dos cabelos, é muitas vezes considerada significante nesse sentido.

6 Ver mais detalhadamente sobre isso Brennan (1989, p.6 et seq.), Butler (1991, p.15 et seq.).

correspondente, isto é, em demagogia, só então é que se pode falar de sexismo ou racismo.

Isso significa, naturalmente, também que a diferença entre "sexo" e "sexismo" se encontra não na forma das exigências – a favor ou contra um dos dois sexos –, mas sim no fato de que uma diferença social é derivada de uma diferença biológica, que por sua vez é utilizada para justificar a diferença social. Na guinada dos "-ismos" deve-se diferenciar entre ao menos dois aspectos. O primeiro compreende a tipificação social baseada em determinadas características – biológicas. Categorias físico-biológicas que se acredita serem claramente definidas se tornam assim categorias sociais. O segundo aspecto se refere ao discurso político, fundamentado através disso, que pode ser empregado de forma discriminatória – como é predominantemente o caso no sexismo e no racismo[7] –, mas também a princípio sempre de forma legitimadora ou emancipatória. Como um todo se argumenta que o pertencimento a uma dessas categorias constitui de maneira em si determinística o contexto sociocultural destes atuantes, de modo a ser supostamente legítimo vincular a construção social a uma característica biológica.

Ambos os aspectos são empregados, naturalmente, de forma frequente – quando não na maior parte dos casos – em combinação. Afinal, tanto tipificação, quanto discurso/ação se fundamentam em concepções ou doutrinas. No caso do sexismo pode-se resumir essa relação da seguinte forma: "atitudes ou crenças que atribuem falsamente ou negam determinadas capacidades de membros de um dos sexos, justificando assim desigualdades sexuais" (Giddens, 1989b, p.749). Também o racismo pode ser caracterizado no mesmo sentido como

atribuir-se falsamente características de personalidade ou comportamento herdadas a indivíduos de uma aparência física particular. Um racista é alguém que acredita poder ser dada uma explicação biológica para características de superioridade ou inferioridade supostamente possuídas por pessoas de uma determinada descendência. (Giddens 1989b, p.246)

De forma análoga é necessário diferenciar entre uma "região" de proveniência ou a "região" do contexto de ação presente, da identificação com as

---

7 Ver mais detalhadamente sobre isso Werlen (1993e, p.5 et seq., p.206).

lembranças e vínculos emocionais às experiências e formas de vida associadas ao lugar ("identidade regional"), de um lado, e ao "regionalismo" de outro.

Uma forma de regionalismo que se manifesta em um discurso político já foi antes mencionada e caracterizada segundo Dirk Gerdes. Além disso, é necessário abordar o regionalismo como tipificação social. Seria possível denominá-lo uma construção social tipológica que se refere, porém, a categorias espaciais ou regionais. O resultado são estereótipos como "os habitantes de tal estado são alegres", "as pessoas daquele país são espertas", "as pessoas do sul são preguiçosas" etc. Essa forma de regionalismo pode até não implicar necessariamente uma reação ativa. Ele, entretanto, é muito frequentemente um ensejo para concepções generalizadas ou (pre)conceitos generalizantes com relação a determinados grupos de proveniência, que, por sua vez, podem se tornar a legitimação de ações tendencialmente amistosas ou tendencialmente acintosas. Além disso, parece ser importante observar que, embora a definição da origem nesse caso se dê não segundo o aspecto social, mas segundo os aspectos espacial ou material, mesmo assim ela é utilizada para a tipificação social. Seria possível dizer também que a tipificação social é legitimada espacialmente, embora a tipificação em si não possa ser mais que uma construção social.

Além disso, essas tipificações com frequência apresentam componentes discriminatórios que podem se tornar, de diversos formas, indutores ou até motivadores da ação. Da parte dos remetentes, a "confiança" na discriminação, no sentido de que "eles são assim mesmo (...)" pode servir de "legitimação" para uma política de desfavorecimento. Da parte dos destinatários, por fim, a discriminação direta ou indireta pode motivar e justificar a organização de um movimento regionalista. No plano individual, o potencial de discriminação reside no fato de que um indivíduo é julgado através de tais tipificações apenas por causa da concepção generalizada sobre os habitantes da sua região de origem.

O "regionalismo" se baseia, como se pode formular hipoteticamente em vinculação à lógica fundamental do sexismo e do racismo, a princípio em concepções ou dogmas em relação a características sociais atribuídas a alguém em função da origem espacial terrestre "localizável". Essas características são, então, transferidas impropriamente a todas as pessoas de um mesmo recorte espacial terrestre, de forma a parecer legítimo poder fornecer explicações espaciais (terrestres) para diferenças socioculturais. Um "regionalista" é, pode-se dizer, alguém que fornece (falsamente) tipificações e explicações sociais em categorias espaciais (terrestres), além de conduzir um discurso político correspondente.

No plano pessoal, essa tipificação se manifesta na circunstância de projetar-se em uma pessoa, em função de sua proveniência e sem demais diferenciações, características imprecisas, consideradas típicas de uma sociedade regional. O problema consiste no fato de que, no caso de uma tal tipificação, julga-se uma pessoa exclusivamente em função de sua origem – sem consideração de aspectos biográficos.

No plano político, as implicações da tipificação social e de explicações em categorias espaciais (terrestres) se tornam evidentes, por exemplo na interpretação de resultados de referendos e eleições. Uma análise da interpretação dos comentários da imprensa em relação ao resultado do referendo (de 6 de dezembro de 1992) sobre a adesão da Suíça ao Espaço Econômico Europeu (EEE) mostra o que acontece quando se opera basicamente em categorias espaço-territoriais.[8] Após o referendo, sobretudo a clara aceitação da proposta pelos suíços francófonos e a clara rejeição por parte dos eleitores dos demais cantões – com exceção do cantão de Basileia – geraram grande polêmica. O padrão argumentativo do tipo {A} indicava uma interpretação da proporção de votos em categorias fundamentalmente espaço-territoriais. Falava-se de uma "cisão entre alemães e *welsch* que abriria um abismo profundo. A quebra parece consumada". E a linha de separação é localizada de forma claramente terrestre, ao longo da chamada "fronteira do Rösti" ou "Röstigraben". Como consequência, também a compensação das tensões criadas foi concebida como medidas "territoriais". "Nada pode impedir a Suíça francesa de concretizar sua identidade política. Afinal, a Suíça francófona existe. Suas fronteiras estão claramente demarcadas no mapa do referendo europeu."

Contrário a esse padrão argumentativo temos o tipo {B}. Nele ressalta-se o fato de que, apesar das fronteiras, a princípio claras entre opositores e apoiadores, dois terços dos votos favoráveis provinham da parte alemã da Suíça. "E, em segundo lugar, a fronteira linguística é superada por outros

---

8 Quero me referir aqui a dois exemplos da Suíça francófona. Um deles, relativo ao padrão de argumentação A, é a matéria do redator-chefe do jornal *La Liberté*, José Ribeaud. Um exemplo do tipo B é a matéria de Pascal Garcin, pelo *Journal de Genève* do mesmo dia.

contrastes: entre a Suíça dos suíços inominados e das autoridades administrativas", entre os diferentes interesses econômicos e sociais, entre concepções de vida urbanas e rurais etc.: aqueles que não interpretaram os resultados de forma espacial-territorial não tenderam a medidas regionalistas de superação das tensões.

De forma similar ao caso do sexismo – em que é simulada uma legitimação biológica em relação a tipificações sociais especificamente sexuais, embora se trate na realidade de construções sociais que determinadas relações predominantes na organização social e das relações de poder parecem legitimar –, também a tipificação regionalística apresenta tendências à vulgaridade materialística. Uma vez que somente elementos físico-materiais podem ser clara e inequivocamente materializados, uma tipificação social exclusivamente regional – como se pode concluir hipoteticamente – é uma expressão de um padrão de argumentação de vulgaridade materialística.

Em comparação com a atual pesquisa "regional"[9] é necessário apontar o caráter enganoso de se caracterizar toda relação (emocional) regional como regionalismo. Assim, é capciosa também a classificação de Hans-Peter Meier-Dallachs (1980, p.306), que abrange as seguintes categorias:

1. "regionalismo difuso" (sentimento patriótico difuso)
2. "regionalismo consciente" (sentimento pronunciado de pertencimento)
3. "regionalismo articulado" (articulação de valores e interesses coletivos) e
4. "regionalismo praticado" (regionalismo como contexto de ações políticas e culturais).

Em relação à argumentação apresentada acima, a terceira categoria pode ser considerada como base do regionalismo tipificador e a quarta como regionalismo político num sentido mais estrito. As outras tratam antes de relações emocionais especificamente regionais, que até podem constituir a condição para "regionalismo", porém não podem ser caracterizadas elas mesmas como "regionalismo". Ao concordar-se com isso, seria possível falar de "regionalismo" apenas quando a relação social regionalmente específica

---

9 Ver sobre isso Schöller (1953, 1984), Blotevogel et al. (1986, 1987, 1989), Meier-Dallach et al. (1980, 1981, 1987).

fosse utilizada para a diferenciação e tipificação ativa e, sobretudo, para ações e discursos políticos. Ou como Hermann Lübbe (1992, p.7 et seq.) formula: "Regionalismo – é antes de mais nada um movimento político (...) e, no caso político extremo, a luta de forças organizadas para a dissolução de regiões minoritárias de um Estado nacional: o separatismo. O combate da soberania estatal sendo então o objetivo".

Cada forma de regionalismo deveria ser diferenciada do "nacionalismo" – sobretudo para um melhor entendimento dos inúmeros movimentos separatistas atuais. Essa tarefa parece necessária e sensata, embora as duas ocorrências sociais pareçam apresentar certos aspectos comuns. Isso implica, primeiramente, uma diferenciação clara entre "Estado", "nação" e "nacionalismo".

Estado, nação e nacionalismo

Estados nacionais representam construtos territoriais sociais que, do ponto de vista da geografia social, podem ser compreendidos como expressão de uma matriz espaçotemporal especial da organização social. Eles devem, nesse sentido, ser compreendidos como uma combinação de sociedade e espaço cultivada historicamente. "Estado" e "território" estão, por um lado, obrigatoriamente vinculados ao Estado nacional. No entanto, o Estado nacional propriamente deve ser compreendido como uma concepção de Estado desenvolvida ao longo da história. Essa concepção se torna, a partir do século XIX, a forma mundialmente dominante, na qual "Estado" e "nação" seriam indivisíveis. Essa combinação, entretanto, não é obrigatória, ainda que se possa ter essa impressão atualmente.[10]

O terceiro fenômeno importante, o "nacionalismo", que John Dunn (1979, p.55), um importante politólogo da atualidade, caracteriza como a mais atroz ignomínia do século XX, está obviamente vinculado ao surgimento e à sobrevivência dos Estados nacionais. Entretanto, nem toda forma de concepção e relação para com um Estado nacional deve ser prontamente classificada como nacionalismo. Afinal, existem nacionalismos contrários ao Estado nacional. Antes de podermos abordar essas relações individualmente deverá ser apresentada uma definição mais clara deste conceito.

---

10 Ver mais detalhadamente sobre isso Morin (1984, p.134 et seq.).

Émile Durkheim, em uma de suas inúmeras analogias orgânicas, caracteriza o "Estado" como o cérebro do organismo social. Tais formas de analogia podem ser enganosas em diversos aspectos. Entretanto, se entendermos essa analogia no sentido de que o "Estado" está relacionado ao controle e à coordenação de ações sociais dos integrantes de uma determinada sociedade, assim como às suas condições e meios de ação, então é possível considerá-la útil: "O 'Estado' é uma especialização e uma concentração da manutenção da ordem" (Gellner, 1983, p.4).

Em formas de utilização difusas, "Estado" designa frequentemente tanto o aparato administrativo de um governo ou "do poder" quanto todo o sistema social ao qual governo e "poder" se direcionam. Nessa utilização quase sempre inexistem, porém, as diferenciações entre "Estado", "sociedade" e "cultura". Para começar a tornar o conceito mais preciso podemos considerar que o "Estado" deve ser compreendido como as instituições dos órgãos administrativos, do governo de uma determinada sociedade. Seu papel específico consiste na manutenção ou criação da ordem: "O Estado existe onde agências especializadas no cumprimento da ordem, como a força policial e tribunais de justiça, se separaram do resto da vida social" (Gellner, 1983, p.4). Segundo essa definição, ordem significa também a preservação do direito, para a qual são necessários órgãos de vigilância, cuja validade permanece limitada a um território claramente definido: "Todos os Estados mantêm atividades de vigilância territorial" (Giddens, 1981, p.218).

Para a manutenção da ordem é concedido ao Estado, isto é, aos órgãos de controle político que o constituem ou ao governo o monopólio da utilização da força e dos meios de pacificação interna. O exército, a polícia etc. estão a cargo do controle estatal enquanto instituição política. Isso indica ainda que o "Estado" compreende também as instituições da utilização do poder político, ou, mais precisamente, também a organização institucionalizada do poder político: "O Estado pode ser definido da melhor forma como um conjunto de coletividades que lidam com a organização institucionalizada do poder político" (Giddens, 1981b, p.220).

A "nação", por sua vez, pode ser entendida como um coletivo social que vive dentro de um determinado território. Em comparação com o "Estado" trata-se de um coletivo definido através de território e população, e não através da organização institucionalizada. Uma diferença importante consiste na forma de limitação e do significado do limite. Pois existem populações ou

ESPACIALIDADE SOCIAL **225**

coletivos que compreendem a si mesmos como nação, cujo território, porém, não corresponde ao de um Estado, podendo ir além ou ficar aquém deste em tamanho e extensão. A questão é, primeiramente, como ou através de que se constitui ou pode ser constituído um coletivo "nacional".

Diversas definições de "nação" se destacam pelo fato de que nelas tenta-se fornecer um único critério de limitabilidade para todas as nações. O mais recorrente nesses casos é a referência à língua. Todas as nações deveriam se constituir, assim, apenas com base numa língua comum (ou apenas em relação a um único outro critério) e para cada língua individualmente deveria haver, portanto, apenas uma nação. Porém, a realidade é claramente outra. Para evitar ao máximo mal-entendidos na explicação a seguir, parece sensato primeiramente recorrer a uma diferenciação mais genérica.[11] Ela se refere à diferenciação entre nação "étnica" e "política".

Como "nação étnica" caracteriza-se, como pode-se colocar de forma simplificada, as "comunidades" cujos "integrantes" remontam a determinados pontos étnicos[12] comuns, como o folclore, um evento específico, uma história comum (que não raro é representada e percebida como fatídica) etc., possivelmente sob o "comando" de uma figura histórica contemporânea de integração que não dispõe de um aparato de organização política. A "iconografia nacional"[13] da nação étnica é, em geral, inaugurada pela tradição e, nos casos mais excepcionais, apoiada institucionalmente.

Uma "nação política" dispõe, ao contrário, não apenas de um aparato de organização política, mas também de um Estado soberano, isto é, de um organismo estatal, sendo reconhecida politicamente por outros Estados soberanos.[14] Os outros problemas da definição se referem, por fim, à

---

11 Ver sobre isso Mellor (1989).

12 O termo *"völkisch"* no original em alemão é utilizado como tradução de "étnico" para que o contexto histórico de exigências étnicas não seja perdido. Com relação ao significado e às ligações filosóficas do discurso nacionalista no âmbito acadêmico às vésperas do fascismo, ver Bourdieu, *A ontologia política de Martin Heidegger*. A ideologia nacionalista é caracterizada por Bourdieu (1988b, p.16) como "comunidade de língua e sangue". A versão geodeterminística a transforma em "comunidade de língua, sangue e espaço", a versão fascista em "comunidade de língua, sangue e solo" e o discurso étnico atual, como mostra a crise nos Bálcãs, a transforma em uma "comunidade de língua, sangue e território".

13 Mellor (1989) entende "iconografia nacional" como o simbolismo integrador utilizado pelos integrantes de uma coletividade nacional.

14 Ver sobre isso Mellor (1989, p.3 et seq.).

questão sobre em torno de quais características e pontos comuns uma nação política poderia se desenvolver.

Como antes explicitado, inúmeras definições se esforçam por formular um único critério comumente válido da constituição de uma nação política. Além de uma língua comum, com frequência se procura uma tradição comum, uma figura histórica, uma característica biológica particular ou um modo de vida específico. A referência a uma característica comum deve, então, esclarecer o motivo pelo qual uma população amplamente homogênea nesse aspecto vive ou deve viver em um território comum e claramente delimitado. A sobrevivência ou o desenvolvimento de uma identidade nacional deveria, então, ser compreendida como expressão dos pontos comuns de uma dessas características ou do reconhecer-se em uma delas.

A uma língua única e uniforme atribui-se um papel particularmente importante por considerar-se que está ligada de modo especialmente intenso a valores culturais, experiências, sentimentos etc. Como exemplo contrário cita-se muitas vezes a Suíça, que constituiria uma nação apesar de possuir várias línguas oficiais. Seria possível, no entanto, citar também a Itália, onde no total oito línguas são oficialmente reconhecidas,[15] ou a Indonésia, onde existem como *lingua franca*, juntamente do bahasa indonesia – cuja base é o malaio –, ao menos outras 25 comunidades linguísticas.[16] É claro que existe, dentro de uma nação política, a necessidade de se estipular uma ou um número determinado de línguas oficiais. Entretanto, o que parece é que nem a diretriz "uma nação, uma língua", nem algum outro critério podem singularmente reivindicar validade geral. Para a fundação de uma nação política podem tornar-se relevantes características altamente distintas. Afinal, o que parece ser decisivo é o anseio político que leva – como no caso da Suíça – a uma *Willensnation* política, isto é, a uma nação política voluntária. Além das nações políticas voluntárias existem também, é claro, em função das relações de poder, nações políticas involuntárias.

Como uma forma de síntese intermediária pode-se afirmar que uma nação se caracteriza, seja ela política ou étnica, pela circunstância de compartilhar, ao menos em determinadas esferas, uma cultura comum, dispondo, no que se refere ao passado, de um relato histórico comum e, no que se refere

---

15 Ver sobre isso Braitenberg (1993, p.46).
16 Ver sobre isso Pabottingi (1990, p.9 et seq.).

ao futuro, de projetos comuns.[17] Além disso, nesse coletivo existe a pretensão da liberdade de autodeterminação.

Por outro lado, uma nação obviamente não pode ser definida meramente através de critérios objetivos. Há que se levar em conta também, como assinalado antes, as concepções de atuantes sociais individualmente. Benedict Anderson (1983, p.15) considera esse fator nos seguintes termos:

> Nação é uma comunidade política imaginada – e imaginada como ao mesmo tempo inerentemente limitada e soberana. Ela é imaginada porque nem mesmo os membros da menor nação conhecerão, encontrarão ou mesmo escutarão sobre a maior parte de seus concidadãos, entretanto na mente de cada um vive a imagem de sua comunhão.

Tal não deve ser entendido como se a "nação" fosse apenas uma visão ou uma fantasia. Anderson enfatiza aqui o componente da construção significada de nação, que nesse sentido é tão relevante para a ação quanto outros elementos sociais. Assim como não preciso conhecer todos os juízes, ou nem sequer um único deles para saber da existência de uma lei e do controle (em geral efetivo) de sua aplicação, também não preciso conhecer todos os integrantes de uma nação para reconhecer a existência de uma nação (política) dotada de instituições estatais. A questão é apenas como tais construções atuam. Antes de me aprofundar nisto, é necessário tornar mais precisa a diferença entre Estado nacional e nacionalismo.

Estado nacional e nacionalismo

Como características centrais de um Estado nacional no plano mais geral podemos considerar "coletivo", "território", "submissão a uma administração única do aparato estatal", "cultura, passado e (potencial) futuro comuns", assim como "direito de autodeterminação". O aparato administrativo estatal está configurado para a coordenação e o controle de ações dos integrantes desse coletivo dentro do território do Estado. Dessa forma, a

---

17 Ver sobre isso Guiberneau (1990, p.1).

administração estatal, o coletivo e o território se encontram "ligados" uns aos outros e neste fato se expressa o princípio territorial do Estado nacional.

Para proteger e assegurar o controle, as instituições estatais conservam para si o monopólio do poder de utilização dos meios de aplicação (ou de ameaça de aplicação) da força (polícia, exército). A nação política pode ser contemplada – incorporando-se o aparato estatal administrativo e sua definição social do território nacional – como matriz de orientação, controle e regulação espaçotemporal de ações relevantes no plano estatal. Todas essas características são, afinal, as que em geral faltam à unidade subestatal "região" (e às nações étnicas).

Assim como o "regionalismo", também o "nacionalismo" deve ser localizado no âmbito da consciência, sem que suas consequências permaneçam restritas a esse âmbito – como já indicara Vilfredo Pareto (1917, p.555) indiretamente. Aquilo que o conceito "pátria" designa é, para ele, nada mais que uma unidade nacional-territorial dentro da qual nascemos e passamos nossa infância. Para os atuantes sociais, "pátria" se torna assim um símbolo, emocionalmente carregado, de relações sociais que existem ou existiram nessa região. As denominações territoriais assumem um teor orientacional para todas as ações que se referem a contextos como o da defesa da "pátria" através da guerra. A denominação territorial nacional torna-se assim uma abreviatura carregada emocionalmente. Dito de outra forma: "O 'nacionalismo' é primariamente psicológico – a afiliação de indivíduos a um conjunto de símbolos e crenças enfatizando o caráter comunitário entre membros de uma ordem política" (Giddens, 1985, p.116).

A representação de Pareto ainda assim não é suficientemente diferenciada, porém chama a atenção para possíveis motivos da carga emocional de nomes territoriais nacionais. Nesse sentido, Ernest Gellner (1983) aponta, em seu trabalho com o "nacionalismo", para o componente político.[18] Para ele, o "nacionalismo" é um princípio primariamente político, mas que apresenta também um lado emocional que se mostra, afinal, altamente motivador para movimentos nacionalistas:

> O nacionalismo é primariamente um princípio político que defende que as unidades política e nacional deveriam ser congruentes. Nacionalismo como

---

18 Ver sobre isso ainda Dunn (1979, p.55-79).

sentimento ou como um movimento pode ser mais bem definido nos termos deste princípio. O sentimento nacionalista é ou o sentimento de ira gerado pela violação do princípio, ou o sentimento de satisfação em face de seu cumprimento. Um *movimento* nacionalista é gerado por um sentimento deste gênero. (Gellner, 1983, p.1)

Johann Pall Arnason (1990, p.2012) aponta, além disso, para o fato de que o princípio nacionalista requer uma interpretação específica do poder político, além de determinar, ao mesmo tempo, seu lugar na vida social.

Segundo Gellner, o cumprimento do princípio nacionalista deve cuidar para que seja implementada a política (estatal), no sentido dos interesses da nação (dominante). Ou como expõe Peter J. Taylor (1989, p.183 et seq.): "Estados deveriam ser formados ao redor de nações da forma como as pessoas determinaram". Sentimentos nacionalistas são alimentados pela observância ou pela violação deste princípio. No caso de sua observância, pode-se considerar que eles atuam de modo que as pessoas se identifiquem com as estruturas de poder existentes. No caso de sua violação, os sentimentos atuam tendencialmente no sentido do surgimento de uma desaprovação das estruturas de poder existentes. Sob tais condições, sentimentos nacionalistas constituem a base para o surgimento de movimentos nacionalistas. Os sentimentos de perda, resultantes dessa violação, agem de forma claramente mais intensa que outros estados emocionais.

Importante, sobretudo em relação ao surgimento do regionalismo separatista e do nacionalismo étnico, é o fato de que instituições do Estado nacionais, ao procurar impor determinados padrões culturais – através de instituições educacionais e informacionais –, em geral contra tradições regionais e minorias étnicas, atuam de modo favorável ao nacionalismo estatal. Busca-se assim uma homogeneização cultural da população que pode preparar terreno para o sentimento de pertencimento nacional.

O compartilhamento de elementos culturais comuns,[19] de direitos comuns, de instituições sociais, do território nacional e, com frequência, de uma língua comum faz que o Estado nacional por fim pareça uma unidade, à qual não raro são atribuídas características de um indivíduo: "A Alemanha é forte", "A França é bela", "A Lituânia é..." etc. Essa circunstância

---

19 Ver Gellner (1983, p.11 et seq.).

230 BENNO WERLEN

constitui a condição para que governantes possam se apropriar de "motivos nacionalistas": "É o melhor para a Alemanha..."; "A Suíça precisa manter sua autonomia" etc. Entretanto, também estas afirmações são nada mais que reificações e hipostasiações de "supraentidades insulares" ou de "totalidades sociomateriais" justificadas espacial/territorialmente. A espacialidade reificada corresponde, assim, a uma forma de corporalidade. Ou, formulado de outra forma: celebra-se assim um holismo ontológico baseado em categorias não apenas socioculturais, mas também espaciais.

Da mesma forma como categorias regionais podem ser utilizadas para tipificações sociais, existe uma outra forma de nacionalismo também em tipificações sociais. E ambas apresentam implicações semelhantes. Essas tipificações em forma de "Os sérvios são...", "Os croatas são...", "Os italianos são..." são parte permanentemente integrante da comunicação cotidiana. Assim como as tipificações regionalísticas, também elas implicam uma homogeneização dos indivíduos referidos. As características sociais e individuais são descartadas e cada pessoa é vista apenas como parte integrante de um coletivo nacional. Categorias territoriais são carregadas de nacionalismo, tornando-se base para diferenciações (demasiado) grosseiras do mundo social, que são, por sua vez, atribuídas aos indivíduos como características pessoais. Assim como essas tipificações deverão fortalecer o sentimento de pertencimento interior, exteriormente elas são utilizadas para a fundamentação de uma demarcação da diferença nos sentidos positivo ou negativo.

Regionalismo, nacionalismo e identidade

Visto deste modo, pode-se dizer que sem o sentimento de pertencimento regional não existe regionalismo e sem nação não há nacionalismo. Que possam existir regiões sem regionalismo é evidente. Se o fim da celebração do nacionalismo significaria o fim das nações é menos evidente. Apesar disso, pode-se observar que os governantes de Estados nacionais (centralistas) em geral apoiam, sempre que possível, o nacionalismo. Referem-se a elementos específicos da cultura comum, a determinadas tradições, à iconografia nacional ou, mais precisamente, a símbolos que representam essa cultura, essa história ou essas tradições comuns (ou aquilo que se acredita representá-las). O símbolo mais genérico nesse sentido é sem dúvida a bandeira de uma nação, que pode ser idêntica àquela de um Estado nacional.

De acordo com as diferenciações colocadas até aqui, pode-se considerar que a Catalunha, por exemplo, constitui uma nação étnica que compõe parte da nação política "Espanha". A bandeira espanhola representa o Estado nacional, a catalã, entretanto, o "povo" catalão. Como o exemplo da Croácia mostra, é claramente possível que a bandeira étnica, como parte da iconografia nacional, se torne a bandeira do Estado nacional. A bandeira, entretanto, já era símbolo do sentimento de pertencimento – ao menos para uma parte da população do respectivo território – e desempenhou uma função de instituição de identidade também no sentido da fundação de um Estado.

Num contexto mais genérico pode-se observar ainda que tanto identidades regionais quanto nacionais são estabilizadas e reproduzidas por meio do simbolismo atribuído a lugares (por exemplo o Rütli para a Suíça) e determinados artefatos materiais – como estátuas de heróis ou a moeda nacional. Maurice Halbwachs (1967) já havia chamado a atenção para o fato de que a reprodução da "memória coletiva" depende de tais "suportes".[20] Também importante neste contexto, entretanto, é atentar para o fato de que, com tais símbolos, o sentimento de pertencimento coletivo e a "ficção" do holismo do mundo social são conjuntamente construídos e apoiados – independentemente da possibilidade de existência de algo como uma memória coletiva.

Quais pontos comuns podem afinal ser identificados entre regionalismo e nacionalismo? Primeiramente, é notório que tanto o nacionalismo quanto o regionalismo ganham força sempre em fases de grande instabilidade sociocultural. O nacionalismo europeu do século XIX surge de modo simultâneo às transformações sociais radicais, que por sua vez são concomitantes à "industrialização" e à "urbanização".[21] Os regionalismo atuais e nacionalismos (étnicos) dizem respeito sobretudo àquelas sociedades que foram controladas, durante metade, ou quase, de um século inteiro, por concepções estatais comunistas e ora são confrontadas com um outro "impulso

---

20 Ver mais detalhadamente Halbwachs (1967, p.127-62).

21 Como Kurz (1991) aponta, é necessário diferenciar claramente "entre os nacionalismos do século XIX e aqueles do presente. Enquanto o nacionalismo do século XIX se voltava contra as estruturas feudais, o nacionalismo atual", ou regionalismo europeu, representa nada além de um pseudonacionalismo étnico. Este ponto ainda será abordado mais detalhadamente. A equiparação de "nacionalismo" e "regionalismo" se trata aqui de uma mera aproximação prévia.

modernizatório". Uma vez que regionalismo e nacionalismo compartilham não apenas o holismo (ontológico) como concepção do mundo social, mas também uma forte tendência ao materialismo (encoberto), pode-se considerar que essa "troca" é alimentada também por outras fontes.

Em todo caso, tendências regionalistas e nacionalistas parecem ser observáveis de forma mais evidente sobretudo quando relações estreitas se desfazem e reorientações confiáveis não estão facilmente disponíveis. Isso pode estar relacionado, como se pode afirmar hipoteticamente, com o fato de que tanto o regionalismo quanto o nacionalismo apresentam um componente instituidor de identidade. Como Anthony Giddens (1991a) afirma, em situações de incerteza cresce a necessidade de uma identidade ou de figuras de liderança que reduzam a complexidade das circunstâncias. E tanto discursos nacionalistas quanto regionalistas podem se aproveitar disto para concretizar seus objetivos. A incerteza cresce simultaneamente à diferenciação social, à dissolução de padrões de ação tradicionais, à incorporação de contextos de vida cotidianos em processos globais etc. Quanto menos perspectivas de vida se apresentarem a um indivíduo, mais forte será sua tendência a buscar construções transmissoras de identidade e de segurança.

Visto desta perspectiva, a ocorrência conjunta da globalização crescente, de um lado, e de uma maior identificação com discursos regionalistas e nacionalistas de outro não é um paradoxo. Esses fenômenos devem antes ser compreendidos como uma "cadência" mutuamente condicionada: é possível entender a globalização da informação, de bens etc. o intercâmbio que pode gerar a sensação de "desorientação",[22] nesse sentido, como internamente vinculados ao regionalismo e ao nacionalismo e vinculados também, como este último, sob vários aspectos, a esperanças de compensação pelas perdas sofridas pelo regionalismo:

> A globalização deveria ser contemplada como um fenômeno dialético. O reavivamento do nacionalismo local (ou étnico) está vinculado de maneira causal a processos de globalização – do ponto de vista econômico, político e cultural. A extensão da interdependência global leva a um efeito contrário a ela – o acentuamento de identidades locais. (Giddens, 1992a, p.30)

---

22 Ver sobre isso Habermas (1985, p.145 et seq.).

Aqui se torna importante, por sua vez, a diferenciação entre nação política e nação étnica, assim como entre os tipos de nacionalismo correspondentes. A nação política moderna ou o nacionalismo, que no século XIX se concentrou na fundação dos Estados nacionais, possui suas origens, segundo Arnason (1990, p.215), na Revolução Francesa. Esse nacionalismo requeria a eliminação da ordem social feudal. "Nacionalismo político" significa, nesse sentido, também o almejar de uma transformação da ordem social, mais precisamente, uma transformação que se oriente contra a argumentação nacionalista-popular. O nacionalismo estatal (em geral) está, afinal, voltado para a manutenção das fronteiras atuais, sobretudo por meio do cultivo de sentimentos (de pertencimento) a elas relativos.

O nacionalismo popular, ao contrário, que ganha um peso político cada vez maior na Europa – sendo, assim, também político –, em geral orienta-se contra os Estados nacionais existentes. Ele está voltado não para a manutenção, mas para a reconfiguração, mesmo sem oferecer perspectivas para uma ordem social realmente nova – e este é o cerne do problema. Como Robert Kurz (1993) observa, esse "pseudonacionalismo" popular tem, em geral, pouco mais a oferecer que a separação egoisticamente motivada de regiões estruturalmente frágeis ou o distanciamento de vizinhos indesejados. E parece que quanto mais fracos os argumentos políticos, mais fortes se tornam a argumentação territorial e o relato histórico. Pode-se afirmar hipoteticamente que ambos alcançam um sucesso tão grande por apresentarem componentes instituidores de identidade.

Seria possível supor que o componente instituidor de identidade – e, portanto, atrativo para muitos – da argumentação regionalista e nacionalista(-popular) se fundamenta no fato de que nesta argumentação as diferenças sociais são amplamente apagadas, sugerindo-se, por outro lado, um pertencimento. A combinação destes dois fatores revela-se especialmente atraente no contexto de condições de vida da modernidade tardia – com uma alta alienação e isolamento social. Na construção do *corpus* de identificação, categorias espaciais ou territoriais desempenham um papel central.

Tanto sociedades regionais quanto nacionalista-populares podem ser compreendidas como "comunidades imaginadas" no sentido de Anderson (1983), dentro das quais diferenças sociais e econômicas são omitidas no discurso. Esse "aplanamento" socioeconômico certamente está relacionado ao fato de que categorias socioeconômicas não são utilizadas para a caracterização

234 BENNO WERLEN

de regiões e territórios, mas exatamente o contrário: categorias espaciais ou territoriais são utilizadas para a tipificação socioeconômica de uma população.

Essa combinação de espaço e sociedade – associada a algumas características culturais comuns (língua, usos, costumes etc.) – faz nascer a impressão de um assim chamado "povo" como uma personalidade possuidora de um *corpus* claramente delimitável (território, região). A este grupo são atribuídos "traços de caráter" e outras características "pessoais". Essa concepção implica, por fim, que os indivíduos referidos justificadamente consideram que todos eles poderiam ser, em mesmo grau, parte integrante desse "*corpus* socioespacial". Essa concepção está intimamente relacionada ao fato de que categorizações espaciais do social levam à homogeneização do mundo social. Tanto discursos regionalistas quanto nacionalistas parecem se utilizar desta homogeneização de forma bem-sucedida.

Tal circunstância é problemática sobretudo pelo fato de que assim as relações socioculturais só podem ser reproduzidas de forma altamente distorcida, além de que se presta homenagem a um holismo ontológico[23] insustentável: a unidade social definida e formada espacialmente é tomada como um todo semissocial existente em si mesmo, em cujo nome pode-se falar como falando-se de si mesmo, em cujo nome pode-se até mesmo legitimar ambições políticas. E visto que inúmeras pessoas ao mesmo tempo se identificam emocionalmente com esse todo, dá-se, no sentido abordado por Talcott Parsons,[24] uma interpenetração altamente complexa, ou seja, o permear mútuo do discurso político e da ficção holística da entidade étnica, da comunidade nacional-popular imaginada.

Identidade e discursos regionalistas-nacionalistas

No contexto comunicativo, "região" e "nação" podem ser contempladas como abstrações espaciais.[25] Essas abstrações espaciais apresentam, do ponto

---

23 Ver sobre isso mais detalhadamente Werlen (1989a, p.30-9).

24 Ver sobre isso Münch (1982, p.39 et seq.). "Interpenetração" significa o processo no qual contrários são tornados uma unidade, aumentando assim os limiares de intolerabilidade. Da interpenetração surge uma forma qualitativamente nova de autodesenvolvimento dos componentes individualmente – por meio de uma ação executada ou de um discurso político.

25 Ver mais detalhadamente sobre isso Klüter (1986).

de vista social, as características que procurei descrever antes. Elas implicam respectivamente reduções das relações sociais e significados. Como todas abreviações linguísticas, também as espaciais podem possuir funções sem dúvida positivas. Elas se tornam problemáticas, entretanto, quando servem para mascarar as verdadeiras relações ou quando são tão carregadas simbolicamente que desenvolvem uma dinâmica própria, difícil de ser controlada, como é o caso das expressões já citadas e também de *"Heimat"* ou "pátria". Elas implicam não apenas cargas emotivo-ideológicas, mas também uma contraposição extrema entre *"pátria"/"exterior"* e *"pátria"/"estrangeiro"*. Nessa contraposição torna-se claro o quão problemática pode se tornar a capacidade incontrolável de projeção de conceitos espaciais físicos relativos à superfície terrestre (Klüter, 1986, p.133).

A abstração carregada de significação se torna um substituto de relações sociais, culturais, econômicas e políticas que, apesar da distorção que provoca, ainda assim é reconhecido. Em sua forma reificada, a abreviação se torna "ator autônomo". Esse ator apresenta características não apenas de construções holísticas. Ele é antes uma mistura misteriosamente mágica de espaço materializado e objetificado e um coletivo atuante em si: ao povo e seu território são atribuídos direitos, sentimentos, ambições etc.

Nos discursos regionalistas ou nacionalistas e populares aprofunda-se o fator instituidor de identidade na relação entre o sujeito que fala em nome de uma região ou nação e os outros integrantes de uma unidade social. Isso é possibilitado exatamente pela diferenciação implícita desses conceitos. Padrões de argumentação regionalistas apresentam, além disso, características semelhantes, como o "mistério do ministério" tematizado por Pierre Bourdieu.

Esse "mistério" que remonta ao "mistério do processo de transubstanciação no qual o porta-voz se torna o grupo pelo qual fala" (Bourdieu, 1985, p.37), só pode ser resolvido, segundo Bourdieu, "por meio de uma análise histórica do surgimento e funcionamento da representação por força da qual o representante simboliza o grupo que o criou" (ibid., p.37 et seq.). Em outras palavras: é necessário analisar como uma pessoa adquire o direito de se pronunciar em nome de um grupo, assim como é preciso esclarecer que consequências sociais traz consigo o fato de alguém falar ou agir em nome de um grupo, um coletivo, um movimento regional.

Parece ser decisivo o fato de que o porta-voz simboliza e representa o coletivo e que este "pode existir apenas graças a essa validação. (...) O grupo é criado por aquele que se pronuncia em seu nome" (ibid., p.38). A concepção do grupo como unidade sobrevive exatamente em função da personificação do representante como o próprio grupo (imaginado). Por meio dessa forma de representação fictícia, o grupo imaginado parece capaz de atuar como "um homem". Com base nisso, cada integrante individualmente "(perde) a condição de indivíduo isolado. (...) Em troca lhe é concedido o direito de se considerar, falar e agir pelo grupo, como se fosse a encarnação deste" (ibid.). A pessoa que se pronuncia se torna, assim, sujeito e grupo ao mesmo tempo.

O mistério possui sua origem no fato de que um sujeito, uma pessoa no contexto de uma construção social se transforma em algo que jamais poderá ser. Um indivíduo se torna, como representante, aquilo que representa pelo fato de ser identificado com o representado por aqueles a quem representa. E o que ele representa alcança sua existência como unidade apenas através do ato de representação. "O 'mistério' alcança seu apogeu quando o grupo pode existir apenas através do ato da delegação a uma pessoa que confere existência ao grupo ao se pronunciar em seu lugar: pelo grupo e em lugar do grupo" (ibid.). Com isso, o círculo mágico se completa: o grupo existe como unidade através daquele

> que fala em seu nome e ao mesmo tempo figura como fundamento do poder que ele exerce sobre aqueles que são, na realidade, a origem desse poder. Essa relação circular é a raiz da ilusão carismática que faz que, ao fim, o porta-voz apareça como *causa sui*: aos olhos dos outros como aos seus próprios. (Ibid.)

E neste processo de transubstanciação de representante e representado reside, afinal, mais um dos motivos para a fetichização do mundo social por meio de coletivos e sujeitos incapazes de agir. As características atribuídas ao representante aparecem no carisma também como capacidade objetiva da pessoa representada, como "segredo anônimo".

A argumentação de Bourdieu evidentemente contribui para uma melhor clarificação hipotética do processo de instituição de identidade no contexto de movimentos sociais, regionalistas ou nacionalistas. Em relação a movimentos regionais, falta ainda esclarecer mais precisamente quais argumentos são utilizados por líderes regionalistas e de que forma as argumentações regionalistas ou étnicas podem agir de maneira instituidora de identidade.

As particularidades de processos de transubstanciação regionalistas ou popular-nacionalistas parecem consistir no fato de que os que se identificam com estes podem se sentir de fato tocados pelo respectivo discurso sem ter que esclarecer quais são as reais consequências de tais argumentações para as próprias concepções ou condições de vida. Afinal, fala-se de problemas da região ou do "povo". Assim, as diferenciações sociais são apagadas ou ocultadas. Como formula Andy C. Pratt: "Ao significar regiões como objetos" (Pratt, 1991, p.262), "um problema é significado como sendo da região (...). Desta forma, os discursos de classe são marginalizados" (ibid., p.264). O discurso político em favor de uma região pode, consequentemente, fazer simular um engajamento igualitário em favor de todos. As consequências positivas e negativas das transformações políticas, entretanto, não podem se dispersar socialmente de forma homogênea pelo fato de nem todos possuírem igual acesso a elas ou nem todos serem afetados por elas na mesma medida. A argumentação regionalista de forma alguma assegura que algo – por exemplo, com o ganho de autonomia regional – de fato se desenvolva numa direção positiva para todos aqueles que a ela deram seu voto. As transformações podem vir a ser positivas apenas para aquelas pessoas que falaram em nome da região. Caso isso ocorra, a única "utilidade" do voto por um discurso regionalista seria, no melhor dos casos, apenas o componente instituidor de identidade. Contudo, os benefícios da identificação com uma *imagined community* já são uma questão à parte.

Conclusão

Quando consideramos que sociedades da modernidade tardia necessitam de atuantes sociais autorreflexivos, autônomos e responsáveis caso não queiram entrar em colapso, percebemos que autoidentidade e identidade social são bem mais importantes que a intensificação das identidades relacionadas ao espaço, sobretudo nas formas de atuação nacionalista popular. Podemos ao menos hipoteticamente considerar que no lado pessoal o desenvolvimento / a manutenção da autoidentidade e da identidade social são importantes condições para uma imunização contra discursos regionalistas e/ou nacionalistas demagógicos.

As condições da autoidentidade e da identidade social se baseiam na copresença, no contexto de experiência local. O contexto comunicativo do mundo da vida, por outro lado, é em sociedades da modernidade tardia cada vez mais abarcado pela globalização. A "dialética de global e local" ganha nesse cenário contornos específicos. O mundo cotidiano de cada pessoa individualmente é internacionalizado, suas experiências imediatas de corporalidade permanecem, para a maioria, limitadas local e regionalmente. Assim, também a possibilidade de entendimento direto, que na maioria dos casos se utiliza da referência contextual, está associada a uma maior certeza no âmbito local.

Um grave problema das sociedades da modernidade tardia se apresenta nos modos ou categorias de transformação através das quais o "conhecimento local", ou seja, regras de interpretação adquiridas localmente possibilitam um entendimento adequado também no contexto de comunicação global. Como seria possível incorporar as experiências subjetivas a uma rede intersubjetiva de regras de interpretação e como verificar a adequação da interpretação de parceiros comunicativos não familiarizados com seu contexto de surgimento? Deveria estar claro que uma categorização espacial do social, no modelo nacionalista, não representa uma possibilidade razoável. Em relação à identidade, surge antes o problema de que embora suas condições se apresentem somente de modo local ou regional, a atuação e o impacto dos indivíduos está inserida em contextos globais.

Nisso se revela o significado dominante de condições situativas locais ou regionais para o alcance de padrões de interpretação sociais que, mesmo na modernidade tardia, nada perderam de sua relevância. Afinal, a copresença continua a ser a base para o funcionamento de contextos sistêmicos anônimos.

> A mediação de uma identidade regional, por exemplo de uma criança, se dá (sempre) em um contexto local por meio de indivíduos. As formas universais de identidade atravessam as pessoas. Nas cabeças de todos os envolvidos na socialização encontram-se as categorias e padrões de valor sociais, que são transmitidos por essas pessoas (em situações de copresença). (Holling; Kempin, 1989, p.146)

De acordo com isso, deve ser priorizada também a criação de condições espaciais regionais para o desenvolvimento e manutenção da autoidentidade e da identidade social – sobretudo no contexto urbano. Essa é uma importante condição para evitar-se o retorno (sangrento) de discursos e sentimentos nacionalistas à arena política, assim como das implicações negativas de padrões de argumentação regionalistas e nacionalistas. No próprio plano político, a criação de estruturas de decisão (con)federalistas parece representar um caminho para impedir o avanço de discursos regionalistas e nacionalistas e antecipar parte de conflitos armados.

Entretanto, tanto essas consequências quanto a tentativa aqui apresentada de diferenciação conceitual de fenômenos sociais ou sociogeográficos atuais e a vinculação de sua "lógica" interna permanecem, enfim, hipotéticas. Observando-se a confusão da discussão política atual e a perplexidade de representantes políticos no confronto com regionalismos e nacionalismos em suas diferentes ocorrências, parece urgente uma clarificação empírica diferenciada dos motivos dessas ocorrências e suas consequências. Afinal, não queremos que a guerra pareça ser o outro meio plausível de continuação dos esforços políticos. Como afirma Wolfgang Hartke (1962, p.115), um dos fundadores da geografia social, é antes "o fazer de uma geografia social que possibilita a continuação da política através de meios pacíficos".

"Regionalismo" na ciência e no cotidiano[26]

Após um século de crença científica cega, o volume da crítica aumentou nas últimas décadas. Independentemente da posição que se queira defender, é necessário observar que a "ciência" sempre foi uma instituição social que apresenta diversos pontos em comum com a realidade cotidiana. Essa condição se aplica, em princípio, a toda forma de ciência, porém a relação se acentua no caso das Ciências Sociais e humanas. Enquanto nas ciências naturais o objeto de pesquisa é sempre algo externo, pode-se considerar qualquer tentativa de recriação de tais condições nas Ciências Sociais e humanas, sob a forma de pesquisa experimental, como fadada ao fracasso. O "objeto" das Ciências Sociais e humanas é antes "algo" do qual os próprios pesquisadores fazem parte e de cuja configuração eles, por meio dos resultados de suas

---

26 Texto original: Regionalismus in Wissenschaft und Alltag. In: Eisel, U.; Schulz, H.-D. (orgs.). *Geographisches Denken*. Urbs et Regio 65. Kassel: Gesamthochschulbibliothek, Landesbibliothek und Murhardsche Bibliothek, 1997, p.285-310. (N. E.)

atividades profissionais, também participam. Afinal, a transformação do mundo cotidiano como um todo também pode ter consequências para as atividades de pesquisa no contexto de disciplinas científicas.

A relação mútua entre Ciências Sociais / humanas e o cotidiano apresenta interiormente diversas formas de ocorrência. Por um lado, suas diferentes disciplinas se ocupam de relações e artefatos cotidianos. Por outro, grande parte dos resultados científicos é incorporada ao inventário de conhecimento cotidiano. Karl Raimund Popper (1973, p.46), por exemplo, considera o esclarecimento crítico da razão cotidiana como a tarefa mais importante da ciência. Entretanto, existem também inúmeros exemplos nos quais em nome de disciplinas científicas trabalhou-se e ainda se trabalha contra o esclarecimento da razão cotidiana. Neles ocorre uma espécie de contraesclarecimento ou um impedimento do esclarecimento travestido como uma instituição que constitui um âmbito central do esclarecimento.

Ciência e cotidiano

As consequências particularmente violentas de tais casos chegaram ao conhecimento público mundial nos últimos anos sob a forma de acontecimentos dramáticos em Ruanda e nos Bálcãs. Em Burundi e Ruanda, segundo Bruno Holtz (1973, p.24 et seq.), as sociedades locais dos Bahutu e Batutsi habitavam o mesmo território de forma prevalentemente pacífica, com economias especializadas individualmente, porém complementares e sem se tipificar no sentido especificamente racial. Essa forma de tipificação se tornou possível apenas com base na pesquisa etnológica orientada morfologicamente. Ela foi implementada em toda sua radicalidade na práxis cotidiana primeiramente por colonialistas belgas na consolidação de seu domínio. Tipificações sociais estiveram desde então vinculadas a características biológicas e características relacionadas a uma proveniência específica, consequentemente gerando conflitos em ambas. Nelas utilizou-se em nome de interesses científicos uma combinação de modernidade e antiesclarecimento que gerou massacres em intervalos regulares desde o fim do período colonial, porém com consequências cada vez mais dramáticas.

Um caso estruturalmente parecido com este é a relação entre "regionalismo geográfico" ou científico (Bahrenberg, 1995, p.25) e regionalismo do mundo cotidiano, que naturalmente nem sempre precisa compreender ocorrências tão drásticas como as da ex-Iugoslávia. Entretanto, também este conflito possui, em ao menos um aspecto, um importante precedente na história das ciências humanas. Como Michael Ignatieff (1994) aponta, tanto o nacionalismo sérvio quanto o croata surgiram de esforços por parte destas nações em se tornarem europeias da melhor forma possível. O programa do ideólogo nacionalista Ante Starčević, concebido no fim do século XIX, é voltado para uma Croácia etnicamente pura. Sua inspiração foi claramente tirada do Romantismo alemão, com o qual ele teve contato por meio da tradução de Johann Gottfried Herder para o croata.[27]

A história europeia recente mostra, numa intensidade extrema, que as concepções de unidade e pertencimento nacional orientadas de maneira respectivamente biológica atuam, sob a condição de uma elevada miscigenação de culturas previamente locais, de maneira altamente devastadora. Ela deveria ser prova suficiente das consequências advindas de discursos etnicistas/nacionalistas e regionalistas no contexto de condições de vida da modernidade tardia.

Espaço, sociedade e regionalismo

Parte considerável dos problemas sociais atuais implica – não apenas nesse sentido – de uma forma ou de outra um componente espacial. Isso fica evidente tanto no caso do regionalismo quanto do nacionalismo, ainda que não de forma tão explícita. Ambos são expressão de uma associação particular entre sociedade e espaço. A complexidade dessa associação e o potencial de violência ao qual pode estar vinculada são mostrados pelos exemplos mencionados e por muitos mais, apresentados quase diariamente nas notícias. A história sangrenta da formação dos Estados, sobretudo dos nacionais, também ilustra seu significado. A referência à ligação do social ao espacial em inúmeros contextos (políticos) de vida se expressa, nesse sentido, de forma mais direta, e os regionalismos atuais querem revidar os resultados existentes dessa história.

---

27 Sobre a importância de Herder para os estudos culturais e da paisagem tradicionais, ver Eisel (1980), Schultz (1980), Pohl (1986, 1993), Wardenga (1995), Werlen (1995a, 1997).

As aspirações de discursos regionalistas-nacionalistas são assim trazidas à arena política por meio da alusão ao direito de autodeterminação, um típico produto da modernidade. Seria essa a mesma instância pela qual desde a Revolução Francesa os direitos civis fundamentais são reclamados ou ela representaria exatamente o oposto? Aqui já parece se apresentar uma primeira ambivalência. São exigidos, para uma construção holística, direitos que na realidade cabem somente a sujeitos. Essa ambiguidade continua a ser ignorada tanto em representações jornalísticas da realidade quanto no olhar factual de análises científicas regionais.

Para as formas correspondentes de interpretação e argumentação é marcadamente típico o favorecimento de categorias espaciais em relação às sociais. Isso significa que em ambos os casos se argumenta que uma transformação da base espacial poderia resolver problemas e conflitos sociais. Porém, quais são as consequências sociais da argumentação espacial no contexto de relações sociais? Essa questão é tirada de foco no contexto de interpretações da realidade segundo a geografia humana regionalística e tradicional, assim como aquelas que exigem uma identificação do "eu".

A questão central, segundo a qual a seguinte análise se orienta, é em que medida existiria um paralelismo entre a geografia regional tradicional e o regionalismo do mundo cotidiano. Essa questão parte da hipótese de que padrões de interpretação do mundo da vida regionalistas e da geografia regional se baseiam em um cerne justificado segundo concepções pré-modernas de mundo e suas definições de problema correspondentes. Se essa tese puder se tornar plausível, tanto a significabilidade quanto o potencial de elucidação da geografia regional científica deveriam ser submetidos a uma discussão crítica. Para tanto faz-se necessário um breve esboço de "regionalismo".

O discurso político do regionalismo pode ser descrito como uma argumentação de motivação territorial-política num plano subnacional. Esse discurso em geral é uma provocação aos representantes do centro de decisões estatal. E é também um discurso sempre em favor ou em desfavor de uma sociedade definida territorialmente – como quebequenses contra canadenses ou vice-versa. O regionalismo constitui, nesse sentido, uma manifestação do fazer geográfico que pode ser entendida como uma força regionalizadora. Ela é marcada pelo fato de que categorias espaciais assumem uma posição de proeminência na argumentação. Uma proeminência que faz a perspectiva regional apresentar sensibilidade para contextos locais, mas não para contextos globais.

Da mesma forma, padrões de argumentação centrados regionalmente apresentam um caráter ambíguo. Eles podem causar a impressão de serem "progressivos" e ao mesmo tempo "reacionários". Exigências de autonomia ou do direito à alteridade são tomadas, segundo os princípios do Iluminismo, como "progressistas". A justificativa destas exigências de autonomia e independência, voltadas para o futuro, é, no geral, construída – no que se refere a raízes étnicas comuns –, orientadas para o passado.

No contexto da globalização, esse caráter de fixação imagética pode se tornar particularmente polêmico. Afinal, a exigência de uma autonomia sob a forma de modernização democrática daí advinda pode consistir em nada mais que puro separatismo. Ou como Ulrich Beck (1993, p.70) afirma: a "delimitabilidade do pensamento e da ação (pode) apresentar um brilho sedutor".

Como primeira forma do regionalismo podem ser compreendidas neste contexto tipificações sociais utilizadas em função de categorias espaciais ou regionais. O resultado são afirmações estereotípicas e totalizantes como "Os habitantes do cantão Ticino são de bem com a vida", "os da Córsega são espertos" etc. O ponto central aqui é o fato de que características sociais ou pessoais – de cunho positivo ou discriminatório – são transferidas a todas as pessoas da mesma região. A ambivalência de "regionalismo" tem aí sua origem. Ela se fundamenta na suposição de que categorias espaciais a princípio socialmente indiferentes podem ser – de forma análoga a categorias biológicas – ideologicamente "carregadas" (Klüter, 1986, p.2) como desejado para a tipificação social. Aquilo que em referência a características biológicas pode se desvirtuar em "racismo" ou "sexismo", no caso de características espaciais pode se tornar "regionalismo".

O regionalismo tipificador pode servir de base para o regionalismo político. Afinal, a tipificação é um bom ponto de partida para delimitações em relação ao exterior. Em relação ao interior, a tipificação atua simultaneamente de maneira instituidora de identidade. Ambas as situações podem assim ser usadas para o discurso político. Para a construção da imagem de um inimigo e para o fortalecimento da solidariedade direcionada internamente. Diferenças internas desaparecem do campo de atenção através do enfoque da diferença externa. Tais requisitos podem ser implementados por um discurso político precisamente orientado. Este requer identificação e é ele próprio um meio de instituição de identidade.

Neste ponto é importante lembrar que "identidade" se torna perceptível apenas diante de uma diferença crescente. Visto desta forma, torna-se compreensível o motivo pelo qual especialmente questões identitárias se impõem tão fortemente sob a condição da globalização.

Geografia regional e mundo cotidiano

Pode-se dizer sem exagero que aquilo que até o momento foi discutido como um problema exclusivo da construção teórica na geografia social – o esclarecimento da relação entre "sociedade" e "espaço" – se torna manifesto, na última década do século XX, como um campo de estudos sociofilosófico e sociopolítico. Fica claro que, sob essas condições, a geografia social assume particular relevância política e para a teoria social. Ao mesmo tempo ela, assim como a geografia humana, especialmente a geografia regional tradicional e os estudos nacionais – que ainda predominam em nossos livros didáticos – não podem se furtar da respectiva responsabilidade política. Para Gerhard Bahrenberg (1995, p.25), o "regionalismo" constituiria até mesmo "o paradigma tradicional da Geografia".

"Geography matters!", bradam geógrafos anglo-saxões como forma de assegurarem para si mesmos a significância da própria atividade. Entretanto, esse chavão poderia ser verdade num outro sentido, muito mais profundo que o aludido em sua utilização até o momento, ou seja, não apenas como forma de representação da "geografia das coisas" e suas relações entre si. Os resultados da geografia científica são claramente parte integrante da constituição da realidade de geografias cotidianas e das interpretações dos sujeitos em relação à sua situação de vida.

Ao aceitar-se a concepção da "dupla hermenêutica" (Giddens, 1984a), deve-se considerar que regionalismo e geografia regional não são dois fenômenos independentes entre si. Segundo a "dupla hermenêutica" existe uma ligação e uma referenciação entre práxis cotidiana e o universo científico, entre discurso científico e a realidade social pesquisada. Isso implica que a pesquisa sociocientífica está permanentemente envolvida na transformação de seu objeto, da realidade social. Assim sendo, pode-se formular a hipótese de uma relação de influência mútua entre o fazer geográfico científico e o fazer geográfico cotidiano. Uma das formas mais proeminentes deste último é o regionalismo político do mundo cotidiano.

O objetivo de uma investigação da relação entre geografia regional tradicional, regionalismo e formas de vida modernas não é uma culpabilização unilateral moralizante. O enfoque deve ser antes a elucidação crítica de consequências não previstas do fazer geográfico científico: consequências estas problemáticas tanto no plano científico quanto político. Através da racionalização ou reconstrução das causas de tais consequências problemáticas é que a correção da práxis investigativa geográfica, ou seja, sua melhor adaptação às condições de vida deverá se tornar possível.

Assim, como pode-se supor e esperar, a relevância da práxis em geografia humana pode ser aumentada significantemente – mesmo fora de procedimentos de prescrição (espacial) burocráticos. Considerando-se que essas novas condições da modernidade tardia puderam surgir em função de contribuições da geografia propedêutica científica para uma concepção de mundo esclarecida, é urgentemente necessário conscientizar-se das consequências do próprio sucesso. Da mesma forma, não é mais preciso enxergar a legitimação da disciplina como condicionada a uma tarefa há muito já cumprida. Menos adequada ainda é a tipificação regionalística do mundo que recorre a formas e relações de vida pré-modernas. Os préstimos da Geografia para o desenvolvimento de uma visão de mundo esclarecida deverão agora contribuir para o fomento de uma compreensão de mundo adequada à modernidade tardia, e não para a insistência no discurso antimodernista da perspectiva de ciência espacial. Ela deve desenvolver uma compreensão de mundo que faça jus, de forma conceitual e empírica, à práxis cotidiana dominante dos sujeitos.

A tarefa correspondente do trabalho científico não pode, entretanto, consistir na duplicação do cotidiano ou sua reprodução em conceitos cotidianos, (pre)conceitos não ratificados etc. O objetivo não pode ser a representação do existente sem nenhum grau de reflexão científica da experiência com a realidade. A tarefa consiste antes no posicionamento crítico, que deve possibilitar a ênfase de implicações até o momento não consideradas, de diversas consequências não intencionais de nossas ações cotidianas e científicas. É necessário, assim, não apenas uma *"rupture épistémologique"* (Bachelard, 1965, p.23), isto é, uma ruptura epistemológica entre cotidiano e ciência, no sentido de

246 BENNO WERLEN

uma teoria científica analítica. Adicionalmente, é indispensável também uma ruptura crítica no sentido da dúvida filosófica e científica.

Para que esse potencial crítico possa ser desenvolvido também nas pesquisas em geografia humana é preciso considerar a "interpretação subjetiva" e a "adequação" dos postulados (Schütz, 1971; Werlen, 1987a, p.90 et seq.). Isso implica a exigência de que a pesquisa correspondente primeiro se aprofunde nas formas de vida dos sujeitos estudados e os represente de maneira semanticamente adequada num vocabulário científico. Caso não se considere ambos os postulados, corre-se o risco de que uma "crise das ciências europeias", como sustentado por Edmund Husserl (1976), abra um abismo entre formas de vida cotidianas e representações científicas da realidade. Ao lado de inúmeros outros problemas no mundo da vida, esse abismo provoca – especialmente em condição da modernidade tardia – também uma forte retração da relevância prática da disciplina em questão.

Evidentemente o cumprimento das referidas exigências representa somente uma primeira condição para uma melhor harmonização de cotidiano e ciência. E mesmo assim essa harmonização não é o suficiente. Os postulados da "interpretação subjetiva" e da "adequação", inaugurados pela fenomenologia de Husserl, também devem ser encarados através de uma instância crítica. Essa postura deve ser comparada especialmente às autorepresentações dos sujeitos e sua práxis de ação cotidiana. Afinal, é perfeitamente possível que surja uma distância adicional entre a forma de vida vivenciada de modo prático e a autorrepresentação: um abismo entre aquilo que se vive e aquilo que se acredita viver. Neste caso, como podemos formular hipoteticamente, surgem tensões entre o autoentendimento dos sujeitos e da realidade sociocultural por eles constituída. Esses atritos e distorções podem provocar formas violentas de "administração de tensões".

A questão seria, então, que manifestações de conteúdo essas possibilidades de desvios podem apresentar hipoteticamente. Em que consiste a plausibilidade principal e a força instituidora de identidade da argumentação regionalística e de representações da realidade segundo a geografia regional? Sem aprofundar mais uma vez a questão da caracterização idealizada de formas de vida tradicionais e da modernidade tardia,[28] duas respostas concisas podem ser dadas.

---

28 Ver sobre isso Werlen (1993d) ou o primeiro artigo deste volume.

ESPACIALIDADE SOCIAL **247**

Em primeiro lugar, a pesquisa tradicional em geografia humana e sua correspondente concepção de culturas e sociedades centrada no espaço apenas poderão ser plausíveis quando existirem as condições tanto espacial quanto temporalmente arraigadas do tipo ideal de "forma de vida tradicional". Sob tais condições, representações espaciais de elementos socioculturais podem parecer adequadas. O olhar centrado no espaço assume, sob essas condições, uma admirável sensibilidade para a reconstrução do contexto de ação regional dos seres humanos. Formas tradicionais de vida e de sociedade seriam, no sentido colocado por Anthony Giddens (1990a, 1991a, 1994a, 1994b), caracterizadas como *"embedded"* ou *"arraigadas"* espacial e temporalmente.[29]

Com o Iluminismo, ponto de partida da modernidade, o papel central é cada vez mais atribuído ao sujeito, então entendido como centro dos esforços de constituição significada da realidade. O arraigamento espacial e temporal da forma de vida tradicional e, associado a ele, o essencialismo reificador, no qual se baseia o mundo encantado, é substituído pelo nominalismo. Desta forma, os significados de elementos não são mais contemplados como dependentes da substância, mas sim como expressão de um consenso convencionado entre sujeitos. Com base nisto, mecanismos de arraigamento são primeiramente completados e, mais tarde, no sentido da forma de vida da modernidade tardia, substituídos por mecanismos de desarraigamento. As formas de vida daí resultantes, desarraigadas espacial e temporalmente, não podem mais ser integralmente compatibilizadas com a concepção de mundo dos Estudos Nacionais tradicionais e com a geografia regional.

Regionalismo e consequências da modernidade

Da perspectiva da geografia social é especialmente significativo que o processo de modernização implica uma concentração dos meios de

---

29 Na tradução alemã de *Consequências da modernidade* (Giddens, 1995), Schulte sugere para a expressão *"embedded"* o termo "vinculado" ou *"eingebettet"* e "desvinculado" ou *"entbettet"* para *"disembedded"*, o que entretanto não é adequado segundo a concepção de Giddens. Por essa razão, mantenho a tradução do termo sugerida por mim (1993d) como "arraigado" ou *"verankert"* e "desarraigado" ou *"entankert"*. Para uma justificativa mais aprofundada, ver Werlen (1995d, p.86 et seq.).

produção, fato que por sua vez traz consigo um processo radical de concentração da população sob o aspecto espacial. Esse processo se manifesta na urbanização. Ambas as concentrações requerem a separação de relações socioculturais e econômicas de condições locais. Formas e estilos de vida definidos pessoalmente são, consequentemente, cada vez menos expressão de elementos regionais e regulamentações tradicionais. Formas de vida da modernidade tardia são globalmente contextualizadas e relacionadas a consequências globais.

O sujeito apto a ações e à crítica assume, assim, a posição central não apenas na epistemologia. Também no universo cotidiano social o sujeito ativo adquire cada vez mais força, tanto no plano técnico quanto político. A realidade cotidiana moderna é cada vez mais a do mundo construído pelos sujeitos, um mundo de artefatos criados para objetivos e propósitos específicos. Ou seja, uma realidade cotidiana racionalmente fundamentada. Ao mesmo tempo, este é também um mundo de consequência de ações não intencionais que podem contrariar totalmente as intenções originais ou até mesmo resultar em seu contrário. Isso quer dizer que o Iluminismo certamente pode ser interpretado e descrito como projeto de racionalização sem que, ao mesmo tempo, seja necessário afirmar que suas consequências corresponderiam à racionalidade almejada.[30]

As condições de vida da modernidade tardia implicam, nesse sentido, um alto potencial de tomada de decisão subjetiva e ao mesmo tempo de resistência em geral. Aquele que não estiver em condições de compreender as relações modernas como mundo constituído pelos sujeitos tende – como se pode formular hipoteticamente – a experienciar o desarraigamento como perda. Disto pode surgir um entusiasmo por formas de vida tradicionais, até mesmo por relações de vida locais e regionais mais transparentes. Sobretudo nesse sentido o regionalismo pode parecer promissor.

O "regionalismo" deve ser entendido sobretudo também como um posicionamento emocional e como um discurso político que busca, sob condições de vida da modernidade tardia, interpretações pré-modernas da realidade.[31] Ele apresenta assim, entretanto, notáveis similaridades em relação ao

---

30 Ver detalhadamente sobre isso Werlen (1995a).
31 Ver sobre isso Werlen (1993 et seq.), assim como as demais indicações ali oferecidas para um aprofundamento da temática.

ESPACIALIDADE SOCIAL **249**

discurso nacionalista. Através da combinação reificada de "espaço", carga simbólica e "sociedade", o território pode figurar como "metaorganismo" da construção holística "povo", que pode, assim, funcionar de forma igualmente instituidora de identidade, como Jacques Lacan descreve no estágio do espelho em relação ao corpo humano. Em outras palavras: assim como o corpo humano desempenha um papel central para a formação da identidade-eu, o espaço simbolicamente carregado e reificado alcança uma importância elementar para a formação da identidade social. Território e lugares *são* nesse sentido o "social". O desejo de ser parte integrante de um metaorganismo regional e da ficção holística "povo", em cujo nome pode-se supostamente até mesmo fazer exigências políticas, tem também como propósito compensar déficits de identidade em situações de incerteza.[32]

A formação de mitos do nacionalismo popular está repleta de analogias biologicistas, especialmente daquelas relativas a tribos, à "pureza" da floresta como modelo do povo puro etc. Como Markus Schwyn (1996) mostrou em sua pesquisa empírica do discurso político do *"rassemblement jurassien"* ("aliança jurassiana"), essas analogias ainda hoje são constitutivas para o discurso regionalístico. Fala-se *grosso modo* sobre o espírito jurassiano que se alimenta do solo dos antepassados etc. Nisto surge a ligação entre território regional e unidade social, característica de formas de vida pré-modernas que, ao mesmo tempo, seria importante requisito para que relações sociais pudessem ser descritas em categorias espaciais.

Uma geografia regional da modernidade tardia?

Com sua centralidade no espaço, representações da realidade do mundo social e cultural dentro da geografia regional apresentam um âmago antimoderno que se torna, com o avanço da modernidade, cada vez mais claramente visível. Pelo fato de as condições de vida modernas estarem cada vez menos arraigadas regionalmente e os aspectos socioculturais se desligarem cada vez mais de circunstâncias locais, pode-se considerar hipoteticamente que tanto a geografia dos estudos nacionais quanto a ciência do espaço perdem importância com a radicalização da modernidade, por um lado, ao se

---

32 Ver Werlen (1995d, p.60-6).

mostrarem cada vez menos capazes de representar adequadamente aspectos dos mundos da vida modernos. Pode-se concluir hipoteticamente, por outro lado, que elas, com sua centralidade do espaço e a categorização espacial do mundo social, fomentam a plausibilidade e a efetividade de discursos regionalistas e nacionalistas. Nisso mostra-se mais uma vez o paralelismo entre o pensamento regionalístico e regional geográfico tradicional, isto é, seus contextos comuns: relações de vida tradicionais e a correspondente reificação de "espaço".

Esse paralelismo se apresenta também no significado da obra de Herder tanto para a geografia regional quanto para o regionalismo, tendo sido importante fonte de inspiração também para o nacionalismo popular. Segundo sua construção, que se refere claramente ainda a formas de vida tradicionais, todo povo possui sua individualidade, um espírito particular. Esse espírito, o espírito popular, se materializa na linguagem e cultura populares, sendo nutrido pelo solo, o território do povo: "Assim como a fonte, que absorve partículas, princípios ativos e o gosto do solo no qual se encontra, o antigo caráter dos povos surgiu (...) da orientação cardeal" (Herder, 1877, p.84). Georg Wilhelm Friedrich Hegel (1961 [1837], p.138) argumenta de modo semelhante – ainda claramente também sob influência de formas de vida tradicionais. Segundo sua concepção, o propósito da definição dos "fundamentos geográficos da história do mundo" deveria ser "conhecer o tipo natural da localidade, (pois ele) está relacionado exatamente com o tipo e o caráter do povo, que é filho do solo".

Aquilo que foi elaborado no contexto de formas tradicionais de sociedade ou que se iniciou como movimento romântico resultou, na fase de revolução da industrialização ou no contexto do estabelecimento dos mecanismos de desarraigamento, em pensamento nacionalista: apenas o que neste solo cresceu pode aqui viver. É interessante notar que se lançou mão desse padrão de pensamento exatamente naqueles momentos nos quais os mecanismos de desarraigamento ameaçavam se estabelecer de maneira radical, ameaçando diversas certezas. Igualmente notório é, entretanto, o fato de que Alfred Hettner utiliza exatamente a mesma analogia para declarar a significabilidade da geografia humana como componente dos estudos nacionais ou da geografia regional: "Existe uma geografia das raças e dos povos, assim como há uma geografia de plantas e animais" (Hettner, 1927a, p.145). Essa analogia se traduz no plano metodológico por meio da renúncia à consideração das potencialidades de ação dos sujeitos. Hettner (ibid., p.267) aponta o caminho e a justificativa correspondentes da seguinte forma: "Evitando-se as decisões volicionais humanas devolvemos os fatos geográficos humanos às suas condições, dadas pela natureza do país". Com o ocultamento das "decisões volicionais" ou da capacidade de ação são excluídas da elucidação geográfica do mundo ao mesmo tempo interpretações das condições naturais voltadas especificamente para o sujeito, para o social e cultural. Com isso, a lógica de pesquisa da geografia regional tradicional apresenta uma forte vinculação a um naturalismo vulgar, ou até a um materialismo. O materialismo está presente, de forma claramente diferenciada, também em Ernst Haeckel (1878/1879). Sua teoria materialista constitui, para seu discípulo Friedrich Ratzel (1882, 1897), a base da geografia antropológica geral, assim como da geografia política.

Paul Vidal de La Blache, com sua *géographie humaine* – outro fundamento clássico da geografia regional tradicional – defendeu no espaço francófono uma concepção categorialmente diversa, ainda que sua justificativa apresente contornos bem diferentes. Ao contrário de Hettner, ele enfatizou as possibilidades de escolha dos seres humanos dentro de limitações físicas idênticas. Outro ponto de seu interesse foi, ainda, a diversidade regionalmente "enraizada" e correspondentemente localizável espacialmente de formas de vida humana. Segundo ele, esses *genres de vie* (gêneros de vida) devem ser compreendidos como criações humanas, mutáveis, não causalmente determinados. Vidal de La Blache apontou, assim, para um forte contraste entre geodeterministas e sua própria posição. Provavelmente em função da ênfase dessa diferença é que seus seguidores permaneceram cegos para as consequências de sua própria forma de representação de realidades socioculturais, centrada no espaço.

Afinal, Vidal de La Blache entendia a *"géographie humaine"* não, tal qual se poderia esperar, como ciência humana, mas sim como ciências dos "lugares": "A Geografia é a ciência dos lugares, não dos seres humanos" (Vidal de La Blache, 1913, p.297). Seu estudo das formas de vida dos seres humanos era voltado, consequentemente, não para a investigação de cultura e sociedade, mas para a tipificação de paisagens, regiões ou países no estilo do "Quadro da geografia da França" (Vidal de La Blache, 1903). Essa concepção influenciou a pesquisa em geografia regional da tradição francófona desde então até o presente.

252 BENNO WERLEN

Uma argumentação comparável é defendida no espaço de língua alemã por Jürgen Pohl, que trata a "consciência regional (...) como (...) 'crença comunitária' numa base territorial, (...) como uma forma de variante espacialmente orientada da consciência étnica" (Pohl, 1993, p.70). Para a fundamentação de sua argumentação metodológica no sentido do desenvolvimento de uma nova geografia regional ele se refere explicitamente à visão de mundo integral e ao mesmo tempo idiográfica de Herder. A tarefa da Geografia deve, assim, constituir a compreensão hermenêutica de sujeitos regionais, e "o indivíduo regional ou o organismo espacial terrestre, o objeto da descrição individual (seria) a meta de compreensão" (Pohl, 1986, p.215).

Povo, solo regionalizante e identidade

Essa combinação de espaço e sociedade concebida de modo regionalístico cria analogamente no plano do mundo cotidiano uma população regional como um indivíduo com *corpus* (território, região) delimitável. O território se torna, na representação dos sujeitos, instância de espelhamento da existência coletiva e, assim, instância instituidora de identidade para os sujeitos. "Região" se torna uma construção objetificada, um *metacorpus* da realidade social imaginada como "povo". Os sujeitos são tornados partes individuais e/ou se definem como tal. No contexto da identidade pessoal influenciada popular ou regionalisticamente são os indivíduos que sabem, "não o povo, os indivíduos sabem como 'povo'. (...) Seu pensamento é sempre compartilhado quando pensam em si mesmos. A identidade coletiva ultrapassa e define a pessoal" (Hoffmann, 1991, p.198). O sujeito nega a si mesmo, segundo essa construção, em sua dissolução "como povo", como *corpus* regionalmente identificável, no sentido de que este se vê apenas ainda como parte da unidade instituidora de sentido. Quem se inclui em uma tal identidade coletiva tem sua "identidade pessoal" definida pelo "povo" (ibid., p.194).

O particularismo, assim preservado e definido como espacial ou regionalmente arraigado, suspende, em diversos sentidos, Iluminismo e sujeito. Máximas de decisão se tornam tão pouco dignas de discussão quanto as próprias argumentação e discussão têm que ser aceitas como instituição política geral de relações democráticas. Interpretação e compreensão subjetiva são consideradas desnecessárias, podendo ser rebaixadas a conversa fiada, afinal o verdadeiro sentido supostamente seria – determinado através da origem e da tradição como herança popular – fatidicamente predefinido pelo povo de pertencimento, como que brotando do solo do nascimento e correndo, a partir de então, no sangue de cada indivíduo. "Entender", de fato, não necessita necessariamente se referir aos sujeitos e seus esforços de constituição. É possível, ao contrário, postular o "espírito popular" ou "povo" como campos do significar de uma hermenêutica inspirada pelo popular.

Com base nisso, determinadas "propriedades de caráter" e outras características "individuais" são atribuídas a totalidades territoriais, como: "A Armênia é muito idosa" etc. A concepção antropomórfica serve, por fim, para que os assim mencionados associem a isso a concepção de que seriam todos da mesma forma e na mesma medida componentes desse *"corpus socioespacial"*. A unidade social espacialmente definida é tomada como um todo existente "em si", em cujo nome um indivíduo pode se pronunciar. Baseado no fato de que muitas pessoas ao mesmo tempo se identificam também emocionalmente com esse todo, pode ocorrer uma interpenetração altamente complexa de discurso político e ficção holística. A complexidade dessa mútua permeação poderia constituir um outro importante motivo pelo qual é tão difícil abarcar o regionalismo no contexto da modernidade tardia.

Representações regionalísticas da realidade apresentam um núcleo comum em relação às representações da geografia regional, uma vez que ambas apontam simultaneamente para formas de vida arraigadas, tendo, na realidade, de pressupô-las para sua própria plausibilidade. O desejo pelo (re)arraigamento se expressa, por fim, nas recorrentes analogias do biologismo e no metaforismo que tematiza a natureza. Este pode se referir tanto à legitimidade do pertencimento quanto à construção de uma diferença entre interior e exterior.

Para o pertencimento a uma coletividade territorial corpórea é necessário apresentar uma comprovação histórica de linhagem ou ao menos de cunho genealógico. Essa lógica pode ser transposta até mesmo ao plano da consciência. O pertencimento à sociedade regional "corpórea" por nascimento é contemplado, consequentemente, ao menos como exigência privilegiada da obtenção de acesso: "Quando uma pessoa (ou mesmo seus antepassados [*sic!*]) se estabelece na região, isso dá ao pertencimento regional uma certa dignidade que o coloca próximo ao pertencimento por descendência" (Pohl, 1993, p.71). A verdadeira consciência regional tem que estar enraizada – bem no estilo de formas de vida pré-modernas e suas concepções de mundo – no povo e no território.

A explicação de Pohl, que deve seguramente ser levada a sério, sobre como a consciência regional poderia ser investigada pela geografia regional, mostra o quanto esse padrão de pensamento típico para a "geografia regionalística" se aproxima daqueles de Herder, Hettner, dentre outros. A relação entre uma identidade pessoal constituída popularmente para com a interação é comparada por Pohl (1993, p.94) "com a relação de uma planta para com o clima". A relação da "identidade coletiva" é comparada com a relação de uma planta

> para com o clima de um local: a planta individualmente é um membro da história de sua espécie, precisa interagir com outros seres vivos do local e se adaptar às condições climáticas. Os fatores climáticos são dados. O tipo de planta que pode sobreviver nesse local depende do clima. (Ibid.)

A lógica de Herder, da representação da realidade perpassada por "motivos cognitivos 'geográficos'" (Hard, 1993, p.87), é postulada aqui fora de condições de vida arraigadas. A implicação é, obviamente, uma forma de determinismo: O "povo" determina os conteúdos de consciência dos sujeitos e o "povo" é o "filho de seu solo".

Isso implica, ainda, um holismo popular-regionalístico determinado materialmente. O povo se torna uma unidade cultural baseada material e biologicamente. Homogêneo como, digamos, uma floresta que não permite uma diversidade de espécies qualquer. Com base nisso, diferentes povos são considerados únicos e claramente delimitáveis entre si.

Solo e povo, minorias e exclusão

Nessa construção podem-se representar os elementos socioculturais e físico-materiais, fazendo-os parecer uma unidade inseparável, e podem-se ao mesmo tempo representar concepções de harmonia autodefinidas, fazendo-as parecer exigências normativas de harmonia, como é o caso especialmente na geografia de paisagem – por exemplo em Emil Egli (1975). O que corresponde à harmonia subjetiva (conservadora) da "natureza" e da "cultura" ou "sociedade" (tradicionais) pode ser atestado como "bom" sem ter-se que atentar para seu condicionamento por parte dos mecanismos de arraigamento apresentados anteriormente. Ao mesmo tempo, também a relatividade histórico-cultural de concepções de harmonia sociocultural fundamentadas paisagisticamente pode ser ocultada por detrás da "natureza". O que pertence à paisagem ou à região pode neste discurso ser tornado dependente dessa "harmonia pré-estabilizada entre o homem e a natureza" (Hard, 1988, p.199). Toda cultura regional é única e tem que ser conservada em sua harmonia e protegida de influências perturbadoras – coloca o padrão argumentativo correspondente. Todas as formas de mecanismos de desarraigamento são identificadas como risco de desestabilização da "harmonia preestabelecida". Tudo que perturba a unidade concebida idealmente leva – como formula Egli (1975, p.43) – ao "desenraizamento", que por sua vez gera a inconstância.

No discurso de defesa da preservação de uma diversidade de culturas regionais em contraponto à "tendência à cultura unitária global" (Pohl, 1993) manifestam-se as consequências da visão pré-moderna, centrada no espaço, de mundos sociais, mentais e culturais. Afinal, diante da predominância de categorias espaciais de observação, o aumento dramático de possibilidades de escolha subjetivas e de formas e estilos de vida paradoxalmente passa a parecer uma uniformização da cultura. Entretanto, a única esperança de sucesso para tanto seria quando o ideal constitui um padrão enraizado no solo de culturas regionais sob o ditado de tradições e outros "mecanismos de arraigamento".

Contudo, referindo-se apenas secundariamente a categorias espaciais e enfocando-se as atividades humanas, é possível reconhecer o aumento da diversidade cultural, mesmo dentro do contexto de um único vilarejo. Isso significa também que aspectos culturais de modos de vida devem ser interpretados como expressão de preferências e decisões pessoais, fato a ser levado em consideração nos planos tanto metodológico quanto categorial.

O fato de que determinados elementos culturais se disseminaram globalmente está longe de significar que toda a população mundial adota a mesma "cultura global unificada". Uma vez que pessoas configuram seu estilo de vida individualmente a partir das possibilidades de escolha – como expressão fundamental da cultura pessoal –, não é possível deduzir um lugar com base nas condições da modernidade tardia. A efetividade dos mecanismos de desarraigamento, que constituem a base da extensão de possibilidades de escolhas subjetivas, é abrangente demais para que a máxima de Herder da efetividade exclusivamente causal de "tempos", "lugares" e "caracteres nacionais" para todos os acontecimentos no "reino humano" pudesse constituir um fato social empiricamente comprovável.

Sob condições da modernidade tardia, padrões de argumentação centrados no espaço apresentam, em combinação com a exigência de uma "homogeneidade étnica", implicações globais cotidianas especialmente drásticas. O fato de que muitos "estrangeiros/estranhos" sempre conviverão – e não somente como minorias toleradas, mas de fato como parcelas elementares importantes da população – sob as condições de mecanismos de desarraigamento eficientes em unidades políticas territorialmente definidas se torna um desafio político da concepção de "nação", influenciada pela romantização étnica. A tentativa de se apartar do processo de miscigenação no mundo da modernidade tardia de forma a lidar apenas com seus iguais – no plano político, social ou cultural – se torna decididamente uma ficção. Uma ficção que pode apenas sugerir maior segurança, muito provavelmente sem jamais poder garanti-la.

Há indícios veementes de que o pensamento e a política da diferença exercem cada vez mais uma forte atração. No entanto, é preciso considerar que a política da diferença por si não pode gerar a opressão ao se voltar exclusivamente contra o universalismo que encoberta a diversidade do mundo da vida, o específico, o pluralismo das culturas. Como movimento contra a universalidade que não apenas tolera diversas unidades culturais e valores específicos, mas também os aceita, ele garante o convívio e a cooperação. Se falta aceitação, como pode ocorrer sob a forma de movimentos de libertação das nações de pequeno porte e dos grupos étnicos, mostra-se a dimensão problemática da política da diferença: a ênfase da diferença com base nas semelhanças dominantes como legitimação de uma agressão destruidora, que pode se tornar, sob a premissa da homogeneidade étnica, conflito territorial. O que ocorreu na antiga Iugoslávia pode ser interpretado, em vinculação a Ignatieff (1994), como consequência desse pensamento.

Formulado hipoteticamente, pode-se considerar que potenciais de delimitação e exclusão de minorias devem ser compreendidos como um produto do antimodernismo. Em especial pelo fato de praticamente não serem mais possíveis a secessão muitas vezes almejada por movimentos regionalistas e nacionalistas ou ainda a exigência da independência de minorias em Estados existentes em função da convivência e da convergência das mais diferentes culturas e conceitos de vida, reside aqui um imenso potencial de conflito por trás das concepções de "nação" ou unidade regional, fundamentadas romântica e sentimentalmente. Com esse pano de fundo, hoje em dia, mesmo em democracias consolidadas, clichês do inimigo e linhas de conflito étnico são atualizados, minorias são excluídas e tornadas alvo do ódio tradicionalista popular.

O objetivo de parte considerável dos discursos regionalistas e nacionalistas é a restauração de enraizamentos, de rearraigamentos. É preciso considerar hipoteticamente que a visão de mundo geográfica tradicional centrada no espaço faz que tais discursos pareçam mais plausíveis do que jamais foram e poderiam ser. Essa hipótese de pesquisa pode inclusive alcançar alta relevância empírica num futuro próximo. Entretanto, esse fato não representa um impedimento para a legitimação da Geografia como disciplina científica. Ele deve antes ser entendido como uma indicação do caráter particularmente problemático da concepção espaço-científica – independentemente se idiográfica ou nomológica – no contexto de condições de vida da modernidade tardia. Pode-se considerar hipoteticamente, ainda, que o problema central está na ignorância sistemática ou até mesmo negação dos componentes subjetivos de modos de ação humana.

Uma nova consciência geográfica e realidades da modernidade tardia

Como mostrado antes, sob condições da modernidade tardia, os contornos espaciais de disposições socioculturais começam a desaparecer progressivamente. Em consequência, representações espaciais científicas e interpretações cotidianas do sociocultural perdem cada vez mais precisão e validade. Uma geografia humana atualizada tem que ser tornada compatível com tais condições para que possa prestar uma contribuição substancial para o desenvolvimento de uma consciência geográfica que leve em consideração as condições espaciais atuais do convívio social; uma consciência geográfica que se baseie num conhecimento, fundamentado empiricamente, sobre as relações geográficas das próprias forma e situação de vida.

Como foi observado, a aplicação de postulados fenomenológicos na pesquisa geográfica desempenha um papel fundamental. O cumprimento da requisição de adequação significa, assim, em primeiro lugar que as concepções de pesquisa da geografia humana devem abarcar de modo consequente a particularidade das realidades significadas, construídas pelos seres humanos em condições da modernidade tardia. Métodos e conceitos teóricos devem possibilitar que se faça jus a elas como universo pleno de sentido. A reivindicação de adequação se refere, em segundo lugar, a transformações dentro do mundo sociocultural. Neste são sobretudo a transformação de condições espaçotemporais e condições desarraigadas de vida que constituem o fundamento da "globalização".

A tarefa dessa Geografia deve ser investigar cientificamente o fazer geográfico cotidiano. Pois assim como toda pessoa de certa forma faz história todos os dias, todos fazemos também geografia. Em ambos os casos, entretanto, sob condições alheias à vontade própria. E de acordo com sua posição social, as pessoas dispõem de diferentes potenciais de ação. Porém, exatamente da mesma forma como produzimos e reproduzimos diariamente a "sociedade", também produzimos e reproduzimos as geografias atuais.

Da mesma forma como a pesquisa construtivista de sociedade e cultura é guiada pelo seu objetivo no sentido de abarcar os modos de constituição da produção do "social", também a pesquisa em geografia humana deve ter por objetivo a reconstrução de modos de constituição de geografias cotidianas como contribuição para a apresentação de um melhor entendimento da constituição da sociedade. Desta forma, a pesquisa do fazer geográfico cotidiano deve possibilitar o desenvolvimento de uma consciência geográfica atualizada. Para tanto, é preciso levar em consideração a subjetiva "perspectivação destes mundos cotidianos" (Hard, 1985, p.197). Além disso, seguindo os princípios da modernidade e da modernidade tardia, é preciso questionar como sujeitos relacionam o "mundo" a si em suas ações, em seu fazer geográfico. Essas inserções em contextos de ação globais devem ser reconstruídas e os sujeitos devem ser confrontados com as consequências de suas ações que se expressem externamente a seu campo de experiência imediato.

A visão de mundo marcada pela geografia regional ou regionalística – que apresenta um incomensurável potencial de interpretação da realidade – deve ser confrontada com conhecimento empírico válido sobre as implicações globais e globalizantes de nossos próprios modos de vida. A tarefa do trabalho

ESPACIALIDADE SOCIAL **259**

científico deve ser, assim, contribuir para uma melhor compreensão das diferentes situações de ação da vida cotidiana e reconstruir de forma empiricamente válida aquelas geografias nas quais as diferentes formas de vida estão ligadas e através das quais são reproduzidas e transformadas. E neste contexto faz-se necessária a complementação das reivindicações fenomenológicas pela dimensão – no sentido iluminista – crítica.

A geografia humana passa a ter – no sentido da argumentação anteriormente desenvolvida – como geografia social uma importante função (crítica) de esclarecimento, para o senso comum, das formas de ação locais através da reconstrução das implicações globalizantes. Em vez de apoiar identidades exclusivamente "regionais" e regionalístico-nacionalistas através de sugestões de arraigamento ilusórias, uma geografia humana atualizada deveria antes alertar os sujeitos agentivos para as condições de vida globalizadas empiricamente comprováveis e as consequências globalizantes de suas ações. Se o potencial de esclarecimento da Geografia como ciência propedêutica residiu e reside no posicionamento do eu "no" mundo, ora esse potencial da geografia científica se encontra, sob condições da modernidade tardia, na reconstrução sistemática dos múltiplos *modi* através dos quais os sujeitos relacionam o mundo a si de forma regionalizante.

Conclusão

As parcelas de exigências regionalísticas que visam ao melhoramento discursivo-racional das chances de ação dos sujeitos certamente podem ser compatibilizadas com os princípios da modernidade. É preciso delimitar claramente o regionalismo racional, como poderíamos nomeá-lo, do regionalismo emocional, que cobra demagogicamente direitos especiais em relação a circunstâncias de impasse. Segundo a concepção aqui defendida, o regionalismo emocional deve ser caracterizado como resposta antimoderna a consequências da modernidade.

Discursos políticos racionais em prol do melhoramento de condições de vida regionais são provavelmente uma boa oportunidade de enfraquecer o regionalismo demagógico ou até fundamentalista. Um dos requisitos principais para tanto é que "sangue" e "solo" não sejam compreendidos como categorias centrais da tipificação social, nem como condições de pertencimento social (Ignatieff, 1994), seja no plano cotidiano ou no científico. O que deveria ser levado em consideração é antes o cerne de realidades modernas e da modernidade tardia: o sujeito capaz de tomar decisões e fazer escolhas políticas e metodológicas.

Assim como, segundo Julia Kristeva (1993), podem existir nações sem nacionalismo demagógico, também deveria ser possível uma Geografia que fizesse jus ao caráter socioconstrutivo de regionalizações. Os esforços nesse sentido são uma das responsabilidades políticas das gerações atuais e futuras de geógrafos/as sociais. Nada mais importante sob condições de formas de vida globalizadas que uma compreensão de mundo que não dê chance para a retórica de "sangue e solo".

Existem ou não "regiões"?

A questão a respeito da existência ou inexistência de regiões muitas vezes provoca respostas precipitadas. Há que se considerar também sobretudo sob que condições as regiões podem existir ou em relação a quais construções e reconstruções (científicas) da realidade sociocultural. A questão a respeito das condições de sua existência exige o esclarecimento dos métodos de seu "estabelecimento" e sua delimitação. Isso implica a tematização dos procedimentos de regionalização. Aceitando-se esses critérios, faz-se necessário que a respectiva investigação aborde ainda a forma de existência, o *status* ontológico de "região". A existência de regiões é um fato. O que é necessário esclarecer é, entretanto, como e para quais setores da vida elas existem.

"Região" I – unidade totalizante

A discussão atual ainda é claramente dominada pela ideia de que regiões existem ou podem existir como unidades totalizantes de natureza, cultura e sociedade. Sob condições da modernidade tardia torna-se cada vez mais claro que tais construtos podem alcançar na melhor das hipóteses certa plausibilidade em relação a formas de vida tradicionais. A construção unitária de "região" corresponde em grande medida a uma concepção de mundo em cuja constituição a Geografia tradicional, com seu método (científico) de

ESPACIALIDADE SOCIAL **261**

regionalização, desempenhou um papel significativo. Seus resultados ainda dominam os livros didáticos por todo o mundo.

As construções de "região" que neles podem ser encontradas se referem a elementos naturais. Seu objetivo é representar fundamentos "naturais" (clima, solo, vegetação etc.), cultura e sociedade como uma unidade. "Países" aparecem como "configurações espaciais" individuais, "sociedades" e "culturas" como elementos vinculados à natureza ou até mesmo (pre)concebidos naturalmente. Os *métodos de regionalização* científicos correspondentes estão voltados, consequentemente, para a procura das chamadas "fronteiras naturais" de "cultura" e "sociedade". Em tais construções, argumentações nacionalistas e em favor do Estado nacional encontram espaço para representar "nações" como realidades naturais. A "natureza" se torna programa político ou plataforma de sua justificação. Como Hans-Dietrich Schultz (1998) mostra, esse discurso naturalista perpassa não apenas o debate sobre as fronteiras "reais" do *Reich* ou Império Alemão, mas também a maior parte da maioria dos debates sobre fronteiras em Estados nacionais europeus ao fim do século XIX e no início do século XX.

"Região" II – construção social

Uma vez que a concepção tradicional de região se baseia na correlação ou mesmo causalização de especificidades socioculturais de "países" com sua "natureza", tais construções se tornam, como o progressivo desarraigamento, cada vez mais questionáveis. Sob condições de vida modernas e da modernidade tardia torna-se evidente que "regiões" não possuem caráter natural, sendo antes construtos baseados em formas de regionalização cotidianas, expressão de práticas socioculturais, especialmente daquelas de cunho político. Com a perda do significado das tradições locais e com o crescimento da importância dos meios de comunicação que possibilitam a ação através de longas distâncias (a escrita, o dinheiro (eletrônico), sistemas de expertise etc.), as disposições espaciais gerais da vida social se desfazem. As regionalizações dos diferentes âmbitos da vida não constituem mais unidades, mas antes começam a se acumular em camadas.

Na realidade, "regiões" nada mais eram/são que construções sociais, mesmo sob as condições tradicionais. Entretanto, enquanto os requisitos para a constituição de provisões de conhecimento dos sujeitos – como requisito para suas construções significadas da realidade – apresentaram/apresentarem, em função dos meios de comunicação disponíveis e do arraigamento espaçotemporal das tradições, delimitações espaço-territorialmente estreitas, as realidades socioculturais ainda poderão parecer vinculadas ao espaço terrestre ou até mesmo determinadas físico-materialmente. Isso, no entanto, não significa que realmente o fossem ou sejam. De fato, com o crescente potencial ativo de mecanismos de desarraigamento, torna-se cada vez mais evidente que elas a princípio não o são.

Uma expressão imediata disto é a crise do Estado nacional. Considerando-se que organizações e instituições Estado nacionais são meios para a implementação da ordem territorial de sociedades no âmbito político normativo de tal forma que a economia (nacional) e a cultura (educação, artes nacionais etc.) possam ser submetidas a tanto, hoje podemos observar uma autonomização cada vez maior dessas duas últimas instâncias em relação à primeira. As regiões vivenciadas cotidianamente e as regionalizações praticadas cotidianamente no âmbito econômico e cultural apresentam uma correspondência cada vez menor em relação ao âmbito político. Isso se deve basicamente ao fato de que somente o âmbito político depende de um referente territorial claro. Para explicitar essa circunstância é necessário primeiramente introduzir a concepção correspondente de "região" e "regionalização".

O termo *"região"* é entendido por Anthony Giddens (1981b, p.40) como um recorte social, delimitado por demarcações simbólicas, da situação ou do contexto de ação, cuja delimitação pode ser simbolicamente fixada em elementos físico-materiais (muros, linhas, rios, vales etc.). Desta forma, o conteúdo simbólico de "região" é vinculado à práxis social, compreendido como construto significado. Assim, ele pode alcançar um teor orientacional para ações e, nesse sentido, se tornar parte integrante do agir.

O termo *regionalização* deve ser entendido, consequentemente, como uma práxis cotidiana através da qual as marcações são preenchidas simbolicamente e reproduzidas, assim como seu respeito salvaguardado. Sobre elas é definida ao mesmo tempo uma ordem de ação na perspectiva espacial e uma ação ordenada (normativa). A *regionalização* é, consequentemente, também um componente inerente de determinadas práticas sociais, um processo significado, simbolizador, que objetiva regulamentações sociais.

Nesse sentido é digno de atenção o fato de que "regionalizações" em primeiro lugar se referem a aspectos normativos da ação e, em segundo, sempre apresentam um referente territorial claro. Ambos os aspectos estão relacionados de tal forma que o referente territorial é utilizado para a ordem e o controle da ação dos sujeitos. Isso vai ao cerne da questão sobre regionalizações estado-nacionais, cujo resultado são regiões políticas.

Regiões políticas

Regionalizações políticas têm como objetivo definir a área de validade física de intenções políticas de controle e poder. O nexo territorial é organizado de forma que o aparato administrativo estatal se volta para uma "nação" ou um "povo", fazendo para tanto referenciação a categorias territoriais. Com isso não fica dito, entretanto, quais valores devem ser delimitados. O referente territorial deve ser visto argumentativamente como um substituto temporário para a conquista e implementação do controle dos sujeitos por meio de sua corporalidade. Com isso, a relação entre poder, corpo e espaço se torna um eixo central da reprodução de regiões políticas. Possuir poder sobre territórios significa possuir poder sobre sujeitos *mesmo através do acesso a seus corpos*. A relação entre poder e espaço se torna uma relação de poder e corpo. Essa combinação se fundamenta na definição de Estado nacional segundo a qual a reprodução de suas instituições implica, na maior parte dos âmbitos, uma ordem territorial ou antes almeja ordem e controle territoriais.

Processos de regionalização normativa se referem, tanto no plano comunitário quanto no nacional, primariamente à relação entre *direito* e território. Estados nacionais devem ser interpretados, nesse sentido, como mencionado antes, primeiramente como âmbito de validade do direito nacional, cuja manutenção é concernência de instituições estatais. Estas definem o alcance territorial das aquisições *formais* normativas através de instituições jurídicas e políticas às quais as pessoas que adentram recortes espaciais específicos devem se submeter.

A "região" política com isso passa a poder ser compreendida como uma instituição, ou seja, um setor da realidade social produzido e reproduzido em regularidades da ação: como aspecto parcial da constituição da realidade social e consequentemente como categoria social. Os processos de

264 BENNO WERLEN

regionalização ou de transformação de regiões podem, ao mesmo tempo, decorrer em diferentes dimensões espaciais e temporais. No estabelecimento de regiões administrativas podem-se distinguir, segundo Anssi Paasi (1991), quatro planos:

a) a construção da forma da região,
b) a construção do simbolismo,
c) o surgimento de instituições e do aparato administrativo,
d) a definição da unidade regional na estrutura espacial e na consciência social.

As ações correspondentes podem se desenvolver simultaneamente, ocorrer numa outra sequência ou receber diferentes interpretações para cada objetivo temático: territórios podem apresentar diferentes extensões e cargas simbólicas, assim como aparatos administrativos específicos.

A forma vinculada ao espaço terrestre ou *forma territorial* de uma região administrativa específica surge através de práticas localizadas de cunho político-administrativo. Através disso, a região recebe suas delimitações. A delimitação é definida, portanto, por meio de regulamentações institucionais. A *construção do simbolismo* se efetua através de diferentes atos comunicacionais. A esfera simbólica transmite elementos históricos e tradicionais e fomenta a reprodução da consciência social ou intersubjetiva de "região" como unidade territorial. O surgimento das instituições regula a reprodução da realidade social "região" através de regularidades de ação. O aparato administrativo assegura a unidade da assimilação normativa em esferas temáticas específicas (economia, política, cultura etc.). A *fixação da região na consciência social* faz que a unidade territorial correspondente figure como semiunidade de extensão espacial terrestre e realidade social. As regulamentações administrativas institucionais figuram na consciência social, por fim, como estrutura espacial.

Língua, falar e região política

A língua deve ser contemplada nesse contexto como veículo específico da assimilação normativa. A relação entre língua e territorialidade está, por sua vez, vinculada à relação entre língua e falar. A língua abstrata se torna

ESPACIALIDADE SOCIAL **265**

realmente social apenas na fala e na escrita. Ainda assim é possível que, nos planos institucional e administrativo, conste exatamente a conservação da capacidade abstrata da comunidade em primeiro plano.

Uma vez que falar e escrever estão ligados a sujeitos corpóreos e os sujeitos praticam sua capacidade de fala por meio de sua corporalidade sempre sob determinadas constelações espaciais, a relação entre falar e língua, sujeito e território pode assumir uma relevância social extraordinária. Em relações administrativas e de poder, essa relação entre falar e território é mediada via de regra como substituição para a determinação da área de manobra da correlação entre língua e território. Uma vez que o plano institucional não pode estar factualmente presente no ato do encontro, ele assegura a capacidade abstrata dos falantes, isto é, a língua, como potencialidade do falar. Instituições educacionais governamentais transmitem e controlam, nesse sentido, não o falar, mas a capacitação para tal sob a forma de um ensino de língua oferecido de forma territorialmente homogênea. Dessa forma, o princípio da territorialidade através da língua é, sem que isso precise ser afixado na constituição, assegurado institucionalmente e reproduzido cotidianamente no aspecto especificamente educacional. No sentido da capacidade de atualização da língua na fala é possível interpretar o princípio formulado por Jean Widmer (1993, p.17) no sentido de que a "língua" habita o corpo, e o contato entre línguas sempre envolve o falar e escrever de sujeitos corpóreos.

Aqui se torna importante a distinção entre o falar local, espontâneo e exclusivamente oral e as línguas correntes oficiais regionais ou nacionais, que possibilitam a existência de comunidades de comunicação de maior porte. O nexo territorial da língua não significa a prescrição de um modo de falar também para o contexto pessoal ou privado. O princípio da territorialidade em geral é válido primariamente para o âmbito institucional do aparato administrativo estatal e para o espaço público de debate político e comunicação. A relação entre falar/língua e território está, consequentemente, vinculada intimamente à constituição de "nação". A língua encerra mecanismos do poder cuja força mal pode ser avaliada. O pertencimento social, nesse sentido, é determinado pelo acesso territorial e domínio linguístico. Aquele que quiser "fazer parte" territorial e socialmente tem que satisfazer as respectivas condições linguísticas.

Em relação às condições "ontológicas" da relação entre língua e território, cabe apontar, como Claude Raffestin (1978, p.281, 1995, p.93)

266 BENNO WERLEN

e Jean-Bernard Racine (1995, p.108 et seq.), que a "língua" será sempre apenas um *meio* de assimilação normativa e simbólica ou de territorialização. Nesse sentido, pode-se diferenciar entre quatro diferentes formas de atualização linguísticas:

a) a língua coloquial local e espontânea, que serve antes à manutenção da relação comunitária que propriamente à comunicação;

b) a língua corrente regional ou nacional, que é ensinada oficialmente e possibilita a comunicação através de distâncias espaciais;

c) a língua de referência, que serve para a atualização de tradições culturais e garante a continuidade dos valores através do tempo;

d) a língua mítica, por meio da qual se pode experienciar a ininteligibilidade de relações mágicas ou religiosas.

Disto é possível derivar quatro tipos diferentes de território ou regionalizações especificamente linguísticas, a serem situados tanto no campo do normativo quanto no do simbólico:

a) O território da continuidade da língua coloquial abrange os lugares das rotinas cotidianas que experienciamos de forma pouco atenta.

b) O território da descontinuidade das línguas correntes é aquele da troca, cujas fronteiras se modificam constantemente por se orientarem de acordo com o tipo de relação de troca.

c) O território da referência, com seus componentes materiais e imateriais, se refere muito frequentemente ao passado, podendo, no entanto, estar voltado para um futuro utópico. Ele não é sondável fisicamente, podendo, entretanto, ser habitado através da língua.

d) O território sacral se torna, através de textos religiosos e mitológicos, uma unidade de matéria e língua ou significado, como se dá no caso de mitos políticos em discursos nacionalistas ou regionalistas. Ao território sagrado corresponde uma língua considerada igualmente sagrada. Esta é estilizada pelas instituições do Estado como língua nacional.

A diferenciação destes quatro tipos de território evidencia que mesmo as mais diferentes assimilações normativas relativas à língua se "sobrepõem", ou melhor, podem coexistir em diversos significados de acordo com o contexto de ação e com os diferentes sujeitos.

Regionalização e globalização

Aceitando-se a tese de que a existência de sociedades da modernidade tardia se baseia em "mecanismos de desarraigamento", ou *"disembedding mechanisms"* (Giddens, 1991a), torna-se necessário tematizar formas de regionalização não vinculadas territorialmente.

Fazendo-se jus ao princípio fundamental do cenário mundial moderno, no qual o papel central foi dado ao sujeito discernente e agentivo, faz-se necessário definir "regionalização" de modo mais abrangente: como práxis de vinculação ao mundo, de rearraigamento, através da qual os sujeitos relacionam o mundo a si mesmos sob condições globalizadas. Como consequência, faz-se necessário diferenciar tipos de regionalizações centradas no sujeito, tal como elas ocorrem sob as condições da globalização e seus respectivos mecanismos de desarraigamento. Num sentido relativo ao território pode-se constatar, em todo caso, cada vez mais regiões normativo-políticas.

4
PRÁTICAS SOCIAIS E A GEOGRAFIA DA PRÓPRIA VIDA

No sentido da dinamização da concepção de mundo geográfica, a base da construção das correspondentes relações de mundo e realidades é constituída por práticas sociais que, por sua vez, são concebidas e realizadas sempre no contexto de condições espaciais e temporais específicas. Essas práticas sociais de vinculação ao mundo constituem ao mesmo tempo também o fundamento da construção de realidades socioculturais. Nessa inter-relação mostra-se a inerência do sociocultural no geográfico e do geográfico no sociocultural.

Cabe ressaltar uma vez mais que não se trata da defesa de um determinismo natural trivial e muito menos de qualquer tipo de determinismo. Uma perspectiva determinística em relação à natureza é contrariada pelo fato de que o geográfico no sentido aqui pretendido se refere não às condições físico-materiais da ação como mera matéria e efeito causal, mas antes aos significados dados pelos próprios atuantes (no plano simbólico) a essas condições. Além disso não é possível uma correspondência, num sentido bem geral, em relação ao determinismo, pois toda forma de ação é confrontada com o horizonte da abertura, mesmo da indeterminação e uma das dificuldades cotidianas consiste exatamente em lidar com essa condição ineludível. Isso obviamente não quer dizer que toda ação pode ser executada sob a condição de uma liberdade absoluta. Toda ação está sempre condicionada a obrigações (estruturais) específicas que em parte dão espaço apenas para campos de possibilidades bastante limitados. Porém, é necessário traçar uma linha bem clara entre delimitação estrutural e determinismo (causal).

Com o conceito de vinculação ao mundo pode-se considerar, com base nessas premissas, que uma das mais importantes fontes que alimenta o poder social provém da dominação das relações espaciais da ação – especialmente daquelas com abrangência supralocal e global. Visto desta perspectiva, não seria mais possível falar do poder do espaço, dos mares ou das montanhas, mas sim "apenas" da capacidade dos atuantes de gerar poder através do controle e dominação de relações espaciais. Classificados ao longo dessa linha argumentativa, os textos deste capítulo buscam explicitar as implicações dessa abordagem.

O primeiro texto, "Geografias da própria vida" (2001), tem como objetivo ilustrar a ideia básica da vinculação ao mundo pelo estilo de vida individual de alunos e alunas, além de preparar a concepção de mundo relacionada a esse estilo para ser abordada nas aulas de Geografia. O texto se baseia em uma palestra que apresentei em janeiro do mesmo ano no Instituto Geográfico da Universidade de Viena. Com "A Europa é construída", esse ponto de partida é aplicado e aperfeiçoado em um projeto político concreto. A entrevista, conduzida por Antje Schneider, surgiu no contexto de um projeto interdisciplinar da Universidade de Jena, que foi premiado e fomentado pela Stifterverband für die Deutsche Wissenschaft. O objetivo do projeto era propagar uma orientação *bottom-up* [de baixo para cima] centrada na ação em relação à autoconcepção europeia.

Como a história mostra, "política" e "espaço" foram associados argumentativamente nas mais diferentes constelações e com consequências por vezes fatais. Essa associação se tornou problemática quando dela foram derivadas estratégias de política espacial. A política de juventude alemã é atualmente um dos âmbitos nos quais diversas concepções de "espaço social" como orientação básica estão abertas à discussão e à avaliação crítica. "Abandonando o *container*" (2004) surgiu nesse contexto de uma contribuição para um debate de especialistas do Instituto Alemão da Juventude (*Deutsches Jugendinstitut*), tendo sido publicada pela primeira vez como parte da coletânea "*Grenzen des Sozialraums*" ou "Limites do espaço social" (2005).

A linha de pesquisa da Geografia social de crianças e jovens – que ora recebe uma atenção cada vez maior sobretudo na Geografia estadunidense e é propagada como "nova" linha de pesquisa – foi iniciada já a partir da metade dos anos de 1980 no Instituto Geográfico da Universidade de Zurique como prática empírica da geografia social baseada na teoria da ação. Daí surgiu uma série de importantes trabalhos, cujos resultados infelizmente jamais puderam ser reunidos e tratados de forma abrangente e sistemática.

O artigo "Sobre a geografia social das crianças" (1995) continuou, assim, a ser, até agora, o único esboço de uma representação abrangente desses resultados e de outros desenvolvimentos.

Geografias da própria vida: ciência e ensino[1]

Vivemos hoje uma fase de profunda reestruturação das condições geográficas de vida. Em fases de reestruturação invariavelmente ocorrem problemas de orientação. A Geografia ou o conhecimento geográfico é um requisito fundamental para uma orientação adequada não apenas no sentido superficial (terrestre), mas também num sentido muito mais profundo. Já Immanuel Kant apontou em sua avaliação da disciplina: "Nada é mais capaz de clarificar a razão humana sadia que exatamente a Geografia" (Kant, 1802, p.15), pois ela "indica (...) os pontos nos quais elementos podem de fato ser encontrados na terra" (ibid., p.9).

O que Kant quis dizer com isso é que a descrição da superfície terrestre – e a ordenação espacial do saber – possibilita uma orientação esclarecida e um posicionamento de cada pessoa individualmente, do eu no contexto espacial. O conhecimento geográfico constitui, nessa avaliação, uma das premissas centrais para o estabelecimento da modernidade e de formas de vida modernas. Deste ponto de vista seguramente não é exagero afirmar que somente o conhecimento geográfico possibilita orientação no mundo moderno. Isso certamente é ainda hoje assim, mesmo que os problemas de compreensão geral sejam diferentes daqueles da época de Kant.

Novas dificuldades de compreensão geral em Geografia

As transformações atuais das condições geográficas fundamentais da execução de atividades humanas são tão profundas que mesmo a avaliação de Kant pede uma reformulação. A transformação dessas condições

---

1 O presente artigo é uma versão levemente modificada da apresentação homônima feita em 18/1/2001 no Instituto Geográfico da Universidade de Viena. Agradeço a Holger Gertel e Tilo Felgenhauer pela revisão cuidadosa do manuscrito.

fundamentais representa também a base daquilo que é descrito como "globalização". Sob tais condições fundamentais modificadas, o "esclarecimento da razão humana sadia" não pode mais se restringir ao conhecimento do local de ocorrência de elementos. Essa é a área de competência da *geografia dos objetos*, como Kant a descreve.

O que realoca e centraliza as condições geográficas fundamentais modificadas são as *geografias dos sujeitos*. Elas são expressão da capacidade de "trazermos as coisas a nós mesmos", de relacionar o mundo a nós. Em outras palavras, as geografias dos sujeitos se expressam como capacidade de vinculação ao mundo. A capacidade aumentada de relacionar o mundo a si mesmo num sentido abrangente e profundo não leva à obsolescência da geografia dos objetos. Entretanto, quanto maior se torna a possibilidade de trazer as coisas a nós, menor será a possibilidade de esclarecimento de sua ordem sem relacioná-las à ação dos sujeitos. Com isso, também a fórmula do "fazer geográfico" – introduzida no debate científico por Wolfgang Hartke e desenvolvida por Anthony Giddens – ganha um novo significado.

Após a introdução do termo "fim da História" por Francis Fukuyama (1992) é chegada a vez do "fim da Geografia" (Neidhart, 1996). O alcance do efeito publicitário do termo é superado apenas pelo seu potencial de suscitar mal-entendidos. Afinal, a ênfase recai muito facilmente em "fim", tanto como em "História"/"Geografia". Consequentemente, entende-se que no futuro nem a "História" nem a "Geografia" seriam relevantes, seja no plano cotidiano ou no científico. Enfatizando-se *"da"* surge apenas a afirmação de que se torna cada vez mais questionável falar de *uma única* História ou *da* Geografia (das coisas). Tanto a História quanto a Geografia devem ser pensadas no plural. Não se trata mais da análise *da* Geografia, mas sim da análise das *geografias*.

A diversidade das geografias

A ênfase da pluralidade de "Geografia" como "geografias" expressa um deslocamento da ênfase da contemplação do mundo. Quando se fala *da* Geografia, em geral refere-se à ordem e à posição espaciais dos objetos, ou seja, à geografia *dos objetos*. Entretanto, ao falar-se *das* geografias, trata-se primariamente não da ordem espacial, mas do "fazer" de geografias. Essa concentração nas constituições de geografias inclui a ênfase da instância que gera essas geografias: os sujeitos.

Entretanto, o cerne do interesse na pesquisa e representação das geografias dos sujeitos não pode mais consistir na localização espacial de coisas ou na explicação espacial de fenômenos espaciais, como postula ainda Helmuth Köck (1996). No centro se encontra antes a questão – anteriormente apontada – sobre como os sujeitos trazem o mundo a si mesmos, a questão a respeito das relações com o mundo, das "vinculações ao mundo". Nelas se expressa a grande diversidade de geografias cotidianas possíveis. A geografia dos objetos continua a constituir uma condição para a exploração das geografias dos sujeitos, porém não mais que isso.

A diversidade das geografias dos sujeitos depende da diversidade das atividades dos sujeitos. Assim como, quando centrada no sujeito, a análise geográfica de uma refeição dependerá dos hábitos alimentares, o mesmo se dá com outras esferas da vida. A relação com o mundo que a mesa posta para a refeição expressa é, por um lado – independentemente de *onde* quer que tenha sido produzido cada um dos componentes utilizados –, uma expressão da forma de alimentação, por outro lado, porém, também das possibilidades econômicas (recursos alocativos) de acesso a bens do fluxo de mercadorias internacional para sua disponibilização para o uso pessoal. Similar ao caso dos fluxos de informação: as informações coletadas dependem por um lado da escolha da fonte (recursos autoritativos), por outro, porém, também das pré-seleções redacionais de conteúdos de conhecimento divulgáveis feitas pelas instâncias que "detêm" as mídias para a difusão de conhecimento.

Mundos da vida globalizados

Na base da crescente importância das geografias dos sujeitos estão as mesmas possibilidades que constituem o cerne da globalização. Elas provocam a situação paradoxal de que, apesar do fato de que quase todas as pessoas passam sua vida cotidiana em um contexto local, a maior parte das formas de vida cotidiana está inserida em processos globais. Num sentido amplo, a característica fundamental da globalização e das correspondentes geografias dos sujeitos é dispor da possibilidade de "atuação à distância".

Com base nessa nova condição fundamental, o local e o global se fundiram. Processos globais se expressam em âmbito local e são, ao mesmo tempo, expressão deste. Isso é uma característica fundamental e uma precondição não apenas da diversidade de geografias dos sujeitos, mas também das sociedades contemporâneas da modernidade tardia.

Aceitando-se essa avaliação deve-se concordar ainda com a tese de que a constituição de toda realidade social se baseia em uma forma específica de fazer geográfico cotidiano. Antes de associar esses dados a amplas consequências disciplinares e políticas internas e externas à geografia científica é preciso apontar a importância fundamental da análise sociogeográfica para a constituição de concepções de mundo – especialmente e sobretudo diante das novas condições geográficas. A pesquisa de formas cotidianas de fazer geográfico deve ser orientada no sentido do desenvolvimento de uma consciência geográfica atualizada e do alcance de uma compreensão mais profunda de reconfiguração da relação entre sociedade e espaço no decorrer de processos de globalização. Uma primeira condição para tanto é a geração de um conhecimento empiricamente embasado sobre os contextos globais das diferentes formas e estilos de vida. Esse "esclarecimento" deve ser prestado para diferentes âmbitos e formas de relação dos sujeitos atuantes para com o mundo. Com o sucesso de uma tal empreitada, a geografia científica poderá retomar o lugar a ela atribuído por Kant, porém em relação a condições de vida globalizada completamente transformadas.

Formas de vida e representação geográfica

As transformações, apresentadas acima, das relações geográficas num plano do mundo cotidiano de condições desde pré-modernas até da modernidade industrializada e da modernidade tardia também apresentam – no sentido do postulado fenomenológico de adequação para conceitos e construções das Ciências Sociais – implicações profundas para a metodologia da geografia científica. Segundo esse postulado, toda disciplina científica deve adequar seus métodos e conceitos ao seu objeto de estudo. Ao lado das diferenças gerais entre os objetos das Ciências Sociais e naturais, a pesquisa sociogeográfica deve levar em consideração também as relações em transformação entre sociedade e espaço.

Através de quais conceitos a relação entre sociedade e espaço deve ser investigada é uma questão que perpassa toda a história da geografia social. Naturalmente ela nem sempre é abordada abertamente, apresentando-se muitas vezes apenas de forma latente. O principal problema nesse contexto pode ser sintetizado na questão se é possível abordar realidades sociais dentro de categorias e conceitos espaciais. É notável que todos os representantes da disciplina por muito tempo responderam afirmativamente a essa questão. A tarefa da geografia social era vista como a construção de uma geografia do social, ou seja, a apresentação das relações sociais cartograficamente ou em categorias espaciais.

Com isso expandiu-se para o âmbito do sociocultural a formulação de Kant, de que o significado da Geografia, como visto anteriormente, consistiria em "indicar os pontos nos quais elementos podem de fato ser encontrados na Terra". Para conseguir atender a essa exigência é necessário tratar elementos simbólico-imateriais como coisas objetificadas.

Se tais exigências forem desta forma cumpridas no plano das constituições do mundo cotidiano, as representações científicas gerarão modelos não tão distorcidos. Sob condições pré-modernas existe uma maior probabilidade do cumprimento dessas exigências.

A relação sociedade – espaço e formas de vida possíveis

Formas de vida tradicionais

Numa perspectiva sociogeográfica, formas de vida tradicionais[2] são idealmente caracterizadas por ampla estabilidade no plano temporal e espacial, ou seja, são espacial e temporalmente *arraigadas*. A *estabilidade temporal* ou o arraigamento no plano temporal é justificado pela dominância das tradições. Elas unem passado e presente e dão tanto o enquadramento de orientação quanto o fundamento para o embasamento e a justificativa da práxis cotidiana. Relações sociais são regulamentadas preponderantemente através de vínculos de parentesco, grupais ou de posição social. Posições claras são

---

2 Ver Figura 1 no primeiro artigo deste volume.

atribuídas de acordo com a proveniência, idade e sexo dos indivíduos no contexto espacial e social.

A delimitação espacial ou o arraigamento no plano espacial se justifica pelo baixo estágio de desenvolvimento técnico dos meios de locomoção e comunicação. A preponderância da marcha a pé e a reduzida disseminação da escrita conduzem a uma limitação das formas de expressão cultural e social ao nível local e regional. Interações *face-to-face* são a forma de comunicação dominante. Além disso, devido ao reduzido desenvolvimento técnico, as pessoas quase sempre são obrigadas a se adequar às condições naturais.

Na práxis cotidiana, os componentes espacial, temporal e sociocultural estão intimamente associados. De acordo com o modelo tradicional, a realização de algumas tarefas deve se dar não apenas num tempo determinado, mas também em um *local* específico e ocasionalmente com uma *orientação* espacial estipulada. Assim, regulamentações sociais e padrões de orientação são reproduzidos e impostos em grande medida por meio de determinações espaçotemporais. Essa unidade se efetiva quase sempre através da reificação, ou seja, da objetificação dos significados por meio da qual elementos simbólico-imateriais são tratados como elementos objetais concretos. No processo de reificação, a diferenciação entre significante e significado é suprimida. No contexto de uma tal construção, um *"local* de culto" é, por exemplo, identificado com o próprio "culto", a ponto de considerar-se que aquele que o adentrar indevidamente profanará *o local*.

Formas de vida nacionalizadas

A primeira extensão dos alcances foi respondida no plano do mundo cotidiano com o estabelecimento dos Estados nacionais. Sua representação foi assumida na Geografia pela *Länderkunde* [estudos nacionais]. O olhar factual correspondente predomina, do ponto de vista didático, desde então. Na perspectiva da geografia dos sujeitos centrada na ação, "países" podem ser compreendidos como o resultado de determinadas práticas de regionalizações cotidianas. A forma de vinculação ao mundo dominante nesse contexto é a da "containerização" espacial da realidade social.

Como dimensões centrais e mecanismos que redefiniram a relação entre condições sociais e locais da vida humana no processo de modernização

ESPACIALIDADE SOCIAL **277**

podem ser identificadas as relações de produção e troca (capitalismo), a tecnologia de produção e comunicação (industrialismo) e o surgimento de aparatos administrativos poderosos (burocratização) para a coordenação e controle das ações humanas – através de distâncias espaciais e temporais cada vez maiores. As implicações e os aspectos espaciais relacionados a essas três dimensões principais podem ser reconstruídos – como aqui representado na visão geral. Eles representam formas e dimensões da territorialização de formas de vida modernas.

Para a economia, o *princípio territorial* se refere à construção da sociedade--container através da mídia de troca (dinheiro). Além disso, o princípio territorial estatal de economia – das economias nacionais – se encontra vinculado ao recolhimento, ao longo de fronteiras nacionais, de tarifas alfandegárias de proteção – à própria produção.

Visão geral – dimensões básicas da modernização

	Transformação de condições espaciais/temporais
Capitalismo	– Introdução de moedas unificadas – Princípio territorial das mídias de troca – Surgimento do mercado fundiário – Recolhimento de tarifas alfandegárias
Industrialismo	– Diferenciação da divisão de trabalho – Aumento das disparidades sociais e regionais – Extensão espacial da organização da produção – Extensão espacial do alcance da comunicação
Burocratização	– Aumento da capacidade de coordenação espacial/temporal – Vigilância territorial – Territorialização da política e do direito – Imposição de uma língua nacional (padrão)

Fonte: Werlen (2000, p.45).

Também intimamente relacionados à economia estão naturalmente as *inovações técnicas e invenções*, assim como o processo de divisão de trabalho que se desenvolve paralelamente a elas. Divisão do trabalho implica uma especialização dos processos de produção que leva, por sua vez, a uma maior necessidade de coordenação de atividades humanas dentro de uma empresa e entre empresas e setores de produção, assim como de controle estatal. A rápida expansão dos setores administrativos tanto estatais quanto privados em categorias territoriais deve ser compreendida em relação a esse contexto.

278 BENNO WERLEN

Afinal, o *princípio de territorialidade* Estado nacional se orienta não apenas ao controle e à vigilância, mas também exige uma maior capacidade de coordenação através de distâncias espaciais e temporais.

Ao lado de "economia" e "sociedade", "política", "direito" e "cultura" também são abarcados por essa reordenação. A modernização do *âmbito político* se expressa no processo de democratização com o qual os cidadãos – e mais tarde também as cidadãs – conquistaram amplos direitos de voto e participação eleitoral. Direitos democráticos, consequentemente, estão da mesma forma ligados ao *princípio de territorialidade* como sua vigilância e controle pelo aparato policial, por tribunais de justiça, pelo controle eleitoral, assim como por parlamentos locais, regionais e nacionais etc.

O *âmbito cultural* está da mesma forma inserido no processo racional de territorialização. A constituição de línguas nacionais (padrão) desempenhou também um papel central. Esse processo foi acompanhado pela organização territorial do sistema educacional estatal, assim como, mais tarde, pelo surgimento de emissoras de rádio e televisão. Isso possibilitou e promoveu a homogeneização da difusão de conhecimento e informação, assim como a sistematização de seu controle e vigilância em categorias territoriais.

Formas de vida globalizadas

No caso da categoria idealizada "forma de vida globalizada", as instâncias de orientação social da justificação e legitimação discursiva têm que resistir. A disposição espacial é substituída por contextos de vida globalizados e a reificação, por construções racionais. Nesse sentido, as esferas cultural e social da modernidade tardia se mostram *desarraigadas* espacial e temporalmente. As mídias de desarraigamento mais importantes são escrita, dinheiro e artefatos técnicos.

Práticas da modernidade tardia não são fixadas por tradições locais, mas orientadas segundo padrões de vida de ocorrência global. Decisões individuais possuem uma margem ampla de ponderação. Relações sociais não são reguladas através de sistemas de parentesco, podendo ser extensamente configuradas pelos sujeitos. Expressão dessa configurabilidade são as culturas geracionais, que surgem atualmente em escala global com suas formas e estilos de vida específicos. Posições sociais podem ser alcançadas e não estão vinculadas a faixa etária ou gênero.

Da perspectiva espacial, as disposições restritas foram em diversos sentidos suprimidas. Meios de transporte possibilitam mobilidade extrema. A liberdade de locomoção individual e de amplo estabelecimento levam a uma confluência das mais diversas culturas – originalmente locais – em espaços bastante reduzidos. Essa confluência coexiste com as possibilidades de comunicação global. Elas possibilitam uma disseminação e um armazenamento de informações que não está vinculado à presença espacial. Interações *face-to-face* permanecem sendo relevantes para determinadas formas de relação social, entretanto grande parte da comunicação se dá virtualmente.

As dimensões espacial e temporal não estão vinculadas a significados fixos. Elas são constantemente recombinadas em ações individuais dos sujeitos e associadas a significados específicos. O "quando" e o "onde" das atividades sociais é objeto de discussão, necessitando ser convencionado e sendo muitas vezes regulamentado institucionalmente e justificado discursivamente. As dimensões espacial e temporal não determinam o conteúdo das atividades humanas, mas apenas aspectos formais. Elementos socioculturais, condições espaciais e decorrências temporais se encontram amplamente desconectados, sendo constantemente recombinados e reassociados de modo específico de acordo com atividades individuais.

As três dimensões básicas da globalização ou os tipos de geografias cotidianas apresentados a seguir podem ser utilizadas como forma de orientação:

Figura 1 – Dimensões da globalização

Dimensões		Área de pesquisa
produtivo-consumptiva	cotidiana	geografias da produção geografias da consumpção
político-normativa	cotidiana	geografias de assimilações normativas geografias de controle político
informativo-significativa	cotidiana	geografias da informação geografias de assimilações simbólicas

Fonte: Werlen (1997, p.272).

A diversidade de geografias e os problemas orientacionais a elas associados são em grande parte justificados pela reconfiguração da relação sociedade-espaço denominada "globalização". A amplitude dessa reconfiguração é comparável em sua extensão apenas à Revolução Industrial.

Enquanto esta incluía novas formas de fazer geográfico cotidiano, a globalização é *sobretudo* um novo modo de fazer geográfico cotidiano. Por essa razão é que a Geografia assume nesse contexto um papel central na disponibilização do respectivo conhecimento orientacional.

Uma vida em verdade

Para criação de uma consciência geográfica e para a disponibilização de uma concepção de mundo geográfica que, de fato, possa oferecer algum auxílio orientacional praticável não é mais possível restringir-se à descrição das formas de ocorrência da superfície terrestre. Em parte essa esfera de atuação da Geografia ganha ainda mais relevância pelo fato de que cada vez mais pessoas estão em contato à distância. Entretanto, para a compreensão das novas condições geográficas de vida é necessário por parte da pesquisa e do ensino da disciplina um enfoque sobre as práticas que constituem essas novas relações da globalização.

Em que consiste o cerne da "geografia da globalização" e como poderia ser suscitada uma correspondente consciência geográfica que estivesse em condições de "clarificar a razão humana sadia" ou possibilitar uma compreensão mais profunda da globalização são questões que obviamente não podem ser respondidas adequadamente em um artigo necessariamente conciso e com limitações temporais. Entretanto, quero aqui oferecer algumas sugestões em relação à direção em que os respectivos esforços poderiam ser orientados.

Ao sermos confrontados cada vez mais com condições de vida globalizadas e ao passo que nossa vida se encontra cada vez mais inserida em circunstâncias globalizadas, torna-se cada vez mais urgente dispor de uma consciência geográfica de mundo que corresponda à forma de vida individual. Isso é necessário para possibilitar uma autocompreensão de cada indivíduo o menos perturbada possível: uma importante condição para "uma vida em verdade", como observa Václav Havel (2000).

A experienciabilidade da globalização no cotidiano

O desarraigamento espacial de diversos aspectos da vida possibilita que componentes de formas de vida arraigadas de regiões antes extremamente distantes ora possam ser encontrados globalmente. Ou seja, que a práxis cotidiana em todas as partes do mundo não apresente mais aquela uniformidade tradicional que podia ser caracterizada como cultura regional pura. Em seu lugar entrou antes uma diversidade de formas de vida praticamente impossível de ser observada localmente e cujos aspectos complementares podem ser encontrados no contexto de culturas geracionais simultaneamente por todo o mundo.

A experiência dessas formas de expressão pode ser vivenciada mesmo no contexto das geografias cotidianas de estudantes na escola. Reconstruindo-se, por exemplo, quais bens, integrados ao decorrer individual de ações – de esferas como alimentação, vestuário, higiene até atividades de lazer –, estão ligados a quais fluxos de mercadorias, quais caminhos percorreram as informações que lhes são acessíveis, de onde vem a música que escutam e por quem ela é escutada etc., os estudantes podem vivenciar o quanto a distância foi suprimida de suas vidas. Apurando o olhar para as esferas de suas vidas que não são mais compatíveis com o olhar factual dos estudos nacionais, eles podem ao mesmo tempo desenvolver uma sensibilidade para o modo como a "geografia da própria vida" (Daum, 1993, p.65) está inserida na reprodução de processos de globalização. Essa sensibilização pode ser entendida também como preparação para suas futuras condições geográficas de vida.

Um dos mais importantes requisitos para a construção de uma compreensão adequada dessas condições de vida é o desenvolvimento de uma concepção de mundo geográfica que torne as geografias dos sujeitos compreensíveis como expressão de suas formas de ação. A melhor forma de se alcançar esse objetivo é, obviamente, através de uma didática de Geografia que compreenda os próprios estudantes, em todas as relações, como sujeitos atuantes.

Caso a relevância da Geografia para a vida pública e para discursos políticos democráticos aumente, ela necessitará de um conceito de pesquisa que leve em consideração as consequências advindas do Iluminismo. Esse conceito deve possibilitar o desenvolvimento de uma consciência geográfica atualizada que se baseie em conhecimento empiricamente comprovável sobre os contextos regionalizantes de formas e situações de vida individuais. A contribuição nesse sentido sob as condições da globalização é algo que considero uma das responsabilidades políticas mais importantes para as atuais e futuras gerações de geógrafas e geógrafos.

Observações finais

Considerando-se que a lógica fundamental do desenvolvimento das sociedades modernas está no florescer dos potenciais de ação dos sujeitos, a conclusão disto é também que uma geografia social centrada na ação é a que está mais apta a atender a essas exigências.

Para o *ensino da Geografia como disciplina escolar*, a centralização na ação apresenta duas consequências. Primeiro, a necessidade de uma subcategorização da divisão espacial dos conteúdos didáticos segundo a "ordem no mundo" dos sujeitos atuantes ou as relações de suas ações. A segunda consequência implica a superação das teorias de aprendizado e formas de ensino behavioristas. Não a "transmissão", mas a "palpabilidade" deveria ser o enfoque, isto é, a experiência da globalização como parte da vida cotidiana. A "geografia da própria vida" pode oferecer o ponto de partida adequado para tanto.

Considerando-se que a "globalização" representa a expressão de uma nova forma de fazer geográfico cotidiano, é necessário para o esclarecimento da compreensão da Geografia a isso vinculada explicitar também as implicações subsequentes deste dado. Sob condições de formas de vida globalizadas, poucas coisas são mais importantes que um entendimento e o desenvolvimento de uma concepção geográfica de mundo que não tolere a retórica do "sangue e solo".

"A Europa é construída – variações de uma construção *bottom-up*"

Um diálogo com Benno Werlen, professor de Geografia Social em Jena, sobre o "Projeto Europa"

"Geografias não são, elas são feitas!" Professor Werlen, com essa frase e as teorias de conhecimento por trás dela, o senhor gerou uma reflexão não apenas dentro da geografia científica contemporânea, mas também incentivou a didática e o ensino escolar da geografia a colocar suas ideias à prova. Um exemplo disso é especialmente o Projeto Europa (Europa-Projekt) com o título "A Europa é construída: variações de uma construção *bottom-up*". Como fornecedor de uma nova concepção geográfica – a do fazer geográfico cotidiano –, o senhor pessoalmente não está tão visível, mas teve uma participação fundamental no projeto. Ao recapitular esse quadro, quais pensamentos o ligam pessoalmente ao título "A Europa é construída"?

Uma associação bem livre com esse título, levando-se em consideração a história da Europa, seria antes com um acesso tecnocrático, especialmente com as diversas críticas feitas à Europa dos tecnocratas em Bruxelas etc. Porém, esse não é o ponto aqui, mas sim exatamente o fazer, a construção de realidades. Em uma perspectiva construtivista, toda forma de realidade é uma realidade construída. Mesmo quando nos referimos à esfera política. Isso quer dizer que devemos tentar compreender a vida na Europa através da práxis cotidiana. Acredito que esta seja a principal mensagem a ser passada pelo título – que uma realidade europeia perpassa as práticas cotidianas e é, através destas, construída. Há uma frase do historiador francês Ernest Renan (1947) adequada para isso: *"L'existence de la nation est un plébiscite de tous les jours"*. A existência da nação é algo que reconstruímos todos os dias. E não algo que existe independentemente de nós, e assim se dá também com a Europa. A Europa se mostra como uma constelação específica da geografia política que tem que ser reproduzida diariamente.

O senhor caracteriza a Europa como uma constelação específica de geografia política, ou melhor, do fazer geográfico político cotidiano. Entretanto, a compreensão tradicional de Geografia se orienta antes segundo uma "geografia das coisas". Esclareçamos sobretudo para os não geógrafos: qual é a relação entre um projeto de "construção da Europa" com a Geografia?

Em nossa compreensão cotidiana cristalizou-se uma visão tradicional de Geografia. Nela considera-se que países e, por conseguinte, realidades políticas existiriam em si mesmos e por vezes nem teriam nada a ver conosco. Aprende-se bem cedo a se identificar e descrever países e as regiões segundo um padrão geográfico determinado. O que quase sempre fica oculto nisso é o fato de que aquilo que no olhar tradicional é visto como existente na realidade está fundamentado apenas na formação histórica, social, política. Nesse ponto seria possível talvez citar ainda Karl Marx, ao afirmar em outras palavras que fazemos a história, entretanto sob condições que quase sempre não são fruto da nossa própria escolha. E assim como a história é sempre uma história feita, construída, também as relações geográficas são sempre relações construídas. No sentido político, essas relações geográficas construídas estão fundamentadas em práticas relacionadas a territorializações. É isso que quero dizer quando falo do fazer geográfico político. Trata-se de uma forma específica de como normas sociais, padrões legais etc. estão associados a extensões espaciais e valem, consequentemente, como territorialmente fixados. Afinal, trata-se da territorialização do social.

A lógica de uma ordem social territorialmente vinculada significa, por exemplo, que os mesmos direitos valem para todos que se encontram em um território específico ou que compartilham uma cultura comum. Na tentativa de se esclarecer diferenças entre sociedades ou culturas individualmente, até hoje se utiliza a comparação com a natureza: "Assim como a água carrega o odor do musgo da fonte, também a cultura carrega algo da região terrestre de sua constelação natural". Desta forma foi e é propagado um geodeterminismo no qual a justificativa para uma ordem territorial ou nacional é legada a uma instância superior – à natureza –, de forma a fazer que sua origem pareça o mais externa possível. Assim passa a ser a natureza que predestina onde serão as fronteiras.

Analogamente a essa concepção de mundo, o tema da Geografia por muito tempo foi que todos os Estados deveriam ser delimitados por meio de fronteiras naturais. Em outras palavras, que a tarefa dos geógrafos consistia em abarcar as leis prescritas no solo para, segundo elas, configurar a realidade política. Essa é a constelação na qual está inserida a concepção de mundo geográfica tradicional de países e paisagens com suas respectivas culturas. O ponto crucial dessa concepção de mundo é que as ordens geográficas não são colocadas ou consideradas como ordens construídas por pessoas, mas sim como de alguma forma dadas de forma espacial (natural). Essa lógica pode ser retraçada no projeto político da Europa, concretamente com o objetivo de superar a constelação territorial de Estados nacionais no sentido de uma constelação territorial europeia.

Destas declarações é possível derivar o apelo para que sempre reflitamos, no contato com constelações territoriais como nações, Estados ou comunidades autônomas, que não se trata nesse sentido de unidades naturalmente justificáveis, mas sim de construtos convencionados. Essa forma de pensamento geográfico ainda é recente e algo controversa, porém é atualmente considerada como consolidada. O que torna tão importante a elaboração crítica de descrições de mundo geográficas? Em outras palavras: qual é, na sua opinião, o problema com a Geografia tradicional?

Da perspectiva política, o problema consiste no fato de que na realidade é difícil justificar o motivo de, apesar de considerarmos os sujeitos soberanos, com capacidade de decisão e de voto, aceitarmos a existência de uma concepção de mundo geográfica inquestionável que subliminarmente impõe que o mundo político é naturalmente determinado. Não é nada lógico. Minha crítica é que, ao considerar uma ordem social democrática liberal como não sendo uma das piores, então se faz necessária uma concepção de mundo na qual essa ordem assuma seu lugar. Propagando-se, ao contrário, uma concepção dada pela natureza, na qual nós não desempenhamos papel nenhum, como poderemos integrar a capacidade de decisão e a legitimidade como fundamentos compatíveis com a ordem social? Isso se torna então contraditório. Colocado de forma mais geral, isso significa que precisamos de uma concepção geográfica de mundo que seja compatível com os princípios fundamentais de formações sociais ou realidades modernas. Os princípios de democracias modernas estão comprometidos de forma latente ao serem confrontados com concepções de mundo regionalistas ou nacionalistas da forma como elas tradicionalmente ocorrem por toda a Geografia internacional. A base disto é primordialmente uma forma de fundamentalismo. Uma última justificativa seria: "É simplesmente assim, porque a natureza é assim e não podemos mudar isso". Dessa forma impedem-se tomadas de decisão democráticas por meio de imposições implicitamente fundamentalistas.

Uma consequência de sua argumentação seria, então, que as concepções geográficas de mundo tradicionais de certa forma impediriam a possibilidade do assumir de responsabilidades. Em relação à construção

unilateralmente territorial da Europa, isso significa que uma reflexão e uma ação responsáveis ficam impedidas, que necessariamente exigiriam possibilidades de participação. Ou seja, acreditando-se que a Europa significa uma união de territórios (Estados, nações) supostamente justificada por meio de uma instância superior como a natureza, torna-se difícil refletir sobre responsabilidade. As possibilidades de desenvolvimento de uma tal consciência não são transportadas por uma concepção clássica do espaço. Isso me parece perigoso para o pensamento cotidiano, especialmente em relação a suas observações sobre o surgimento de fundamentalismos. É uma tese audaciosa, a da constatação de que na forma como falamos sobre países, Estados ou comunidades autônomas ou mesmo sobre a Europa estaria oculto o embrião de fundamentalismos ou irresponsabilidade. Dentro deste contexto está, consequentemente, também a temática da Europa na escola – nas aulas de Geografia, de História ou Política. Afinal, o que deveria ser feito pensando-se nos jovens que deverão estar abertos para a Europa? Para qual Europa eles devem ou sequer podem ser sensibilizados?

Eu formularia talvez de forma um pouco diferente. A forma tradicional de representação do mundo é seguramente pouco adequada para fomentar um sujeito responsável por suas ações políticas. Acredito que essa postura "Agora é assim!" se trata antes de uma forma de resignação e dificilmente poderá dar uma contribuição para uma postura de abertura em relação ao mundo. Isso vale também para as considerações sobre a Europa ao ser vinculada de forma antiquada a uma constelação territorial específica.

Em parte isso pôde ser observado no âmbito da colagem cultural, porém somente em casos tomados individualmente. Alguns grupos de estudantes responderam à pergunta sobre sua autorrepresentação com uma designação regionalista. Quando, por exemplo, roupas e danças típicas são apresentadas, isso se torna evidente. Isso corresponde a uma encenação que recorre à cultura regional ou à cultura considerada típica de uma nação. Porém, meu ponto é que, quando a atenção é deslocada para tais particularidades, identidades são construídas através de diferenças. Trabalha-se com exclusividades com as quais o especial ou algo ímpar em uma nação pode ser ressaltado em relação a outra. Consequentemente, ressaltar os pontos comuns da vida na Europa se torna uma tarefa bastante difícil. Considero essa uma das razões mais

ESPACIALIDADE SOCIAL 287

importantes pelas quais deveríamos chegar a uma outra compreensão geográfica, considerando-se a Europa como projeto político viável. No mais precisamos de uma outra visão geográfica das relações de vida que transcenda visões de mundo meramente nacionais, nacionalísticas e regionalísticas.

Como poderia ser essa visão geográfica das relações de vida? E o que isso significa para o trabalho com a temática da Europa e das culturas europeias?

Quero mostrar isso com um exemplo que à primeira vista parecerá um pouco estranho. Desde o relatório fundamental ao fim dos anos de 1960 e 1970 temos uma maior consciência para problemas ecológicos em sociedades da modernidade tardia. Naquela época considerou-se necessário voltar a fomentar mais fortemente um pensamento ecológico. Da mesma forma, é possível agora considerar importante a sensibilização em prol de uma consciência europeia. E como foi que se deu o incentivo de uma consciência ecológica? Bem no estilo da concepção geográfica de mundo tradicional: pela reificação da natureza. Ou ao menos a reificação da natureza não foi desfeita. Bem no velho estilo do espaço de vida de Haeckel é a natureza que nos diz o que devemos fazer. É novamente essa constelação na qual o espaço (natural) é definido como princípio de restrição para a vida. Em vez de inverter a coisa e perguntar: "o que *nós* sabemos sobre a natureza e como *nós* devemos lidar com nossas condições de vida naturais?". Para nossas condições de vida não existe um antagonismo, afinal nós somos parte da natureza. Portanto, qual deve ser nossa postura em relação à natureza e como parte dela para alcançarmos um modo de vida equilibrado, balanceado dentro das nossas próprias condições de existência? Como é possível gerenciar nossas próprias condições de vida, num sentido mais amplo, de forma sustentável a longo prazo?

Em relação à consciência europeia, essa inversão do pensamento significaria não mais tentar tornar o antigo palpável, primeiramente, como regiões específicas ou países e, em seguida, ampliá-lo em Europa, mas sim chegar a uma ruptura explícita e perguntar: o que significa nos organizarmos nessa região do mundo como europeus com outros europeus? O ponto de partida deveria ser enxergar-se como europeu, e não como de costume como membro de uma nação na Europa. Estou falando de começar uma verdadeira mudança de paradigma e questionar: "o que significa viver nessa parte da Terra como europeu? Como podemos nos posicionar como europeus no contexto global?". A concepção geográfica de mundo não significa mais descrever as pessoas em um espaço dado. A Geografia significa então reconstruir as relações humanas com o mundo e perguntar: "como as pessoas trazem o mundo no qual agem a si para poderem fazer determinadas coisas?". Trazer o mundo a si significa, obviamente, que existem grandes diferenças no que concerne às relações de poder, isto é, à (in)capacidade de cada indivíduo de trazer algo a si.

Resumidamente: na antiga concepção de mundo geográfica, a questão era: "como as pessoas vivem em um espaço?". Na nova concepção de mundo seria: "como as pessoas se relacionam com o mundo?". E aquilo que chamamos de "mundo" aqui se constitui nessas relações. Em seguida, caberia perguntar: o que significa isso para a Europa, o que é europeu nessas relações (com o mundo)? Em princípio, o que interessa não é mais a questão da proveniência nacional. Uma nova mobilização das velhas identidades e diferenças me pareceria antes um obstáculo. O que deve ser mobilizado é primariamente a similaridade. E, por falarmos agora em escola e aulas, isso significa que existe uma preocupação a respeito da forma como jovens concebem suas vidas em condições globalizadas. Tenho uma forte impressão de que para os jovens a questão "de onde você vem?" é menos relevante que "o que você faz como uma pessoa da minha idade, como você lida com o que é importante para mim?". Dessa forma, talvez fossem evidenciadas antes as afinidades, por exemplo problemáticas comuns. Daí poderia se cristalizar algo europeu à medida que as pessoas vivenciassem a forma como problemas similares são tratados em outros contextos culturais – primariamente não num sentido espacial, mas antes em diferentes meios sociais. Isso significa trocar experiências e talvez encontrar novas soluções. Dessa forma, não seriam introduzidas já logo inicialmente prescrições espaçoculturais que antes ocultam ou impedem o destaque de similaridades.

O objetivo do projeto era, de modo geral, a análise da questão sobre que possibilidades e também limites são ou se tornarão relevantes para jovens europeus em sua construção cotidiana da Europa. Daí surgiram alguns produtos, dos quais um deles o senhor conheceu melhor – a colagem cultural "Europa *bottom-up*" como peça teatral coletiva. Como o senhor avalia pessoalmente a adaptação do produto à sua defesa de um pensamento geográfico atual e, por fim, europeu? O senhor pôde

observar a ruptura, a mudança verdadeira exigida por eles no sentido de uma elaboração reflexiva da questão sobre como jovens europeus configuram suas vidas na Europa?

Bem, um aspecto acabei de mencionar há pouco. De um lado houve, no quadro geral, contribuições individuais com fortes referências regionais não elaboradas criticamente. Isto é, contribuições nas quais surgiu aquilo que se acreditava ser tipicamente nacional como autorrepresentação. Mas não foram todos. Outros, ao contrário, lançaram mão de estratégias bem diferenciadas. A apresentação do grupo tcheco, por exemplo, foi bem desconstrutivista. Eles colocaram em dúvida o que acreditavam ou deveriam acreditar e tentaram quebrar com isso. Em relação ao primeiro caso sou um pouco cético, sobretudo nos casos em que para se chegar à Europa comum o próprio vínculo regional é fortalecido. Quero enfatizar que não se trata da busca por um ponto em que nos depararemos com um estilo de vida completamente unificado na Europa. Há sempre vinculações a tradições regionais ou locais. E isso deve continuar assim, esse não é o meu ponto. Apenas quando se pensa na Europa como realidade política é que se faz necessário, ao menos nesse ponto, relembrar o que há de comum entre os seres humanos. Porém, se o "nós" permanecer restrito ao nacional, será difícil, me parece, conseguirmos uma Europa conjunta. O "nós" tem que se tornar europeu. Tenho de ser capaz de perguntar o que posso fazer pela Europa, e não, similarmente à frase de Kennedy, o que posso receber dela. Para tanto temos que mais uma vez mobilizar fortemente a concepção geográfica de mundo.

A peça teatral pode ser interpretada em dois planos. Um deles mostra como escolas dos diferentes países abordaram e representaram a ideia. O outro plano é o da forma dramaturgicamente elaborada de todas as contribuições individuais. Essa, por sua vez, reforça o coletivo, contrariamente aos traços tradicionalistas de alguns trabalhos. Entre os dois planos houve muitas refrações interessantes sob a forma de distanciamentos irônicos, por exemplo daquilo que se acredita ser tcheco, ou sob a forma de uma renúncia completa a estereótipos nacionais, como o coro e as muitas, variadas vozes da Europa.

Minha sensação foi de que em alguns casos individuais as instruções dos professores talvez tenham dominado bastante e de que, no caso das particularidades regionais, pesaram mais que a ideia de construir uma parte comum da Europa através das relações do mundo da vida dos jovens. Isso me pareceu um pouco contraditório. No entanto, uma reorientação do pensamento fundamentalmente não é algo simples, não devemos apontar isso de forma demasiadamente crítica. A princípio é importante que as pessoas se aproximem e, de fato, façam algo juntas. Isso ficou evidente no plano dramatúrgico e deve ser entendido antes como uma crítica que aponta para o próximo passo. Em seguida seria necessário problematizar de forma mais veemente a forma das autorrepresentações. Ou seja, questionar especificamente o modo como e a razão de uma representação. Seria possível, por exemplo, modificá-la, reinterpretá-la num sentido menos próximo de diferenças regionais e mais próximo de uma ideia comum de construção da Europa. Seria possível perguntar o que aconteceria se a velha lógica fosse abandonada, que Europa poderia resultar disso. Talvez as dificuldades dessa concepção geográfica de mundo ficassem explícitas, permitindo reconhecer sua contradição em relação à ideia comum de Europa. E assim seria possível continuar a debater e tematizar como afinal construir politicamente uma Europa. O objetivo seria reconhecer a Europa como objeto de decisão e não como expressão de um determinismo natural numa constelação específica que não pode ser discursivamente evitada. É isso que considero importante. Fortalecendo-se as afinidades é possível lidar melhor com a diversidade de formas de vida e de hábitos. Sob o teto da afinidade, as condições de ação das particularidades podem ser negociadas, e não o contrário.

Gostaria de aprofundar um pouco mais essa crítica. O senhor se mostra descrente com relação às contribuições que um vínculo regional forte pode prestar. Entretanto, esse dado não mostra exatamente o quão consolidadas e possivelmente significativas podem ser as concepções de mundo geográficas?

Isso se refere à solidez da concepção de mundo geográfica tradicional. Esse é um problema de difícil comunicação, mesmo entre geógrafos. Quero dizer com isso que geógrafos reconhecem e comunicam que também eles, assim como historiadores, antropólogos ou sociólogos disponibilizam esquemas de interpretação, nada mais, nada menos. Nós, como geógrafos, fornecemos determinados modelos de como o mundo deve ser interpretado na ciência ou no cotidiano, porém eles são esquemas e não a própria realidade. Como Roland Barthes (1964) afirmou, são os "mitos do cotidiano".

Na Geografia é exatamente como em outras disciplinas, atribuímos sentido às coisas. Aprendemos a enxergar o mundo através de determinadas lentes geográficas. É uma visão específica, uma perspectiva que se torna uma espécie de segunda natureza. Ela aparece no modo de olhar as coisas como se a realidade fosse como a reconhecemos. E é o mesmo para com os elementos Estado nacionais ou as diferenciações dos estudos nacionais. Acreditamos que, pelo fato de que vemos o mundo assim e não de outra forma, ele realmente é assim. Assume-se, então, de forma irrefletida, que uma pessoa que passou a maior parte de sua vida em um tal *container* Estado nacional é como é exatamente pelo fato de estar ali ou de ser dali e possuir, assim, um caráter nacional típico. O problema, entretanto, é que com essa forma de interpretação do mundo a Geografia traz uma proposta profundamente enraizada nos séculos XVII e XVIII, aplicável hoje, quando muito, apenas para aspectos específicos da vida. No mundo globalizado atual, temos uma constelação completamente diferente de condições de vida.

Formulado de modo algo provocativo seria possível então afirmar: "o mundo como o vivenciamos hoje no cotidiano não se encaixa em nossas concepções espaciais?". Isso corresponderia, na minha opinião, a um grande transtorno para as experiências cotidianas: num mundo já retratado como confuso, ainda questionar um último bastião supostamente seguro como o espaço? Se levarmos isso a sério, não poderemos questionar nem mesmo os espaços clássicos – nações, culturas, países, paisagens etc. Não tenho ideia de como deveríamos lidar com uma tal irritação na nossa própria vida ou na profissão como professor. Contrariamente à sua crítica, acredito que o resultado do súbito aparecimento dessas concepções geográficas de mundo antiquadas no projeto "Construir a Europa" não reflete necessariamente apenas as concepções de mundo impostas pelos professores. Acredito que os espaços clássicos – quando alunos apresentam trajes e danças típicas sem distanciamento – representam parte da realidade e das necessidades dos próprios alunos. Não será que eles deram respostas regionalísticas à questão sobre sua autorrepresentação talvez por falta de interpretações alternativas ou em função de simples desejos humanos? Não poderia ser que essas respostas vêm porque são desejadas? Minha pergunta é: como podemos proceder para que jovens encontrem orientações também fora de mitos?

Bem, eu também não tenho uma posição clara nesse sentido. Poderíamos dizer simplesmente que, enfim, quem quer liberdade deve suportar a dor inerente a graus mais altos de liberdade. A livre escolha não é apenas agradável. Cada decisão traz consigo uma responsabilidade da qual não se pode abdicar. Não existe mais um grande conto que nos diz o que é bom ou mau, certo ou errado. Estamos, como afirmam os existencialistas, relegados a nós mesmos. Para muitos é uma constatação dura que o aumento de liberdade de escolha esteja acompanhado de responsabilidades cada vez maiores e, no caso do fracasso, também das respectivas dores. E, com as velhas concepções de mundo geográficas, muitas vezes o fracasso é mais imediato quando se considera que o pensamento do *container* extrapola o geográfico. Acredita-se, por exemplo, que o próximo seja o seguro e o distante seja o perigoso. Isso não é bem assim. Às vezes o *container* menor e mais próximo pode se tornar um inferno. Pense, por exemplo, no começo do verão na Áustria ou simplesmente nas estatísticas de acidentes que apontam nossa própria casa como o lugar mais perigoso. "O que é bom está tão perto!" – isso são coisas que construímos para lidar com o mundo. Por outro lado, essas coisas também são importantes por nos permitirem construir uma intimidade com o ambiente, de forma que algo como uma certeza ontológica possa se sedimentar. E é supérfluo dizer que isso é uma necessidade existencial. Entretanto, no caso de uma despreocupação demasiada, corre-se sempre o risco de que tais mitos provoquem antes ilusões, como frequentemente é o caso em relação à ideia de nações como um *container*. O intrigante nisso é que criamos fronteiras não apenas no sentido metafórico, mas também no sentido prático. E quando aqueles que não pertencem a um tal *container* são subitamente declarados inimigos, a situação se torna problemática.

Acredito que seja como um todo bastante difícil diferenciar entre desejos e verdades e ainda por cima transmitir isso de maneira reconhecível. Se realmente quisermos entender como funciona a vida em um mundo globalizado o melhor é perguntar às pessoas como elas encaixaram suas vidas dentro das relações geográficas de mundo. O objetivo é tornar experienciável o que a Geografia representa hoje no cotidiano. E isso na realidade não tem praticamente nada a ver com um *container*. Em tudo o que fazemos nossas ações envolvem relações globais. Acredito que quase tudo é perpassado, por exemplo, pelo comércio global. Digo sempre que um olhar para a mesa do café da manhã pode revelar bastante nesse sentido. Porém, não somente no plano material, mas pode ser o caso também, e por vezes até em maior medida, em relação a informações, valores etc. Ou pensemos nos fluxos financeiros. Quando nos acomodamos na segurança de um *container* acreditando que o mercado imobiliário dos Estados Unidos não tem nada a ver com as relações econômicas na Saxônia é que caímos no buraco. Essa é a realidade hoje.

Propagando-se, por outro lado, uma concepção de mundo que se diferencie imensamente e se distancie cada vez mais daquilo que as pessoas realmente vivenciam, isso não poderá representar um auxílio. Acredito poder afirmar que a concepção geográfica de mundo não corresponde mais à forma como a maioria das pessoas vive. Que ela apazigua desejos está obviamente fora de questão. Mas aquilo que as pessoas realizam e têm de suportar de forma prática e pragmática diariamente tem cada vez menos a ver com culturas estabilizadas, naturezas ou qualquer tipo de harmonia.

Aplicando-se isso à prática escolar: não significa, em princípio, uma reelaboração por parte dos professores que tão frequentemente representam a velha Geografia em seu estado puro? Isso não significa que eu, como professor(a), me torno consciente de minhas próprias representações ou concepções de mundo implícitas? Que eu me torne consciente de que não sei nada sobre o construir da Europa na perspectiva dos jovens?

Observei uma situação bastante interessante quando a peça de teatro acabou. Acredito me lembrar que quando estava indo embora os jovens estavam tocando música. Os adultos tinham saído e os jovens estavam entre si. Ali me perguntei: isso que aconteceu agora foi só porque os adultos queriam que fosse assim? Os adultos já tinham ido embora, aí eles fizeram uma coisa realmente conjunta. E exatamente isso é para mim um ponto de partida. Eu me perguntei: "O que será que podemos fazer juntos?". Isso significaria antes olhar a partir de o que foi feito e como e o que resultou disso. Poderíamos dizer: "Ah, essa era a ideia, isso resultou dela, o que é isso e como isso se relaciona como o que imaginei como professor?". E é o que deve ser tematizado.

Isso corresponderia a um esforço de abarcar também as capacidades de constituição que treinamos e atualizamos em nosso agir. Segundo a premissa fenomenológica, é preciso avançar em direção às coisas. Em seguida seria necessário observar como as pessoas se orientam no mundo sem (nossas) concepções geográficas de mundo. Seguindo essas observações pode-se sugerir a construção de um diálogo no qual os mundos conceptuais dos jovens possam ser negociados. Isso significa um diálogo partindo de uma *tabula rasa* dos campos de significado. Nesse caso eu evitaria a relação com a Europa pelo fato de que a maior parte das pessoas já associa uma construção cartográfica a ela. Trata-se aqui mais uma vez do padrão interpretativo segundo o qual a Europa é uma porção de terra delimitada. Uma coisa interessante é a tentativa de buscar o significado de interpretações geográficas de mundo com os jovens que se encontram em um lugar para fazer algo juntos. Os jovens ainda não internalizaram tanto as velhas concepções de mundo, não estão tão comprometidos ideologicamente e configuram sua vida nesse planeta de forma cada vez mais consciente. Isso abriga um grande potencial.

E esse potencial é utilizado? Como o senhor avalia a recepção geral dessa nova Geografia na práxis social, por exemplo nas escolas, nas mídias, no cotidiano?

Vejo que especialmente entre pessoas que estudam Geografia há uma grande ressonância disponível, ainda que ela seja mais sentida que compreendida. Minha impressão é também que essa outra forma de Geografia possui uma compatibilidade interdisciplinar maior que todas as ofertas disponíveis após a Segunda Guerra Mundial. Uma exceção altamente problemática é exatamente a Geopolítica alemã. No entanto, ainda levará um tempo até que uma nova perspectiva como essa se torne compatível midiática e publicamente. Para tanto, necessitamos de pessoas jovens que comecem a levantar questões públicas. Com relação à escola em geral, acho difícil. Há esforços intensos sendo feitos, especialmente aqui em Jena. O projeto da "construção da Europa" também demonstra isso. No entanto, se os postos decisivos das repartições públicas – onde são elaboradas as grades curriculares – estiverem ocupados por pessoas que defendem as antigas concepções geográficas de mundo de forma acrítica, será difícil. As decisões superiores para a definição de conteúdos didáticos são tomadas em geral por partidários da Geografia do fim do século XIX. Essas decisões marcam a estruturação da Geografia nas escolas – com uma aula semanal e os respectivos materiais etc. Para o professor individualmente torna-se de fato difícil fazer algo de diferente.

A única coisa que se pode fazer é apontar os pontos decisivos e criar uma consciência para o quão problemática é a concepção do *container*. É preciso mostrar o que sua continuação pode significar. O caminho institucional convencional me parece pouco adequado para tanto. Projetos engajados, como

"A construção da Europa", acabam por se tornar acessíveis a um público amplo. Mas talvez possam ser úteis frases como: se nos Estados Unidos não se tivessem banido todas as formas de Geografia de todas as escolas, se todas as formas de ensino de cultura no sentido cultural-geográfico ou cultural-antropológico não tivessem sido banidas, o último governo americano, ou até mesmo o atual, não teria criado tão facilmente um cenário de guerra. Esse exemplo ilustra muito bem o que pode significar a renúncia oficial a uma consciência geográfica.

Que lição podemos tirar disso para o futuro da Europa?

Para o futuro da Europa precisamos principalmente desenvolver uma consciência para uma concepção geográfica de mundo honesta. Uma concepção geográfica é honesta quando permite reconhecer que as pessoas estão inseridas em relações globais, queiram ou não. Isso é primordial para as geografias dos jovens na Europa. Eles precisam reconhecer e aprender a lidar com o fato de que a forma como vivem aqui não está dissociada do que acontece no mundo e vice-versa; que a forma como vivem aqui também possui implicações globais. Ao surgir uma consciência para o próprio envolvimento com o mundo, surgem espaços de ação e inevitavelmente a possibilidade e a obrigação de responsabilidade, não apenas em relação à Europa, mas também além.

Obrigada pela entrevista!

Abandonando o *container*
Um olhar sociogeográfico sobre a discussão (socio) espacial atual[3]

É interessante notar em quais relações argumentativas conceitos espaciais apareceram cada vez mais na última década, em contextos tanto cotidianos quanto científicos. O geógrafo social Edward Soja (1989) caracteriza

---

3 Texto original: Raus aus dem Container! Ein sozialgeographischer Blick auf die aktuelle (Sozial-) Raumdiskussion. In: *Projekt "Netzwerke im Stadtteil"* (org.): Grenzen des Sozialraums. Kritik eines Konzepts – Perspektiven für Soziale Arbeit. Wiesbaden: Verlag für Sozialwissenschaften, 2005, p.15-35. (N. E.)

296 BENNO WERLEN

a espacialização da interpretação do mundo como *spatial turn*. Outros observadores desse processo o denominam "guinada geográfica" nas ciências sociais, da cultura e econômicas. Na consumação dessa guinada cada vez mais esferas da vida são espacializadas linguisticamente. Expressões como "espaços da juventude", "pessoas em zonas de tensão social", "espaços sociais problemáticos" são exemplos no contexto social, tal qual expressões como "espaço cultural" (Huntington, 1993, 1996) no contexto das ciências da cultura.

Curiosamente, essa guinada na geografia social aconteceu aproximadamente uma década antes da guinada das Ciências Sociais, em cujo processo constava no topo da lista de prioridades da reconstituição do olhar geográfico factual exatamente a espacialização não controlada de elementos sociais. É nesse contexto que Anthony Giddens (1988a, p.427) chega, na última sentença de seu influente trabalho *A constituição da sociedade*, ao julgamento de que "não há nenhuma diferença lógica ou metodológica entre a geografia humana e a Sociologia". Essa classificação é válida, no entanto, apenas quando, ao integrar aspectos espaciais, as Ciências Sociais não caem na armadilha do espaço, da qual a geografia social, após tanto esforço, apenas acabou de se libertar. Se isso não puder ser evitado, assumem-se problemas característicos tanto para a pesquisa empírica do espaço quanto para as diversas vertentes da geopolítica[4] tradicional.

É de importância fundamental não apenas para uma política social eficaz, mas também para toda forma de exploração sociocientífica, levar em consideração além da dimensão temporal também a dimensão espacial do convívio social. Afinal, as relações espaciais da vida social possuem uma relevância tão grande quanto as relações históricas. Consequentemente, todo trabalho com aspectos sociais, culturais e econômicos da ação humana deve considerar as dimensões espaciais. Para as Ciências Sociais isso significa se despedir amplamente do esquecimento do espaço.

Entretanto, para que contextos e relações espaciais da ação social possam ser adequadamente levados em consideração, eles próprios devem, segundo a tese aqui defendida, ser compreendidos como elementos da práxis social, e não como recipientes físico-materiais. Essa é a lição que podemos aprender com mais de um século de história da geografia social, a ciência da análise da

---

4 Ver sobre isso Haushofer (1935, 1940), Kjellén (1917), Lacoste (1990).

ESPACIALIDADE SOCIAL **297**

relação sociedade-espaço. Para evidenciar as possíveis implicações e ganhos desse ensinamento para a política social (espacial) é preciso primeiramente apresentar os fundamentos de representações espaciais do social e as implicações da containerização do social.

O social representado espacialmente

A relação entre sociedade e espaço, bem como sua elaboração nas perspectivas geográfica e sociológica devem ser contempladas como campo temático hierarquicamente superior a todas as questões a respeito de "espaços sociais". É interessante notar que a maioria das tentativas de representação teórico-conceptual das dimensões social e espacial da ação humana via de regra levam a representações reducionistas do social. Essa tendência está relacionada por um lado ao desenvolvimento histórico da disciplina, por outro às relações das ciências naturais na tematização sociocientífica do espacial. Ambos os aspectos deverão ser aprofundados no que se segue.

Desde o início do século XX, questões sobre a relação entre sociedade e espaço foram evitadas de forma cada vez mais consequente da perspectiva sociológica de pesquisa. Para o contexto de língua alemã isso se relaciona com a afirmação da concepção da Sociologia como *ciência interpretativa*, como Max Weber enfatiza em 1910, por ocasião de sua apresentação em Frankfurt am Main no primeiro Dia do Sociólogo na Alemanha, em seu discurso na segunda edição do evento em 1912 e em seus trabalhos tardios (Weber, 1913), amparado sobretudo por Ferdinand Tönnies.[5] Se antes o ponto central era constituído por conceitos como "povo", "vilarejo" e "família", como mostra Michael Weingarten (2003, p.136 et seq.), agora "sociedade", "comunidade" e "sentido subjetivo" são centrais.

Por esse motivo deu-se no desenvolvimento histórico da disciplina no contexto germanófono o relegamento do "espaço", buscando-se desta forma evitar toda relação com materialismos vulgares. Isso representa a negação de explicações biológico-materiais para relações socioculturais, especialmente da "natureza" de uma região terrestre. Entretanto, essa separação estrita da realidade social construída através da significação e das condições espaciais

---

5 Ver Weber (1980).

da ação precisa levar em consideração que aspectos importantes da práxis social são excluídos da acessibilidade argumentativa. Dessa maneira, um dos maiores desafios da teoria social centrada no sentido é abarcar de forma não reducionista o componente espacial.

O embasamento da rejeição de toda forma banal de espacialização pela Sociologia orientada pelo sentido é mostrado pelo princípio humano-ecológico da Sociologia Urbana de Chicago.

A observação da ecologia vegetal de Johannes Eugenius Warming, de que as diferentes espécies vegetais tendem a constituir grupos permanentes em determinadas constelações espaciais, foi claramente suficiente para Robert E. Park (1974, p.90) se orientar segundo analogias biologísticas. A centralização no espaço em análises e explicações sociais foi justificada com o mosaico espacial de formações sociais observado. Assim, é considerado possível que "todas as coisas que normalmente categorizamos como sociais possam, por fim, ser concebidas e descritas em conceitos de espaço e mudança de posição" (ibid., p.96). O espacial se torna, assim, um indicador para explicações do social.

Essa argumentação é expressão de uma falha argumentativa fatal, típica de diversas deduções morfológicas. A *forma* de expressão observada é tornada elemento da explicação sem que o contexto entre forma e "força" criativa ou processo criativo tenham antes sido esclarecidos diferenciadamente. Seria possível postular hipoteticamente que essa omissão gera um espaço de criatividade problemático para o caráter fortuito das analogias – por exemplo analogias biológicas com a realidade social.

O problemático nisso é que o componente biológico de processos e constelações sociais, que em geral se baseia na corporalidade dos atuantes, não pode constituir o social em si. Ele é a condição necessária do social, porém não é nem o social, nem sua causa. Uma vez que os conceitos de espaço tradicionais são "desenhados" para a representação de elementos extensos, físicos, os elementos físico-materiais/biológicos recebem na análise socioespacial de situações de ação uma ênfase reducionista.

O reducionismo consiste no fato de que com a representação espacial unilateral é considerado apenas o componente material com sua localização, e não somente seus componentes significados, que teriam, entretanto, numa perspectiva social, maior relevância. Dessa forma, o material adquire argumentativamente (ao menos de modo implícito) um conteúdo instituidor de sentido. Assim, também as tentativas de esclarecimentos espaciais do social incluem um exagero do plano material. Logo, interpretações espaciais do social acabam (necessariamente) tendendo a padrões argumentativos materialistas grosseiros.

Espaços sociais e política social

Com isso foi abordada, no contexto da localização espacial terrestre, uma das facetas problemáticas da expressão "espaços sociais". Bem à maneira da geografia social tradicional é propagada aqui uma geografia do social que considera "espaços sociais" como lugares do social ou de problemas sociais. Uma vez que a forma observável de expressão espacial do social não pode constituir o motivo, nem a razão de um processo social, ela não pode ser tornada elemento central de uma explicação social. Tampouco o local da manifestação de um quadro de problema social constitui o próprio problema. Esse contexto deveria estar disponível caso as medidas de eliminação do problema devam ser implementadas de forma centrada no lugar ou no espaço – como no conceito de "zonas de tensão social".

O principal problema de toda pesquisa social que considere o contexto espacial como um componente importante da práxis social consiste em integrar à análise a importância de elementos físico-materiais com sua ordem espacial sem que o cultural e o social sejam reduzidos a matéria localizável no espaço terrestre. Consequentemente, deve ser esclarecido como a relação do contexto social e da dimensão espacial pode ser explicada de forma satisfatória, sem incorrer-se em reducionismos inadequados. Associada a isso está também a questão sobre em que sentido e medida é possível conduzir através da política espacial social também uma política social.

Em geral a lógica constatável das tentativas realizadas até o presente é a mesma que já foi apresentada: As intervenções políticas se orientam segundo as formas de manifestação espacial do social, porém não segundo o significado de conotações espaciais como meio de implementação de determinada política. Esse cenário argumentativo corresponde claramente a grande parte das práticas da política da juventude alemã, centrada no espaço social. Entretanto, querer recuperar zonas de tensão social com medidas centradas no espaço equivale a combater os sintomas de uma doença, ou como

300 BENNO WERLEN

Hartmut Häussermann (2001, p.38) enfatiza acertadamente, esperar que os bombeiros possam eliminar as causas de um incêndio.

Isso é, no entanto, exatamente um dos traços característicos do programa [governamental alemão de desenvolvimento e chances para jovens em zonas de tensão social] E&C. As "regiões urbanas com especial necessidade de desenvolvimento", apontadas no contexto da "cidade social", são caracterizadas como zonas de tensão de conflitos sociais. Isso se refere a zonas residenciais "nas quais fatores que determinam negativamente as condições de vida dos moradores e especialmente as chances de desenvolvimento de crianças e jovens ocorrem com maior intensidade" (Deutscher Städtetag, 1979, p.12). Como anteriormente descrito no contexto geral, aqui o local da ocorrência e a forma (espacial) da ocorrência são contemplados, ao menos implicitamente, como instâncias causais. Caso contrário, faria pouco sentido direcionar os esforços pelo desenvolvimento de recursos e chances para jovens, como pretendido sentido do Instituto do Trabalho Social (Institut für soziale Arbeit, 2001, p.11), de forma centrada no espaço dentro das três áreas principais: "trabalho comunitário", "orientação para o mundo da vida" e "orientação para a prestação de serviços". Essa orientação das medidas pode ser caracterizada como política social espacial e tem que ser qualificada no padrão argumentativo aqui desenvolvido como consequência de uma dupla falácia, tanto morfológica quanto reducionista.

Por fim, é digno de nota que, para uma análise adequada desses contextos, aquelas teorias da práxis social que priorizam o componente espacial são de pouca valia.

Características principais e implicações da containerização

As tentativas existentes de se integrar o componente espacial na perspectiva teórica do olhar sobre práticas sociais partem do princípio de que o "espaço" é considerado em grande medida como preexistente, relacionando-se – de maneira mais ou menos notória – a concepções espaciais físicas.[6] Assim, trabalhos sociocientíficos mais recentes – como mostram as representações resumidas de Elisabeth Konau (1977) e Martina Löw

---

6 Ver sobre isso Weingarten (2003).

ESPACIALIDADE SOCIAL **301**

(2001) – elaboram as reflexões sobre a integração do espacial na teoria social como um retorno à Física newtoniana e às premissas filosóficas antecipadas por René Descartes.[7] Essa problemática ora é característica para a teoria da práxis de Pierre Bourdieu, assim como para a teoria da estruturação de Anthony Giddens.

O aspecto mais importante de toda forma de containerização, que tem que ser considerado na referenciação ao conceito de espaço newtoniano, consiste no fato de que algum elemento é tematizado como conteúdo de um recipiente. O recipiente "espaço" recebe um *status* autônomo, como existente em si mesmo junto aos outros elementos e influenciando-os com considerável impacto. Embora essa concepção de espaço tenha conseguido se manter por um período surpreendentemente longo na Física mecânica,[8] ela é problemática para elementos sociais ou seculares não apenas por causa do postulado central de que o "espaço" representaria uma instância causal, mas também por outros motivos.

Na obra de Bourdieu (1984, 1985, 1991), a containerização do social se manifesta no fato de que ele busca localizar a diferenciação do espaço social no contexto físico-material ou no espaço terrestre de forma indiferenciada através da práxis. Seu ponto de partida é a crítica da teoria marxista na construção do espaço social. Segundo Bourdieu, a teoria de classes marxista reduziria o social à dimensão econômica ou a um mundo social unidimensional. Em contrapartida, seria preciso considerar a existência de um espaço social pluridimensional, constituído através das diferentes formas de capitais. Ao lado do capital econômico, Bourdieu (1991, p.4 et seq.) identifica os capitais cultural, social e simbólico. Cada um desses espaços é constituído por dimensões específicas em relação às quais cada atuante social pode assumir diferentes posições (e não apenas uma posição econômica).

Essa diferenciação, que de certa forma se baseia na conceptualização do espaço sociocultural proposta por Pitirim A. Sorokin (1964),[9] apresenta grandes vantagens em relação ao reducionismo economicista da teoria de classes marxista. Entretanto, o próprio Bourdieu acaba sendo vítima de um reducionismo (geográfico) nas instruções da aplicação de sua concepção. Em

---

7 Ver mais detalhadamente em Werlen (1995d).
8 Ver sobre isso Jammer (1960).
9 Ver sobre isso Werlen (1987a, p.146 et seq.).

seu construto teórico não é feita uma diferenciação clara entre os contextos social e físico-material da ação ou essa diferenciação não é mantida de modo consequente. A teoria da práxis de Bourdieu considera, por um lado, que atuantes (físicos) podem ser localizados no espaço social. Por outro lado, busca localizar os espaços sociais *no* espaço terrestre. Com isso, se apresenta uma problemática no mínimo dupla.

Primeiro, as dimensões dos espaços dos capitais econômico, cultural, social e simbólico não apresentam possibilidades de posicionamento de elementos físicos. Afinal, as categorias que Bourdieu deriva dos diferentes tipos de capital para a construção de diferentes espaços sociais são concebidas para elementos imateriais, significados, e não para corporalidades. Pessoas podem recorrer a determinadas características econômicas, sociais, culturais e/ou simbólicas ou conferir conteúdos correspondentes a suas atividades. Entretanto, o sujeito físico, corpóreo não apresenta em si as características para tanto necessárias.

Segundo, é impossível determinar, a rigor, a posição de elementos socioculturais com base nas dimensões do conceito espacial córico (espaço terrestre). O motivo é o mesmo: as categorias do espaço córico são, a rigor, imprestáveis para a representação de elementos imateriais. Enquanto estes não apresentam extensão, o espaço córico, por sua vez, só pode se referir a coisas que apresentam as dimensões "comprimento" e "largura". Sua localização se mostra, portanto, impossível. A localização espacial terrestre de elementos imateriais apresenta plausibilidade apenas no caso de os últimos serem objetificados ou objetivados através da equiparação entre o significante e o significado.

Essa relação foi objeto dos ensinamentos sobre anjos na Idade Média, a Angelologia. Em seu poema "Problemas de escolásticos", Christian Morgenstern evidencia diferentes posições teóricas em relação à questão sobre quantos anjos (imateriais) poderiam se assentar em uma ponta de agulha (material). "Todos" é a resposta de uma posição com a justificativa de que eles são espíritos e "mesmo um espírito bem obeso precisaria de quase nada onde se assentar". A outra posição afirma: "Nenhum! Pois aqueles nunca vistos só podem se assentar em localidades espirituais".

Com isso, deve ter ficado evidente que as relações entre os espaços social e córico na realidade representam uma questão central da pesquisa sociocientífica e não devem ser postuladas como resolvidas no sentido de uma prescrição

ESPACIALIDADE SOCIAL 303

ontológica. O próprio Bourdieu reconhece que suas determinações (praticamente axiomáticas) não estão isentas de problemas e as relativiza observando que os espaços geográfico e social jamais coincidirão completamente.[10] Apesar disso, ele enxerga dentro de sua argumentação (fortemente) estruturalista congruência suficiente para considerar que tanto a posição no espaço social quanto no contexto espacial terrestre apresentariam uma alta força determinística. Indivíduos em situação de precariedade social assumem nessa regulamentação linguística uma posição periférica, tanto no sentido espacial terrestre quanto no sentido espacial social. Nela está implícita a argumentação de que o próprio espaço social seria um elemento do *container* espacial terrestre e poderia ser situado no espaço geográfico. Confirmar essa tese é tão difícil quanto confirmar a posição de um corpo no espaço social.

Um problema parecido pode ser constatado na teoria de Giddens, uma das figuras centrais na sensibilização da Sociologia para a problemática do espaço. Giddens (1979a, p.2) postula a seguinte exigência para a superação da cegueira das Ciências Sociais em relação ao espaço: "Uma descrição adequada da agência humana tem (...) que situar a ação *em* (grifo meu, BW) tempo e espaço". Também aqui se anuncia a containerização da ação social, e não apenas no plano espacial, mas também no temporal. A razão principal para tanto é que Giddens vê o modelo adequado para a superação da cegueira espacial da Sociologia e das teorias sociais exatamente na "geografia do tempo" do geógrafo social sueco Torsten Hägerstrand (1970, 1977, 1982, 1984). A concepção espacial de Hägerstrand se baseia diretamente na mecânica de Isaac Newton, isto é, no espaço *container*.

Por esse motivo, em suas primeiras publicações, Giddens tende a conceder ao espaço uma característica substancialística. Assim, é atribuída argumentativamente uma capacidade constitutiva ou uma força formativa do social. Entretanto, compreendendo-se – como o faz o próprio Giddens (1988a) – os sujeitos com suas ações como instância central da "constituição da sociedade", é necessário levar-se em conta profundas contradições.

Assim, também a teoria do espaço de Giddens é marcada por uma relação não esclarecida entre o espaço físico-secular e seu significado, constituído socialmente, para a ação humana. Isso se expressa especialmente em sua

---

10 Ver Bourdieu (1984, p.4). A formulação exata no original é: "*Ces deux espaces ne coincident jamais complètement*".

definição de "sociedade": "Uma sociedade é um grupo de pessoas que vive *em* um território específico" (Giddens, 1995, p.746; grifos meus, BW). Com essa definição, dois aspectos problemáticos da containerização do social são (novamente) revelados: "Espaço" tem, primeiramente, que ser "determinado" como natural, objetificado e inerente a toda ação social, e, em segundo lugar, é atribuída a ele uma força que é não apenas inacessível à ação social, mas também atua sobre ela de forma constitutiva. Ambos os aspectos são altamente problemáticos. Impossibilitam a compreensão da dimensão espacial da práxis cotidiana como meio – e não como causa – da constituição da realidade social.

Num balanço provisório dos fatos pode-se concluir que as soluções apresentadas tanto por Bourdieu quanto por Giddens contribuem satisfatoriamente para a análise socioteórica do significado da esfera físico-material e sua ordem espacial. Bourdieu reconhece a necessidade de disponibilização de conceitos espaciais específicos para diferentes âmbitos da realidade. A relação entre espaços socioculturais e o espaço córico (terrestre), entretanto, não pode ser resolvida de forma satisfatória. Giddens "descobre" a necessidade de se inserir a dimensão espacial na análise social no mínimo tão intensamente quanto a dimensão histórica. Nessa inserção ele se confronta exatamente com os mesmos problemas que Weber gostaria de ter banido da Sociologia.

É incontestável o fato de que aspectos espaciais são fundamentalmente relevantes para toda ação social e toda forma de política social. O objetivo deve ser uma política social que leve os componentes espaciais da práxis social em consideração sem que isso implique uma containerização reducionista de situações e circunstâncias problemáticas.

Uma mudança de perspectiva

Levando-se a sério a prescrição de Giddens (1988a, p.424), de que a tarefa da geografia social deveria consistir na análise das práticas (cotidianas) das regionalizações (também cotidianas), e generalizando-se isso em relação à inserção do componente espacial na teoria social, então se pode ao menos reduzir os problemas advindos da containerização precipitada. Afinal, a ênfase é assim passada da análise do espaço (social) para a análise da práxis. Este deve ser considerado um primeiro passo na direção de uma mudança de perspectiva necessária. Afinal, assim poderá ser resolvido também o problema de se considerar o "espaço" como algo que precederia toda ação. Com essa mudança de perspectiva, o "espaço" pode ser compreendido igualmente como um elemento socialmente constituído.

As práticas sociais da regionalização, ou seja, da limitação social de contextos físico-materiais para a ação social, indicam uma relação de ação, corpo e contexto físico-material, e não um espaço *container* predeterminado. O ponto de partida para essa sistematização consiste na reflexão de que o significado de "espaço" para os processos sociais resulta da corporalidade dos atuantes para a comunicação e interação sociais, de um lado, e, de outro, da produção e reprodução sociais. Os conceitos desenvolvidos por Giddens devem, entretanto, ser reinterpretados para essa perspectiva centrada na práxis.

Para Giddens (1988a), o ponto de partida das conceptualizações seguintes consiste na prescrição de que todo cenário (*"locale"*) da ação[11] é regionalizado pelos atuantes. O termo *"locale"* designa um determinado contexto físico-material de atividades específicas que já apresenta um padrão de predisposições de interatuantes e elementos materiais. Isso quer dizer que é atribuído, de modo intersubjetivamente uniforme, um significado social específico à constelação material da ação. De acordo com o contexto de ação, um cenário pode ser uma casa, uma esquina, um bairro ou uma cidade etc. A tipificação como "cenário" não depende, assim, do tipo de direcionamento da ação.

Todo "cenário" é, no sentido dado por Giddens (1981b, p.40), regionalizado e naturalmente resultado de uma regionalização (mais abrangente). A "regionalização" deve ser entendida aqui como uma *definição social* de contextos físico-materiais ou cenários *relacionados a determinadas formas de ação*. Em seu centro figura a combinação de categorias ou características sociais e espaciais.

Visto dessa forma, uma *região* dentro de um cenário deve ser compreendida como um recorte, situacional ou do contexto de ação, socialmente limitado através de *marcações* simbólicas. Ela pode ser demarcada por meio

---

11 Nas traduções alemãs utiliza-se *"Ort"* (ou "local") para *"locale"* em inglês, o que é problemático em relação às definições e diferenciações de Giddens, uma vez que ele busca uma separação clara entres esse termo e *"place"* (lugar). Menos problemático seria traduzir *"locale"* como *"Schauplatz"* (ou "cenário"), afinal este termo remete implicitamente a um "acontecimento" social com determinado conteúdo de sentido, o que corresponde melhor à intenção de Giddens (1979a, p.207).

de elementos físico-materiais (muros, vias etc.), que se tornam definições normativas para elementos de interações. Na perspectiva social pode-se mencionar similarmente o acordo para que, por exemplo, não se durma na sala de jantar, ou a linha divisória das características sociais predominantes de pessoas posicionadas em uma população, por exemplo jovens e adultos de um bairro.

As regiões variam não apenas em relação à extensão terrestre, mas também à extensão temporal. Em ambos os casos deve-se notar que elas só podem ser controladas especialmente através de contextos institucionalizados da ação ou mantidas sobre controle através de e em regularidades de ação. Isso chama atenção para o fato de que a limitação mais importante de regiões sobre categorias sociais se dá no processo da ação.

Fronteiras de regiões são construídas assim através de marcações simbólicas e/ou materiais. Entretanto, as marcações físicas representam, numa perspectiva social, nada mais que representações materiais de delimitações simbólicas da área de validade de padrões normativos. Assim, condições físico-materiais não podem constituir obrigações sociais. Estas podem ser constituídas apenas por determinações normativas. Por conseguinte, aspectos espaciais da ação *per se* não podem constituir nem a causa, nem o motivo da ação, não podendo, assim, alcançar um *status* de esclarecimento. Constelações espaciais devem ser explicadas antes através da referência às formas de ação que as geraram. Diante disso, cabe perguntar que tipos de ação elas possibilitam (possibilitação) e quais elas impedem (obrigação).

Numa perspectiva social, constelações espaciais terrestres existem apenas na forma como são mobilizadas como meio de categorização (social) e representação simbólica como elementos da ação. A melhor forma de investigar e explicitar seu significado para os contextos locais de vida é através da análise das formas de ação.

Disso conclui-se que o significado central de regionalização não reside na limitação e separação de cenários ou recortes espaciais, mas antes na assimilação. Nesse ponto as teorias de Giddens e Bourdieu (1972, 1987, 1991) são amplamente congruentes.[12] Um aspecto importante de seus esforços de elaboração do espacial consiste, como mostrado, no fato de que consideram possível a superação dessa carência através da compreensão e análise de

---

12 Ver sobre isso Deinet (1990).

ESPACIALIDADE SOCIAL   307

práticas sociais como estando situadas *no* espaço. A manutenção total da perspectiva centrada na práxis, sem sucumbir novamente a espacializações sutis, faz surgir a necessidade de uma nova concepção de "regionalização".

Conceptualizações alternativas

Enquanto teorias sociocientíficas atuais assumem "espaço" como um elemento dado, na perspectiva centrada na práxis, ao contrário, o espacial é interpretado como um meio da ação. Desta forma, o objeto central não pode ser a "ação no espaço", mas sim as relações espaciais da ação. Resumidamente: na perspectiva centrada na práxis vivemos não *no* mundo, não em espaços, mas antes vivemos *o* mundo em diferentes práticas do fazer geográfico. Com essa premissa, as relações espaciais terrestres de práticas sociais podem ser estudadas sistematicamente.

Ernst Cassirer caracterizou, já em 1931, "região" como âmbito de sentido.[13] Com isso ele não queria dizer, entretanto, que as tradicionais regiões espaciais terrestres geográficas devem ser compreendidas como *container* de mundos de sentido socioculturais, mas antes que existem *ordens dos significados simbólicos* que, por um lado, são constitutivas para a ação dos sujeitos, por outro, porém, também são constituídas por eles. Assim como ordenações de sentido são estabelecidas e constituem, ao mesmo tempo, a base para a atribuição de sentidos, isso se dá com as regionalizações sociais do mundo cotidiano. Elas representam em relações espaciais terrestres no plano cotidiano a construção – quase sempre política – da ordem de competências. Esse processo se relaciona com ordenações de sentido mais abrangentes. A ordem territorial política sob a forma de Estados nacionais, países, círculos, bairros, dentre outros é expressão simbolizante das regulamentações de competências. As ordenações de sentido simbólicas são ligadas a um recorte territorial.

Generalizando-se esse princípio, pode-se compreender toda forma de regionalização como uma forma de vinculação ao mundo. *"Vinculação ao mundo"* deve significar a dominação social de relações espaciais e temporais para o controle das próprias ações e da práxis de outrem. Isso inclui práticas

---

13 Ver sobre isso Cassirer (1931, p.93 et seq.).

de assimilação alocativa de bens materiais, assim como práticas de "assimilação" autoritativa, que implicam especialmente o controle de sujeitos à distância e a assimilação simbólica de objetos e sujeitos com base nas provisões de conhecimento disponíveis.

No centro do interesse figura não a "formação espacial", mas antes as formas de assimilação do mundo de elementos físico-materiais, dos objetos e corpos ordenados no espaço terrestre. O "espaço" deve ser compreendido como um meio importante através do qual as diferentes formas de vinculação ao mundo são concretizadas. A primeira condição para podermos estudar empiricamente essas práticas e, com base nelas, derivar estratégias proveitosas de política social é nos despedirmos de concepções de espaço reificadas e reducionísticas.

Para tanto, o primeiro e decisivo passo é o reconhecimento de que "espaço" é uma forma de representação e de experiência – não da experiência de um determinado objeto "espaço", mas antes da coexistência de elementos com uma determinada configuração. Desta maneira, o "espaço" é concretamente um nada, sobretudo não um recipiente que poderia figurar como objeto de estudo específico. E de forma alguma um recipiente de elementos sociais e jamais de jovens ou circunstâncias problemáticas.[14]

Pelo fato de existir uma relação muito próxima entre a materialidade, os corpos dos atuantes e significado ou assimilação simbólica e normativa, é compreensível que nos respectivos contextos sociais uma tendência à containerização do social possa prevalecer, em primeiro lugar, e em segundo que ela evolua para uma análise do espaço. Em terceiro, pode-se buscar pela força causal do espaço. Entretanto, mesmo que à primeira vista pareça existir uma grande evidência empírica da existência espacial de fatos sociais ou de sua definição espacial, a objetificação de "espaço" como *container* e, consequentemente, como espaço social materializado é nada mais que o resultado de uma "confusão fatal" (Zierhofer, 1999, p.163). Trata-se da confusão de uma determinada constelação da ação – sobretudo da comunicação – e sua descrição em categorias espaciais com os efeitos de um espaço objetificador e anterior a toda e qualquer ação. Essa confusão é a base não apenas de todos os princípios de pesquisa da ciência do espaço, como

---

14 Ver mais detalhadamente sobre isso Reutlinger (2001).

também da containerização de sociedades na forma de "espaços sociais" e de culturas na forma de "espaços de cultura".[15]

Concepções de espaço compatíveis com a ação

O que "espaço" pode significar no contexto de uma perspectiva centrada nas atividades uma vez que não pode se tratar de um recipiente objetal do sociocultural? Como mostrei em outros trabalhos,[16] há bons motivos para se compreender o "espaço" como nada mais que um conceito. Mas um conceito bem especial. Não um conceito que caracteriza um objeto específico – como afirmaram sobretudo Descartes e Newton –, mas também não um conceito que precederia toda experiência, como postulado por Kant.

Considerando-se seriamente os argumentos apresentados na Filosofia do espaço nas últimas décadas, parece consequente compreender o "espaço" como conceito classificatório formal, e não como um conceito empírico e tampouco como um *a priori*. Ele não pode ser um conceito empírico porque não existe um objeto "espaço" – e, com isso, tampouco um espaço concreto. Ele é *formal* por se referir a características não relacionadas ao conteúdo de elementos materiais. Ele é *classificatório* por permitir descrições hierárquicas de objetos materiais e a orientação no mundo físico – em referência à corporalidade dos sujeitos atuantes.

O "espaço" não é simplesmente um *a priori* por se basear de fato na experiência. Entretanto, não na experiência de um misterioso objeto "espaço", mas antes na experiência da própria corporalidade em sua relação para com os demais elementos extensos (inclusive a corporalidade dos outros sujeitos) e seu significado para as próprias possibilidades e impossibilidades de ação. Esse ponto de partida inaugura a perspectiva para o desenvolvimento de uma compreensão de "espaço" centrada na ação. Afinal, através dela torna-se possível evitar toda forma de materialismo disfarçado e abandonar o pensamento geodeterminístico – mesmo os mais sutis. Ao mesmo tempo, a exclusão de relações espaciais da ação, existente desde Weber, pode ser

---

15 Um exemplo atual para a espacialização de "cultura" como "espaço de cultura" é dado pelas influentes publicações de Huntington (1993, 1996).

16 Ver Werlen (1995d, p.206 et seq., 2000, p.327 et seq.).

superada sem que se tenha de lançar mão de uma argumentação biologicista. Esse ponto de partida deverá ser tornado mais preciso no que se segue, embora tenha que permanecer um esboço.

Nesse sentido deve ser levado em consideração o fato de que a dimensão classificatória do conceito de espaço pode assumir uma conotação específica dependendo do tipo de agir tematizado, seja de modo prático ou teórico. De acordo com o horizonte de interesse, primeiro tanto a orientação quanto a ordenação classificatória podem variar. Em segundo, dependendo da orientação da ação é utilizada uma outra concepção espacial. Em outras palavras, dependendo da orientação da ação é articulado um outro conceito espacial como *meio de assimilações econômicas, sociais e culturais de contextos físico--materiais*. Às interpretações específicas das dimensões formais e classificatórias do conceito de espaço estão associados diferentes *modi* de relação entre significado, corpo e contexto físico-material, como a visão geral mostra de forma panoramática.

Economia – o *modus* da racionalidade instrumental

No *modus* "racionalidade instrumental", o relacionar anteriormente citado se refere à quantificação das extensões. Na relação entre extensão e cálculo racional instrumental, a concepção espacial centrada na ação assume sua interpretação primária como conceito formal classificatório. O aspecto formal se expressa no esvaziamento de conotações de sentido fixas, o classificatório na quantificação ou nos cálculos baseados nesta, que são, por exemplo, o que possibilita o mercado fundiário

Visão geral – O agir e o espaço

	Aspecto formal	Aspecto classificatório/ relacional	Exemplos
Racionalidade instrumental	cálculo métrico	prescrição classificatória	mercados fundiário e imobiliário
Territorialidade	centrado no corpo de modo métrico	prescrição classificatória relacional	unidades administrativas, *back region/front region*
Significação	centrada no corpo	significação relacional	pátria/estrangeiro

Sociedade: *modus* da territorialidade

No centro da relação pautada pela norma estão formas de determinações prescritivas, espacialmente fixadas ou a relação de orientação segundo a norma, regionalização e territorialização. Essa relação pode ser concretizada tanto no âmbito privado quanto público. Territorializações fixam as expectativas de ação numa perspectiva espacial de maneira específica (normativa): "Aqui é permitido fazer isso, ali não". Além disso, elas implicam uma regulamentação do acesso a aplicações ou a exclusão territorialmente definida destas. O desrespeito a tal regulamentação em geral traz consigo sanções. Por outro lado, assimilações normativas são um importante meio para a definição de pertencimento ou não pertencimento, seja no plano de pontos de encontro juvenis ou no plano do Estado nacional.

Assimilações normativas são relevantes, no plano estatal e comunal, para diversas formas de ações cotidianas, especialmente para *territorializações*, através das quais é organizado o controle sobre pessoas e meios de aplicação da força. Para ambas as formas de controle, a estrutura física humana dos atuantes é o foco do interesse. A forma provavelmente mais proeminente da combinação de norma, corpo e espaço é o Estado nacional com sua vinculação territorial de direito e jurisdição. Entretanto, essa combinação de norma, corpo e espaço também se baseia naquilo que é caracterizado como espaços sociais para a jovens.

O *critério de orientação relacional* serve para atribuir significados específicos a elementos físicos situativos diante de determinadas ações e em relação a determinadas normas e valores culturais. Deste modo, o sujeito estabelece uma relação semântica entre o objetivo da ação e objetos físicos da situação.

No *critério de orientação classificatório*, a dimensão espacial – de modo contrário ao caso do primeiro critério – é especialmente relevante, partindo sempre da localização territorial do organismo do atuante. Todos que buscam um lugar e querem integrar objetos correspondentes a suas ações podem se submeter aos respectivos padrões normativos.

Cultura: *modus* da significação

A relação de compreensão e espaço ou de *orientação da compreensão* e condições espaciais da comunicação também está intimamente ligada à corporalidade dos sujeitos. Considerando-se que a função comunicativa do corpo deve ser vista primeiramente na mediação de fluxo de consciência vivenciada e do mundo físico-material, torna-se claro que o local do próprio corpo codetermina a comunicabilidade e a incomunicabilidade do vivenciar e experienciar. Como "local de trânsito" de conhecimento e ação, o acesso a informações está ligado à corporalidade (e seu controle) sem entretanto determinar conteúdos de informação.

Tanto a dimensão *relacional* quanto a *classificatória* são interpretadas aqui no sentido simbolizador e simbólico. Elas conferem amplo significado também a aspectos emocionais e a elementos da consciência prática. A chamada "nostalgia" poderia, assim, ser interpretada como uma perda do relacionar fundamentado nesse plano de consciência. Em todo caso, é de se esperar que inúmeros critérios de orientação classificatório-relacionais não alcancem o nível de evidência que possuem nos *modi* da racionalidade instrumental e da territorialidade.

Consequências

Com esse esboço da compreensão de "espaço" de uma perspectiva centrada na ação e na práxis, certamente torna-se evidente que para a compreensão de "espaços sociais", ou seja, daqueles contextos que são caracterizados por esse termo, é necessário evitar toda forma de redução e objetificação como espaço *container*. Nessa perspectiva, "espaços sociais" podem – caso através deles não seja designada apenas uma área de movimentos corporais no espaço terrestre – ser compreendidos como expressão do relacionar e categorizar prescritivo. Esses contextos podem ser compreendidos através da análise da práxis, porém seguramente não através da análise do espaço. Assim, toda política espacial se vê de mãos atadas para a solução de problemas sociais. É muito provável que isso se aplique a toda forma de política centrada no espaço, deixando antever o sucesso mínimo dessa orientação política.

As formas de ocorrência espacial terrestre das chamadas "zonas de tensão social", dessa maneira, não devem ser tratadas como problemas espaciais. Analisando-se com mais precisão, todas as formas de problemas espaciais se revelam, por fim, problemas do agir. No sentido das perspectivas aqui delineadas, elas devem ser compreendidas como expressão dos graus,

ESPACIALIDADE SOCIAL **313**

extremamente díspares, de capacidade de controle tanto sobre constelações físicas quanto sobre outras pessoas. Diferentes conceitos espaciais são utilizados pelos atuantes como mídias de orientação e implementação da ação para as assimilações correspondentes. Isso, entretanto, não justifica que se considerem essas mídias como o próprio objeto ou até a causa de conflitos sociais e que medidas políticas se orientem segundo eles.

Considerando-se que os conceitos espaciais utilizados dependem da orientação (temática) da práxis, torna-se compreensível o motivo pelo qual determinados recortes do mundo físico-material podem receber simultaneamente diferentes atribuições. O que para alguns é uma "zona de tensão social" à qual devem se direcionar medidas sociopolíticas é interpretado por atuantes imobiliários como ponto de desvalorização e por jovens como local de encontro com determinadas regras de ação vinculadas territorialmente. A simples existência dessa possibilidade deveria bastar para evitar qualquer containerização tematicamente unidimensional, assim como toda objetificação espacial de elementos sociais. Um problema fundamental que parece estar relacionado à concepção de "zonas de tensão social" se baseia evidentemente no fato de que as soluções daquilo que foi definido como problema não existem da forma esperada: um problema espacial que poderia ser resolvido com medidas espaciais.

Sobre a geografia social das crianças[17]

A sugestão de elaborar sistematicamente a geografia social das crianças pode a princípio parecer estranha. Seria possível objetar que já existe uma especialização demasiado abrangente no campo de pesquisa da Geografia. Essa crítica de fato se aplica a diversos campos temáticos, mas dificilmente à presente sugestão de pesquisa aqui apresentada. Afinal, trata-se menos de uma especialização temática que de uma dinamização do modo de contemplação sociogeográfica da relação entre sociedade e espaço. A investigação desta relação em geral está muito pouco orientada ao processo, como

---

17 Texto original: Zur Sozialgeographie der Kinder. In: Monzel, S. *Kinderfreundliche Wohnumfeldgestaltung!?* Eine sozialgeographische Untersuchung als Orientierungshilfe für Politik und Planer. Zürich: Universität Zürich-Irchel, Geographisches Institut, I-VI, 1995, (N. E.)

socialização – como aspecto central da reprodução de realidades sociais –, que permanece até o momento ignorado.

No contexto dos conceitos teóricos de Munique foi tematizada uma geografia social da educação, de Robert Geipel (1965), tendo inclusive sido aplicada com sucesso. Entretanto, trata-se apenas de um recorte – ainda que extremamente importante – limitado da totalidade do campo de socialização. As sugestões da perspectiva da teoria behaviorista de adoção da temática da socialização (Kreibich, 1979) enfatizam a relevância de condições específicas de socialização para a percepção, porém relegam a importância de condições geográficas para a socialização. Hans-Joachim Wenzel (1982) e Egbert Daum (1990) apontam a relevância desses contextos, distanciando-se sobretudo da perspectiva de Munique, centrada nas necessidades existenciais básicas. Referindo-se a categorias de socialização e assimilação, eles dão um importante passo na pesquisa sociogeográfica dentro dos estudos da sociedade.

A continuação dessas propostas e a pesquisa do campo da socialização numa perspectiva sociogeográfica abrangente e centrada na ação e no sujeito são os primeiros objetivos legitimadores de uma geografia social das crianças. As pesquisas empíricas correspondentes devem possibilitar um aprofundamento em um âmbito central da reprodução da relação entre sociedade e espaço. Para tanto, primeiro, é necessário enfocarmos as condições de socialização relevantes para a geografia social e em sua inserção em suas disposições básicas. Para uma maior definição do campo de trabalho faz-se necessário localizar o campo temático da "geografia social das crianças" no contexto social mais amplo, como apresentado no que se segue.

A "geografia social das crianças" cotidiana está inserida nos processos de atividades de tutores adultos. Em geral independe da vida/profissão dos pais em conjunto ou separadamente. Nessa relação de dependência, o contexto de estruturas espaçotemporais de padrões de ação cotidianos dos adultos e dos processos de socialização dos quais as crianças fazem parte se tornam importantes. Esse contexto assume um caráter específico de acordo com a forma econômica ou social e é amplamente mutável. Assim, a relação de socialização e trabalho nos processos de modernização passa por uma reconfiguração fundamental. Em formas tradicionais de vida, a socialização de crianças e jovens constitui um ponto central da vida comunitária. Tradições determinam não apenas as diferentes etapas da integração de jovens no mundo dos adultos, mas também os referenciais de orientação

ESPACIALIDADE SOCIAL 315

e legitimação para as formas de ação a serem internalizadas. Mesmo em formas de vida modernas pode-se observar que as situações do aprendizado estão intimamente ligadas à presença física dos parceiros de comunicação. Isso significa que os aspectos espaçotemporais que determinada forma de vida apresenta trazem importantes implicações, sobretudo nos processos de socialização. Uma vez que a maior parte das situações comunicativas de formas de vida tradicionais depende da copresença dos parceiros de interação, não surgiram ou surgem situações de conflito fundamentais da perspectiva espaçotemporal na relação entre trabalho e socialização. Padrões de ação tradicionais podem assim ser transmitidos de modo continuado em situações *face-to-face*.

No contexto de formas de vida modernas, essa relação é a princípio – em função de diversos "mecanismos de desarraigamento" (Werlen, 1993d) – objeto de decisões mútuas, não sendo completamente imposta por regulamentações tradicionais. Tanto a comunicação quanto a produção estão amplamente segmentadas e dissociadas espacial e temporalmente. A mais radical ilustração do efeito desses mecanismos de ruptura sobre as condições de socialização são certamente as crianças de rua, que cada vez mais fazem parte do cotidiano de grandes cidades sul-americanas (Roggenbruck, 1993). A junção de processos de produção da modernidade tardia e suas formas de vida correspondentes com padrões de ação definidos tradicionalmente pode levar a inúmeras descontinuidades na relação tutelar de adultos para com as crianças. Se o desarraigamento espaçotemporal não é acompanhado por modernas instituições de socialização (escolas, jardins de infância), surgem quebras na organização espaçotemporal, cuja implicação drástica é a negligência de crianças e adolescentes. Esse foi o caso na Europa durante os séculos XVIII e XIX e volta a ganhar importância – no contexto de situações de crise – também fora das grandes cidades de países do Terceiro Mundo.

Pelo fato de que o componente espaçotemporal é de central importância para todos os contatos *face-to-face* e considerando-se que processos de socialização se baseiam largamente nessa condição, tais circunstâncias dramáticas podem ser compreendidas como expressão, nessa relação, de uma combinação problemática de sociedade e espaço. Nesse cenário, a "geografia social das crianças" está direcionada primeiramente para a pesquisa e verificação dos aspectos espaçotemporais das condições de socialização.

Numa perspectiva de crítica construtiva, deve buscar contribuir – através da utilização de fundamentos da teoria da socialização – para o alcance de uma harmonização entre forma de vida e relações de socialização no plano espaçotemporal. O ponto de partida em ambas as direções devem ser situações problemáticas atuais e especificamente relativas à socialização que sinalizem uma carência de concordâncias. Estas podem se referir tanto à conciliação da vida profissional e da educação ou tutela dos filhos quanto à verificação das possibilidades de assimilação adequada do ambiente.

A ideia de que a pesquisa científica da "geografia social das crianças" representa uma importante e relevante complementação do campo de pesquisa geográfico começa a se estabelecer no começo dos anos 1990 (Sibley, 1991, James, 1990). No sentido do desenvolvimento dessa linha de pesquisa dentro de uma perspectiva baseada na teoria da ação, a questão central colocada desde a metade dos anos de 1980 no Instituto Geográfico da Universidade de Zurique é quais condições físico-materiais são importantes no processo de socialização das crianças e adolescentes. A metodologia de pesquisa cronogeográfica (Carlstein, 1986, Mårtesson, 1979) apresentou uma importante contribuição para a estruturação sistemática de situações relevantes para a socialização. Ela possibilitou uma primeira focalização do olhar factual. Entretanto, para uma diferenciação de estudo e julgamento de aspectos espaçotemporais de condições de socialização físico-materiais, é necessário um esclarecimento de padrões de ação relevantes para socialização. Para tanto, "devem-se utilizar as Ciências Sociais sistemáticas caso [se queira (BW)] evitar o confinamento a um diletantismo insatisfatório" (Bobek, 1948, p.120).

Os dois autores clássicos da geografia social alemã, Hans Bobek e Wolfgang Hartke, já apontavam ser de importância fundamental para a socialização de um indivíduo o fato de nascermos não *somente* em um contexto social, mas *também* em um contexto geográfico. Entretanto, sua motivação era mais a importância da paisagem para o pertencimento ao grupo que a da constituição e reprodução da realidade social. Isso por muito tempo impediu o surgimento de uma geografia social das condições de socialização, a geografia social das crianças. É notável que eles tenham reconhecido claramente o significado da fusão de condições geográficas e sociais para processos de socialização. No entanto, a perspectiva centrada na paisagem e no espaço – característica também para a premissa cronogeográfica – impede o cultivo consequente dessa sensibilidade.

Ela pode ser desenvolvida – de acordo com a hipótese – através da busca, partindo-se da problemática social secular, da relevância de componentes espaciais no contexto de sujeitos atuantes fisicamente existentes. Assim, torna-se evidente que a importância social de constelações espaciais não é imediata, mas sim mediada. A instância de mediação é constituída pelo corpo dos sujeitos atuantes no contexto de objetos materiais e artefatos. A espacialidade se constitui primariamente no plano da manipulação prática e assume nesse contexto um significado específico para cada decorrência de ação, de forma que "espaço" não pode "em si" ser tornado objeto de estudo.

O corpo dos sujeitos atuantes constitui, como instância de mediação do "manipular", também o contexto funcional mediador de idealidades representadas na esfera da consciência e o mundo objetivo. Ele constitui ainda um contexto funcional para o componente social da capacidade de ação: em relação à constituição das provisões de conhecimento determinadas biograficamente e à utilização, com base nas mesmas, de padrões de interpretação (válidos intersubjetivamente). Estes são, por um lado, dois componentes centrais da socialização e, por outro, também aspectos centrais do desenvolvimento da identidade pessoal e sociocultural.

Para o aprendizado de regras de interpretação válidas é necessário que seja sempre possível para o sujeito verificar suas interpretação e valorações. A constituição e aplicação de contextos de significados intersubjetivos está condicionada à possibilidade de verificação da validade de atribuições de sentido. A consequência desse fato é que a *primeira condição* de constituições de sentido intersubjetivas consiste na possibilidade de verificação imediata de atribuições de sentido subjetivas. Essa possibilidade se oferece especialmente sob a condição de copresença física dos sujeitos atuantes. As dimensões espaçotemporais dos contextos de ação são um fator fundamental para alcançá-la, como mostram Solveig Mårtesson (1979) e Wolfgang Zierhofer (1988).

Alfred Schütz e Thomas Luckmann (1979) consideram que a base para toda comunicação social estaria na capacidade de categorização de atribuições de sentido subjetivas em contextos de significados intersubjetivos. Isso implica que toda constituição de sentido se basearia na provisão de conhecimento subjetiva. Uma constituição uniformemente intersubjetiva de significados de circunstâncias ou uma reciprocidade das constituições de sentido exigiria uma provisão de conhecimento ao menos parcialmente marcada de maneira uniforme. Disto conclui-se, como *segunda condição* da constituição de sentido intersubjetiva, que experiências comuns constituem uma importante base para o desenvolvimento de uma competência social.

Aceitando-se ambas as condições fica claro que elementos experienciados subjetivamente não existem com suficiente certeza até que o sujeito receba do *alter ego* uma confirmação de sua existência. A intersubjetividade dos contemporâneos físicos e socioculturais se constitui, portanto, primeiramente com base em interações sociais. Uma vez que os corpos dos atuantes, como campo de expressão de sua consciência, estão frente a frente apenas na situação interacional *face-to-face*, esta se mostra especialmente importante para o alcance da certeza de uma validade intersubjetiva de constituições de sentido. Aqui se torna possível apoiar a comunicação através de gestos simbólicos sutis, limitando-se assim o número de interpretações errôneas. Além disso, no caso de imprecisões existe a possibilidade de se fazer perguntas diretamente, de forma que as simbolizações mútuas e as interpretações da verificação (e correção) imediata(s) se tornam disponíveis. A copresença é, consequentemente, a situação na qual é possível a verificação direta dos conteúdos e significados da comunicação. Por isso ela constitui um âmbito central da socialização e também por isso as condições espaçotemporais da comunicação possuem importância social fundamental.

Cada sujeito nasce em uma situação histórica e – como Hartke (1956) enfatiza – também sociogeográfica, com uma configuração específica de provisões de conhecimento de seus parceiros de interação diretos, que, por sua vez, são marcados por encontros similares com seus antepassados. Essas condições são impostas a todo e cada sujeito individualmente e parte delas consiste no nascimento em uma situação sociogeográfica específica. Tomemos como exemplo um recorte do mundo cotidiano de chefes de famílias monoparentais com vínculo empregatício ativo. Mesmo quando encontram uma creche e um trabalho de meio período, seus objetivos frequentemente não podem ser alcançados em função dos padrões de ordenação dos respectivos organismos materiais. Percorrer os caminhos entre diferentes localidades, por exemplo, é uma tarefa que pode tomar tempo demais, sendo por vezes impossível coordená-la de forma bem-sucedida com os respectivos horários de funcionamento e de trabalho. Nisto se mostra em que medida padrões tradicionais de ordenação espaçotemporal podem gerar impedimentos para determinadas formas de vida e como processos de socialização estão inseridos em geografias cotidianas. O objetivo da "geografia social das crianças" nesse contexto é analisar as condições de socialização numa perspectiva espacial terrestre e avaliá-las tomando-se como referência critérios de teorias sociocientíficas sobre a socialização.

Em vinculação a ideias que remontam a Thomas Gastberger (1989), Sylvia Monzel (1995) se dedica aos fundamentos necessários para uma assimilação lúdica do ambiente no sentido de um planejamento configuracional sensato em seu estudo "Kinderfreundliche Wohnumfeldgestaltung!? Eine sozialgeographische Untersuchung als Orientierungshilfe für Politiker und Planer" (Configuração do ambiente residencial compatível com crianças!? Uma análise sociogeográfica como orientação para a política e o planejamento). Para tanto, Monzel diferencia a perspectiva centrada na ação através do transacionalismo e relaciona ambos ao processo de assimilação de contextos de ação físico-materiais. Suas diretrizes de planejamento não são fruto das chamadas exigências espaciais, mas sim derivados dos fundamentos teóricos mencionados. Dessa maneira, sua contribuição não se limita à pesquisa empírica, orientada segundo a ação, das condições geográficas da socialização de crianças. Ela esboça ao mesmo tempo uma práxis de planificação sociogeográfica voltada não mais primariamente para o "espaço", mas antes explicitamente para tipos de ação (relevantes socialmente) selecionados tematicamente. O planejamento do "espaço" torna-se, assim, explicitamente um planejamento da ação no contexto de políticas (urbanas) e de uma configuração do ambiente residencial compatível com crianças. Sua análise empírica é voltada, assim, para o fornecimento de uma base, fundamentada nas Ciências Sociais, para processos de decisão política correspondentes, assim como para intenções de configuração de planejamentos. Com isso foi criado um ponto de partida para outras análises empíricas no campo da geografia social das crianças. Esperamos que isto possa contribuir para a inauguração de um importante campo de trabalho da geografia social aplicada (centrada na ação).

5
Ecologia social

A geografia social é – e isso podemos dizer sem medo de exagero – um dos âmbitos disciplinares nos quais desde o princípio foi tematizada numa perspectiva ecológica a relação entre sociedade e natureza ou meio ambiente. Certamente dominava no princípio não o significado do social para a transformação dos fundamentos naturais da vida, mas antes o contrário: o significado determinante da natureza para a sociedade. Dessa forma, a biologização do social foi mais enfatizada que a socialização da natureza. Associada a isso, houve – como anteriormente colocado de forma implícita – a favorização do ponto de cisão ecológico entre "meio ambiente e seres humanos" e não entre "sociedade e natureza", o que teve como consequência diversas complicações não apenas para a construção teórica, mas também em relação à compreensão de situações ecológicas problemáticas em geral, isto é, interna e externamente à Geografia. Como a categorização das diferentes abordagens de pesquisa permitem reconhecer, essas consequências até hoje não foram superadas.

A temática da ecologia, que com a tematização midiática do desmatamento, do aquecimento global etc. se tornou cada vez mais objeto de debates públicos e de cenários configuracionais políticos, foi abordada pelas mais diferentes posições teóricas em sua elaboração científica. Estas vão desde teorias mais antigas da ecologia humana sobre a ecologia social passando pela abordagem das relações sociais da natureza até a pesquisa sociocientífica sobre risco. Os textos reunidos neste capítulo abordam a tradição ecológica da Geografia de uma perspectiva centrada na práxis e argumentam no sentido do desenvolvimento de uma ecologia social. Esta deverá investigar as transformações da natureza em parceria sistemática da geografia social com a geografia das ciências naturais sem se restringir a reducionismos infrutíferos da sociedade para a natureza e vice-versa. O objetivo deverá ser, assim, não mais a exigência de uma *expertise* sociocientífica para situações consideradas problemáticas pelas ciências naturais (que estaria, assim, fadado ao fracasso) e tampouco o estabelecimento de uma mistificação da natureza como força atuante passível de ser mobilizada como grandeza política. Trata-se antes da busca gradual de um tratamento ontológica e metodologicamente adequado para contextos ecológicos problemáticos.

"Sobre a pesquisa integrativa na Geografia" (1988) constitui o ponto de partida destes trabalhos de busca. O texto apresenta um posicionamento de uma perspectiva sociogeográfica no contexto da ecologia humana de Zurique, formada no início dos anos de 1980 no Instituto Geográfico da ETH (*Eidgenössische Technische Hochschule*, Instituto Federal de Tecnologia) dessa cidade. A ela uniram-se mais tarde Dagmar Reichert, Wolfgang Zierhofer, Huib Ernste, Franco Furger, dentre outros.

"Sobre o teor integracional (socio)geográfico na pesquisa. Uma proposta de discussão" (2003) é uma primeira reformulação de um estudo de 1986, cuja recepção foi maior fora que dentro da Geografia. A versão atual, concebida em cooperação com o filósofo Michael Weingarten, é uma contribuição à coletânea *Humanökologie* (Ecologia humana, 2003), editada por Peter Meusburger e Thomas Schwan. Esta foi concebida – e discutida em Hamburgo no Dia do Geógrafo na Alemanha – a princípio como elaboração da concepção de Peter Weichhart da Geografia como disciplina integrativa e depois aberta para uma tematização mais ampla da perspectiva ecológica.

"Pesquisa integrativa e Antropogeografia" é a segunda reformulação desta contribuição para um contexto interdisciplinar e foi publicada primeiramente na coletânea "Estruturação de espaço e paisagem. Conceitos em Ecologia e da teoria das relações sociais naturais" (2005), editada por Michael Weingarten. Nela é preparada uma ponte temática entre a investigação das relações sociais naturais para com a conceptualização teórica e o exame das relações espaciais sociais. Estas últimas constituem também o tema central do epílogo a seguir.

ESPACIALIDADE SOCIAL 323

Sobre a pesquisa integrativa na Geografia[1]

Ao menos desde Friedrich Ratzel (1882) geógrafos buscam uma solução integrativa para uma série de problemas da vida. O motivo principal pelo qual esse objetivo só pôde até agora ser alcançado de forma ao menos insatisfatória deve ser enxergado na falta de um aparato teórico eficiente das geografias social e cultural. Em segundo lugar, as teorias das ciências naturais não apresentam por si mesmas nenhuma possibilidade de relacionar os componentes socioculturais de problemas ecológicos à concepção de pesquisa. Por fim, em terceiro, pode-se constatar que a tradição de pensamento e pesquisa geográfica frequentemente fracassa em um concretismo exagerado – que em geral implica uma redução inadequada de elementos sociais sob a forma de elementos físicos e a tendência a uma reificação (objetificação) de conceitos insustentável. No que se segue quero defender a tese de que essas dificuldades podem ser superadas por meio da retomada de teorias de ação sociocientíficas, caso seu componente sociogeográfico possa ser ampliado.

Problemas da aplicação de teorias da ação sociocientíficas no contexto de projetos de pesquisa integrativos

As diferentes teorias sociocientíficas da ação, especialmente a teoria pioneira de Max Weber (1980), foram fortemente influenciadas por idealismo e nominalismo. As tradições sociogeográficas de pesquisa, ao contrário, foram perpassadas por um "naturalismo" mecanicista, por um essencialismo e muitas vezes também por um holismo ingênuo (especialmente em meio aos representantes tradicionais da geografia da paisagem). Além disso, todas elas carregam características do sincretismo. Visto deste modo, não apenas um entendimento entre os representantes de ambas as perspectivas em relação ao "social" é dificultado, mas também a utilização de teorias da ação em questões sociogeográficas. Esse problema da utilização pode ser

---

1 Texto original: Zur integrativen Forschung in der Geographie. In: Steiner, D.; Jaeger, C.; Walther, P. (orgs.). *Jenseits der mechanischen Kosmologie*: Neue Horizonte für die Geographie? Berichte und Skripten 36. Zürich: Geographisches Institut ETH Zürich, 1988, p.121-9. (N. E.)

sintetizado da seguinte forma: a tradição idealística das teorias da ação leva a uma enorme subestimação das condições físico-materiais da ação para a constituição da sociedade e a tradição mecanística-reducionística da geografia social procura encontrar o social no material ou – de modo ainda mais extremo – no chamado "espacial".

Ao contrário das declarações metodológicas dos representantes da escola paisagística tradicional ou de outros enfoques holísticos, a chamada "antroposfera" em geral não é pesquisada de modo diferenciado ou adequado. Afinal, em primeiro lugar, atribui-se erroneamente ao sociocultural um *status* ontológico equivalente ao da esfera de realidade físico-material. E, em segundo lugar, para a localização e estruturação de elementos relevantes para a pesquisa recorre-se sempre ao padrão de referência espacial terrestre. Uma vez que este último deve ser compreendido como uma derivação do conceito espacial mecânico-euclidiano podendo ser eficaz apenas ao tratar de elementos materiais, esse procedimento implica uma "mecanização" de realidades socioculturais e subjetivas. Essa "mecanização" apresenta uma longa e consequente linha de desenvolvimento na tradição de pesquisa geográfica, estendendo-se ao menos de Kraus, passando por Schrepfer, pela escola paisagística dos anos de 1940 e 1950, por Bobek, Otremba, pela escola sociogeográfica de Munique dos anos de 1970 até Bartels e Wirth. Ela apresenta também dois componentes: o primeiro é a materialização e "causalização" do imaterial e o segundo, a estruturação de conteúdos de sentido (significados) sociais e subjetivos através do quadro de ordenação mecânico.

O problema do desenvolvimento de uma concepção de pesquisa que viesse a ser adequada para o modo de pesquisa integrativo foi abordado diversas vezes e respondido por várias gerações de cientistas com projetos mais ou menos plausíveis. Nesse processo, diversas concepções de pesquisa da teoria da ciência e das Ciências Sociais foram interpretadas por geógrafos de modo tão distorcido que os trabalhos nelas baseados muitas vezes não apenas se revelam pouco frutíferos cientificamente, como também não puderam alcançar relevância interdisciplinar prática. Consequentemente, muitas vezes ficam abaixo do nível de competência das propostas de pesquisa originais.

Como poderia então ser possível a condução de uma pesquisa possivelmente adequada integrativamente baseada na teoria da ação que nem incorra, por um lado, nas carências das atuais concepções geográficas de pesquisa, nem, por outro lado, adote as fraquezas idealísticas das teorias da ação tradicionais? Uma vez que no próprio contexto das teorias da ação, em função de sua tradição idealística, existem problemas fundamentais e, por outro lado, a situação de partida na geografia social é marcada por distorções e sincretismo, faz-se necessário um aprofundamento maior para a elaboração da presente temática.

A situação inicial na geografia social

Na história recente da Geografia tenta-se, desde os anos de 1960, compensar o interesse e a relevância cada vez menores de resultados geográficos de pesquisa através da especialização dos estudos investigativos nos ramos das ciências naturais e sociais. Com isso, a unidade da disciplina continua a ser prejudicada, de forma que ela hoje em muitas universidades existe unicamente do ponto de vista administrativo. Após a tomada de consciência de grupos cada vez maiores da população sobre as consequências ecologicamente problemáticas do modo de produção e de vida industrial e pós-industrial desde o fim dos anos de 1960, e diante do fato de que as soluções exigidas por instâncias políticas não são dirigidas à Geografia, a maior parte dos geógrafos se sente furtada de uma espécie de legitimidade para o tratamento de problemas ecológicos. Na minha opinião, existiam e ainda existem diversos bons motivos para que não se tenha direcionado e não se direcione a solução de problemas ecológicos aos geógrafos. Entretanto, acredito também que através do melhoramento de nosso desempenho podemos eliminar esses motivos. É preciso primeiramente criar as condições necessárias para tanto, no plano metateórico, teórico disciplinar, conceptual e instrumental. Ou, dito de forma direta e clara: os geógrafos precisam antes chegar a uma concepção mais profunda e diferenciada da problemática ecológica se quiserem superar as carências atuais.

Os principais motivos para o fracasso das atuais contribuições geográficas ou para sua observância restrita parecem estar em grande medida na natureza "artesanal" de seus conceitos de pesquisa. Um exemplo especialmente notório é o modelo do sistema da geoecologia. A falta de compreensão da ontologia do mundo sociocultural restringiu o olhar de muitos geógrafos para contextos que levam a consequências ecologicamente problemáticas.

Em vez de se examinar os contextos sociais, persistiu-se na análise do mundo físico, isto é, do espaço terrestre, acreditando-se ainda que apenas ali estariam as causas das manifestações físico-materiais e biológicas de contextos sociais. Os problemas que surgem de uma utilização não suficientemente diferenciada da teoria de sistemas para contextos ecológicos podem ser contemplados tanto na obra de Peter Haggett (1983), quanto no relato de Paul Messerli (1986) sobre o programa de pesquisa interdisciplinar suíço MAB (*Men and Biosphere*). Eles, assim como as referências feitas dentro da Geografia em relação à teoria de sistemas em geral, também foram severamente "contaminados" pelas ideias da ciência do espaço. Neste contexto faz-se necessária uma guinada na direção do olhar geográfico. Os padrões argumentativos baseados na ciência do espaço deveriam ser substituídos por um olhar científico factual.

O conceito formal "sistema" até pode ser aplicado em contextos "arbitrários" ou interpretado de acordo com diferentes circunstâncias. Porém, caso queiramos que essa utilização possibilite a construção de hipóteses empiricamente relevantes, é necessário primeiramente diferenciarmos claramente entre sistemas do mundo físico (orgânico e não orgânico) e do mundo social (da ação e dos símbolos), ou entre "sistemas físicos" e "sistemas semânticos". Essa diferenciação é necessária pelo fato de que os conteúdos desses sistemas apresentam um *status* ontológico diferente. A teoria de sistemas, se aplicada a programas de pesquisa integrativos, deveria esclarecer essa relação de modo mais preciso do que é o caso até o momento. Seja como for, o problema da relação entre os âmbitos sociocultural e físico não pode ser adequadamente resolvido no contexto das concepções sistêmicas tradicionais. Afinal, as relações entre ambos os âmbitos são concretizadas por meio de ações humanas, que por sua vez não podem ser descritas e clarificadas adequadamente através de concepções mecanicistas. A questão de se através do princípio da interpenetração entre os sistemas cultural, social, pessoal e orgânico, baseado na teoria de sistemas de Talcott Parsons, seria possível encontrar uma saída para essa problemática terá de ser abordada em outras ocasiões.

Esboço de uma concepção de pesquisa integrativa baseada na teoria da ação

A primeira condição para se alcançar um acesso à pesquisa integrativa de problemas da vida baseado na teoria da ação é tornar não o "espaço" ou "sistemas espaciais" objetos da Geografia, mas sim as ações de indivíduos em suas relações sociais e físicas. Dentro dessa concepção é atribuído à geografia social baseada na teoria da ação o dever de esclarecer as condições sociais globais da ação humana em variados contextos sociais e culturais, isto é, de formular as relações típicas mais importantes entre motivos e causas, intencionais ou não, da ação no âmbito social.

O primeiro passo a ser dado, em colaboração com representantes tanto da geografia física quanto das ciências naturais, é constatar que tipos de ação levam a consequências ecológicas problemáticas. Uma condição para o prosseguimento processual subsequente seria reforçar o elo da pesquisa em geografia física, em sua área de atuação, para com teorias das ciências naturais em geral. Sua tarefa seria então integrar, de forma diferenciada, as configurações de contextos causais naturais que ocorrem na esfera espacial terrestre nas teorias das ciências naturais em geral. Se essas condições forem satisfeitas, as teorias da geografia física deverão fornecer o referencial de orientação para as ações práticas que atuam de forma direta e/ou indireta no mundo físico. Afinal, as ações que devem atuar sem falha no mundo físico precisam se pautar em um conhecimento empiricamente válido sobre elementos naturais. Isso significa: as ações bem-sucedidas, como deduções das teorias empiricamente válidas das ciências naturais, devem ser planejadas e implementadas em seus objetivos e na escolha dos meios de forma que estejam suficientemente adequadas às condições físicas da situação, isto é, de forma que as consequências ecológicas problemáticas identificadas não mais ocorram.

A tarefa específica da geografia física consistiria, assim, sobretudo em salientar as consequências da finalidade de uma ação específica para o mundo físico em sua estrutura espacial terrestre. Mais precisamente, a geografia física deve abarcar as consequências (não intencionais) das transformações geradas por ações humanas em contextos causais naturais e suas configurações espaciais terrestres, descrever seu caráter problemático e sugerir (técnicas de) formas de ação alternativas considerando as necessidades ecológico-paisagísticas conhecidas.

328 BENNO WERLEN

A tarefa específica da geografia social seria, assim, atuar no sentido da transformação das condições socioculturais da ação com o conhecimento dos contextos sociais terrestres e sugerir objetivos alternativos e meios de ação socialmente compatíveis. Além disso, a Geografia terá, a meu ver, uma maior chance de sucesso na definição de problemas ecológicos se na formação acadêmica de geógrafos puder ser construída a base para uma conciliação entre as condutas de pensamento e de pesquisa nas ciências naturais e sociais.

Metodologia e técnica da pesquisa integrativa

Para encerrar seria importante mencionar, embora sem a possibilidade de entrar em detalhes, que a metodologia da análise situacional sugerida para a pesquisa social empírica por Karl Raimund Popper deve ser considerada, ao menos da perspectiva da teoria da ação, como a linha de pensamento com as maiores chances de sucesso na abordagem de problemas ecológicos. Em relação a conceitos orientados segundo a teoria de sistemas, o procedimento da análise situacional apresenta a vantagem de não estar condicionado nem ao reducionismo, nem ao maneirismo mecanicista na estruturação e pesquisa de problemas ecológicos. Ele permite, ao contrário, a investigação adequada de elementos socioculturais e físico-biológicos tanto em seus contextos individuais quanto em suas interdependências e possibilidades de influências mútuas, assim como das respectivas consequências problemáticas para ambos. Uma vez que já apresentei a estrutura básica desse procedimento em outro trabalho,[2] quero me limitar a um pequeno acréscimo no que se segue.

Considerando-se como uma particularidade da pesquisa geográfica a descoberta de âmbitos de ação representáveis espacialmente, de causas físicas terrestres, de alcances sociais terrestres de ações humanas, assim como das consequências socioculturais de condições físicas/materiais-biológicas e das consequências físicas/materiais-biológicas de condições socioculturais da ação, faz-se necessário dispor de um instrumentário específico para a elaboração e descrição desses contextos.

---

2 Werlen, A análise situacional. Uma sugestão ignorada de K. R. Popper e sua relevância para a pesquisa regional geográfica. In: Werlen, B. *Gesellschaftliche Räumlichkeit 1. Orte der Geographie*. Stuttgart, 2010, p.172-86.

ESPACIALIDADE SOCIAL   **329**

Um ponto de partida promissor para o desenvolvimento de um tal instrumentário me parece ser por um lado o conceito e metodologia da ciência do espaço desenvolvidos por Dietrich Bartels (1968a, 1970) para a investigação diferenciada de padrões de ordenação do espaço terrestre. Disto resulta uma outra possibilidade de aplicação sensata dos conceitos e da metodologia da ciência do espaço que aponta basicamente na mesma direção daquela sugerida por Carlo C. Jaeger (1985).

Em contrapartida, apresentava-se como alternativa sobretudo a ideia de um diorama, elaborada por Torsten Hägerstrand (1970, 1982, 1984) e seus estudantes, isto é, os modelos de tempo e espaço por eles desenvolvidos. Atualmente é possível apenas estruturar e descrever sistematicamente a localização e movimentos de elementos biológico-materiais (inclusive dos corpos dos atuantes, assim como de artefatos materiais) no espaço terrestre. Entretanto, mesmo num nível de tal forma rudimentar, esses instrumentos muito provavelmente possuem a vantagem de possibilitarem a constatação das consequências da ação humana sobre o mundo físico/material-biológico de forma estruturada, assim como a compreensão diferenciada dos respectivos âmbitos de atuação e seus alcances. O método cronogeográfico possui, além disso, a vantagem de que através dele pode ser atingida "uma visão geral das possibilidades e – contrárias a elas – das impossibilidades da ação" (no plano físico-terrestre) e de que seria possível "simultaneamente evidenciar as fronteiras do realizável por meio de um agregar de exigências da ação" (Carlstein, 1986, p.121). Entretanto, sem uma interpretação socioteórica, as construções cronogeográficas continuam a não apresentar nenhum valor. Afinal, paralelamente é preciso chamar a atenção para o principal perigo do instrumentário de pesquisa cronogeográfico, isto é, a possibilidade de que a pesquisa geográfica caia mais uma vez nas garras de um materialismo trivial. Pelo fato de que toda a metodologia da cronogeografia se baseia na mecânica, segundo sua concepção ela é aplicável de maneira sensata apenas a elementos físico-materiais. Ela traz em si todas a potencialidade de que os equívocos já cometidos na utilização da teoria de sistemas para questões integrativas seja nesse caso apenas reproduzido com uma outra nomenclatura. No entanto, Anthony Giddens (1988a, p.161-213) mostra o quão produtiva ela poderia ser no horizonte interpretativo da geografia social baseada na teoria da ação.

Para que a ameaça do reducionismo possa ser anulada é preciso aprender de toda forma de hipostasiação de paisagem, diorama e construtos conceituais similares. Uma ameaça identificada tanto por Allan Pred (1977, 1981) quanto por Giddens (1988a), em relação à qual ainda não foram tomadas as medidas necessárias. Ao mesmo tempo é de importância decisiva relacionar o conceito de *"togetherness"* de Hägerstrand de forma mais radical que o próprio autor apenas a aspectos físico-materiais. Em todo caso, não se deve interpretá-lo no sentido de que o social e o material estariam diretamente associados entre si, de forma a poderem ser estruturados e localizados com o mesmo padrão de referência. Essas duas esferas da realidade são associadas apenas através de atividades humanas. Essa integração entre o físico-material e o simbólico-imaterial ou entre natureza e cultura/sociedade através de ações não pode levar ao engano de que ambos os aspectos poderiam ser estudados adequadamente com o mesmo instrumentário.

Em resumo, cabe ainda apontar que esse instrumentário precisaria ser ampliado sem falta e de modo consequente com componentes socioculturais caso se queira alcançar seu potencial de elaboração integrativa de situações problemáticas reais e sua relevância interdisciplinar.

Perspectivação

Finalmente cabe ressaltar com ênfase que ações humanas estão ligadas às condições físico-biológico-fisiológicas da existência humana. Isso não significa admitir que o físico determina ou deve determinar o social. Tampouco deve-se imaginar a realidade como um grande mecanismo mantido pelas intenções de ações humanas, como no caso de filósofos da teoria da ação de Hobbes a Locke e Kant. Sobretudo não é necessário considerar que

> a ação deve ser compreendida como um movimento no mundo da experiência de forma análoga à da relação de causa e consequência, embora a origem de todo movimento deva ser buscada no ato da vontade, enquanto a consequência se exprime na atividade consequente do corpo. (Bubner 1982, p.12)

Quero com isso, entretanto, assinalar que da perspectiva da teoria da ação se torna claro que o problema da pesquisa integrativa – em Geografia e em outras disciplinas – deve ser contemplado como expressão da ainda controversa questão sobre a relação entre corpo e alma. Uma esperança justificável, que entretanto não poderá ser aprofundada aqui, é a de que a teoria da ação científica e filosófica, no estágio atual de desenvolvimento da discussão, oferece soluções fundamentalmente melhores que as da época do domínio positivista-empirista.

Além disso, um fato que deve estar claro é o de que a concepção de natureza apresenta sempre uma dimensão histórica. Afinal, toda definição de uma situação permanece – independentemente de uma relação da definição a um componente físico-material ou social da situação de ação – vinculada à provisão de conhecimento dos atuantes disponível. As provisões de conhecimento dos atores sociais se somam formando uma concepção de mundo, uma cosmologia. Portanto, seria equivocado falar apenas de uma cosmologia, por exemplo da mecanicista, que serviria de orientação às pessoas, como sugerido em Jaeger *et al.* (1987). Seria mais adequado falar de n-cosmologias. Afinal, ao menos hipoteticamente, devemos considerar que cada atuante social dispõe de uma provisão de conhecimento diferente. Provisões de conhecimento científicas, ao contrário, parecem se caracterizar por um estilo mais homogêneo, e especialmente o conhecimento das ciências naturais parece ser marcado por modelos mecânicos. Assim, também a concepção científica atual de aspectos físico-biológicos de situações da ação permanece vinculada ao conhecimento influenciado de forma mecanicista das ciências naturais. E uma vez que neste estão contidas nossas teorias mais bem comprovadas, não é possível enxergar uma alternativa para uma substituição irrefletida desse conhecimento por concepções pré-científicas ou ingênuas de "natureza".

Ao contrário, deve existir um conhecimento a respeito da natureza que esteja mais bem adaptado aos elementos locais ou que apresente maior concordância empírica que o conhecimento genérico das disciplinas das ciências naturais. Portanto, não é sensato fazer dos padrões mecanicistas a derradeira esperança de sucesso. É indicado considerar seriamente como ponto de partida as tradições locais que, em seu contato com ambientes materiais e biológicos, tenham se mostrado eficientes.

Assim, a perspectiva subjetiva das ciências da ação para concepções integrativas de pesquisa assume um duplo significado. Em primeiro lugar, a compreensão de cosmologias locais, diante das quais o mundo físico é interpretado como mundo contrário, meio ambiente ou como mundo comum. Em segundo, a compreensão de contextos de significado nos quais figuram as formas de ação que se mostram problemáticas. Afinal, é necessário conhecê-las bem caso se queira convencer aqueles que as praticam a ou adotar meios alternativos para alcançar seus objetivos ou modificá-los. Isso também significa, por fim, o desenvolvimento de formas de convívio social que levem em consideração o fato de que os seres humanos são parte da natureza e uma relação de cuidado para com os elementos fundamentais físico-biológicos é assim, em interesse próprio, de extrema importância.

Pesquisa integrativa e "Antropogeografia"

Desde a publicação do primeiro volume do memorável trabalho *Antropogeografia* (1882) de Friedrich Ratzel elabora-se na Geografia uma série de "problemas da vida" numa perspectiva integrativa. O olhar integrador chega até mesmo a pertencer à *raison d'être*, ao mito fundador da disciplina Antropogeografia ou Geografia Humana, que naquela época ainda deveria se estabelecer. Isso é notável em muitos sentidos. Essa herança desempenha novamente um papel argumentativo forte exatamente nas reflexões atuais em pesquisa política. Essa antecipação, importante para a história disciplinar, não pode encobrir o fato de que a premissa preferida por Ratzel trouxe consigo incontáveis implicações que até hoje bloqueiam o acesso a uma elaboração diferenciada, integrativa de "problemas da vida".

A análise da perspectiva constitutiva para a Antropogeografia servirá de ensejo para a apresentação das possibilidades de uma redefinição do ponto de partida da discussão (interdisciplinar). Para tanto será necessário abordar algumas das implicações mais evidentes que levam a sérias dificuldades no sentido de uma distorção de perspectiva em relação ao acesso a uma configuração integrativa de pesquisa. Baseados nisso, os passos argumentativos seguintes buscam tornar mais precisa a disposição de exigências feitas à pesquisa integrativa. Nesse processo são enfatizados tanto aspectos da teoria científica quanto da avaliação crítica das experiências atuais com a premissa antropogeográfica.

Claridades nebulosas

Nos fundamentos preparados por Ratzel, a palavra "vida" abrange não apenas fatores naturais e sociais, mas está também carregada ou, antes até, sobrecarregada de conotações naturalísticas. Um problema fundamental é provocado pela não observância da elaboração de diferenciações conceituais claras. Não é feita, por exemplo, uma diferenciação sobretudo conceitual entre o discurso sobre "vida" no sentido biocientífico e "vida" no sentido do decorrer ativo da existência humana.[3] O principal motivo para tanto é que a exigência de uma elaboração integrativa de "problemas da vida" até o momento só pôde ser cumprida de forma altamente insatisfatória. Além disso é preciso pontuar que as geografias social e cultural durante muito tempo não possuíam um aparato teórico próprio apto para o cumprimento dessa tarefa. Afinal, teorias das ciências naturais, especialmente ecológicas – segundo as quais a Geografia por diversos motivos se orientou e ainda hoje se orienta na ligação com a ecologia humana –, não oferecem uma possibilidade satisfatória de se inserir componentes socioculturais de situações ecológicas problemáticas em concepções de pesquisa.

Pode-se concluir, além disso, que a tradição geográfica de pensamento e pesquisa muito frequentemente fracassa por conta de um concretismo exagerado – que, em geral, implica uma redução inadequada do social para o físico, além da tendência para uma reificação insustentável (objetificação) de conceitos. Os motivos para ambas as reduções mencionadas por último consistem fundamentalmente no fato de que se fala por toda parte sobre pesquisa integrativa, interdisciplinar e transdisciplinar, porém são pouquíssimas as sugestões claras de definição daquilo que esses conceitos, usados muitas vezes simplesmente por modismo, de fato deveriam representar.

No que se segue gostaríamos de defender a tese de que essas dificuldades podem ser superadas, através do recurso a teorias de ação sociocientíficas, exatamente quando por um lado é possível superar as reduções intencionalísticas e subjetivísticas no conceito de ação; e neste ponto faz-se necessária ao menos uma diferenciação entre "fazer" e "ação", de forma a ficar claro em que medida a ação representa uma forma do fazer. Por outro lado, é preciso então ser mostrado no fazer e na ação em que medida estes se adaptam como

---

3 Ver Cassirer (1990 [1944]), Misch (1967).

componente sociogeográfico; não, por exemplo, no caso de a geografia social *também* poder afirmar algo sobre fazer e ação, mas, ao contrário, ao mostrar-se algo no fazer e na ação que pudesse ser explicado *unicamente* por meio de conceitos ou métodos de pesquisa e representação sociogeográficos.

A definição de objetivos como ordenação

Em face da fragmentação do campo de atuação científica em não somente cada vez mais disciplinas, mas também em disciplinas cuja própria denominação já representa em si um cruzamento de disciplinas até o momento bem distintas, como Biofísica ou Ecologia Humana, além de áreas como ecologia social e geografia social, Jürgen Mittelstrass – um dos poucos que há anos se ocupa de maneira sistemática com problemas da pesquisa disciplinar, interdisciplinar e transdisciplinar – questiona a relevância e a justificabilidade da delimitação de disciplinas científicas:

> Onde começa, onde termina uma disciplina e onde começa uma outra? O que define uma disciplina em seu caráter disciplinar? Um objeto ou uma área de atuação ou um paradigma ou um método ou um objetivo investigativo? Perguntado de outra forma, a disposição das disciplinas segue a disposição do mundo ou das teorias, dos métodos ou dos objetivos? (Mittelstrass, 1998, p.33)

A primeira resposta, que oferece uma introdução à direção de sua argumentação, é: "Não são (somente) os objetos que definem a disciplina, mas a forma como os tratamos teoricamente" (ibid., p.41). Assim, não é o estado real do mundo que, em função de sua subcategorização concreta, define os objetos e delimitações de campos de atuação da pesquisa disciplinar. Uma pré-estruturação concreta do mundo significaria que as disciplinas – como hoje as encontramos – deveriam ser compreendidas como pertencentes à história natural. São antes nossos questionamentos, nossas formulações de problemas e nossos objetivos que levam à diferenciação e delimitação de campos e objetos de pesquisa. São as definições de objetivos dos cientistas que constituem os objetos de pesquisa, que *não* são preconcebidos naturalmente.

No contexto dessa perspectiva de observação, Mittelstrass nota uma assimetria entre desenvolvimentos de problemas e o desenvolvimento disciplinar, que cresce cada vez mais através da crescente especialização ou, antes, fragmentação no plano disciplinar. A consequência disso é a existência de cada vez mais problemas para os quais (ainda) não foi encontrada uma disciplina – e, diante da fragmentação, particularização e atomização das disciplinas, provavelmente não será. Seria necessária uma guinada radical do caminho trilhado até o momento, um "retorno" a unidades disciplinares ou interdisciplinares maiores.

A reivindicação de um "retorno" não se baseia em necessidades disciplinares, mas surge antes das "exigências que o próprio desenvolvimento dos problemas impõe" (Mittelstrass, 1998, p.42). Deve-se, portanto, partir do desenvolvimento do problema para daí elaborar questionamentos disciplinarmente relevantes, e não o contrário: retroceder a partir de novos desenvolvimentos de problemas para competências disciplinares preexistentes. Apenas deste modo, segundo Mittelstrass, pode-se chegar a uma expansão das capacidades científicas de percepção. Apenas a partir dessa perspectiva pode ser inaugurada uma opção sensata e eficiente de pesquisa inter e transdisciplinar. Em relação ao caminho percorrido até o momento: não é por acaso que a estratégia de se lançar mão da antiga ordem disciplinar para a elaboração e análise de novas situações problemáticas traz poucas ou nenhuma chance de sucesso.

Pesquisa integrativa trans/interdisciplinar

Caso se mostre, no sentido do desenvolvimento do problema, que nenhuma das disciplinas existentes individualmente é capaz de, com seus métodos, apresentar uma proposta de elaboração que pareça adequada ao problema, então fronteiras disciplinares deverão ser transpostas rumo à elaboração de uma estratégia de solução do problema em cooperação com outras disciplinas e mantendo-se fundamentalmente a classificação disciplinar. Se esse caminho falhar, faz-se necessário buscar um outro, rumo a uma nova diferenciação disciplinar. Esse outro caminho poderá eventualmente se desviar da lógica das diferenciações atualmente existentes. Isso, entretanto, não se dará nos casos em que o problema for "triturado" por meio de mais e mais subcategorizações, especializações e fragmentações das disciplinas existentes, sendo assim "desproblematizado" por ser reconstituído nas rotinas costumeiras de atuais estratégias disciplinares de resolução de problemas.

Uma reintegração bem-sucedida apenas poderá funcionar caso métodos disciplinares atuais, tidos como efetivos, forem combinados com uma nova matriz disciplinar. Esse passo pode e deve ser considerado uma medida genuinamente *trans*disciplinar.

> A interdisciplinaridade, entendida em seu verdadeiro sentido, não consiste no oscilar constante de uma disciplina a outra e nem no pairar, como o Espírito Absoluto, acima das matérias e disciplinas. Ela antes anula mais uma vez, dentro de um contexto histórico de constituição disciplinar, as subdivisões de matérias onde estas perderam sua memória histórica; ela é, na realidade, transdiscipli-naridade. Transdisciplinaridade significa aqui, no sentido da verdadeira inter-disciplinaridade, uma pesquisa que se desprenda de seus limites disciplinares, que defina e resolva seus problemas de forma disciplinarmente independente. (Mittelstrass, 1998, p.44)

Nesse sentido, é importante manter em mente que transdisciplinari-dade nunca poderá substituir ou tornar obsoleto o saber e poder das dis-ciplinas. Não se trata de uma depreciação das formas disciplinares atuais de procedimento, mas antes da necessidade, suspeitada em função de um novo desenvolvimento dos problemas, do estabelecimento de uma nova matriz disciplinar que possibilite *pesquisas* no contexto do novo âmbito de estudo. Nesse sentido, ainda segundo Mittelstrass, transdisciplina-ridade significa não tanto um princípio teórico, mas antes um princípio investigativo.

> Isso quer dizer, entretanto – no sentido da teorização científica e não apenas da organização científica –, que transdisciplinaridade é, em primeiro plano, um princípio de pesquisa e somente em segundo plano um princípio teórico. Como princípio de pesquisa, a transdisciplinaridade une as ciências, organizadas disciplinarmente, ao seu futuro científico e ao mesmo tempo a um mundo da vida cuja própria forma racional interna é científica, ou seja, determinada pelo progresso científico. O futuro transdisciplinar da ciência seria, nesse sentido, também o futuro de nosso mundo da vida. (Ibid., p.48)

Seria um equívoco, a partir desse esboço de pesquisa transdisciplinar apresentado por Mittelstrass, supor que o objeto da pesquisa transdisciplinar seria *o mesmo*, porém estudado sob diferentes aspectos ou perspectivas disciplinares. Ao contrário, pode-se constatar que Ecologia e Ciências Ambientais, por exemplo, são a princípio disciplinas *diferentes* baseadas em objetivos de pesquisas próprios e que, segundo esses objetivos, possuem o mesmo objeto de estudo. Assim, para se decidir se e como extratos de teoria biocientífica devem e podem ser integrados nas Ciências Ambientais necessita-se de reflexões precisas e eventualmente de esforços de tradução; ou, ao contrário, se ideias sociocientíficas adquiridas em vinculação a pesquisas de Ciências Ambientais podem (e devem) ser incluídas na Ecologia. Isso sob a condição de que as Ciências Ambientais sejam compreendidas nesse caso não como uma disciplina da Biologia a que foram adicionados componentes sociais, mas antes uma linha de pesquisa na qual o social e o natural se apresentam, de forma particular, como fatores do mesmo objeto.

Não é possível decidir somente dentro da respectiva disciplina e de seus objetivos de estudo específicos se é possível efetuar de maneira sensata essa forma de tradução de um contexto disciplinar específico para um outro. É antes necessária uma descrição do problema – que preceda as disciplinas – segundo a qual sejam julgados e avaliados os resultados disciplinares, assim como os procedimentos de sua obtenção. É exatamente através da elaboração de uma descrição do problema que preceda a pesquisa disciplinar e que eventualmente seja elaborada disciplinarmente que se pode descrever de forma sensata a pesquisa transdisciplinar, na qual "a cooperação leva a uma ordem dos sistemas científicos duradoura e transformadora das próprias orientações disciplinares" (Mittelstrass, 2001, p.93).

A transdisciplinaridade pode ser descrita, segundo Mittelstrass, do seguinte modo:

> Transdisciplinaridade é, em primeiro lugar, um conceito integrativo, e não um conceito holístico. Ela desfaz isolamentos em um plano metódico mais elevado, mas não se fundamenta num padrão "genérico" de interpretação e explicação. Em segundo lugar, a transdisciplinaridade anula estreitamentos dentro de um contexto histórico de constituição das matérias e disciplinas no qual estas tenham perdido sua memória histórica e sua força de resolução de problemas por conta de especializações excessivamente grandes, mas ela conduz a um novo

contexto disciplinar. Por este motivo ela tampouco pode substituir as disciplinas. E transdisciplinaridade é, em terceiro, um princípio científico de trabalho e organização que se orienta segundo o problema e que transcende matérias e disciplinas, porém ela não é um princípio transcientífico. (...) E em quarto e último lugar, transdisciplinaridade é primariamente um princípio de pesquisa e não um princípio teórico – ou, quando muito, de modo secundário, quando também as teorias seguem um programa de pesquisa transdisciplinar. Ela conduz percepções e soluções de problemas, mas não se solidifica em formas teóricas – nem num contexto disciplinar nem em um holístico. (Ibid., p.94 et seq.)

É preciso lembrar, em especial diante de concepções de uma "unidade do saber" supostamente baseada na Biologia, como recentemente mais uma vez afirmado por Edward O. Wilson (1998), que transdisciplinaridade foi o paradigma de sistema científico a embasar a ideia de ciências humanas (e hoje – segundo Mittelstrass – deveria continuar sendo!).

Se o verdadeiro objeto das ciências humanas é a forma cultural do mundo e se nela estão contidas também as ciências naturais e tudo que constitui o mundo moderno em seu caráter científico e não científico, então elas só podem corresponder a essa condição se em sua percepção do mundo e em suas formas de trabalho novamente abandonarem o caminho uma vez trilhado da particularização de orientações das ciências humanas e assumirem uma ótica transdisciplinar. (Mittelstrass, 2001, p.190)

Ou em outras palavras: a concepção de uma "unidade do saber" fundamentada nas ciências naturais significaria, em primeiro lugar, que a ordem dos "objetos" das ciências deveria anteceder todo trabalho científico, devendo assim "apenas" ser descoberta. Em segundo lugar, uma tal concepção implica que não são os objetivos do fazer científico que ordenam as coisas, mas antes os objetivos das ciências (naturais) é que seriam determinados através da ordem da natureza. Ambas as implicações podem ser consideradas no mínimo altamente problemáticas.

Diante do argumento de concepções genéricas e holísticas de uma "unidade do saber" na qual um objeto específico do saber é afirmado como orientador e determinante para todo o conhecimento seria talvez sensato contrapor uma "teoria do saber", como tentou, além de Ernst Cassirer,

ESPACIALIDADE SOCIAL **339**

sobretudo Georg Misch em vinculação a Wilhelm Dilthey.[4] Nesta não seria a pluralidade de ciências que deveria ser retornada a uma única. O objetivo de uma teoria do saber é esclarecer como diferentes formas de conhecimento podem surgir na reflexão sobre a execução laboral diária e suas condições de sucesso ou insucesso.

Transdisciplinaridade representa, assim, uma unidade *prática* do conhecimento, fundada na teoria do saber, diferentemente de concepções clássicas de unidade das ciências, baseadas nos métodos e procedimentos da Física, ou concepções holísticas relativas a um objeto, como as que – junto da "unidade do saber" biológica de Wilson – fundamentam também o conceito "gaia" (Lovelock, 1991) ou a *"deep ecology"* (Naess, 1990, 2002).

A dupla redução do social ao natural

Uma vez que problemas da naturalização já foram abordados pormenorizadamente tanto no texto introdutório quanto no da crítica da teoria da ação idealística, é possível ser sucinto no que se segue. Uma compreensão naturalística da pesquisa sociogeográfica advém, em primeiro lugar, não apenas da adoção de conceitos espaciais físicos e da vinculação à ecologia das ciências naturais – através de que a dimensão social do objeto sociogeográfico fatalmente se perde. Ao mesmo tempo, o agir das pessoas é reduzido a um comportamento causalmente justificável.

A segunda redução naturalística do social ao natural consiste na reificação ou objetificação do social. Através disso, o social é tratado como uma coisa, uma entidade encontrada por pessoas ativas e outros "elementos naturais" na qual pessoas se "inserem" por meio de seu agir. Uma tal objetificação se dá não apenas exclusivamente através da adoção de conceitos das ciências naturais, mas – e este é o ponto que até o momento foi muito pouco considerado e discutido – exatamente programas de pesquisa interpretativa que consideram a si mesmos "culturalistas" são naturalistas ao falarem de "cultura" e do "social" como objetos que são de alguma forma "dados", encontrados como coisas nas quais se age, mas que não são estruturadas pelo agir. A crítica do "culturalismo naturalista", que pode ser

---

4 Ver Misch (1947, 1994, 1999).

BENNO WERLEN

identificado em diversos conceitos pós-modernistas e deconstrutivistas, requer uma análise individual cuidadosa, para a qual, entretanto, ainda não existem estudos preliminares.

Teorias da ação sociocientíficas e pesquisa integrativa

As diferentes teorias da ação sociocientíficas, especialmente a de Max Weber (1980), foram amplamente influenciadas pelo idealismo e pelo nominalismo. As tradições de pesquisa em geografia social, ao contrário, são implementadas por um "naturalismo" mecanicista, por essencialismo e muitas vezes por um holismo ingênuo (especialmente entre os defensores da geografia da paisagem). Além disso, todas elas apresentam características do sincretismo. Visto por essa perspectiva, não apenas se torna bem mais difícil um entendimento entre os defensores de ambas as perspectivas de acesso ao "social", mas também a utilização das teorias da ação sobre questionamentos sociogeográficos. Em resumo, o problema da utilização pode ser provisoriamente descrito da seguinte forma: a tradição idealística das teorias da ação leva a uma enorme subestimação do significado das condições físico-materiais de ação – sobretudo diante da ocultação da corporalidade dos atuantes – para a constituição da sociedade. A tradição mecanicista-reducionista da geografia social, ao contrário, tenta encontrar o social no material, especialmente no biótico – ou, de forma ainda mais extrema – no chamado "espaço", seja como característica da natureza entendida como física ou biológica ou como entidade concreto-substancial encontrada naturalmente.

Esse cenário é documentado claramente no volume *Das Wesen der Landschaft* (A essência da paisagem), organizado por Karlheinz Paffen (1973), no qual as posições clássicas a respeito do conceito de paisagem foram documentadas com o intuito de contestar a crítica, por exemplo de Gerhard Hard (1970), da dominância do espaço, assim como das implicações políticas desse conceito no pensamento geográfico. Para a autocompreensão da Geografia como disciplina não é tão determinante que a posição dos críticos não tenha sido documentada nesse contexto. Mais relevante é o fato de que "linguagem técnica de difícil compreensão e a alusão de autores estranhos à matéria" sejam monitorados (Paffen, 1973, p.x). As (de)limitações de disciplinas são imaginadas – exatamente no sentido descrito por

Mittelstrass – como dadas naturalmente e, por conta disso, como fechadas em relação a possíveis comunicações com outras disciplinas.

Contrariamente às afirmações metodológicas dos representantes da escola da paisagem tradicional ou de outras concepções holísticas, a chamada antroposfera em geral não é pesquisada de modo nem diferenciado nem adequado. Afinal, em primeiro lugar, a esfera sociocultural recebe o mesmo *status* ontológico que o âmbito físico-material da realidade. Em segundo lugar, tomam-se sempre padrões espaciais terrestres como referência para a localização e estruturação de elementos relevantes para a pesquisa. Uma vez que esses padrões devem ser compreendidos como uma derivação do conceito de espaço mecânico-euclidiano e apenas podem ser efetivos em relação a elementos materiais, esse proceder implica uma "mecanização" de realidades socioculturais e subjetivo-simbólicas. Essa "mecanização" apresenta uma longa e consequente linha de desenvolvimento na tradição da pesquisa geográfica, estendendo-se ao menos desde Ratzel, passando por Kraus, Schrepfer, pela escola da paisagem dos anos de 1940 e 1950, por Bobek, Otremba, pela escola de geografia social de Munique nos anos de 1970 até Bartels e Wirth. Ela apresenta também dois componentes: o primeiro é a materialização e "causalização" do imaterial, o segundo, a estruturação de conteúdos de sentido sociais e subjetivos (significados) por meio de quadros de ordenação mecânicos.

Nesse contexto é possível constatar uma oscilação conceitual: entre um direcionamento fisicalístico e biologístico primeiramente e uma reformulação – especialmente após o nazismo – de um posicionamento partindo do darwinismo social de Haeckel para um "espírito objetivo" (Schwind, 1951, Schmithüsen, 1964, 1976) com forte dominância do fator estético;[5] a estetização do espacial como paisagem foi descrita criteriosamente sobretudo por Joachim Ritter (1974).

O problema de se desenvolver uma concepção de pesquisa que possa se adequar a um modo de pesquisa integrativo foi abordado no decorrer da história disciplinar geográfica de diversas perspectivas e respondido por várias gerações de cientistas com modelos de diferentes plausibilidades. Diferentes concepções de pesquisa da teoria científica e das Ciências Sociais foram, nesse processo, interpretadas de modo tão distorcido por geógrafos

---

5 Ver Werlen (1993b, 1995a).

342 BENNO WERLEN

que os trabalhos nelas baseados muitas vezes não apenas se revelam pouco frutíferos cientificamente, como também não puderam alcançar relevância interdisciplinar prática. Consequentemente, eles muitas vezes ficam abaixo do nível de competência das propostas de pesquisa originais.[6]

Como poderia então ser possível a condução de uma pesquisa possivelmente adequada integrativamente baseada na teoria da ação que nem incorra, por um lado, nas carências das atuais concepções geográficas de pesquisa, nem, por outro lado, adote as fraquezas idealísticas das teorias da ação tradicionais? Uma vez que no próprio contexto das teorias da ação, em função de sua tradição idealística, existem problemas fundamentais e, por outro lado, a situação de partida na geografia social é marcada por distorções e sincretismo, faz-se necessário um aprofundamento maior para a elaboração da presente temática.

A situação inicial na geografia social

Na história recente da Geografia tenta-se, desde os anos de 1960, compensar o interesse e a relevância cada vez menores de resultados geográficos de pesquisa através da especialização dos estudos investigativos nos ramos das ciências naturais e sociais. Com isso, a unidade da disciplina continua a ser prejudicada, de modo que ela hoje em muitas universidades existe unicamente do ponto de vista administrativo.

A especialização e a fragmentação constatadas e problematizadas por Mittelstrass manifestam-se claramente também sob a forma de consequências políticas catastróficas. Após uma conscientização, desde o fim dos anos de 1960, de círculos cada vez maiores da população em relação às consequências ecologicamente problemáticas do modo de produção e de vida industrial e pós-industrial, e uma vez que as soluções exigidas das instâncias políticas foram endereçadas não à Geografia, mas à Ecologia das Ciências Naturais e à Ecologia Humana – ainda que sejam compreendidas como uma subdisciplina da Ecologia das Ciências Naturais –, a maioria dos geógrafos se vê confrontada com o problema da chamada "primogenitura" em relação ao tratamento de problemas "ecológicos". Acreditamos que existiram e

---

6 Ver Werlen (1987a, p.219 et seq., 2000).

existem diversos bons motivos – relacionados ao desenvolvimento precário da Geografia como disciplina autônoma, com um objetivo, um objeto de estudo e um cânone metodológico e conceptual próprios – para que a Geografia não tenha sido e não seja utilizada na solução de problemas ecológicos.

Acreditamos também que seja possível anular esses motivos por meio do aprimoramento de nosso desempenho. Afinal, mesmo os ecologistas que se orientam exclusivamente segundo as ciências naturais experimentaram uma amarga derrota diante dos problemas ambientais por não serem capazes de formular soluções adequadas em função da exclusão da dimensão social de suas perspectivas. Afinal, os problemas "ecológicos" que causam comoção pública não pertencem a um objeto naturalmente situável que pudesse ser estudado pela Ecologia das Ciências Naturais.

Para a Geografia isso significa que é necessário criar as condições necessárias nos planos metateórico, teórico disciplinar, conceitual e instrumental ou, dito de forma mais simples e clara: geógrafos devem primeiramente chegar a uma compreensão mais profunda e diferenciada da problemática ecológica caso queiram superar as insuficiências existentes. E isso significa ao menos a elaboração da "mixórdia" dos planos social e natural, do caráter "híbrido" do problema a ser tratado.

Em relação às reflexões de Mittelstrass, podemos constatar que esse esforço não pode ser feito apenas pelos geógrafos nos limites de sua atual configuração disciplinar. Afinal, antes que pesquisas disciplinares com perspectivas de sucesso se iniciem é preciso que se elabore uma descrição extradisciplinar do problema. Uma descrição que de alguma forma supere a dicotomia, ainda existente, entre o âmbito natural e o social e, como consequência, também a dicotomia de ciências naturais e Ciências Sociais. Pois foi exatamente essa dicotomia que levou ao fracasso dos esforços disciplinares existentes no sentido de uma elaboração de estratégias de resolução de problemas nas Ciências Ambientais.

Após uma tal descrição do problema pode-se progredir rumo a uma constituição adequada do objeto, que deverá conduzir a uma reintegração da atual atomização disciplinar da Geografia. Porém, não a uma reintegração das atuais disciplinas da Geografia, mas sim a uma possível integração, sob o título de "geografia social", de todas as disciplinas externas à Geografia que são, com seus recursos conceituais e metodológicos, necessárias para uma elaboração adequada do problema.

Os principais motivos para o fracasso das contribuições geográficas atuais, ou antes para sua não observância, podem ser vistos na natureza "artesanal" de seus conceitos de pesquisa. Um exemplo especialmente notório é o modelo do sistema da geoecologia. A falta de compreensão da ontologia do mundo sociocultural restringiu o olhar de muitos geógrafos para contextos que levam a consequências ecologicamente problemáticas. Em vez de se examinar os contextos sociais – e as relações sociais naturais que estes trazem como diferenciação entre social e natural dentro da sociedade –, persistiu-se na análise do mundo físico, isto é, do espaço terrestre, acreditando-se ainda que exatamente ali e apenas ali estariam as causas das manifestações físico-materiais e biológicas de contextos sociais.

Os problemas que surgem de uma utilização não suficientemente diferenciada da teoria de sistemas para contextos ecológicos podem ser contemplados tanto na obra de Peter Haggett (1983) quanto no relato de Paul Messerli (1986) sobre o programa de pesquisa interdisciplinar suíço MAB (*Men and Biosphere*). Eles, assim como as referências feitas dentro da Geografia em relação à teoria de sistemas em geral, também foram severamente "contaminados" pelas ideias da ciência do espaço. Nesse contexto faz-se necessária uma guinada na direção do olhar geográfico. Os padrões argumentativos baseados na ciência do espaço deveriam ser substituídos por um enfoque científico das atividades que tornasse elementos relativos à "paisagem" e a "classificações" "do espaço (natural)" compreensíveis como resultado e precondição da ação humana estruturada.

O conceito formal "sistema" até pode ser aplicado a contextos "arbitrários" ou interpretado conforme diferentes circunstâncias. Entretanto, para que sua utilização possibilite a formulação de hipóteses empiricamente relevantes, é necessário primeiramente diferenciarmos de forma clara entre sistemas do mundo físico (orgânico e não orgânico) e do mundo social (da ação, de um lado, e dos símbolos de outro), ou entre "sistemas físicos" e "sistemas semânticos". Ou ainda entre formas simbólicas e suas diferentes reificações, como observa Cassirer. Essa diferenciação é necessária pelo fato de que os conteúdos desses sistemas apresentam um *status* ontológico diferente.

A aplicação da teoria de sistemas no contexto de programas de pesquisa integrativos deveria esclarecer essa relação de modo mais preciso do que é o caso até o momento. O problema da relação entre os âmbitos sociocultural e físico não pode, entretanto, ser resolvido adequadamente nem no contexto das concepções sistêmicas tradicionais, nem através de teorias de sistemas baseadas em procedimentos imagéticos (tais como o Sistema de Informação Geográfica ou GIS, Geographic Information System). Afinal, as relações entre os dois âmbitos são concretizadas por meio de atividades humanas e estas não podem ser descritas e explicadas adequadamente por meio de concepções mecanicistas. Uma possibilidade de solução para essa categoria de problemas poderia residir no princípio da interpenetração dos sistemas cultura, sociedade, personalidade e organismo, baseado na teoria de sistemas de Talcott Parsons (1952, 1964) ou ainda na concepção de autopoiésis da teoria de sistemas de Niklas Luhmann, assim como as reflexões nela desenvolvidas sobre sistemas acoplados em maior ou menor grau. Essa questão, entretanto, terá de ser deixada para outros estudos.[7]

Rumo a uma concepção teórica de atividades

A primeira condição para o estabelecimento de um estudo integrativo de problemas vitais – compreendidos aqui como problemas que surgem no decorrer prático da vida de atuantes sociais que cooperam e comunicam entre si – deve ser vista não na transformação do "espaço" ou de "sistemas espaciais" no objeto de estudo da Geografia, mas sim na ação humana em sua diversidade como trabalho, produção e ação (Arendt, 1981), assim como em suas relações sociais e físico-seculares (incluindo a dimensão de relações sociais naturais). No contexto dessa concepção caberia à geografia social fundamentada numa teoria voltada para a ação a tarefa de esclarecer as condições sociais de comércio, produção e ação humana em variados contextos sociais e culturais, isto é, contemplar os princípios de ação respectivamente válidos e, se possível, formular as relações típicas mais importantes entre motivos e consequências intencionais ou não da ação no plano social.

O passo seguinte, a ser dado conjuntamente com representantes da geografia física e das ciências naturais, seria constatar quais tipos de ação conduzem a consequências ecologicamente problemáticas. Para os procedimentos subsequentes, a pesquisa em geografia física teria que atender à condição de que suas teorias apresentem uma relação logicamente consistente para

---

7 Ver Lippuner (2005).

com as teorias das ciências naturais em seu âmbito de atuação, mostrando como métodos e procedimentos de outras ciências podem ser integrados à Geografia; nesse processo é preciso sobretudo esclarecer como poderiam ser "traduzidos", segundo a teoria da ação, conceitos causalísticos nos quais é tematizado, dentre outros, o comportamento, mas não a ação.

Sua tarefa consistiria, assim, na integração diferenciada da elaboração do impacto de circunstâncias naturais causais no contexto espacial terrestre às teorias mais gerais das ciências naturais. Se essas condições forem cumpridas, as teorias da geografia física deverão fornecer a orientação para as ações práticas de intervenção direta ou indireta no mundo físico. Afinal, as ações que, declarando determinados objetivos e em relação a estes, intervêm através de meios adequados no mundo físico, por exemplo, devem se pautar segundo um conhecimento empírico válido dos elementos naturais caso não queiram fracassar. Isso quer dizer que os objetivos e a escolha dos meios das ações bem-sucedidas têm de ser concebidos e aplicados de forma tal que se adaptem suficientemente às condições físicas da situação ou de modo que as consequências ecológicas problemáticas identificadas não mais ocorram.

O papel específico da geografia física seria, portanto, chamar a atenção sobretudo para as consequências posteriores que surgem no mundo físico em sua configuração espacial terrestre mediante o atingimento do objetivo específico de uma ação. Formulado mais precisamente: a geografia física deve compreender as consequências (não intencionais) das transformações, causadas pela ação humana, de contextos causais e suas configurações espaciais terrestres. Ela deve ainda descrever seu caráter problemático e sugerir, com base no cenário atual de exigências ecológicas, formas (técnicas) alternativas de ação.

A tarefa específica da geografia social seria, então, mediante o conhecimento dos contextos sociais, atuar na transformação das condições socioculturais da ação e sugerir objetivos alternativos e meios de ação adequados socialmente. A chance de elaboração de problemas ecológicos específica da Geografia reside no fato de que o processo de formação dos profissionais dessa área poderia proporcionar a base para a concordância entre variantes de pesquisa e concepções das ciências naturais e sociais.

Sobre a metodologia da pesquisa integrativa

Considerando-se a impossibilidade de entrar em detalhes aqui, caberia ainda mencionar que as metodologias da análise de contextos e situações,[8] que também Karl Raimund Popper (1967, 1969, 1970, 1973, 1980) já sugerira para a pesquisa social empírica, devem ser categorizadas como o padrão conceitual mais promissor para a elaboração de problemas ecológicos, ao menos da perspectiva da teoria da ação. Em especial na comparação com conceitos orientados segundo a teoria de sistemas, o método da análise situacional parece apresentar a vantagem de não estar condicionado à elaboração de reducionismos ou de um maneirismo mecanicista para a estruturação e pesquisa de problemas ecológicos. Ao contrário, ele possibilita uma sondagem adequada de elementos socioculturais e físico-biológicos tanto em seus respectivos contextos, quanto em suas interdependências e possibilidades de influenciação, assim como das consequências problemáticas para ambos. Uma vez que a apresentação detalhada da estrutura básica desse método já foi feita em outra ocasião (Werlen, 1988b, 1989b), será acrescentado aqui apenas um pequeno complemento.

Considerando-se que a particularidade da pesquisa geográfica seja revelar âmbitos de atuação de causas do mundo físico representáveis espacialmente, dos alcances do mundo social e das consequências socioculturais de condições bióticas físicas/materiais e das consequências bióticas físicas/materiais de condições socioculturais da ação, então é necessário dispor de um instrumentário especial para o tratamento e descrição desses contextos.

Podemos considerar o conceito de diorama, de Torsten Hägerstrand (1970, 1982, 1984) e seus alunos, como um ponto de partida promissor, assim como os modelos espaçotemporais nele baseados. Através deles é possível atualmente apenas estruturar e descrever sistematicamente a localização e movimentos de elementos biológico-materiais (inclusive dos corpos dos atuantes e artefatos materiais) no espaço terrestre. Entretanto, mesmo nesse estágio rudimentar, esse instrumento possui a vantagem de permitir a constatação das consequências da ação humana sobre o mundo físico/material-biológico e a análise diferenciada dos respectivos âmbitos de atuação e alcances. A metodologia cronogeográfica apresenta ainda a vantagem de que

---

8 Ver por exemplo Bonss *et al.* (1993).

com ela é possível, levando-se em consideração as condições físico-materiais e sua disposição espacial terrestre, alcançar um "panorama das possibilidade e – em oposição a estas – das impossibilidades da ação" (em relação ao mundo físico), além de "permitir revelar os limites do possível por meio do agregar de imposições da ação" (Carlstein, 1986, p.121).

Entretanto, sem a interpretação da teoria social, o valor de grande parte das construções cronogeográficas é nulo. Afinal, também é necessário apontar um perigo particular do instrumentário de pesquisa cronogeográfico: o perigo de que com ela a pesquisa geográfica possa cair novamente na armadilha de um materialismo trivializante. Pelo fato de que toda a metodologia da geografia temporal se baseia em conceitos mecanicistas, sua base conceitual pode ser aplicada de maneira sensata apenas a elementos físico-materiais. Com isso, também ela porta em si o risco de que os erros que foram e são cometidos na aplicação da teoria de sistemas em questões integrativas sejam meramente reproduzidos em uma nova linguagem. Entretanto, sua potencialidade no horizonte interpretativo da geografia social baseada na teoria da ação já foi abordada por Anthony Giddens (1988a, p.161-213).

Para aplacar a ameaça do reducionismo é preciso superar toda hipostasiação ou reificação da paisagem, o diorama e construtos conceituais similares; um risco identificado tanto por Allan Pred (1977, 1981) quanto por Giddens (1988a), para o qual porém ainda não formam tomadas as medidas necessárias.

Ao mesmo tempo é de importância fundamental que o conceito de Hägerstrand de *"togetherness"* seja relacionado a aspectos físico-materiais de forma mais radical que a do próprio autor. Em todo caso, não se pode interpretá-lo no sentido de que o social e o material estejam diretamente vinculados entre si, podendo ser estruturados e localizados com o mesmo padrão de referência. Ambos os âmbitos da realidade estão sempre vinculados em atividades humanas e são diferenciados entre si na reflexão sobre o fazer e sobre os objetivos perseguidos no respectivo fazer. Essa integração entre o físico-material e o simbólico-imaterial ou ainda entre natureza e cultura/sociedade através de atividades e ações não pode conduzir à conclusão equivocada de que ambos os aspectos poderiam ser adequadamente pesquisados com o mesmo instrumentário.

É importante, finalmente, ressaltar a necessidade crucial de ampliação consequente desse instrumentário através do componente sociocultural caso se queira alcançar sua relevância interdisciplinar e seu potencial para a elaboração integrativa de situações práticas problemáticas.

Perspectivação do conteúdo

Finalizando, cabe ainda observar que a atuação e o agir humanos estão ligados às condições físico-biótico-fisiológicas da existência humana. Isso não significa admitir que o físico determina ou deve determinar o social. Nem que o mundo é um grande mecanismo mantido pelas intencionalidades e objetivos das ações humanas, como o fizeram os teóricos da ação filosóficos idealistas desde Hobbes até Locke e Kant e como deram seguimento as teorias da ação sociocientíficas. E sobretudo não é preciso considerar

> que a ação como um movimento no mundo de experiência deva ser compreendida de forma análoga à relação de causa e efeito, embora a origem de todo movimento deva ser buscada em um ato de vontade, enquanto o efeito se expressa em atividade consequente do corpo. (Bubner, 1982, p.12)

Queremos com isso chamar a atenção para o fato de que da perspectiva da teoria de atividades se torna claro que o problema da pesquisa integrativa – tanto na Geografia quanto alhures – pode ser contemplado como expressão do dilema ainda polêmico de corpo e alma. Uma expectativa justificável, que entretanto não pode ser apresentada detalhadamente aqui, é a de que a teoria da ação sociocientífica e filosófica em seu estágio atual oferece soluções fundamentalmente melhores que as dos tempos do domínio positivista-empirista.

O que deve ter ficado claro, além disso, é que a compreensão da natureza sempre apresenta uma dimensão histórica. Afinal, toda definição de uma situação permanece vinculada às provisões de conhecimento disponíveis do atuante – não importando se essa definição se refere ao componente físico--material ou social da situação de ação. As provisões de conhecimento dos diferentes atuantes se comprimem em uma visão de mundo respectiva, uma cosmologia. Por esse motivo seria equivocado tratar de apenas uma cosmologia, por exemplo da mecanicista, que guiaria as pessoas, como sugere Carlo C. Jaeger (1985, 1996). Seria mais adequado apontar a diversidade de cosmologias e visões de mundo, que possuem suas raízes de maneiras específicas em contextos da vida prática. Afinal, ao menos hipoteticamente devemos considerar que todo atuante social dispõe de uma provisão de conhecimento diferente da dos demais.

Provisões de conhecimento *científicas*, ao contrário, parecem ser caracterizadas por um estilo mais normatizado; entretanto, sobretudo o conhecimento das ciências naturais ainda parece estar marcado por modelos mecanicistas e/ou organicistas. E, assim, também a compreensão científica atual dos aspectos físico-biológicos de situações da ação permanece vinculada à influência mecanicista sobre o conhecimento das ciências naturais, sendo a consequência disso a redução causalística do agir e da ação a mero fator comportamental. Uma vez que o conhecimento das ciências naturais ainda compreende nossas teorias mais adequadamente verificadas, seguramente não é possível vislumbrar uma alternativa na substituição desse conhecimento pela irreflexão de concepções pré-científicas ou ingênuas de "natureza".[9]

Por outro lado, certamente existirá um conhecimento sobre a natureza que se encontrará mais bem adaptado, isto é, em maior conformidade empírica com as circunstâncias locais, que o conhecimento geral das disciplinas das ciências naturais. Também por isso não devemos considerar precipitadamente os padrões mecanicistas ou biologicistas como a única esperança de sucesso. Devemos antes tratar as tradições locais, que se mostraram até agora bem-sucedidas no trato com os meios materiais e bióticos comuns como hipóteses iniciais a serem levadas a sério.

Nesse sentido, a perspectiva de pesquisa das ciências da ação, centrada no sujeito ou no atuante, adquirem uma dupla importância. Em primeiro lugar, para a compreensão das cosmologias locais, em relação às quais o mundo físico é interpretado como mundo do oposto, como meio ambiente ou como mundo comum/conjunto. Em segundo: para a compreensão das relações de sentido em que se encontram as formas de ação que atualmente se revelam problemáticas. Afinal, é preciso conhecê-las caso se queira trazer seus idealizadores para meios alternativos de alcance de seus objetivos ou para a mudança destes objetivos. Pois, por fim, conceitos de pesquisa integrativos devem contribuir para que os próprios atuantes encontrem uma forma de vida "integrada". Isso significa, em terceiro lugar, que o desenvolvimento de formas de convívio social, levando em consideração o fato de que seres humanos, por sempre apresentarem relações com a natureza em seu agir e suas ações, de certa forma sempre dependem da natureza, circunstância que

---

9 Ver Moscovici (1977), Hard (1983).

ESPACIALIDADE SOCIAL **351**

salienta a importância fundamental e o interesse próprio em relação ao trato diligente dos fundamentos físico-biológicos da vida.

Sobre o potencial de integração teórica da Geografia (Social)[10]

Uma proposta de discussão

> *Deixemos, portanto, as "fronteiras naturais" para os sabichões e ingênuos. Todas as fronteiras são traçadas pelos seres humanos. Elas podem ser "justas" ou "injustas", porém o que determina seu teor de justiça ou leva ao uso da força nunca é "a natureza".*
>
> Lucien Febvre (1995 [1935])

Essa observação – reconheçamos – polêmica de Lucien Febvre se aplica não apenas em relação a fronteiras espaciais que separam e diferenciam países e regiões, mas também à delimitação de disciplinas. Também estas foram criadas pelos seres humanos e não foram diferenciadas e separadas "naturalmente". Elas apontam, em sua gênese, para situações problemáticas externas ao âmbito científico e para debates disciplinares que não podem ser conduzidos a uma solução satisfatória através dos meios conceituais disponibilizados pelas respectivas disciplinas. Em suma: a possibilidade da elaboração bem-sucedida de problemas externos ou internos à ciência no cânone de disciplinas existente ou a necessidade de uma recategorização disciplinar – em função de novos objetivos de pesquisa – definem a forma de delimitação.

Três alternativas encontram-se disponíveis. Ou a necessidade de novos métodos de resolução de problemas conduz ao estabelecimento de uma nova disciplina científica, ou se tenta fazer jus a essa exigência através de uma mudança da subcategorização de uma disciplina existente. A terceira possibilidade consiste na integração de âmbitos temáticos antes separados em uma (nova) matriz interdisciplinar.

---

10 Texto original: Werlen, B.; Weingarten, M. Zum forschungsintegrativen Gehalt der (Sozial) Geographie. Ein Diskussionsvorschlag. In: Meusburger, P.; Schwan, T. (orgs.). *Humanökologie*. Ansätze zur Überwindung der Natur-Kultur-Dichotomie. Stuttgart: Franz Steiner, 2003, p.197-216. (N. E.)

352 BENNO WERLEN

Diante da questão se de fato é necessária uma definição de objetivos relativos à ecologia humana, ou se esta já não faria parte da base constitutiva da geografia social, será apresentada uma sugestão de debate para uma melhor compreensão de (re)categorizações disciplinares. Em suma, o objetivo aqui é discutir a questão sobre a possibilidade de especificação da geografia social como ecologia humana ou se essa exigência não estaria comprometida por contradições irresolúveis nas quais a natureza é, por fim, considerada o social e o social a natureza.

A questão da definição do objetivo disciplinar está inserida em reflexões metodológicas a respeito das relações da constituição do objeto da pesquisa ecológica. Em outras palavras: deveríamos considerar o âmbito antropogênico como subcategoria do biológico, devendo adequar-se a este, ou o acesso ao biológico só pode ser estudado por meio da compreensão da atuação humana? Essas questões implicam uma análise diferenciada dos conceitos centrais desse campo temático.

Oikos, Nomos e Logos

Todas as redefinições e recategorizações disciplinares podem ser concebidas como expressão de processos sociais ou científicos de revolucionamento ou diferenciação. Toda ordem disciplinar (atual) da ciência é, assim, uma imagem momentânea de uma atribuição de objetivos historicamente modificável. Para a caracterização dos objetivos que deverão ser elaborados em um novo contexto disciplinar são utilizadas palavras que indicam uma fusão de âmbitos temáticos anteriormente separados em uma (agora) única ordem disciplinar – com respectivas redefinições de fronteiras disciplinares: Bio(logia)química, Bio(logia)física, Sociologia Ambiental, Antropo(logia) Geografia, Geografia Social etc. Essas designações mistas trazem à tona a questão sobre o que seria de fato o objeto de uma tal ciência. Se a Biofísica é uma subdisciplina da Biologia, ela estuda o mesmo objeto que a Biologia, porém com métodos diferentes? Ou trata-se de um novo objeto, diferente tanto do objeto da Física quanto daquele da Biologia?

O problema dos objetivos e objetos de pesquisa se torna ainda mais confuso. Isso se expressa, por exemplo, na diferenciação disciplinar entre Eco-nomia e Eco-logia. Para nós, hoje, treinados em tradições disciplinares fixas, é óbvio que a Economia pertence como disciplina às Ciências Sociais, enquanto a Ecologia às Ciências Naturais ou à Biologia. Porém, a expressão "eco", que foi incorporada à denominação das disciplinas, aponta – ao menos a princípio – não para uma diferenciação entre Ciências Naturais e Sociais, mas sim para "oikos", para a organização e a administração domésticas. O mesmo se aplica à segunda parte da palavra. *Nomos* e *logos* também não podem ser relacionados à nossa diferenciação entre Ciências Naturais e Sociais. O que estudam, afinal, a Eco-nomia e a Eco-logia?

Primeiramente, se interpretarmos Eco-logia apenas como o *logos* do *oikos* – como o princípio de gestão do lar –, qualquer economista dirá que atualmente esse objetivo de pesquisa se aplicaria no máximo à fase pré--científica da Eco-nomia. A Economia como ciência está relacionada antes a empresas e a economias nacionais. Um ecólogo, como representante de uma subdisciplina da Biologia, admitirá – ou ao menos poderia admitir –, no contexto da concepção atual de sua disciplina, que sua ciência estuda, de certa forma, uma gestão de um lar, porém não de um lar humano, mas sim do "lar da natureza". Com esse intuito é que Ernst Haeckel (1866, 1904) introduziu ao menos a definição da disciplina. Entretanto não somente com esse intuito!

Haeckel tinha plena consciência de que, associada ao *logos* do *oikos* – tanto na tradição grega quanto naquela que se estende até o início dos tempos modernos –, estava a concepção de demonstrar essa forma de gestão como "natural". Diferentemente dessa tradição, ele queria compreender o "natural" no *logos* do *oikos* não como o ente verdadeiro – somente sob essa forma verdadeiro – de uma economia favorável a todos. Ele colocou a ênfase antes na "origem natural", na validade de "leis naturais", que são anteriores a qualquer ação humana e segundo as quais os seres humanos – caso queiram sobreviver – devem orientar suas ações. Com essa mudança – como mencionado – proposta por Haeckel, pode-se dizer que para ele o objeto da Ecologia é a gestão da natureza, que se refere não apenas a seres não humanos, mas igualmente às pessoas, suas vidas e afazeres. Passemos agora para a abordagem das implicações dessa mudança para o processo de diferenciação da geografia científica.

Antropogeografia e Geografia Social

É comumente aceito que Friedrich Ratzel, como fundador da Antropo-geografia (retornarei a este termo), também deve ser categorizado "de alguma forma" entre os fundadores, ou – para aqueles que considerem a expressão forte demais – ao menos entre os precursores da Geografia Social (outro termo que deveremos analisar mais adiante). Como discípulo de Haeckel, ele buscou sistematizar os pensamentos de seu mentor em obras como *Der Lebensraum: eine biogeographische Studie* (O espaço de vida: um estudo biogeográfico, 1901) e *Raum und Zeit in Geographie und Geologie: Naturphilosophische Betrachtungen* (Espaço e tempo em Geografia e Geologia: observações natu-rais filosóficas, 1907). A genialidade de Haeckel com a linguagem política se mostra em criações conceituais utilizadas até hoje. Ele preferiu, entretanto, deixar a elaboração de seus fundamentos teóricos para seus alunos. Pode-se concluir que a Antropogeografia é exatamente uma dessas elaborações.

No darwinismo (social) de Haeckel[11] a tese central é de que o espaço, pré-ordenado segundo os seres vivos que o habitam, seleciona estes por meio do critério da adaptação. Essa concepção é desenvolvida por Ratzel de forma científico-histórica e sistemática de forma a poder ser transmitida sem quebras para as pessoas e seu convívio. Com isso pode-se dizer que, através do ensinamento espacial de Ratzel como conceito fundamental de sua Antropogeografia, esta se consolida como parte da Ecologia de Haeckel. A consequência iminente disto é a naturalização do discurso sobre o ser humano, inclusive sua existência social e cultural.

Deixemos de lado esse problema, uma vez que o programa de Haeckel e Ratzel já foi aprofundado de forma consequente na Geopolítica de Ernst Haushofer. Admitamos por um momento que a Antropogeografia – como afirma por exemplo Werner Storkebaum (1969) – pertence de "alguma forma também" à Geografia Social, porém que a Geografia Social de fato começaria apenas em 1947 (com Hans Bobek no Encontro de Geógrafos em Bonn). Assim, como definição do objeto da "verdadeira" pesquisa sociogeo-gráfica a seguinte concepção, enraizada ainda na tradição Haeckel/Ratzel:

---

11 O motivo pelo qual o darwinismo de Haeckel pode ser pensado apenas como darwinismo social é explicitado em Weingarten (1998, p.77-123). Sobre a teoria da evolução de Darwin e as diferenças em relação a Haeckel, ver dentre outros Weingarten (1993).

O sistema de relações do geógrafo continua a ser o espaço geográfico em sua totalidade, que – e aqui a Geografia se diferencia de todas as outras ciências relacionadas a fenômenos espaciais – é analisado e interpretado em função dele próprio como contexto de relações e influências, como campo de força de processos configuradores da paisagem. (Storkebaum, 1969, p.8)

"Exatamente!" – teriam dito Haeckel e Ratzel, se tivessem tido oportunidade de ler essa definição do significado do espaço geográfico para a constituição de uma disciplina científica. A argumentação que se segue teria provavelmente recebido uma aceitação no mínimo igualmente forte. Nela, logo após a essas considerações a respeito do "espaço geográfico em sua totalidade", contemplado inutilmente – ou então como fim em si mesmo –, é identificado o especificamente social na Geografia Social:

> O geógrafo não se dedicará a fenômenos ou processos sociais como fins em si mesmos, mas apenas na medida em que eles se tornem relevantes como forças configuradoras da paisagem e de alguma forma ajudem a esclarecer a relação entre os seres humanos e o espaço. O interesse da Geografia se baseia não na sociedade em si, mas em suas configurações materiais no espaço. Tudo aquilo que puder servir para a interpretação desse espaço geográfico possuirá relevância geográfica, inclusive todos os contextos da ação humana que permitam o reconhecimento de uma relação para com esse espaço, como em instituições, comunidades e concepções de valor às quais essa ação está ligada. (Storkebaum, 1969, p.8)

O espaço geográfico em sua totalidade se torna, assim, um contexto de relações e efeitos, um campo de forças dos potenciais de configuração da paisagem. E a ação humana – como fenômeno ou processo social – é considerada relevante apenas como uma força configuradora da paisagem. O efeito do espaço e o efeito dos seres humanos confluem – juntamente a outros potenciais de configuração da paisagem – na própria paisagem, eles confluem, porém, apenas quando o potencial configurador dos seres humanos não entra em contradição com os potenciais configuradores do espaço. Ou, dito de outra maneira: apenas quando os potenciais de configuração dos seres humanos se "adaptam" às condições do espaço propriamente como espaço e de suas configurações. Uma vez que os seres humanos criam *no* espaço e não para o, nem o próprio espaço, mas sim são mediados no contato com ele através da paisagem configurada desde sempre pelo próprio espaço, não é o espaço que está sujeito a uma influência efetiva e configuradora dos seres humanos, mas antes o contrário.

Essa é exatamente a ideia de adaptação-seleção de Haeckel, na qual os seres humanos através de suas ações se comprovam como parte da natureza. O social pode – ainda que seja pensado como contraposto ao meio ambiente – ser compreendido, em primeiro lugar, apenas como parte da natureza. Em segundo lugar, o social é – por constituir a particularidade específica da espécie humana – uma característica natural sua, assim como outras espécies não humanas são caracterizadas por elementos e qualidades que as constituem como espécies naturais. Nesse sentido, diz-se tradicionalmente que o ser humano é uma espécie natural como outras espécies naturais de seres vivos; ou que o ser humano é um ente cultural e, respectivamente, social que por meio das características do social e cultural compensaria fraquezas biológicas, como a ausência de garras, presas etc., possibilitando assim sua sobrevivência. Sugere-se, com isso, uma naturalização completa do discurso do ser humano que tem de ser pensado em todas as suas características e capacidades desde o estágio natural.

Essa naturalização do ser humano e de tudo que é humano, *necessária* em tal contexto, também se aplica a outros termos que se infiltraram na Geografia Social, como "metabolismo". Em suma – e para chegar ao ponto em questão –, o problema que se apresenta é em que medida a Geografia Social pode ser fundamentada como disciplina autônoma através da Ecologia, ainda que esta seja caracterizada mais especificamente em acréscimos como Ecologia Social ou Humana.

Geo, Logos e Graphein

Partamos uma vez mais do princípio. Como a Geo-logia e a Geo-grafia se relacionam entre si? O uso linguístico de *logos* aponta sempre para "razão", "ordem racional" etc. *Graphein*, ao contrário, é ambíguo, podendo significar "escrever" no sentido de "*descrever*"; o geógrafo descreve, correspondentemente, algo na Terra ou descreve-a como tal – o geólogo, por sua vez, ao compreender o *logos* da Terra, aponta o contexto ordinal racional denominado como "Terra". *Graphein* pode significar, além disso, processos de "incutir", "inscrever". Antes de ser descritas, as inscrições têm de ser decifradas como inscrição de algo ou alguém sobre ou no *"geos"*, ou seja, elas têm de ser providas com um sentido ou um significado.

Assim, a diferença entre Geologia e Geografia consistiria exatamente não na diferenciação entre uma ciência explicativa de uma outra meramente descritiva – que se justificaria "apenas" em relação à descrição ante o pano de fundo pleno de consequências da afirmação de Immanuel Kant de que descrições não poderiam ser consideradas conhecimento científico. O objetivo poderia consistir antes na diferenciação delimitadora de uma ciência nomotética (a Geologia) de uma ciência idiográfica (Geografia). Nessa delimitação está contida também a diferença entre explicar *versus* compreender. Interpretando-se *graphein* nesse sentido, a Geo-logia passa a ser uma ciência natural, enquanto a Geo-grafia, ao contrário, seria uma ciência humana ou uma "ciência social/da cultura".

Já nesses elementos pode-se constatar que uma Geografia, incluindo suas subcategorizações em, por exemplo, cultural, social, econômica ou do transporte, que localize a si mesma como ciência interpretativa no contexto disciplinar das ciências humanas, implica premissas completamente diferentes das de uma Geografia que identifica sua origem em uma tradição das Ciências Naturais como a da Ecologia. Nem o "espaço" pode ser postulado como algo naturalmente preexistente, nem a "natureza" pode ser entendida como a ação humana normativa.

Entretanto, *graphein* como o insculpir / inscrever de uma coisa em outra ainda não é claro. Quem ou o que se inscreve, afinal, na Terra de forma que essa ação possa ser decifrada e entendida por geógrafos como inscrição? De certo modo é proveitoso denominar inscrições como indícios – segundo Gerhard Hard (1995) e Jacques Derrida (1983), associações são totalmente desejáveis. Indícios que, como é tentador supor, foram deixados intencionalmente ou não. Intencionalmente, por exemplo, no caso de alguém esperar que suas inscrições possam ser decifradas como *suas e apenas suas* e que sejam entendidas como relevantes por aquele que as segue. Os indícios deixados intencionalmente têm de ser compreensíveis tanto como tal quanto em relação a seu conteúdo de significado, de modo que um leitor não os possa confundir com inscrições meramente casuais ou com os indícios de outros. Eles têm que estar aptos a superar a confusão.

358   BENNO WERLEN

Ao menos na tradição europeia, somente Deus ou – após a seculariza-ção – um espírito objetivo podem figurar como instância responsável por deixar indícios de sua ação intencionais, precisamente legíveis compelindo a leitura.[12] Em todo caso, isso é um aspecto adicional da possibilidade de categorização da Geografia como ciência humana. Entretanto a consequên-cia disso seria, ao mesmo tempo, o fato de que "paisagens", por exemplo, deveriam ser lidas ou só poderiam ser lidas como expressão divina ou de um espírito objetivo no espaço. Afinal, também o ser humano estaria separado de entidades como espaço, paisagem etc. e subordinado a elas como no caso naturalístico da tradição da Ecologia desde Haeckel, passando por Ratzel até o presente.

Já que estamos brincando abertamente com palavras aqui, façamos um pequeno excurso ao vocabulário político de língua inglesa. Neste, em vez do discurso dominante no espaço germanófono de ciências humanas, esta-beleceu-se a expressão *humanities*: ciências que se ocupam do ser humano e de tudo a ele relacionado. Portanto, podemos retornar à Geografia e experi-mentar denominar a análise de indícios do geógrafo como Antropogeografia. Com essa mudança, o ser humano passa a constituir o responsável pelos indícios, inscritos na Terra antes não intencionalmente, ao menos no que se refere a possíveis seguidores. A Antropogeografia seria, assim, aquela ciência que se ocupa dos indícios que os seres humanos deixaram na Terra, decifrando-os, interpretando-os e descrevendo-os.

Um exemplo: rios, vales, montanhas etc. possuem em geral um nome próprio que os distingue de todos os outros. Tudo aquilo que possui um nome próprio pode seguramente ser caracterizado como indivíduo, inclusive ou especialmente quando o referido elemento se transforma ou se transfor-mou. Todo ser humano conhece, em relação a si mesmo como tal e a outros seres humanos, o fato de que o conhecimento sobre si como indivíduo e o conhecimento sobre a individualidade de outros indivíduos se mantém – apesar de inúmeras formas de transformações externas. Porém, como isso se dá no caso de objetos não humanos que possuem um nome próprio, por exemplo um rio que tenha o nome "Ródano" (*"Rhône"*) ou "Reno" (*"Rhein"*)?

---

12 Sobre a história da metáfora da "legibilidade do mundo", ver Blumenberg (1983).

ESPACIALIDADE SOCIAL **359**

Certamente é possível considerá-lo um indivíduo: desde os primórdios os seres humanos o personificaram. A natureza, entretanto, se demorou e hesitou no processo de seu surgimento. Afinal, primeiramente foi preciso cortar a ligação original do Reno com a parte superior do Ródano, cujas águas turvas fluíam pelos vales dos rios Broye e Aar. Em seguida o Reno teve de abrir mão da extensão de seu poderoso fluxo até o mar Mediterrâneo através dos portões burgundos e dos leitos fluviais do Doubs, do Saône e da parte intermediária do Ródano, que ele utilizou por um longo tempo. E após seu redirecionamento no sentido norte, teve que parar de desaguar na bacia de Mainz pela baía do rio Weser. Apenas há relativamente pouco tempo é que o Reno se hospedou no vale que até hoje leva seu nome; ele o adentra na altura de Basileia através de uma porta dos fundos e o abandona em Bingen por uma porta lateral – mas ainda assim está presente agora. Aqui passa o braço principal, o fluxo de fato; ali estão braços auxiliares, os muitos afluentes. Mas quem decide que esse é o fluxo e aqueles são os afluentes? A natureza ou os seres humanos? O Reno, ainda que possa ser um indivíduo, não é um indivíduo engendrado pela natureza, mas sim pelos seres humanos; seu surgimento remonta a decisões racionais e uma intenção consciente. (...) Os detalhes, a propósito, nem são tão importantes. O que cabe constatar – e isso proporciona uma perspectiva singular em relação ao destino do Reno – é que os seres humanos foram eminentemente os primeiros conglomeradores de seus diferentes cursos, provenientes de vales e ribanceiras, para que ele deixasse de ser um obstáculo e se tornasse um caminho: ao invés de um vinco, um vínculo. (Febvre, 1995 [1935], p.17, p.25)

O que Febvre ilustra aqui de maneira clara é que em sua ação os seres humanos associam e estruturam de muitas formas objetos entre si, assim como lhes atribuem conotações simbólicas que – caso se mantenham como estruturas através de reiteradas referências pela ação humana, que assim também reproduz estruturações como estruturas de longa duração – podem de tal maneira se tornarem autônomas na consciência humana que passam a figurar como "natureza", na qual a estrutura (como produto) faz desaparecer a estruturação que se dá na ação humana (de elaboração e produção). A tentativa de sanar esse equívoco talvez seja *a* tarefa primordial do pesquisador em Antropogeografia – comparável à tarefa do historiador –, isto é, relembrar que e como os seres humanos desenvolveram e desenvolvem construtos concretamente estruturadores.

Entretanto, seria isso o suficiente? Analisemos uma vez mais o "antropo" da Antropogeografia. A rigor, o nome deveria ser "Antropologogeografia", ou seja, o "antropo" em Antropogeografia nem sequer se refere aos seres humanos em geral, mas sim ao *logos* do ser humano. O *logos* não significa simplesmente "a razão" como uma característica correspondente aos e qualificadora dos seres humanos, como na Filosofia transcendental de Kant. Com isso é introduzida, além do sujeito categórico, "a humanidade racional", que não permite mais pensar a pluralidade dos seres humanos ou a individualidade de cada ser humano individualmente. Na Filosofia transcendental, fundamentada em um coletivo singular, todo ser humano pode ser tratado apenas como exemplar mais ou menos adequado (no sentido de racional) da categoria humana, constituída através da razão.

O *logos* pode se referir antes (apenas) à sociabilidade das pessoas relacionadas entre si através da ação, seu agir mediado por ferramentas entre si e seu agir igualmente mediado por ferramentas em relação à "natureza". O sentido ao qual o compreender se relaciona não pode ser encontrado diretamente na respectiva ação individual. Deve-se antes considerar também o sentido contido na ferramenta – da instância mediadora. Ou formulado como questão nas palavras de Febvre: "não será toda ferramenta o verdadeiro portador de uma ideia?" (Febvre, 1995 [1935], p.22)

Se o *logos* do *antropos* pode ser encontrado em sua sociabilidade e a Geografia se ocupa do decifrar e compreender dos indícios deixados pela conduta ativa da vida humana, exatamente por isso é razoavelmente possível qualificar mais precisamente o discurso sobre a Antropogeografia. E essa qualificação mais precisa pode ser efetuada através do *logos* da sociabilidade como o modo no qual os seres humanos concretizam suas vidas como vidas humanas. O que seria então mais evidente que constituir como disciplina a ciência que se ocupa de tais âmbitos temáticos como seus objetivos e razão de pesquisa através do termo "Geografia Social"? Como ciência que dispõe, dentro das Ciências Sociais, de um objeto *próprio*, ou seja, as estruturações espaciais e sua reprodução como estruturas na conduta ativa da vida. Para tornar palpável essa ideia basta pensarmos nas afirmações de Febvre sobre o Reno.

Geografia e ciência social: espaço de vida e ação

Para continuar a enriquecer as reflexões introduzidas através de denominações disciplinares deverá ser aprofundado, de forma breve, o contexto no qual se estabeleceram de um lado as Ciências Sociais modernas de modo específico como disciplinas opostas a uma outra sugestão de categorização disciplinar em relação àquilo que deveriam ser os objetivos, propósitos e objetos de pesquisa das Ciências Sociais. Em relação a esse contexto pode-se comprovar que a Ecologia como disciplina biocientífica, que se estabeleceu aproximadamente ao mesmo tempo que as Ciências Sociais modernas na Biologia, se trata(ria) amplamente de um discurso sociocientífico reprimido.

O estabelecimento das Ciências Sociais modernas como ciências da *sociedade* pode ser localizado com precisão espacial e temporal: em 1910, durante o primeiro Dia dos Sociólogos na Alemanha em Frankfurt am Main. Max Weber apresentou então uma contribuição bastante controversa – para seus padrões – na qual ele delimitava suas concepções sobre as Ciências Sociais em relação aos posicionamentos de Alfred Ploetz. Este é conhecido hoje somente como representante de uma biologia racial e do darwinismo social – o que não chega a estar incorreto. Entretanto, categorizar Ploetz somente nesse sentido como representante de um grupo de biólogos que se aventuram pelo campo das Ciências Sociais significa ignorar um fator essencial: Ploetz se pronunciou *não como biólogo*, não como – caso a formulação se aplique – como um *forasteiro disciplinar*. Ele representava antes um direcionamento programático de pesquisa nas Ciências Sociais que tentava tematizar, com os recursos da Biologia, o social como fator na natureza; o social seria não a "exceção" em relação à natureza, mas sim um contexto de ordenação e organização do natural, cuja particularidade estaria no social.

Em uma linguagem filosoficamente elaborada é possível e razoável dizer que esse programa de pesquisa – no qual o darwinismo social representa, ao lado de, por exemplo, premissas centradas em organismos, apenas uma variante – se baseava na concepção de que a diferença entre o natural e o social representaria uma autodiferença da natureza; a natureza seria um "gênero" que abrigaria exatamente duas espécies: a si mesma e o social.[13]

---

13 Não faz diferença se o próprio Ploetz teria entendido sua posição desta forma. O objetivo aqui é tornar a posição crítica o mais robusta possível.

A Biologia racial – de acordo com Weber – se fundamentaria em afirmações absolutamente não comprovadas. Por exemplo, no caso da substituição de membros das dinastias romanas como oficiais do exército por "bárbaros", não se tratou de um processo de eliminação, mas sim de um desligamento intencional de cargos oficiais e administrativos. Não seria necessário acrescentar o indício de uma teoria racial biológica a essa explicação.

Muitas afirmações da Biologia racial relacionadas à sociedade possuem um caráter que é místico, mas não explica nem torna o social compreensível.

> Mas que hoje exista um único fato que seja relevante para a Sociologia, ao menos um fato concreto que associe de forma plausível e definitiva, exata e inquestionável uma categoria específica de processos sociológicos a qualidades inatas e hereditárias que uma raça possua e uma outra definitivamente – mas definitivamente! – não possua, isso eu contesto com toda certeza e contestarei até que esse fato seja devidamente a mim apresentado. (Weber, 1988b [1924], p.459)

E Weber enxerga claramente que não apenas as implicações relativas à Biologia racial são problemáticas, mas até a mera concepção de que o biótico possa ser constitutivo para o social.

> Dr. Ploetz caracterizou a "sociedade" como um ser vivo por meio da célebre justificativa, insistentemente professada por ele, do parentesco das sociedades humanas com sociedades de células ou organizações similares. Pode ser que disso resulte algo de útil para os objetivos do dr. Ploetz – e ele é quem melhor saberá dizê-lo –, mas, para a perspectiva sociológica, a junção de diversos conceitos precisos em um conceito impreciso nunca resulta em algo útil. E é esse o caso aqui. Temos a possibilidade de compreender a ação racional de determinados indivíduos revivendo-a intelectualmente. Se queremos compreender uma socialização humana, não importa qual seja o seu tipo, apenas da maneira como investigamos organizações sociais animais, abriríamos mão de meios de aquisição de conhecimento de que já dispomos para os humanos e de que não dispomos para os animais. É este e nenhum outro o motivo pelo qual de modo geral não enxergamos utilidade em se fundamentar perspectivas por meio da analogia, que ora se tornou completamente inconteste, entre uma colônia de abelhas e quaisquer sociedades humanas sob a forma de um Estado. (Ibid., p.461)

Podemos apreender duas indicações importantes para a compreensão de Weber a respeito das Ciências Sociais. Primeiro é notório que – em relação à posição de Ploetz – a palavra sociedade é colocada entre aspas. Weber coloca em questão se Ploetz gostaria que as Ciências Sociais fossem compreendidas como ciências da sociedade. Conhecendo-se o contexto da discussão contemporânea, caberia a Ploetz ou, de modo geral, aos cientistas sociais que trabalham com modelos, metáforas e explicações derivados da Biologia, a posição da comunidade, eles buscam compreender seres sociais como comunidades.

Weber, ao contrário, compreende as Ciências Sociais como ciências da sociedade; o conceito fundamental destas seria a "ação". Com isso, ele afirma, em segundo lugar, que em teorias do comunitário não está nem pode estar contida um teoria da ação pelo fato de que nelas a ação é reduzida a "comportamento". Caso seja possível uma contribuição por parte do conhecimento biológico para a compreensão e explicação de fenômenos sociais, então – esclarece Weber – deveria ser mostrado na ação social o que nela pode ser explicado *apenas* biologicamente. Através da formulação dessa tarefa, Weber mostra que não está interessado numa guerra de trincheiras disciplinar, mas sim em um problema objetivo, cuja solução é fundamental para o sucesso da pesquisa em ciências da sociedade. "Gostaria apenas de acrescentar um comentário geral a isso. Não me parece proveitoso excluir regiões e províncias do saber *a priori*, antes que o conhecimento esteja disponível, e dizer: isso pertence à nossa ciência e aquilo não" (Weber, 1988b [1924], p.461). Nesse sentido, as reflexões de Ploetz podem fazer sentido *biologicamente* – ou talvez não –, porém permanecerão fora do interesse das Ciências Sociais enquanto não se mostrar quais fatos sociais precisariam ou seriam explicados necessariamente por meios da Biologia. Entretanto isso é exatamente o que ainda falta.

Weber vai mais além: a Geografia contemporânea também é localizada por ele no contexto dos esforços para explicar fenômenos sociais com recursos da Biologia, ou, mais precisamente, com os meios da teoria evolucionária de Haeckel. Também a Geografia, enquanto se propõe a tematizar elementos sociais, não disporia de um conceito de ação, bem como de um conceito de sociedade, mas, antes, pode ser localizada nas teorias da comunidade.

> Não se trata de uma crítica a uma ciência tão jovem, entretanto devemos constatar o fato, que talvez até possa servir para evitar que o entusiasmo da

inauguração de um novo ramo disciplinar não se disperse no ignorar dos limites práticos dos próprios questionamentos. Vivenciamos esse fenômeno em todos os âmbitos. Chegamos a vivenciar que se acreditou ser possível abarcar o mundo inteiro, por exemplo a Arte e demais esferas, numa perspectiva meramente econômica. Vemos que os geógrafos modernos tratam todos os acontecimentos culturais do "ponto de vista geográfico", porém não comprovam o que deles queremos saber, isto é: quais componentes especificamente concretos de fenômenos culturais são condicionados por fatores puramente geográficos, como clima ou similares. Ao contrário, eles registram em suas representações "geográficas" coisas como: "a Igreja russa é intolerante", e quando questionamos em que medida essa constatação está relacionada à Geografia respondem que a Rússia é um distrito local, a Igreja russa está localmente disseminada, portanto são objetos da Geografia. Acredito que as ciências ignoram seu objetivo quando não cumprem individualmente o que deveria ser cumprido por elas e somente por elas. E quero expressar a esperança de que tal fato não se perpetue em relação à perspectiva biológica de fenômenos sociais. (Weber, 1988b [1924], p.462)

A *differentia specifica* – isto é, o critério de diferenciação e delimitação – das Ciências Sociais e da Biologia, assim como das Ciências Sociais e da Geografia é, segundo Weber, o conceito de ação. Enquanto este não for integrado à Biologia e à Geografia como conceito básico (no sentido de um objeto a ser pesquisado e interpretado), essas disciplinas em nada poderão contribuir para o esclarecimento de circunstâncias sociais. Isso significa para a Geografia, enquanto esta pretender abarcar a Geografia Social, esclarecer não a preponderância do espaço e do comportamento comunitário humano a ele relacionado, mas sim as dimensões geográficas e as implicações da ação social. Ao menos nas Ciências Sociais prevaleceu, diante da proposta de conceptualização sociocientífica vinculada à Biologia, a posição de Weber, Ferdinand Tönnies, dentre outros.

Do espaço (de vida) à ação

A tarefa que ora se apresenta é a da reconstrução conceitual da questão se o conceito básico das Ciências Sociais – e, dentro delas, também da Geografia Social, que aí procura se localizar como disciplina – não seria mais bem expresso pelos conceitos "agir", "vida ativa" e "ação" no sentido de um discurso diferenciador do "agir". Nas últimas seções deste trabalho deverão ser apresentadas algumas provas de que as posições rejeitadas por Weber não desapareceram simplesmente, mas sim encontraram solo fértil na Ecologia, que se encontrava em processo de diferenciação também nessa época.

Em sua história da Ecologia, Peter Bowler (1993) elaborou claramente que em seus primórdios a Ecologia se fundamentava em objetivos altamente imprecisos, de modo que também os objetos de estudo dos ecólogos não podiam ser definidos com exatidão. Karl Friedrichs define a tarefa da Ecologia da seguinte forma:

> A tarefa da ciência é sempre o conhecimento, porém o conhecimento gera a ação ou determina a forma da ação. A Ecologia é particularmente apropriada para reconhecer como fonte de ensinamentos para a humanidade a natureza, frente à qual é apropriada uma postura de sábia moderação. (...) A unificação das ciências naturais significa trabalho conjunto e orientação articulada em prol do bem comum. Ela é o elemento análogo das ciências naturais, especialmente da Biologia, correspondente à pesquisa espacial política e deveria pertencer aos seus fundamentos nos casos em que isso ainda não tenha ocorrido. (Friedrichs, 1937, p.VII)

A Ecologia é, segundo Friedrichs, é não apenas uma ciência da natureza, mas também *pesquisa espacial biológica*, sendo o espaço de vida um conceito fundamental da Ecologia.

> O espaço de vida determina o fenótipo dos seres que abriga, modifica seu comportamento, determina as espécies e a quantidade de indivíduos que nele podem viver; de sua parte, os seres modificam sua constituição ou a recebem do ambiente, por exemplo possibilitando um melhor escoamento da água ao cavarem a terra etc. – uma estrutura de interações que conglomera a totalidade de uma paisagem, de um espaço de vida e de uma comunidade em uma unidade, fazendo dela um pequeno universo. (Friedrichs, 1937, p.19)

A comunidade biótica se adequa aos espaços de vida encontrados, de forma que "espaço" e "comunidade" constituem duas das palavras-chave que caracterizam também ao menos o discurso sociocientífico reprimido

366 BENNO WERLEN

pelas Ciências Sociais. Uma vez que a Ecologia ambiciona encontrar validade orientacional também para nossa espécie, Friedrich descreve o ser humano como comunidade biótica que se adequou à(s) comunidade(s) biótica(s) do espaço de vida:

> A confluência de indivíduos em uma totalidade traz a individualidade de cada paisagem, como o sentimento da natureza pode refletir tão intensamente e também como a razão pode apreender. (...) As populações autóctones que se estabeleceram há muito em uma região não são um produto de toda a natureza desta? O holandês, por exemplo, não seria um produto da natureza sóbria, nutritiva da Holanda, dos legumes verdes por ele consumidos em grandes quantidades e que fomentam sua grande vitalidade, do clima temperado que modera seu temperamento etc.?; O alpino, com sua psique audaciosa e algo agressiva, sua capacidade de cantar à tirolesa e todo o seu belo estilo, não seria produto da natureza violenta, perigosa das montanhas? O norte-americano, com seu jeito inquieto, altamente ativo e desmesurado em sua criação, não seria produto do excitante clima da América do Norte, variando sempre de um extremo a outro, com suas (ainda, BW) "ilimitadas possibilidades"? O alemão, com a versatilidade de seu ser (e também de seu corpo), não seria produto da rica estruturação geográfica da Alemanha? Sua capacidade de alcançar um alto desempenho não seria dada por um lado pela necessidade de conseguir suficiente alimento e a proteção de um abrigo no clima frio e temperado (ao contrário do sulista) e, por outro lado, pela possibilidade de trabalhar muito e intensamente nesse clima? Todos esses fatores devem, contudo, ser avaliados da perspectiva da raça. Entretanto, povos emigrados se modificam. Os nativos da região ao leste do Elba, por exemplo, de Mecklenburg, cujos antepassados emigraram de várias outras regiões alemãs e se misturaram ao resto da população que havia anteriormente emigrado do leste, possuem suas características claras, baseadas, naturalmente, também na história. (Friedrichs, 1937, p.20)

Dessa representação resultaria como tarefa da Ecologia a configuração da Economia como social, doméstica. Friedrichs a reformula através da metáfora de que o ser humano deveria se comportar, segundo sua própria natureza, como o jardineiro para com o jardim. O oposto dessa concepção é a racionalidade instrumental que caracteriza a sociedade moderna. Ela seria uma "depredação das forças produtivas da natureza" (Friedrichs, 1937, p.87).

Com os mesmos conceitos básicos, porém explicitando as implicações sociocientíficas e ambições da Ecologia na medida em que o conceito de espaço de vida é definido como pátria, escreve Raoul F. Francé (1982 [1923], p.81):

> Elogiei muitas vezes a floresta e não consigo esquecê-la. Em todas as minhas obras afirmei de modo cada vez mais consequente que não posso imaginar um futuro saudável e feliz para nosso povo e nossa terra se devastarmos a "natureza florestal" de nossa pátria. Acredito que todos compreenderão o que quero dizer quando afirmo que, através de uma inserção objetiva e intencional na comunidade biótica da natureza florestal, garantimos nossa permanência como povo e, como indivíduos, a melhor forma de vida que nos é possível em relação a nossa origem, nosso ser e nosso meio ambiente.

Francé identifica apenas três comunidades na totalidade da natureza: o espaço sideral, os recifes de corais e a floresta. Todos os três são caracterizados por seu potencial de – caso não sejam perturbados – perdurarem por estarem em equilíbrio e serem ordenados segundo leis cíclicas. Para os alemães que habitam a comunidade da floresta vale a norma: "Aquele que desrespeita as 'leis da natureza', isto é, que não leva uma vida natural, é punido. (...) Pois a natureza pune aquele que abandona sua terra natal e tenta viver em uma terra de 'natureza estrangeira'" (Francé, 1982 [1923], p.53). Não nos deixemos enganar por esse linguajar, que soa pesado para nossos ouvidos hoje, porém tampouco se trata aqui de uma análise ideológica crítica. O que interessa são antes as relações conceituais que fundamentam tais formulações e que foram anteriormente apresentadas como "autodiferenciação na natureza". Contra esse modelo queremos apresentar uma sugestão contrária para reforçar o pertencimento da Geografia Social às Ciências Sociais: conceber a diferença entre o social e o natural como autodiferenciação do social. Essa sugestão, que pode ser sumarizada na elaboração de conceitos dentro da teoria da ação, possibilita tornar a investigação da regulação de relações naturais sociais na reprodução de coletividades humanas uma das tarefas centrais.

A estruturação da "natureza"

Com isso é inaugurada uma outra perspectiva – ora não mais naturalística. Ela possibilita a tematização da introdução de partes da natureza na reprodução de coletividades humanas; e também possibilita mostrar como a natureza, nos processos de produção, não é meramente transformada e consumida como objeto da ação, mas antes como – dentro da e com sua transformação – as relações entre seres humanos e natureza são estabelecidas e reproduzidas.

A reprodução de relações com a natureza significa, assim, que relações produzidas através da ação possuem efeito estruturador para atividades que as sucedem; não apenas de forma objetiva, mas também simbólica. Na forma objetiva são criadas condições para processos de produção subsequentes. Além disso, são estabelecidas representações simbólicas dessas relações que possuem um efeito norteador para as transformações geradas pela reprodução das relações de ação. Pierre Bourdieu descreve em suas análises da transformação do Estado agrário argelino em uma sociedade industrial:

> Uma vez produzida (a postura econômica, BW) de uma classe específica de condições existenciais materiais, apreendida objetivamente sob a forma de uma estrutura particular de chances objetivas – de um futuro objetivo –, funcionam tais posturas, diante de estruturas futuras – essas estruturas estruturadoras –, elas mesmas como estruturas estruturadoras. (Bourdieu, 2000, p.21)

Coletividades de base agrária, que podem ser representadas simbolicamente como "vilarejos" ou "países", concretizam formas da "reprodução simples", nas quais as respectivas estruturas sociais existentes devem ser modificadas o mínimo possível na ação produtiva, inclusive as relações para com a natureza contidas nessas estruturas. Disto resultam, por exemplo, uma vinculação da reprodução simples no plano material de produção e concepções de um tempo cíclico como representações simbólicas da reprodução simples.

A previdência (no sentido de "ações preventivas") se diferencia da previsão na medida em que a visão de futuro almejada por esta última está diretamente inscrita na situação dada da forma como ela é compreendida por meio de esquemas técnicos e ritualísticos de percepção e avaliação impostos pelas condições de existência materiais. Embora esses esquemas sejam compreendidos, por sua vez, com os mesmos esquemas de pensamento. (Bourdieu, 2000, p.32)

Podemos dar a seguinte descrição de uma comunidade que se reproduz de modo simples, em contraste com uma sociedade que se reproduz de modo não identicamente ampliado:

> No contexto de uma economia campesina cujo ciclo de produção pode ser apreendido praticamente à primeira vista e cujos produtos em geral se renovam ao longo de um ano, o camponês diferencia tão pouco entre seu trabalho e o "futuro" produto que o fecunda quanto entre um ciclo agrário anual ou o tempo de trabalho no período de produção e a fase subsequente, na qual sua atividade é quase completamente paralisada. Pelo fato de que, ao contrário, a extensão do ciclo de produção da economia capitalista é, em geral, bem mais pronunciada, esta exige a concepção de um futuro abstrato e indireto. Nesse processo, o cálculo racional tem de compensar a falta de perspectiva intuitiva em relação ao processo como um todo. Entretanto, para que tal perspectiva seja possível é preciso que seja correspondentemente reduzida a discrepância entre tempo de trabalho e tempo de produção, assim como a dependência da produção em relação a processos naturais. Em outras palavras, a unidade orgânica que havia entre o aqui e agora do trabalho e o "futuro" deste tem de ser destruída, uma unidade que é idêntica aos ciclos de reprodução inseparáveis e indivisíveis, ou ainda à unidade do produto como tal, que nos é apresentada claramente por meio de uma comparação entre uma técnica agrícola para a geração de produtos completos e da técnica industrial, baseada na atomização e especialização das etapas individuais de produção. (Bourdieu, 2000, p.34)

A reconstrução de percursos históricos de uma perspectiva da teoria social pode evidenciar que a estrutura econômica esteve pouco protegida até aproximadamente 1830 pelo fato de que a precariedade das técnicas disponíveis não permitia o controle de intempéries climáticas. Essa circunstância coincide com estudos históricos de regiões do mar Mediterrâneo, como a pesquisa de Emmanuel Le Roy Ladurie sobre os camponeses do Languedoc. Nela é mostrado que as fronteiras da reprodução a que sempre chegavam os vilarejos da região – com consequências como miséria, epidemias e colapso da estrutura populacional – como comunidades de reprodução de modo simples, fronteiras estas que se apresentavam como limites naturais, na realidade se mostravam como limites das possibilidades de configuração e regulação de processos de reprodução comunitários, isto é, como socialmente condicionadas.

O beco sem saída financeiro existe, naturalmente. Porém, não é o único obstáculo para a expansão. Ele faz parte de toda uma categoria, de uma espécie de totalidade estrutural de impasses: Por exemplo a questão do solo – a falta de reservas ilimitadas de terra boa, fácil de ser trabalhada e produtiva. Atrás dela se esconde, de certa forma, a questão fundamental da tecnologia, que representa o principal empecilho. (...) Em outras palavras: se a sociedade se retrai e a economia entra em processo de estagnação retornando, por fim, a seu ponto de partida do final do século XVII, isso se deve ao fato de que essa economia não foi capaz nem de multiplicar, nem de renovar suas reservas. Claro que isso se refere também a suas reservas de metais preciosos, porém também às reservas de terra cultivável que, segundo sua definição, tem que ser limitada. Onde há a carência desta, a "reserva" de avanço técnico nos séculos XVI e XVII é praticamente irrisória. Dando seguimento a uma hipótese que já foi apresentada: se entre 1500 e 1700 a colheita de grãos tivesse aumentado alguns pontos (como se deu mais tarde), se tivesse havido cultivo contínuo e em massa de vinho (como ocorreu quase continuamente entre 1760 e 1870) ou se tivessem sido construídas instalações de irrigação (como fizeram os catalães desde 1720), a sociedade do Languedoc teria conseguido, por meio de uma simples elevação da renda descrita nos livros de registros, sustentar o crescimento demográfico, seu desmembramento galopante e sua erosão em função de dificuldades diversas. O desmembramento só se torna excessivo e as dificuldades insuportáveis porque se somam a séculos de estagnação da produção e da produtividade.

Na realidade, tal estaticidade tecnológica está inserida em e é mantida por uma série de entraves culturais. Limites *naturais* de recursos foram mencionados, no entanto, a "natureza" aqui referida é a cultura, são os hábitos, as formas de vida, as estruturas de pensamento; é o todo constituído por conhecimentos tecnológicos, pelo sistema de valores, pelos meios utilizados e os objetivos perseguidos. (Le Roy Ladurie, 1990, p.327 et seq.)

Esse material histórico pode ser utilizado junto dos trabalhos de Fernand Braudel *et. al.*, para o desenvolvimento da teoria – ultrapassando suas reflexões relativas aos fundamentos da História. Os historiadores franceses apontam que e onde existiram alternativas de outras formas regulatórias de relações naturais sociais para evitar catástrofes. E ressaltam, também, não se tratar apenas de meros incidentes naturais. Entretanto, o *motivo* pelo qual as alternativas não foram ou *não puderam* ser adotadas permanece obscuro – restringindo-se exclusivamente à elaboração do material histórico.

É notório, entretanto, que os produtores locais sempre se retiraram do mercado na iminência de crises, tentando garantir apenas sua própria reprodução como comunidade produtora fechada. Consequentemente, as causas das crises devem ser buscadas na forma de reprodução comunitária, não na natureza. As alternativas de evitar a crise citadas por Le Roy Ladurie apontam exatamente para uma abertura mais forte em relação a outros mercados, ou seja, a produção voltada para os mercados, assim como uma forma de reprodução que se diferenciava do "comunitarismo", ou seja, aquela da sociedade.

A experiência temporal fomentada pela economia pré-capitalista é uma das modalidades que podem incorporar qualquer experiência de temporalidade, inclusive aquelas que caracterizam atuantes econômicos "racionalistas" das sociedades que criaram os etnólogos. Sua única especificidade reside no fato de não ser oferecida meramente como uma possibilidade dentre outras, mas sim de ser imposta por uma prática econômica como *a única forma possível*. Esta *única forma possível* se caracteriza por sua incapacidade de controlar e assegurar as condições de possibilidade da posição do possível. Ou ela se caracteriza ainda, de modo equivalente a isso, por um *ethos* que representa nada mais e nada menos que a internalização do sistema de possibilidades e impossibilidades inscritas nas condições materiais de existência dominadas objetivamente por insegurança e fatalidade. (Bourdieu, 2000, p.43)

Diferentemente de, por exemplo, Friedrichs até Joachim Radkau (2002), o "jardim" não representa um modelo para uma configuração bem-sucedida das relações entre seres humanos e natureza. Afinal, nessa relação, os seres humanos e suas ações podem – como historicamente, de fato, o fizeram – destruir a natureza, como ilustram os problemas ambientais atuais. Estes não podem mais ser descritos e compreendidos como crise de reprodução social, sobretudo no contexto das relações sociais para com a natureza. Apesar de Radkau criticar acertadamente a redução da natureza a um símbolo sem fundamento objetivo, ele incorre, por fim, no mesmo equívoco. Afinal, tanto no "jardim" quanto no "*oikos*", trata-se não de configurações das relações entre ser humano e natureza em si bem-sucedidas.

A continuidade dessa perspectiva depende do desenvolvimento do, ou melhor, *dos* conceitos de reprodução, da relação de estrutura (concretizada pela ação) e da estruturação que se dá na ação.

Assim como os padrões de ordenação espaciais devem ser compreendidos como expressão de formas de ação estruturadoras, aquilo que é caracterizado na Geografia tradicionalmente como "paisagem cultural" deve ser compreendido numa perspectiva centrada na ação como expressão da estruturação da natureza através de formas da ação humana. Em comparação com as premissas geográficas tradicionais de interligação de relações *ecológicas*, toda forma de naturalização de relações sociais, econômicas e culturais é evitada. O trabalho de pesquisa teórico e empírico deve antes se voltar para os potenciais técnicos e políticos da transformação da natureza. Para tanto é necessária uma tematização diferenciada do poder, em relação aos potenciais tanto técnicos quanto políticos.

Perspectivação

Na contribuição aqui apresentada foi possível, na melhor das hipóteses, esboçar o contexto do problema apresentado. Também da perspectiva histórica, ambos os caminhos que levaram ao desenvolvimento da pesquisa em Geografia Social ainda têm de ser muito mais amplamente reconstruídos. Para tanto devem ser levadas em consideração as conexões com outras ciências, como de um lado a Ecologia e, de outro, as Ciências Sociais modernas como ciência da sociedade, além de *transfers* conceituais e as oscilações semânticas de conceitos ligados a eles.

Porém, também numa perspectiva sistemática de fundamentação da própria Geografia Social – seja em vinculação ou à Ecologia ou às Ciências Sociais modernas – restam ainda diversas questões centrais a serem esclarecidas. E são elas que gostaríamos, finalmente, de apresentar mais uma vez em linhas gerais abordando a questão do poder. É evidente para todos os geógrafos sociais – ou assim podemos considerar – que as respectivas sugestões de reestruturação de "espaços", "paisagens", "unidades ecológicas", "relações sociais para com a natureza" etc. apenas podem ser implementadas em vinculação a posições de poder social. Na fundamentação e justificativa de tais sugestões representa uma diferença considerável e estratégica se a sugestão está vinculada a uma indicação da condição existencial da natureza, que se opõe aos seres humanos e à sua ação de modo prescritivo e em que a natureza representa a instância de poder decisiva segundo a qual a ação e a estruturação humanas são medidas e avaliadas em relação à sua qualidade. Esse ao menos parece ser um dos pontos principais das reflexões de Dieter Steiner (1997), Hartmut Wehrt e Rainer Heege (1991), assim como de Wolfgang Zierhofer e Dieter Steiner (1994).

Ou não seria uma justificativa mais plausível localizar o poder em cada ação e atividade humanas pelo fato de que objetos e objetivos humanos são através delas transformados, assim como outras pessoas são incluídas, muitas vezes contra sua vontade e sem consentimento, em tais ações e atividades. Nessa expressão, que parece mais adequada, não é mais possível se referir a algo externo a nós ao supormos a justificativa de nossa ação. Somos antes nós que devemos nos deixar sempre questionar por todos se é possível justificar os objetivos de sua ação e atividades, assim como os meios que julgam poder concretizar seus fins. Justificá-los não apenas em relação a objetivos *individuais* da ação, mas em relação à *sociabilidade* da ação. Entretanto, com essa diferenciação entre a ação (individual) e o agir (social), delineada em vista de perspectivas relacionadas à teoria do poder, inicia-se um novo capítulo.

Epílogo

Novas relações geográficas e o futuro da sociabilidade

As manchetes atuais da imprensa mundial são em grande medida expressão do revolucionamento das relações espaciais sociais em curso. Com isso não me refiro primariamente a matérias sobre catástrofes ecológicas, que também apresentam um conteúdo evidentemente geográfico, mas antes a contextos que podem ser caracterizados como crise financeira internacional, migração global, problemas socioculturais de integração – para mencionar apenas os mais relevantes. Em especial no caso da crise financeira tornou-se evidente que contextos econômicos setoriais nacionais, como o mercado imobiliário norte-americano, podem gerar complicações impossíveis de serem resolvidas com medidas baseadas na mentalidade de territórios nacionais ou do espaço *container*. Como mostram os exemplos mencionados, as condições geográficas cotidianas de ação já não apresentam mais conformidade em relação às concepções de mundo apresentadas pela geografia científica.

Considerando-se que concepções de mundo geográficas, como toda forma de conhecimento sociocientífico, de um lado, formam a ação social e, de outro, são expressão das relações sociais, é necessário observar a associação de ciência e cotidiano mais atentamente do que se fez até o momento. Essa reivindicação se baseia na suposição de que diversos e urgentes problemas organizatórios políticos do presente se baseiam em uma concepção de mundo que não apresenta (mais) suficiente abrangência. Dito resumidamente, o cerne de uma série de problemas sociais da atualidade consiste no fato de que as estratégias de solução colocadas em prática permanecem orientadas segundo lógicas territoriais – enquanto padrões de ação cotidianos, ao contrário, há muito se emanciparam de tais lógicas. Para demonstrar

376 BENNO WERLEN

essa tese, seu conteúdo e as alternativas que dela podem ser derivadas, essa perspectivação final passará primeiramente pelo contexto de análise científica do mundo, assim como pelas condições geográficas cotidianas e pelas estratégias de resolução de problemas daí derivadas. Para tanto, é preciso analisar inicialmente as constelações científicas básicas para, em seguida, com base no desenvolvimento de uma visão de mundo geográfica centrada na práxis e documentada nos dois volumes de *Espacialidade social*, sugerir uma nova perspectiva de análise.

Relações sociais e estruturas espaciais

Há 25 anos era lançada a coletânea *Social Relations and Spatial Structures*, editada por Derek Gregory e John Urry, que viria a se tornar um clássico. A confrontação de relações sociais e estruturas espaciais feita pelos representantes anglo-saxões mais renomados da Sociologia e das geografias social e humana revela essencialmente duas coisas. Em primeiro lugar, o processo, cada vez mais radical, de transformação das condições cotidianas de superação da espacialidade da existência humana se torna mais evidente. Essa circunstância ora recebeu uma etiqueta bem específica com a "globalização". Em segundo lugar, essa contraposição constitui uma etapa fundamental no plano científico, tanto para o respectivo desenvolvimento teórico atual de ambas as tradições de pesquisa sociológica e geográfica que até então não figuravam em nenhum contexto digno de menção, quanto para o fomento da cooperação interdisciplinar. A influência desse livro marca o direcionamento da geografia humana anglo-saxônica orientada segundo a teoria social – que, consequentemente, deveria ser caracterizada como geografia social – até o presente e atua especialmente também na atual *spatial turn* (Döring & Thielmann, 2008) das Ciências Sociais e humanas.

Esse impulso orientador deverá, no que se segue, ser transmitido de forma produtiva por meio do patamar teórico ora alcançado em *Sozialgeographie alltäglicher Regionalisierungen* (Geografia social de regionalizações cotidianas) (Werlen, 1995d, 1997). Partindo da questão inicial da cooperação sociológica e geográfica deverá ser trilhado o caminho da questão sobre o contexto de relações sociais e estruturas espaciais para a análise daquilo que gostaria de chamar de "relações espaciais sociais". A ampliação do âmbito de pesquisa da Geografia centrada na práxis deverá elucidar questões básicas a respeito da constituição e dos processos de construção de realidades sociais.

Para melhor esclarecer as implicações a isso associadas é necessário primeiramente apresentar, em relação à questão sobre as relações espaciais sociais, quais passos de desenvolvimento das primeiras duas etapas, "geografia social baseada na teoria da ação" e "geografia social de regionalizações cotidianas", já foram dados.

O caminho para um novo ponto de partida

A criação da possibilidade de se reconhecer o significado das relações espaciais sociais para a construção e, dentro disso, para a reprodução de realidades socioculturais é um dos resultados mais importantes do desenvolvimento da geografia social baseada na teoria da ação ou geografia social de regionalizações cotidianas. A primeira etapa negocia a relação entre "sociedade, ação e espaço" (Werlen, 1987a) como constelação central de uma geografia sociocientífica. Nesse processo, "a" teoria da ação não foi simplesmente projetada "no" espaço, houve, antes, uma ampliação consequente de suas premissas clássicas de pesquisa sobre a dimensão espacial. A "ação" foi relacionada ao "espaço" como um átomo do universo social. Para tanto, primeiramente foram desenvolvidas concepções espaciais diferenciadoras, compatíveis com a ação. Desta forma, a relação entre sociedade e espaço pôde ser tematizada de forma consequente, mediada pela ação. "Consequente" significa que – ao contrário das mais influentes tematizações atuais de "espaço" em Geografia, Biologia, Ciências Sociais e da cultura – "espaço" ora foi conceptualizado não mais como naturalmente precedente a toda ação. Ele foi compreendido, antes, como dependente da e como subordinado à ação ou até mesmo por ela produzido. Com isso, não apenas a *concepção* de mundo geográfica estática vinculada à containerização (dependente da ação) do sociocultural pôde ser dinamizada de modo decisivo e adaptada às novas condições espaçotemporais da modernidade tardia. Sobretudo puderam também ser evitadas as implicações altamente dramáticas ou "armadilhas do espaço" (Lippuner & Lossau, 2004), que eram esperadas em vista de tematizações anteriores – como a biologização do social e racismos daí advindos.

Com base nisso, na segunda etapa do desenvolvimento teórico germanófono da Geografia centrada na práxis foi possível – através da referência à versão até então mais avançada das teorias de estruturação com referência espacial disponíveis (Giddens, 1984b) – que a "geografia social de regionalizações cotidianas" fosse redirecionada. O redirecionamento da Geografia baseada na teoria da ação no sentido de outras relações desarraigadas espaço-temporalmente exigiu, entretanto, uma reforma da teoria da estruturação de Giddens. Essa reforma foi efetuada através de um enfoque radical no primado da *agency*, enfatizado – porém nem sempre seguido de forma consequente – pelo próprio Giddens. Seu enfoque como categoria fundamental e conceito básico da pesquisa sociocientífica incluiu sobretudo o relacionar de (diferentes formas de) tempo e (diferentes tipos de) consciência, de corpo e espaço.

Com base em tais reestruturações foi possível proceder com a dinamização da visão de mundo geográfica através de outras medidas. Uma delas se refere à substituição, proposta por Giddens, do conceito-chave de "ato" (*act*) – no sentido de um ato consumado – através da "ação" (*action, agency*) – no sentido de uma agência que enfatiza o processo. Uma vez que o "ato" tematiza a atividade como ato consumado, do qual podemos nos lembrar apenas retrospectivamente, porém podemos planejar com antecedência, resta assim – apesar da superação da containerização – uma espécie de concepção social "atômica". Isso quer dizer que teorias da ação clássicas contemplam o "ato" ao mesmo tempo como a menor unidade constitutiva do universo social. Em consequência, a estrutura da realidade social – que em parte resulta das ações e em parte se baseia nelas – está no foco do interesse. A "atomização" – e a fixação, a ela relacionada, em unidades de atividades e não no fluxo da ação – constitui um dos principais pontos de crítica de Giddens em relação à teoria da ação no contexto da forma de existência de sociedades da modernidade tardia. A recepção e aplicação dessa crítica se mostraram – diante das condições de vida geográficas e espaciais em constante transformação ao fim do século XX – especialmente urgentes, sobretudo para a Geografia. Sob a luz das teorias da ação, o processo de controle da ação e da estruturação de realidades sociais e geográficas aparece mais próximo do centro das atenções.

Giddens possibilitou, assim, o desenvolvimento de uma concepção dinamizada de estrutura – no sentido da ação estruturadora e estruturada. Esse reajuste possibilita a inclusão sistemática e a consideração do poder como dimensão da ação no sentido de regras e (variados) graus de capacidade de configuração da realidade social (recursos autoritativos/alocativos). Com isso tornou-se possível também a superação da cegueira em relação ao poder, até hoje uma das críticas mais importantes às teorias da ação convencionais.

Essa ampliação abarca três relações. A primeira se refere ao fato de que, com o relacionar de "ação e estrutura", a ação é compreendida sempre como um fazer (ora mais, ora menos) carregado de sentido que deve ser entendido ao mesmo tempo como estruturador e estruturado. Isso corresponde à concepção de Giddens de estruturação. Além da reestruturação, antes mencionada, da teoria da estruturação, duas outras relações podem ser ressaltadas. Com a relação entre "ação e corpo" no sentido do agir mediado pelo corpo, torna-se clara também a correlação entre corpo e poder. E com a terceira relação, entre "corpo e espaço ou espacialidade", explorada argumentativamente na geografia social centrada na práxis, a correlação entre poder e espaço pode, por fim – por meio da inclusão da ação mediada pelo corpo à perspectiva de análise –, ser associada de modo inédito com a teoria da estruturação. Assim foi constituído o panorama de interesses em "sociedade, ato e espaço" até "ação, estruturação, constituição de sociedade e espacialidade", formando uma perspectiva de investigação de realidades geográficas globalizadas da modernidade tardia.

Da constituição da sociedade à formação das relações espaciais

De uma perspectiva relativa à história disciplinar da Geografia, a guinada categorial consiste, portanto, em uma dupla mudança de enfoque: por um lado, do espaço ao ato, e, por outro, do ato à ação. De modo geral, isso representa a guinada da exploração científica da lógica de um operar em espaços terrestres fixos ou *containers* para o abarcar das lógicas de práticas de criação de mundo. Com essa reorientação do olhar para realidades geográficas, a práxis social da ação – com seus campos de possibilidades a princípio abertos, ainda que não arbitrários – se torna identificável como âmbito da construção de realidades sociais e suas condições espaciais. Com isso conclui-se o caminho da Geografia dos espaços e lugares para uma ciência de pesquisa das lógicas de práticas sociais e dos modos de constituição e das respectivas construções de realidades geográficas nestes baseadas. Ou seja, o caminho de uma geografia tradicionalista a uma geografia científica adequada à modernidade tardia. Com essa guinada já se apresenta também uma aproximação em relação ao novo ponto de partida para a formulação de um programa de pesquisa mais avançado.

A ponte para o novo ponto de partida constitui o conceito de vinculação ao mundo, como o desenvolvi no segundo volume de *Sozialgeographie alltäglicher Regionalisierungen* (*Erdkundliches Wissen*) (Geografia social de regionalizações cotidianas). Com esse conceito, o sujeito atuante é colocado, da forma previamente mencionada, no centro da visão de mundo geográfica, evitando-se, assim, "a" containerização de realidades sociais. O princípio da containerização consiste – colocado resumidamente – em vinculação ao conceito de espaço (no modelo mecânico) de Isaac Newton ou ao *espaço de vida* (biológico) de Ernst Haeckel, em compreender tudo que acontece e todas as formas de vida como um recipiente claramente delimitado e determinado. Dessa maneira, processos sociais e culturais são identificados como ocorrendo no espaço e sendo por ele (no mínimo) codeterminados, se é que não integralmente determinados (causalmente). O espaço recipiente, que precede, assim, toda atividade, pode até mesmo se tornar – como é o caso em Haeckel – um critério (de decisão) em relação à vida bem ou malsucedida, assim como em relação à sobrevivência e a extinção.

Com o conceito de vinculação ao mundo é sugerida uma perspectiva contrária à essa: nele não se questiona mais *onde* ou *o que* se encontra no espaço *container* ou é por ele determinado. O que está em questão é, antes, a vinculação ao mundo e, com ela, a forma *como* atuantes sociais trazem o "mundo" a seu alcance, como o relacionam à sua atividade e dele se apropriam. O topos central deixa de ser o "estar no mundo" e passa a ser *como* atuantes constroem (através da significação) realidades geográficas e ao mesmo tempo assumem uma vinculação ao mundo. O processo tanto estruturado quanto estruturador da vinculação ao mundo é o enfoque e o centro da nova visão de mundo geográfica.

Partindo do ponto assim apresentado, é possível aprofundá-lo com a seguinte questão: que significado apresenta a espacialidade – da qual resulta a necessidade da vinculação ao mundo – para a construção e apropriação da realidade social? Que formas de relações espaciais são estabelecidas socialmente para a superação da espacialidade no decurso histórico? E ainda: que significado as relações espaciais alcançam para a construção de diferentes formas de sociabilidade? Com essas questões abre-se o panorama para a descoberta da importância fundamental das relações espaciais sociais para o estabelecimento da sociabilidade.

Relações espaciais sociais

A expressão "relações espaciais sociais" caracteriza, no sentido aqui sugerido, a relação criada – por meio do decurso social histórico – para com elementos espacialmente dados no presente e que sejam relevantes para a ação. Relações espaciais desse tipo devem ser, portanto, contempladas sempre como atos sociais de criação. Elas caracterizam as condições, os meios e as mídias da ação criados nos planos social e da história cultural para superar a espacialidade do mundo cotidiano. Elas constituem, assim, as condições geográficas criadas socialmente e, com isso, as condições *socio*geográficas do convívio social. Uma vez que a espacialidade do mundo cotidiano resulta da corporalidade dos sujeitos, ela é, consequentemente, constitutiva para todos os atuantes sociais e fundamental para todas as formas de configuração de relações espaciais sociais. Nesse sentido, as relações espaciais sociais desempenham um papel fundamental para se estabelecer e possibilitar a sociabilidade; elas representam uma dimensão primordial da construção de realidades socioculturais.

Portanto, são as relações espaciais sociais que devem constituir o futuro centro de interesse da pesquisa geográfica. Essa pesquisa deve, em primeiro lugar, identificar constelações de problemas advindos da desterritorialização de realidades sociais, culturais e econômicas e prepará-las para serem elaboradas. Em segundo, devem ser reveladas as implicações (problemáticas) que resultam da utilização continuada de estratégias territoriais de solução para a reparação das consequências da desterritorialização.

Diante desses dois objetivos será importante observar que toda realidade social implica formas (culturais, políticas e econômicas) específicas de superação da espacialidade, da relação (geográfica) para com o mundo. Nesse sentido, o relacionar da superação da espacialidade com a realidade social deve ser pensado não como unilateral, mas antes como recíproco. É evidente que reconfigurações de realidades e relações sociais sempre trazem consigo novos modelos espaçotemporais de padrões de ação cotidianos, ou, de modo geral, novas estruturas espaçotemporais do social. Essa perspectiva corresponde ao mais desenvolvido trabalho de pesquisa geográfica socioteoricamente informado da atualidade, como abordado inicialmente em relação à contribuição de Derek Gregory e John Urry. Um exemplo especialmente impactante para a reconfiguração do espacial com base na transformação de relações sociais (de produção) é a urbanização das condições de vida, que se iniciou com o fim da sociedade feudal (de economia agrícola) e o início da Revolução Industrial.

Dando sequência à argumentação aqui desenvolvida sobre a formação de um novo olhar geográfico factual e da perspectiva desenvolvida com base nele, passemos para o próximo ponto. Podemos postular que novas condições espacial-sociais ou sociogeográficas são, assim como o agir e o comunicar à distância, de fato fundamentais para o surgimento de novas formas de sociabilidade.

Relações espaciais sociais e sociabilidade

Podemos derivar de um balanço prévio a seguinte tese básica como diretriz para a futura pesquisa sociogeográfica: os meios e mídias de vinculação ao mundo disponíveis são constitutivos para o desenvolvimento de toda forma de sociabilidade. As condições sociogeográficas de ação respectivamente atuais também adquirem uma importância fundamental, tal qual no contexto de Marx as relações sociais de produção para a formação do social.

"Relações espaciais sociais" caracterizam – para tornar mais precisas e ampliar as definições dadas até o ponto presente – as condições espaciais de ação nas quais realidades sociais são criadas, construídas e o meio naturalmente dado é moldado. Essas relações espaciais não se referem – como uma concepção geográfica tradicional poderia supor à primeira vista – a relações topográficas ou a outras relações naturais *per se*. Como anteriormente apresentado, aqui são denominados antes os meios, mídias e possibilidades socialmente criados no decorrer do tempo para se lidar com a espacialidade de constelações de ação que advêm da materialidade das coisas e da corporalidade dos atuantes. As condições geográficas de ação do mundo cotidiano sempre representam um desafio fundamental da vida prática para o convívio *social*, para cadeias de interações sociais e a construção de realidades socioculturais.

As relações espaciais sociais compreendem uma série de constelações com as quais os atuantes podem se ver confrontados na concretização de práticas específicas, que podem, por outro lado, ser utilizadas como possibilidades de sua implementação (bem-sucedida). Ou formulado de modo mais preciso: "relações espaciais sociais" caracterizam também o campo de possibilidades de ação, interação e comunicação à distância atualmente existente para formas individuais de práxis, campo este que foi socialmente engendrado de forma respectivamente específica até um determinado período histórico. Elas determinam as medidas possivelmente diferentes de socialização para determinadas práticas sob a circunstância de "ausência física". De modo geral, as "relações espaciais sociais" caracterizam, assim, as formas coexistentes de superação da espacialidade do mundo cotidiano em uma configuração histórica específica, assim como as configurações históricas nelas mencionadas, em sequência temporal.

Uma vez que a forma das condições de superação da espacialidade atualmente disponíveis são a base de todas as relações sociais remotas, a expressão das relações espaciais sociais não se encontra meramente subordinada à soma de diferentes práticas – da respectiva forma de sociedade. Ela é também um fator codeterminante enquanto critério de possibilitação de todas as formas de sociabilidade a serem ainda concretizadas.

Nesse sentido é necessário enfatizar com veemência que a ação e a interação remotas constituem o verdadeiro cerne do social, independentemente da definição a que se recorra. Considerando-se, por exemplo, de acordo com Ferdinand Tönnies (1887), a diferenciação entre "comunidade" e sociedade, esse fato se torna a delimitação da segunda forma de convivência em relação à primeira. Para Tönnies (1887, §19), a "sociedade" deve ser compreendida, nesse sentido, como "um conjunto de seres humanos fundamentalmente separados entre si". Disto conclui-se que Tönnies enxerga a capacidade de se agir à distância como situada também no princípio da possibilitação do social no caso de "fundamentalmente separados" se referir não apenas a uma separação espacial, mas também a uma "separação social". Assim, parece-me razoável identificar a potencialidade disponível de ação remota como aspecto central da forma concretizável de sociabilidade.

Todas as formas socialmente *constitutivas* da ação são, em função da corporalidade dos atuantes sociais, confrontadas de alguma maneira com condições espaciais socialmente determinadas – ou sociogeográficas – específicas, ou seja, com uma formação específica de relações espaciais sociais. Em consequência, relações espaciais sociais são, também nesse sentido, fundamentais para todos os setores e formas de comunicação e entendimento, da ordem e do controle sociais, da produção e consumo de bens materiais, assim como dos fluxos materiais e relações permutativas correspondentes.

Qual dessas constelações será dada como condição histórica em um determinado período e qual delas estará concretamente disponível como campo de possibilidades dependerá hipoteticamente do resultado de dois aspectos. Primeiro, da capacidade dos meios e mídias disponíveis de superar distâncias terrestres entre a localização dos atuantes e os elementos físico--materiais relevantes para a ação, assim como as localizações dos outros atuantes físicos, potenciais parceiros de comunicação. Isso concerne aos componentes técnicos das relações espaciais sociais disponíveis e à trajetória de seu desenvolvimento. Em segundo lugar, a formação de uma relação espacial social específica, com a qual os atuantes são confrontados, dependerá dos potenciais de poder disponíveis a eles e do potencial de ação daí resultante. As evidentes disparidades dos potenciais de ação – por exemplo a falta de acesso à internet, denominada *digital gap* – são de importância fundamental para as formas sociabilizadas de "dominação do espaço" – e, com isso, para o controle autoritativo dos atuantes. E, além disso, sua importância se estende também aos potenciais de reprodução de "poder" gerados por tais disparidades para todas as formas de sociedade conhecidas historicamente.

A relação entre a capacidade de extensão do alcance espacial da ação e do poder socialmente aplicável pode ser resumida na seguinte fórmula (hipotética): controlar remotamente práticas é uma expressão de poder. Aquele que dispõe do maior alcance de ação à distância está em condições de potencializar os efeitos da assimilação de elementos físico-materiais e do controle sobre/de pessoas. A ampliação do alcance com equivalente efeito socioeconômico implicaria, sob o aspecto temporal, a acumulação continuada do controle sobre elementos físico-materiais por meio de recursos alocativos (bens, estruturas de produção, infraestrutura), assim como sobre pessoas. Esse contexto constitui mais um ponto-chave da importância central das relações espaciais sociais para diversas práticas no decurso da história da humanidade.

Relações espaciais sociais e modos de construção históricos

Como já diversas vezes anteriormente mencionado, as relações espaciais sociais estão a todo momento condicionadas à transformação histórica. Esta ocorre, obviamente, não apenas em uma continuidade evolucionária constante, mas também e sobretudo em saltos revolucionários. Em linhas gerais podem ser percebidos três períodos de revolucionamento das relações espaciais sociais e, como consequência, também das relações temporais: o período neolítico, o industrial e o revolucionamento digital atual das relações e vinculações ao mundo espaciais e temporais.

Há um amplo consenso em relação a denominar realidades sociais de acordo com os modos de produção respectivamente dominantes, como sociedades agrárias, industriais, de serviços ou da informação. Embora para determinados objetivos essa tipificação periodizante seja útil, também é expressão de um profundo ignorar do significado das relações espaciais de condições de ação em sociedade. Analisando-se rigorosamente, formas de sociedade se diferenciam não apenas em relação aos modos de produção dominantes. Essas formas de sociedade são elas mesmas expressão e condição do *modus operandi* especificamente dominante da criação da realidade, da construção e reprodução de realidades geográficas e sociais. Hipoteticamente, os *modi operandi* comunicativos respectivamente dominantes e correspondentes à periodização de relações espaciais sociais sugerida são a oralidade (copresente) que exige proximidade, a escrita (analógica) que suplanta a distância e a digitalidade (numérica) que elimina a distância e possibilita uma semissimultaneidade. Segundo a perspectiva aqui sugerida, esses *modi operandi* devem ser enxergados exatamente não como eixos da produção do social, economicamente determinantes, e sim como mídias de construção amplamente configuradoras, estruturadas e estruturadoras de realidades sociais, culturais e geográficas significadas. No caso de uma mudança dos *modi operandi* de criação da realidade, as relações espaciais sociais e, com elas, as condições geográficas de configuração da sociabilidade também mudam.

Toda formação social diferenciável é expressão de uma forma de ação básica, no sentido de uma forma específica de "superação" da espacialidade social. Cada tipo de ação básica dispõe de meios de configuração de relações espaciais e temporais ou das vinculações ao mundo. A forma desses meios de configuração, dos quais dependem os graus de capacidade de ação remota, é decisiva para o estabelecimento das relações espaciais sociais. Caso a ênfase não seja colocada somente no aspecto econômico e se considerem também as formações de relações espaciais, então as formas sociais e culturais se tornam tipificáveis também no sentido de suas relações espaciais. Para essa tipificação é importante esclarecer de que forma as relações espaciais de ação são incluídas nas práticas e por elas reproduzidas.

Antes da revolução neolítica da economia agrária e artesanal existia, hipoteticamente, o imperativo de se agir no aqui e agora. A atualidade temporal, sem possibilidades relevantes de presentificação do passado e de uma atuação antecipatória planificada no porvir, assim como a dominância absoluta das condições espaciais locais, definiam a inexorabilidade do momentâneo e, dessa maneira, a supremacia do presente. Com a revolução neolítica, as condições espaciais e temporais são então reconfiguradas no sentido do alcance da sedentarização e controle local das condições de vida por meio do cultivo de plantas e animais domesticados, técnicas de armazenamento, conservação de alimentos e de irrigação, divisão progressiva de tarefas etc. Como elementos típicos das relações espaciais sociais adotadas podemos citar a produção agrária de superfície e estruturas de povoamento rural – que posteriormente se ampliaram, transformando-se em cidades, porém sem desenvolverem uma economia urbana própria (dominante supralocalmente). As possibilidades de controle mencionadas, junto das potencialidades de transcendência do aqui e agora nelas contidas, são ampliadas, de forma regionalmente assimultânea, até a descoberta da técnica de impressão e a Revolução Industrial, sem, entretanto – segundo a tese aqui defendida – resultarem num modo essencialmente novo.

As relações espaciais sociais que se instauraram com a Revolução Industrial encontram sua expressão mais evidente na urbanização das relações de vida e na territorialização da configuração da esfera política. A urbanização das relações de vida requer, antes de mais nada, novas relações espaciais sociais sob a forma da passagem da produção de superfície para a produção pontual. Isso significa que a técnica industrial de fabricação não apenas se baseia em novas relações de produção como também que estas são possibilitadas dentre outros pelo fato de que, em comparação com o modo de gestão econômico agrário de suprimento da demanda, não é mais necessário dispor de uma grande área para um número pequeno de pessoas, mas o contrário: de uma área relativamente pequena para um grande número de trabalhadores. É isso o que possibilita a alta concentração de habitantes de centros urbanos no decurso da urbanização, que substitui, no período pré-industrial, a dominância das relações rurais espaciais e de vida.

A territorialização como princípio fundamental da política moderna se torna possível apenas com base no desencantamento das relações para com a natureza e o espaço. Afinal, apenas assim a relação mistificante pode ser substituída por uma relação racional. Essa relação racional consiste na combinação da extensão de superfície quantificável e delimitável de forma racionalmente métrica com pretensões normativas e cláusulas de validade, em especial sob a forma de um código e uma constituição nacionais. Em que medida e de que forma o estabelecimento de Estados nacionais modernos está relacionado à ampliação radical dos alcances de ação dos atuantes sociais e à forma de produção pontual, que se impõe como dominante, permanece objeto de esclarecimento científico empírico.

Como podemos constatar em uma aproximação inicial, a revolução digital transformou drasticamente as atuais relações espaciais sociais. Os princípios, até então válidos, de configuração do social perdem cada vez mais seu potencial de implementação. Com o "desaparecimento da distância" em diversos âmbitos da vida e das práticas de ação, um grande número de rotinas estabelecidas, de cálculos estimativos, de avaliações etc. perdem sua validade – em parte de forma dramática. A supressão do vínculo entre proximidade e familiaridade ou entre distância e estranhamento, a colonização das esferas íntimas pelas realidades virtuais etc. são possivelmente apenas sinais das consequências das novas relações espaciais sociais que estão se estabelecendo e de suas consequências para os modos de construção de realidades sociais, culturais e geográficas.

Cada uma dessas três rupturas cruciais – nas respectivas formas consolidadas de relações espaciais sociais – pode ao mesmo tempo ser compreendida como transformação radical das "relações naturais sociais" (Görg, 1999), que criaram suas formas próprias de lidar com as condições de vida impostas. Enquanto a adaptação à natureza era primordial até a revolução neolítica, com a primeira reconfiguração radical ela é transformada em um *modus* de ampla domesticação da biosfera natural, atingindo atualmente com a biotecnologia uma nova dimensão. A Revolução Industrial radicaliza o potencial de transformação social das condições naturais no sentido de um mundo dos artefatos. Ou, como o geógrafo social Hans Bobek (1950) afirma em relação à ascensão do capitalismo produtivo, em uma substituição da realidade natural por uma "realidade virtual". Com ela inicia-se um desenvolvimento que culmina naquilo que o sociólogo Ulrich Beck (1986) caracteriza como "sociedade de risco".

A investigação sistemática dessas três formações fundamentais é a primeira meta da pesquisa de relações espaciais sociais. O programa sociogeográfico correspondente deve ser desenvolvido junto às disciplinas arqueológicas, históricas e das Ciências Sociais e da cultura. Com isso poderá ser fomentada também uma visão de mundo geográfica que possibilite tanto um entendimento global quanto a compreensão das constelações locais individuais no contexto global. Essa meta tem como objetivo final a criação do programa de pesquisa Relações Espaciais Sociais aqui sugerido. Com sua implementação espera-se que a leitura dos grandes passos de transformação das condições espaciais do convívio social se desenvolva tanto na perspectivação histórica quanto nas diferenciações regionais da "assimultaneidade do simultâneo" a estas relacionada. O núcleo programático consiste nas seguintes cinco questões:

- Quais mídias constituem a base das diferentes formações da vida social nos três tipos de relações espaciais sociais mencionados?
- Quais são os processos e práticas espaciais dominantes que elaboram e transformam essas constelações?
- Quais constelações e estruturas espaciais são características para as diferentes formações sociais?
- Que formas assumiram as concepções e visões de mundo geográficas (*geographical imaginations*) no decurso da história?
- Que contradições podem ser identificadas, com base na progressiva desterritorialização / no desarraigamento espacial, entre relações espaciais sociais consolidadas e práticas sociais e políticas?

Como orientação inicial podem ser utilizadas as formas de vida pré--modernas, modernas e da modernidade tardia, com suas respectivas relações tanto temporais quanto espaciais para a pretensão de se investigar essas questões na transformação dos tempos e das concepções de mundo levando-se em consideração as concepções espaciais correntes no cotidiano e na ciência. Entretanto, como no caso de todo modelo representacional, também aqui é necessário observar as diferenças entre a ordem hipotética de contextos de ação e constelações cotidianas reais e torná-las também objeto de estudo.

Relações espaciais e temporais sociais

Como antes mencionado, relações espaciais sociais implicam sempre relações temporais sociais correspondentes. Isso se justifica primeiramente pelo fato de que para a ação à distância é necessário tempo. Assim, relações espaciais sociais são sempre relações espaçotemporais. Da perspectiva (crono)geográfica (Hägerstrand, 1970, Carlstein, 1986), as relações temporais são derivadas das relações espaciais existentes. Em consequência, há bons motivos para se focar primeiramente nas relações espaciais e em seguida nas relações temporais. Essa sugestão contraria o consenso amplamente aceito e baseado nas ideias de Immanuel Kant de que se deve dar preferência ao âmbito temporal ou histórico em relação ao geográfico.

Pode-se argumentar de forma – à primeira vista – bastante convincente que, em função da aceleração, as condições espaciais se transformarão drasticamente, podendo vir a se tornar negligenciáveis. Segundo o argumento comumente defendido nesse sentido, em função da aceleração dos processos de redes de comunicação e interação, o mundo teria encolhido ao tamanho da cabeça de uma agulha. Essa perspectiva parece, entretanto, negligenciar a relevância da corporalidade dos atuantes sociais. Com essa negligência, ainda segundo essa tese, ao mesmo tempo desapareceria do campo de visão a condição da espacialidade, levando a uma ênfase (exacerbada) da dimensão temporal. Porém, sendo a corporalidade dos atuantes central para a territorialização da sociabilidade de Estados nacionais e estando a dissolução progressiva da territorialidade e a reconfiguração de corpo e espacialidade vinculadas, há sólidos motivos para não se insistir na dominância absoluta do temporal em relação ao espaço. Visto que um enfoque unilateral nas relações espaciais ou temporais não pode corresponder às constelações reais da ação física, é necessário pensar conjuntamente as relações espaciais e temporais em uma forma de interdependência dialética das relações entre espaço e tempo.

Para se compreender a relevância do revolucionamento das condições espaçotemporais do social – que podem ser etiquetadas com os termos "globalização" e "aceleração" (Rosa, 2005) –, é necessário analisá-las juntamente ao estudo das transformações sociais daí resultantes. Enquanto "globalização" procura expressar os alcances espaciais da ação em tempo real, "aceleração" expressa as consequências daí resultantes para a intensidade de sequências de decisões e as cadeias interacionais sociais correspondentes. Pensar globalização e aceleração conjuntamente é o caminho para entender as consequências das novas relações espaciais sociais que ora estão surgindo. De acordo com a suposição aqui fundamentada, uma vez identificadas essas consequências, torna-se possível denominar as reconfigurações de sociabilidade a serem buscadas.

São urgentes o aprofundamento teórico e a compreensão das implicações do atual revolucionamento das relações geográficas para a futura configuração de sociabilidade. Também não menos fundamental é a disponibilização de padrões de interpretação para a (pronta) identificação de constelações sociais e políticas problemáticas que surgirão das relações espaciais sociais modificadas para as gerações futuras.

Implicações e a necessidade de uma reorientação

O desenvolvimento de uma perspectiva geográfica (orientada para o futuro) implica diversas reorientações, assim como o abandono de perspectivas conhecidas. Como mostrado, o programa formulável com essa perspectiva compreende também a investigação sistemática de relações espaciais das vinculações ao mundo, assim como seu significado para a forma de existência de realidades socioculturais. Para melhor esclarecer o conteúdo dessa perspectiva, serão ilustrados alguns aspectos importantes no que se segue.

A transformação das relações espaciais sociais apresenta claramente profundas consequências, que atingem praticamente todas as esferas do mundo cotidiano. Assim, não apenas os atuais inventários de conhecimento geográfico e sociocientífico são colocados em xeque, mas também e sobretudo o caráter de obviedade ou até de existência daquilo que consideramos como sendo a razão humana. Juntamente da relação mencionada entre conhecimento e confiança, essa transformação atinge, como a própria designação já aponta, sobretudo a relação entre sociedade e espaço, assim como as lógicas de visões de mundo dela derivadas. As manchetes atuais da imprensa internacional, comentadas antes, apresentam indícios experienciáveis atualmente de maneira cotidiana. Elas abrangem desde a crise financeira internacional ou global, passando por processos migratórios amplos, problemas de integração sociocultural até o combate ao terror – para lembrar algumas das mais contundentes. Com relação à "luta contra o terrorismo", por exemplo, mostra-se de forma cada vez mais evidente o quão urgente se tornou a substituição da *lógica dos espaços e lugares* geográfica por uma *lógica de práticas* sociogeográfica.

Esses exemplos são ilustrações da advertência para as implicações sociais e políticas fundamentais da transformação das novas condições de ação remota conquistadas em relações sociais: as novas relações espaciais sociais da era digital. Elas se manifestam de maneira mais explícita na progressiva desterritorialização de amplas esferas do convívio social. O potencial (problemático) de conflito daí resultante consiste no fato de que, apesar da reorganização das relações espaciais sociais, a organização do convívio social, isto é, a sociabilidade permanece submetida (e amplamente sem alternativas em relação) à lógica territorial de Estados nacionais. Sob a luz da perspectiva aqui sugerida torna-se evidente que tal constelação apresentará necessariamente implicações dramáticas.

Uma vez que contínuas territorializações do social estão claramente se extinguindo em cada vez mais esferas da vida, torna-se crucial uma reconcepção da *conditio humana* geográfica na modernidade tardia. Vivemos, como Francis Fukuyama (1992) tentou mostrar com seu discurso do "fim da história", não apenas uma era de uma nova historicidade. Vivemos de fato e sobretudo uma nova "geograficidade" (Klauser, 2010, p.23). Portanto, necessitamos de disponibilizar não apenas uma nova linguagem do espacial, mas também uma nova concepção das próprias cadeias de interação no contexto das novas potencialidades de ação remota, da interação não presencial e, associada a isso, da aceleração de processos sociais.

Da dissolução de antigas e do estabelecimento de novas relações espaciais sociais surgem novas problemáticas sociais e dificuldades de orientação que possivelmente se diferenciam de modo claro daquelas que Jürgen Habermas (1985) identifica como "nova indistinção". Os problemas abordados por Habermas podem ser caracterizados como consequência do desvio dos esforços iluministas da primeira fase da modernidade em estabelecer uma ordem racionalmente justificável no mundo. Os problemas orientacionais que se colocam atualmente em circunstâncias globalizadas são claramente mais abrangentes. Os esforços de se estabelecer *uma* modernidade parecem enfrentar uma concorrência cada vez maior. Aquilo que foi propagado da perspectiva europeia como projeto universal ora poderia ser tomado como (apenas) uma tradição de pensamento europeu regional; em todo caso não como modelo único, globalmente estabelecido. As dificuldades de orientação provenientes de uma tal constelação plurifocal não deveriam mais ser consideradas meros desvios de *uma única* direção. Caberia antes a escolha entre diversas, ou antes, a votação por diferentes direções coexistentes que poderiam oferecer padrões de interpretação e julgamento altamente diversificados e mutuamente contrapostos da ação atual. Essa constelação cultural afastaria bastante uma ação política consensual – de moldes transmitidos.

Existe ainda uma tendência (altamente problemática) de se reagir a situações de indistinção, podendo ser observada na tentativa de se controlar situações lançando-se mão de princípios de ordem e parâmetros de interpretação provenientes de e que recorrem a relações espaciais sociais completamente distintas. Em vez de se buscarem novas possibilidades, mantém-se ainda a concepção da possibilidade de tratamento de consequências social e politicamente problemáticas das condições de desterritorialização cada vez maiores através de estratégias (territoriais) tradicionais. A luta, antes mencionada, contra grupos organizados em redes de terrorismo por meio da guerra territorial (Iraque, Afeganistão) é um exemplo típico disso. Diante de sua incompatibilidade estrutural, praticamente não é possível se certificar de seu potencial de sucesso. A evidente falta de possibilidade de sucesso mediante a manutenção de estratégias territoriais no combate à crescente desterritorialização se expressa no fato de que custos vertiginosos continuam acoplados a derrotas.

Tais estratégias retrógradas são no fundo nada mais que tentativas de aplicação das concepções geográficas de mundo costumeiras, ainda tidas como as únicas verdadeiras, em constelações espaçotemporais recém--estabelecidas. Elas implicam a ambição – que vai muito além da esfera militar – de se utilizar a lógica territorial (isto é, dos Estados nacionais) de convívio social, desenvolvida nas últimas décadas, que transformou praticamente todas as esferas da vida cotidiana, aplicada a contextos de vida cada vez mais desterritorializados, regulando-os, assim, de modo territorial. O fato de tais tentativas apresentarem tamanha persistência está possivelmente

ESPACIALIDADE SOCIAL **393**

relacionado ao fato de que a territorialidade racional de Estados nacionais – no decurso de seu lento estabelecimento – assumiu um *status* seminatural. Em discursos nacionalistas e regionalistas faz-se do *status* natural um parêntese naturalista da interpretação do mundo que apresenta uma similaridade mais que apenas familiar em relação àquele típico para a Geografia geodeterminística.

As implicações da utilização de tal padrão de interpretação naturalístico sobre realidades sociais atuais podem ser observadas em diversos pontos. Pode-se identificar, por exemplo, no contexto de todos os tipos de facetas de variações multiculturais de contextos regionais, que tais padrões de interpretação naturalísticos levam facilmente a equívocos naturalísticos. Isso quer dizer que, com o postulado de "espaço de vida", é mobilizado um plano de referência natural, segundo o qual uma determinada constelação é demonstrada como "boa" por ser supostamente "natural". Esse equívoco é característico não apenas da ideologia de "sangue e solo" nazista ou de estratégias de limpeza étnica, mas também para toda uma série de outras relações entre sociedade e espaço postuladas, como anteriormente mencionado.

O esboço das implicações do axioma biologístico do espaço de vida para a interpretação e avaliação das constelações atuais de sociedade e espaço ou de espaços culturais deve primeiramente servir como indicação do fato de que o esclarecimento daquilo que se entende e que se pode abordar de modo sensato por "espaço" possui atualmente uma importância social primordial. Essa importância foi ignorada no plano sociocientífico por um longo tempo em função de se ter declarado espaço e espacialidade ou aquilo que eles designam como irrelevante para a teoria social, como é o caso sobretudo na tradição da Sociologia interpretativa. Deste modo, as implicações altamente problemáticas mencionadas eram inconcebíveis analiticamente. Era possível, na melhor das hipóteses, declará-las – ao lado das máximas (geo)políticas delas derivadas – como politicamente reprováveis. Em segundo lugar, com essa indicação é abordada também a grande relevância dos "efeitos" implícitos de regulamentações espaciais para a conceptualização de realidades sociais e estratégias sociopolíticas. Diante deste cenário, a exigência dos epígonos da *spatial turn* de se meramente aperfeiçoar o reconhecimento do "espaço" no contexto da pesquisa social não basta. Afinal, mais importante que isso é o esclarecimento da questão sobre de que forma e com quais meios essa exigência deve ser cumprida. Uma tarefa que, como deve ter ficado clara ao longo do que foi exposto antes, se torna especialmente delicada no limiar da reconfiguração revolucionária (digital) da espacialidade social e das respectivas relações espaciais sociais.

Portanto, as "relações espaciais sociais" podem ser caracterizadas, por fim, como a formação, assim como o respectivo grau social – e sobretudo contido em toda ação – da capacidade de vinculação ao mundo. A manifestação dessa capacidade depende, em primeiro lugar, do alcance potencial da ação remota no contexto do controle de disponibilidade dos meios técnicos auxiliares (de transporte, transmissão etc.) necessários para tanto e, em segundo, da capacidade de dominação e controle autoritativo sobre pessoas espacialmente presentes e sobretudo ausentes. Esta última possibilidade pode ser potencializada de modo decisivo por meio de um controle de disponibilidade mais amplo.

Visto dessa perspectiva – e isso deve ser enfatizado sobretudo em relação a potenciais mal-entendidos –, o estudo das relações espaciais se direciona não ao espaço, mas aos graus do potencial de dominação dos aspectos de constelações de ação derivados da espacialidade do social. Relações espaciais sociais se referem, assim, às potencialidades de ação da superação da espacialidade, e não a características do espaço.

O programa a isso correspondente necessita, num futuro próximo, tanto de um prosseguimento do aprofundamento teórico quanto de sua aplicação adequada e abrangente em pesquisas empíricas interdisciplinares. Dessa maneira, sobretudo as diversas formas de vinculação ao mundo em diferentes constelações históricas devem ser relacionadas com as respectivas relações espaciais sociais, diferenciadas de forma empírica, e assim expandidas em um corpo teórico sistemático, que poderá, por sua vez, oferecer as competências requeridas para o reconhecimento e elaboração de conjuntos de problemas sociais fundamentais.

O esboço de Relações Espaciais Sociais em sua formulação atual e naquela a ser futuramente concluída aponta ainda uma dupla exigência. Por um lado, esse traçado inicial visou atender à necessidade de uma Geografia genuinamente sociocientífica, que vai além de um mero "esforço de integração de elementos desconexos da teoria social" – como é típico de inúmeras concepções disciplinares anglo-saxônicas. Por outro lado, com esse esboço foi apresentada a sugestão de se elaborar uma Ciência Social genuinamente geográfica que evite ao menos os pontos fracos das tentativas atuais (a biologização e a naturalização exacerbadas do social) e contorne suas consequências problemáticas. Ambas as exigências me parecem altamente relevantes não apenas atualmente, mas também para um futuro não muito distante. Afinal, as realidades sociais correspondem de modo geral cada vez menos às condições cotidianas da ação relacionada ao espaço, às circunstâncias (socio)geográficas. Diante das atuais transformações das condições geográficas de vida socialmente compostas faz-se necessário buscar perspectivas alternativas e soluções de configurabilidade do social.

REFERÊNCIAS BIBLIOGRÁFICAS

AGASSI, J. Methodological Individualism. *The British Journal of Sociology*, v.11, n.3, p.244-70, 1960.

ANDERSON, B. *Imagined Communities*: Reflections on the Origin and Spread of Nationalism. Londres: Verso, 1983. [Ed. bras.: *Comunidades imaginadas*. São Paulo: Companhia das Letras, 2008.]

ANDERSON, P. *Arguments within English Marxism*. Londres: NLB, 1980.

ARENDT, H. *Vita activa oder Vom tätigen Leben*. Munique: Piper, 1981. [Ed. bras.: *A condição humana*. Rio de Janeiro: Forense Universitária, 1989.]

ARISTÓTELES. Physikalische Vorlesung. In: GOHLKE, P. (org.). *Die Lehrschriften*. v.4.1. Paderborn, 1956.

ARNASON, J. P. Nationalism, Globalization and Modernity. In: FEATHERSTONE, M. (ed.). *Global Culture*: Nationalism, Globalization and Modernity. Londres: Sage, 1990.

BACHELARD, G. *La Formation de l'esprit scientifique*: contribution à une psychanalyse de la connaissance. Paris: Librairie Scientifique Jean Vrin, 1965. [Ed. bras.: *A formação do espírito científico*: contribuição para uma psicanálise do conhecimento. Rio de Janeiro: Contraponto, 1996.]

BAECKER, D. *Wozu Kultur?* Berlim: Kadmos, 2000.

BAHRENBERG, G. Unsinn und Sinn des Regionalismus in der Geographie. *Geographische Zeitschrift*, v.75, n.3, p.149-60, 1987.

_____. Paradigmenwechsel in der Geographie: Vom Regionalismus über den raumwissenschaftlichen Ansatz wohin? In: MATZNETTER, W. (org.). *Geographie und Gesellschaftstheorie*: Referate im Rahmen des "Anglo-Austrian Seminar on Geography and Social Theory in Zell am Moos", Oberösterreich. Beiträge zur Bevölkerungs- und Sozialgeographie 3. Viena, 1985.

BARTELS, D. Schwierigkeiten mit dem Raumbegriff in der Geographie. *Geographica Helvetica*, v.29, supl.2-3, p.7-21, 1974.

_____. Einleitung. In: _____ (org.). *Wirtschafts- und Sozialgeographie*. Colônia: Neue Wissenschaftliche Bibliothek Wirtschaftswissenschaften, v.485, 1970.

_____. *Zur wissenschaftstheoretischen Grundlegung einer Geographie des Menschen*. Wiesbaden, 1968a. (Erdkundliches Wissen, n.19.)

398 BENNO WERLEN

_____. Türkische Gastarbeiter aus der Region Izmir Zur raumzeitlichen Differenzierung ihrer Aufbruchsentschlüsse, *Erdkunde*, Alemanha, v.22, n.4, p.313-24, 1968b.

BARTHES, R.; SCHEFFEL, H. *Mythen des Alltags*. Frankfurt a. M.: Suhrkamp, 1964.

BASSAND, M. (ed.). *L'Identité régionale*. Saint-Saphorin, 1981.

BAUMAN, Z. *Community*: Seeking Safety in an Insecure World. Cambridge: Polity, 2001. [Ed. bras.: *Comunidade*: a busca por segurança no mundo atual. Rio de Janeiro: Jorge Zahar, 2003.]

BECK, U. Auch der Westen verschwindet... *Neue Zürcher Zeitung*, 18 set. 1993.

_____. *Politik in der Risikogesellschaft*. Frankfurt a. M.: Suhrkamp, 1991.

_____. *Risikogesellschaft*: Auf dem Weg in eine andere Moderne. Frankfurt a. M.: Suhrkamp, 1986. [Ed. bras.: *A sociedade do risco*: rumo a uma nova modernidade. São Paulo: Editora 34, 2002.]

BEHAM, M. *Kriegstrommeln*: Medien, Krieg und Politik. Munique, 1996.

BELL, D.; VALENTINE, G. *Consuming Geographies*: We Are where We Eat. Londres, 1997.

BERGER, J. *The Look of Things*. Nova York, 1972.

BERNSTEIN, R. J. Structuration as Critical Theory. *Praxis International*, v.6, n.2, p.235-49, 1986.

BHABHA, H. *The Location of Culture*. Londres, 1994.

BIRD, J. et al. (eds.). *Mapping the Future*: Local Cultures, Global Change. Nova York, 1993.

BLAU, P. M. A Macrosociological Theory of Social Structure. *American Journal of Sociology*, v.83, n.1, p.26-54, 1977.

BLOTEVOGEL, H. H.; HEINRITZ, G.; POPP, H. Regionalbewußtsein. Zum Stand der Diskussion um einen Stein des Anstoßes. *Geographische Zeitschrift*, v.77, n.2, p.65-88, 1989.

_____; _____; _____. Regionalbewußtsein: Überlegungen zu einer geographisch-landeskundlichen Forschungsinitiative. *Informationen zur Raumentwicklung*, v.7-8, p.409-18, 1987.

_____; _____; _____. Regionalbewußtsein. Bemerkungen zum Leitbegriff einer Tagung. *Berichte zur deutschen Landeskunde*, v.60, n.1, p.103-14, 1986.

BLUMENBERG, H. *Die Lesbarkeit der Welt*. Frankfurt a. M.: Suhrkamp, 1983.

BOBEK, H. Aufriß einer vergleichenden Sozialgeographie. *Mitteilungen der Österreichischen Geographischen Gesellschaft*, v.92, p.34-45, 1950.

_____. Stellung und Bedeutung der Sozialgeographie. *Erdkunde*, v.2, n.2, p.118-25, 1948.

BOLLENBECK, G. *Bildung und Kultur*: Glanz und Elend eines deutschen Deutungsmusters. Frankfurt a. M., 1996.

BONSS, W.; HOHLFELD, R.; KOLLEK, R. (orgs.). *Wissenschaft als Kontext*: Kontexte der Wissenschaft. Hamburgo, 1993.

BOURDIEU, P. *Die zwei Gesichter der Arbeit*. Interdependenzen von Zeit – und Wirtschaftsstrukturen am Beispiel einer Ethnologie der algerischen Übergangsgesellschaft. Konstanz, 2000. [Ed. bras.: *Os dois lados do trabalho*. São Paulo: Perspectiva, 2003.]

_____. *Die verborgenen Mechanismen der Macht*. Hamburgo, 1992. [Ed. bras.: *Os mecanismos ocultos do poder*. Rio de Janeiro: Bertrand Brasil, 1992.]

_____. Physischer, sozialer und angeeigneter physischer Raum. In: WENTZ, M. (org.). *Stadt-Räume*. Frankfurt a. M.; Nova York: Campus, 1991. [Ed. bras.: Espaço físico, social e apropriado. In: WENTZ, M. (org.). *Cidade e espaços*. São Paulo, 1991.]

ESPACIALIDADE SOCIAL **399**

_____. *L'Ontologie politique de Martin Heidegger*. Paris, 1988a. [Ed. bras.: *A ontologia política de Martin Heidegger*. Campinas: Papirus, 1989.]

_____. *Politische Ontologie Martin Heideggers*. Frankfurt a. M., 1988b.

_____. *Die feinen Unterschiede*: Kritik der gesellschaftlichen Urteilskraft. Frankfurt a. M., 1987. [Ed. bras.: *A distinção*: crítica social do julgamento. São Paulo: Edusp, 2007.]

_____. Sozialer Raum und Klassen. In: _____ (org.). *Sozialer Raum und Klassen*: Leçon sur la leçon. Zwei Vorlesungen. Frankfurt a. M., 1985.

_____. Espace social et genèse des "classes". *Actes de la Recherche en Sciences Sociales*, v.52-53, p.3-12, 1984.

_____. *Outline of a Theory of Practice*. Cambridge, 1977.

_____. *Esquisse d'une théorie de la pratique*. Genebra, 1972. [Ed. port.: *A teoria da prática*. Lisboa: Edições 70, 1980.]

_____. *Zur Soziologie der symbolischen Formen*. Frankfurt a. M., 1970.

BOWLER, P. *The Environmental Sciences*. Nova York, 1993.

BRAITENBERG, V. Kannitverstan! Warum es die Dummen sind, die Sprachgrenzen zu ihren Gunsten verschieben! *NZZ Folio*, v.3, p.46-7, 1º mar. 1993.

BRAUDEL, F. *Sozialgeschichte des 15.-18. Jahrhunderts*. 3v. Munique, 1990.

BRENNAN, T. (ed.). *Between Feminism and Psychoanalysis*. Londres, 1989.

BRODBECK, M. Methodologischer Individualismus: Definition und Reduktion. In: GIESEN, B.; SCHMID, M. (orgs.). *Theorie, Handeln und Geschichte*. Hamburgo, 1975.

BRODY, B. A. *Identity and Essence*. Princeton, 1980.

BRUHNS, K. *Kindheit in der Stadt*. Munique, 1985.

BUBNER, R. *Handlung, Sprache und Vernunft*: Grundbegriffe praktischer Philosophie. Frankfurt a. M., 1982.

BUNGE, W. *Theoretical Geography*. Lund, 1962.

BUROKER, J. V. *Space and Incongruence:* The Origin of Kant's Idealism. Dordrecht, 1981.

BUTLER, J. *Das Unbehagen der Geschlechter*. Frankfurt a. M., 1991.

BUTTIMER, A. Grasping the Dynamism of Lifeworld. *Annals of the Association of American Geographers*, v.66, n.2, p.277-97, 1976.

_____. Social Space in Interdisciplinary Perspective. *Geographical Review*, v.59, n.4, p.417-26, 1969.

CARLSTEIN, T. Planung und Gesellschaft. Ein "Echtzeit"-System im Raum. *Geographica Helvetica*, v.41, n.3, p.117-25, 1986.

_____. *Time Resources, Society and Ecology*: On the Capacity for Human Interaction in Space and Time in Preindustrial Societies. Lund, 1982.

CARNAP, R. Der Raum. Ein Beitrag zur Wissenschaftslehre. *Kantstudien*, v.56, Berlim, 1978 [1922].

CASEY, E. S. Between Geography and Philosophy: What Does it Mean to Be in the Place--World? *Annals of the Association of American Geographers*, v.91, n.4, p.683-93, 2001.

CASSIRER, E. *Versuch über den Menschen*. Einführung in eine Philosophie der Kultur. Frankfurt a. M., 1990 [1944].

_____. Mythischer, ästhetischer und theoretischer Raum. In: *Symbol, Technik, Sprache*. Hamburgo, 1931.

CASTELLS, M. *La Question urbaine*. Paris, 1972. [Ed. bras.: *A questão urbana*. São Paulo: Paz e Terra, 1999.]

CHRISTALLER, W. *Die zentralen Orte in Süddeutschland*. Eine ökonomisch-geographische Untersuchung über die Gesetzmäßigkeiten der Verbreitung und Entwicklung der Siedlungen mit städtischen Funktionen. Jena, 1933.

CIPOLLA, C. M. *Wirtschaftsgeschichte und Weltbevölkerung*. Frankfurt a. M., 1972.

CLAESSENS, D.; CLAESSENS, K. *Kapitalismus als Kultur*. Frankfurt a. M., 1979.

CLAVAL, P. Champs et perspectives de la géographie culturelle. *Géographie et Cultures*, v.40, n.1, p.5-28, 2001.

_____et al. Une Évaluation fortement tributaire de l'histoire de la discipline. In: COMITÉ NATIONALE D'ÉVALUATION (ed.). *La Géographie dans les universités françaises*. Paris, 1989.

CLEGG, S. R. *Frameworks of Power*. Londres, 1989.

COMITÉ NATIONALE D'ÉVALUATION (ed.). *La Géographie dans les universités françaises*. Paris, 1989.

CREWE, L.; LOWE, M. United Colours? Globalization and Localization Tendencies in Fashion Retailing. Towards the New Retail Geography. In: WRIGLEY, N.; LOWE, M. (eds.). *Retailing, Consumption and Capital*. Londres, 1996.

DAUM, E. Überlegungen zu einer "Geographie des eigenen Lebens". In: HASSE, J.; ISENBERG, W. (orgs.). *Vielperspektivischer Geographieunterricht*. Osnabrücker Studien zur Geographie 14, Osnabrück, 1993.

_____. Orte finden, Plätze erobern! Räumliche Aspekte von Kindheit und Jugend. *Praxis Geographie*, v.20, n.6, p.18-22, 1990.

DAVIES, I. *Cultural Studies and Beyond*: Fragments of Empire. Londres, 1995.

DE CERTAU, M. *Die Kunst des Handelns*. Berlim, 1988.

_____. *Arts de faire*. Paris, 1980.

DE ROUGEMONT, D. Genf und das Europa der Regionen. *Das Magazin*, Zurique, p.34-6, 1985.

DEAR, M. *The Postmodern Urban Condition*. Oxford, 2000.

DEINET, U. Raumaneignung in der sozialwissenschaftlichen Theorie. In: BÖHNISCH, L.; MÜNCHMEIER, R. (orgs.). *Pädagogik des Jugendraums*. Zur Begründung und Praxis einer sozialräumlichen Jugendpädagogik. Weinheim, 1990.

DERRIDA, J. *Grammatologie*. Frankfurt a. M., 1983. [Ed. bras.: *Gramatologia*. São Paulo: Perspectiva, 1976.]

DESCARTES, R. *Die Prinzipien der Philosophie*. Leipzig, 1922. [Ed. bras.: *Os princípios da filosofia*. São Paulo: Nova Cultural, 1993.]

DEUTSCHER STÄDTETAG (org.). *Hinweise zur Arbeit in sozialen Brennpunkten*. Reihe D. DST-Beiträge zur Sozialpolitik. Colônia, n.10, 1979.

DICKHARDT, M.; HAUSER-SCHÄUBLIN, B. Eine Theorie kultureller Räumlichkeit als Deutungsrahmen. In: _____; _____ (orgs.). *Kulturelle Räume*: Räumliche Kultur. Göttinger Studien zur Ethnologie. v.10. Münster, 2003.

DILTHEY, W. *Grundriß der Logik und des Systems der philosophischen Wissenschaften*: Für Vorlesungen. Berlim, 1865.

DÖRING, J.; THIELMANN, T. (org.). *Spatial Turn*: Das Raumparadigma in den Kultur- und Sozialwissenschaften. Bielefeld, 2008.

DREYFUS, H. L.; RABINOW, P. (orgs.). *Michel Foucault*: Jenseits von Strukturalismus und Hermeneutik. Frankfurt a. M., 1987.

DUNN, J. *Western Political Theory in the Face of the Future*. Cambridge, 1979.

ECO, U. *Zeichen*: Einführung in einen Begriff und seine Geschichte. Frankfurt a. M., 1977. [Ed. bras.: *O que é a semiótica*. São Paulo: Perspectiva, 1988.]

EGLI, E. Natur, Kultur und Technik im Wallis. In: *Mensch und Landschaft*: kulturgeographische Aufsätze und Reden. Zurique, 1975.

EHLERS, E. Kulturkreise – Kulturerdteile – Clash of Civilizations. Plädoyer für eine gegenwartsbezogene Kulturgeographie. *Geographische Rundschau*, v.48, n.5, p.338-44, 1996.

EINSTEIN, A. Vorwort. In: JAMMER, M. *Das Problem des Raumes*. Darmstadt, 1960.

EISEL, U. Landschaftskunde als "materialistische Theologie". Ein Versuch aktualistischer Geschichtsschreibung der Geographie. In: BAHRENBERG, G. et al. (orgs.) *Geographie des Menschen*: Dietrich Bartels zum Gedenken. Bremer Beiträge zur Geographie und Raumplanung v.11. Bremen, 1987.

_____. Die Entwicklung der Anthropogeographie von einer "Raumwissenschaft" zur Gesellschaftswissenschaft. *Urbs et Regio*, Kassel, v.17, 1980.

ENTRIKIN, N. Hiding Places. *Annals of the Association of American Geographers*, v.91, n.4, p.683-93, 2001.

_____. *The Betweenness of Place*: Towards a Geography of Modernity. Baltimore, 1991.

FEATHERSTONE, M. (ed.). *Global Culture*: Nationalism, Globalization and Modernity. Londres, 1990.

FEBVRE, L. *Der Rhein und seine Geschichte*. Frankfurt a. M., 1995 [1935.]

_____. *A Geographical Introduction to History*. Nova York, 1925.

FELGENHAUER, T. *Geographie als Argument*: Eine Untersuchung regionalisierender Begründungspraxis am Beispiel "Mitteldeutschland". Stuttgart, 2007.

FOUCAULT, M. Andere Räume. In: BARCK, K.et al. (orgs.). *Aisthesis*: Wahrnehmung heute oder Perspektiven einer anderen Ästhetik. Leipzig, 1990.

_____. Wie wird Macht ausgeübt? In: DREYFUS, H. L.; RABINOW, P. *Michel Foucault*: Jenseits von Strukturalismus und Hermeneutik. Frankfurt a. M., 1987.

_____. *Power/Knowledge*: Selected Interviews and other Writings 1972-1977. Brighton, 1980. [Ed. bras.: *Microfísica do poder*. Rio de Janeiro: Graal, 1980.]

_____. *Überwachen und Strafen*: Die Geburt des Gefängnisses. Frankfurt a. M., 1977. [Ed. bras.: *Vigiar e punir*: nascimento da prisão. 42.ed. Petrópolis: Vozes, 2014.]

_____. *Wahnsinn und Gesellschaft*: Eine Geschichte des Wahns im Zeitalter der Vernunft. Frankfurt a. M., 1973. [Ed. bras.: *História da loucura na idade clássica*. São Paulo: Perspectiva, 2019.]

FRANCÉ, R. H. *Die Entdeckung der Heimat*. Asendorf, 1982 [1923].

FREUD, S. *Das Ich und das Es*. In: *Gesammelte Werke*. v.13: Jenseits des Lustprinzips. Massenpsychologie und Ich-Analyse. Das Ich und das Es. Londres, 1940 [1923]. [Ed. bras.: *O eu e o id*. São Paulo: Companhia das Letras, 1996.]

FRIEDERICHS, K. *Ökologie als Wissenschaft von der Natur oder biologische Raumforschung*. Bios 7, Leipzig, 1937.

402 BENNO WERLEN

FUKUYAMA, F. *The End of History and the Last Man*. Londres, 1992. [Ed. bras.: *O fim da história e o último homem*. Rio de Janeiro: Rocco, 1995.]

GATSBERGER, T. *Städtische Wohnumgebung als Spielraum für Kinder. Untersucht am Beispiel Zürich-Örlikon*. Zurique, 1989. (Tese não public.)

GEBHARDT, H.; REUBER, P.; WOLKERSDORFER, G. (orgs.). *Kulturgeographie*: Aktuelle Ansätze und Entwicklungen. Heidelberg, 2003.

GEERTZ, C. *Spurenlesen*: Der Ethnologe und das Entgleiten der Fakten. Munique, 1997.

_____. *Local Knowledge*: Further Essays in Interpretative Anthropology. Nova York, 1983.

_____. *The Interpretation of Cultures*. Nova York, 1973. [Ed. bras.: *A interpretação das culturas*. Rio de Janeiro: LTC, 2008.]

GEHLEN, A. *Anthropologische und sozial-psychologische Untersuchungen*: Reinbek b. Hamburgo, 1986.

GEIPEL, R. *Sozialräumliche Strukturen des Bildungswesens*: Studien zur Bildungsökonomie und zur Frage der gymnasialen Standorte in Hessen. Frankfurt a. M., 1965.

GELLNER, E. *Nations and Nationalism*. Oxford, 1983. [Ed. port.: *Nações e nacionalismo*. Lisboa: Gradiva, 1993.]

GERDES, D. *Regionalismus als soziale Bewegung*. Westeuropa, Frankreich, Korsika: Vom Vergleich zur Kontextanalyse. Frankfurt a. M., 1985.

GIDDENS, A. *Runaway World*: How Globalisation Is Reshaping our Lives. Londres, 2002.

_____. *Konsequenzen der Moderne*. Frankfurt a. M., 1995. Ed. bras.: *As consequências da modernidade*. São Paulo: Editora Unesp, 1991.]

_____. *Beyond Left and Right*: The Future of Radical Politics. Cambridge, 1994a.

_____. Living in a Post-Traditional Society. In: BECK, U.; GIDDENS, A.; LASH, S. *Reflexive Modernization*. Cambridge, 1994b. [Ed. bras.: *Modernização reflexiva*. 2.ed. São Paulo: Editora Unesp, 2012.]

_____. *Sociology*. Cambridge, 1993.

_____. *Kritische Theorie der Spätmoderne*. Viena, 1992a.

_____. *The Transformation of Intimacy*: Sexuality, Love and Eroticism in Modern Societies. Cambridge, 1992b. [Ed. bras.: *A transformação da intimidade*. 2.ed. São Paulo: Editora Unesp, 2002.]

_____. *Modernity and Self-Identity*: Self and Society in the Late Modern Age. Cambridge, 1991a.

_____. Structuration Theory: Past, Present and Future. In: BRYANT, C. G. A.; JARY, D. (eds.). *Giddens' Theory of Structuration*: A Critical Appreciation. Londres, 1991b.

_____. Structuration Theory and Sociological Analysis. In: CLARK, J.; MODGIL, C.; MODGIL, S. (eds.). *Anthony Giddens*: Consensus and Controversy. Londres, 1990a.

_____. *The Consequences of Modernity*. Stanford, 1990b. [Ed. bras.: *As consequências da modernidade*. São Paulo: Editora Unesp, 1991.]

_____. A Reply to my Critics. In: HELD, D.; THOMPSON, J. (eds.). *Social Theory of Modern Society*: Anthony Giddens and his Critics. Cambridge, 1989a.

_____. *Sociology*. Cambridge, 1989b. [Ed. bras.: *Sociologia*. Porto Alegre: Penso, 2013.]

_____. *Die Konstitution der Gesellschaft*: Grundzüge einer Theorie der Strukturierung. Frankfurt a. M., 1988a.

_____. The Role of Space in the Constitution of Society. In: STEINER, D.; JAEGER, C. C.; WALTHER, P. (orgs.). *Jenseits der mechanistischen Kosmologie*: Neue Horizonte für die Geographie? Bericht und Skripten. Zurique, 1988b.

_____. *A Contemporary Critique of Historical Materialism*. v.2: The Nation-State and Violence. Cambridge, 1985. [Ed. bras.: *O Estado-Nação e a violência*. São Paulo: Edusp, 2024.]

_____. *Interpretative Soziologie*: Eine kritische Einführung. Frankfurt a. M., 1984a.

_____. *The Constitution of Society*: Outline of the Theory of Structuration. Cambridge, 1984b. [Ed. bras.: *A constituição da sociedade*: esboço da teoria da estruturação. São Paulo: Martins Fontes, 2009.]

_____. *A Contemporary Critique of Historical Materialism*. 2v. Londres, 1981a.

_____. *A Contemporary Critique of Historical Materialism*. v.1: Power, Property and the State. Londres, 1981b.

_____. *Central Problems in Social Theory*: Action, Structure and Contradiction in Social Analysis. Londres, 1979a. [Ed. bras.: *Problemas centrais da teoria social*. Petrópolis: Vozes, 2008.]

_____. *Die Klassenstruktur fortgeschrittener Gesellschaften*. Frankfurt a. M., 1979b.

GIGANDET, C.; GANGUILLET, G.; KESSLER, D. *L'Ecartèlement*: Espace jurassien et identité plurielle. Saint-Imier, 1991.

GODDARD, J. B.; MORRIS, D. The Communications Factor in Office Decentralization. *Progress in Planning*, v.6, n.1, p.1-80, 1976.

GOFFMAN, E. *Wir alle spielen Theater*: Die Selbstdarstellung im Alltag. Munique, 1991.

GOODY, J. *The Logic of Writing and the Organization of Society*. Cambridge, 1986. [Ed. bras.: *A lógica da escrita e a organização da sociedade*. Petrópolis: Vozes, 2019.]

GÖRG, C. *Regulation der Naturverhältnisse*: Zu einer kritischen Theorie der ökologischen Krise. Münster, 2003.

_____. *Gesellschaftliche Naturverhältnisse*. Münster, 1999.

GREGORY, D. *The Colonial Present*. Oxford, 2004.

_____. *Geographical Imaginations*. Oxford, 1994.

_____. Human Agency and Human Geography. *Transactions of the Institute of British Geographers*, New Series, v.6, p.1-18, 1981.

_____. *Ideology, Science and Human Geography*. Londres, 1978.

_____; URRY, J. (eds.). *Social Relations and Spatial Structures*. Londres, 1985.

GUIBERNAU, M. *A Critical Analysis of some Theories of Nationalism Related to the Rise of Modern States*. Cambridge, 1990. (Manusc. não public.)

GUILLEMIN, A. Pouvoir de représentation et constitution de l'identité locale. *Actes de la Recherche en Sciences Sociales*, n.52-53, p.15-7, 1984.

GÜNZEL, S. (org.). *Raumwissenschaften*. Frankfurt a. M., 2009.

_____ (org.). *Topologie*: Zur Raumbeschreibung in den Kultur- und Medienwissenschaften. Bielefeld, 2007.

HABERMAS, J. *Die Neue Unübersichtlichkeit*. Frankfurt a. M., 1985. [Ed. bras.: *A nova obscuridade*. São Paulo: Editora Unesp, 2015.]

HAECKEL, E. *Die Lebenswunder*: Gemeinverständliche Studien über biologische Philosophie. Stuttgart, 1904.

_____. *Gesammelte populäre Vorträge aus dem Gebiete der Entwicklungslehre.* Bonn, 1878-1879.

_____. *Generelle Morphologie der Organismen.* 2v. Berlim, 1866.

HÄGERSTRAND, T. Time-Geography. Focus on the Corporeality of Man, Society and Environment. In: UNITED NATIONS UNIVERSITY (ed.). *The Science and Praxis of Complexity.* Tóquio, 1984.

_____. Diorama, Path and Project. *Tijdschrift voor Economische en Sociale Geografie,* v.73, n.6, p.323-39, 1982.

_____. The Time Impact of Social Organization and Environment upon the time-Use of Individuals and Households. In: KULINSKI, A. (ed.). *Social Issues in Regional Policy and Regional Planning.* Mouton, 1977.

_____. What about People in Regional Science? *Papers of the Regional Science Association,* v.24, n.1, p.7-21, 1970.

HAGGETT, P. *Geographie:* Eine moderne Synthese. Nova York, 1983.

HALBWACHS, M. *Das kollektive Gedächtnis.* Stuttgart, 1967.

HARD, G. Eine Sozialgeographie alltäglicher Regionalisierungen. Ein Literaturbericht. *Erdkunde,* v.52, n.3, p.250-3, 1998.

_____. *Spuren und Spurenleser:* Zur Theorie und Ästhetik des Spurenlesens in der Vegetation und anderswo. Osnabrück, 1995.

_____. Herders "Klima". Zu einigen "geographischen" Denkmotiven in Herders Ideen zu einer Philosophie der Geschichte der Menschheit. In: HABERLAND, D. (org.). *Geographia Spiritualis:* Festschrift für Hanno Beck. Frankfurt a. M., 1993.

_____. "Was ist Geographie?" Re-Analyse einer Frage und ihrer möglichen Antworten. *Geographische Zeitschrift,* v.78, n.1, p.1-14, 1990.

_____. *Selbstmord und Wetter:* Selbstmord und Gesellschaft. Studien zur Problemwahrnehmung in der Wissenschaft und zur Geschichte der Geographie. Stuttgart, 1988.

_____. "Bewußtseinsräume". Interpretationen zu geographischen Versuchen, regionales Bewußtsein zu erforschen. *Geographische Zeitschrift,* v.75, n.3, p.127-48, 1987a.

_____. Das Regionalbewußtsein im Spiegel der regionalistischen Utopie. *Informationen zur Raumentwicklung,* n.7-8, p.419-40, 1987b.

_____. Alltagswissenschaftliche Ansätze in der Geographie? *Zeitschrift für Wirtschaftsgeographie,* v.29, n.3-4, p.190-200, 1985.

_____. Zu Begriff und Geschichte der "Natur" in der Geographie des 19. und 20. Jahrhunderts. In: GROSSKLAUS, G.; OLDEMEYER, E. (orgs.). *Natur als Gegenwelt.* Karlsruhe, 1983.

_____. Die "Landschaft" der Sprache und die "Landschaft" der Geographen: Semantische und forschungslogische Studien. In: COLLOQUIUM Geographicum, 11. Bonn, 1970.

HARTKE, W. Die Bedeutung der geographischen Wissenschaft in der Gegenwart. Tagungsberichte und Abhandlungen des 33. In: DEUTSCHEN GEOGRAPHENTAGES IN KÖLN 1961. Wiesbaden, 1962.

_____. Gedanken über die Bestimmung von Räumen gleichen sozialgeographischen Verhaltens. *Erdkunde,* v.13, n.4, p.426-36, 1959.

_____. Die "Sozialbrache" als Phänomen der geographischen Differenzierung der Landschaft. *Erdkunde,* v.10, n.4, p.257-69, 1956.

_____. Gliederungen und Grenzen im Kleinen. *Erdkunde*, v.2, n.4, p.174-9, 1948.

HARVEY, D. *Spaces of Neoliberalization*: Towards a Theory of Uneven Geographical Development. Stuttgart, 2005.

_____. *The Condition of Postmodernity*: An Enquiry into the Origins of Cultural Change. Oxford, 1989. [Ed. bras.: *A condição pós-moderna*: uma pesquisa sobre as origens da mudança cultural. São Paulo: Loyola, 1993.]

_____. *The Limits to Capital*. Oxford, 1982. [Ed. bras.: *Os limites do capital*. São Paulo: Boitempo, 2013.]

_____. *Social Justice and the City*. Londres, 1973.

HAUSHOFER, K. E. Friedrich Ratzel als raum- und volkspolitischer Gestalter. In: _____ (org.). *Friedrich Ratzel*: Erdenmacht und Völkerschicksal. Stuttgart, 1940.

_____. Die raumpolitischen Grundlagen der Weltgeschichte. In: MÜLLER, K. A.; RHODEN, P. R. (orgs.). *Knaurs Weltgeschichte*. Berlim, 1935.

HÄUSSERMANN, H. Aufwachsen im Ghetto? In: BRUHNS, K.; MACK, W. (orgs.). *Aufwachsen und Lernen in der sozialen Stadt*: Kinder und Jugendliche in schwierigen Lebensräumen. Opladen, 2001.

HAVEL, V. *Versuch, in der Wahrheit zu leben*. Reinbek b. Hamburgo, 2000.

HAYEK, F. A. von. *Recht, Gesetzgebung und Freiheit*. v.2: Die Illusion der sozialen Gerechtigkeit. Landsberg am Lech, 1981.

HEGEL, G. W. F. *Vorlesungen über die Philosophie der Geschichte*. Stuttgart, 1961 [1837]. [Ed. bras.: *Filosofia da história*. Brasília: Editora da UnB, 1999.]

HEIDEGGER, M. *Sein und Zeit*. Tübingen, 1986a. [Ed. bras.: *O ser e o tempo*. Petrópolis: Vozes, 2015.]

_____. *Identität und Differenz*. Pfullingen, 1986b. [Ed. bras.: *Identidade e diferença*. Petrópolis: Vozes, 2018.]

_____. *Die Kunst und der Raum*. St. Gallen, 1983.

HEINTZ, B. *Die Herrschaft der Regel*. Frankfurt a. M., 1993.

_____. *Ohne Titel*. Zurique, 1987. (Manusc. não public.)

HELD, D. Regulating Globalization? The Reinvention of Politics. In: GIDDENS, A. (ed.). *The Global Third Way Debate*. Cambridge, 2001.

_____. Book Reviews: A *Contemporary Critique of Historical Materialism*, by Anthony Giddens. *Theory, Culture and Society*, v.1, n.1, p.98-102, 1982.

_____ et al. *Global Transformations*: Politics, Economics and Culture. Cambridge, 1999.

HERDER, J. G. *Sämtliche Werke*. v.5: Tagebuch eines Lesers. Berlim, 1877.

HETTNER, A. *Der Gang der Kultur über die Erde*. Leipzig, 1929.

_____. *Die Geographie*: Ihre Geschichte, ihr Wesen und ihre Methoden. Breslau, 1927a.

_____. *Grundzüge der Länderkunde*. 2v. Stuttgart, 1927b.

HOFFMANN, L. Das "Volk": Zur ideologischen Struktur eines unvermeidbaren Begriffs. *Zeitschrift für Soziologie*, v.20, n.3, p.191-208, 1991.

HOLLING, E.; KEMPIN, P. *Identität, Geist und Maschine*: Auf dem Weg zur technologischen Zivilisation. Reinbek b. Hamburgo, 1989.

HOLTZ, B. *Burundi*: Völkermord oder Selbstmord? Freiburg, 1973.

HUGGER, P. (org.). *Handbuch der schweizerischen Volkskultur*: Leben zwischen Tradition und Moderne – Ein Panorama des schweizerischen Alltags. Zurique, 1992.

HUNTINGTON, E. *Civilization and Climate*. New Haven, 1915.

HUNTINGTON, S. P. *Der Kampf der Kulturen*. Viena, 1996. [Ed. bras.: *O choque de civilizações*. São Paulo: Objetiva, 1997.]

_____. Clash of Civilizations? *Foreign Affairs*, v.72, n.3, p.22-49, 1993.

HUSSERL, E. *Krisis der europäischen Wissenschaften und die transzendentale Phänomenologie*. Den Haag, 1976.

_____. *Ding und Raum*: Vorlesungen 1907. Den Haag, 1973.

IGNATIEFF, M. *Blood and Belonging*: Journeys into the New Nationalism. Londres, 1994.

INSTITUT FÜR SOZIALE ARBEIT (org.). *Expertise*. Sozialraumorientierte Planung. Begründungen, Konzepte, Beispiele. Münster, 2001.

JAEGER, C. C. Humanökologie und der blinde Fleck der Wissenschaft. *Kölner Zeitschrift für Soziologie und Sozialpsychologie*, v.48, n.36, p.164-90, 1996.

_____. Die Entstädterungsthese: Ein Beispiel für den quantitativen Stil in der Geographie. *Geographische Zeitschrift*, v.73, n.4, p.245-52, 1985.

_____ et al. *Theorie und integrative Ansätze*. Zurique, 1987. (Manusc. não public.)

JAMES, S. Is There a "Place" for Children in Geography? *Area*, v.22, n.3, p.278-83, 1990.

JAMMER, M. *Das Problem des Raumes*: Die Entwicklung der Raumtheorien. Darmstadt, 1960.

JARVIE, I. C. *Die Logik der Gesellschaft*: Über den Zusammenhang von Denken und sozialem Wandel. Munique, 1974.

JESSEN, O. Die Fernwirkungen der Alpen. *Mitteilungen der Geographischen Gesellschaft München*, v.35, p.7-67, 1950.

JOAS, H. Einführung. Eine soziologische Transformation der Praxisphilosophie: Giddens' Theorie der Strukturierung. In: GIDDENS, A. *Die Konstitution der Gesellschaft*. Frankfurt a. M., 1988.

KANT, I. *Kritik der reinen Vernunft*. Stuttgart, 1985 [1781]. [Ed. bras.: *Crítica da razão pura*. Petrópolis: Vozes, 2015.]

_____. *Kants gesammelte Schriften*. v.2: Vorkritische Schriften. Berlim, 1905a.

_____. Von dem ersten Grund des Unterschiedes der Gegenden im Raume. In: *Kants gesammelte Schriften*. v.2: Vorkritische Schriften. Berlim, 1905b.

_____. *Physische Geographie*. Königsberg, 1802.

KAPP, E. *Grundlinien einer Philosophie der Technik*: Zur Entstehungsgeschichte der Cultur aus neuen Gesichtspunkten. Braunschweig, 1877.

KEARNS, G.; PHILO, C. (eds.). *Selling Places*: The City as Cultural Capital, Past and Present. Oxford, 1993.

KIESSLING, B. *Kritik der Giddensschen Sozialtheorie*: Ein Beitrag zur theoretisch-methodischen Grundlegung der Sozialwissenschaften. Frankfurt a. M., 1988.

KJELLÉN, R. *Der Staat als Lebensform*. Leipzig, 1917.

KLAUSER, F. R. (org.). *Claude Raffestin*: Zu einer Geographie der Territorialität. Stuttgart, 2010.

KLÜTER, H. Raum als Element sozialer Kommunikation. *Gießener Geographische Schriften*, Gießen, v.60, 1986.

KNORR-CETINA, K. *Die Fabrikation von Erkenntnis: Zur Anthropologie der Naturwissenschaften*. Frankfurt a. M., 1984.

KÖCK, H. Die Rolle des Raumes als zu erklärender und als erklärender Faktor. *Geographica Helvetica*, v.52, n.3, p.89-96, 1997.

KOLB, A. Die Geographie und die Kulturerdteile. In: LEIDLMAIR, A. (org.). *Hermann von Wissmann-Festschrift*. Tübingen, 1962.

KONAU, E. *Raum und soziales Handeln*. Studien zu einer vernachlässigten Dimension soziologischer Theoriebildung. Stuttgart, 1977. (Göttinger Abhandlungen zur Soziologie, v.25.)

KREIBICH, B. (org.). *Umweltbegriff, Wahrnehmung und Sozialisation*. Stuttgart, 1979. (Erdkundeunterricht, v.30.)

KRISTEVA, J. *Nations without Nationalism*. Nova York, 1993.

KURZ, R. Die Welt vor dem großen Kollaps. Warum der totale Weltmarkt die ethnische Barbarei nicht verhindern kann. *Tages Anzeiger*, v.101, n.51, p.11, 1993.

_____. *Der Kollaps der Modernisierung*. Frankfurt a. M., 1991. [Ed. bras.: *O colapso da modernização*. São Paulo: Paz e Terra, 2008.]

LACAN, J. Das Spiegelstadium als Bildner der Ichfunktion, wie sie uns in der psychoanalytischen Erfahrung erscheint. In: *Schriften I*. Freiburg, 1978.

LACKNER, M.; WERNER, M. (org.). *Der cultural turn in den Humanwissenschaften*: Area Studies im Auf- oder Abwind des Kulturalismus? Bad Homburg, 1999.

LACOSTE, Y. *Geographie und politisches Handeln*: Perspektiven einer neuen Geopolitik. Berlim, 1990.

LATOUR, B. *Nous n'avons jamais été modernes*: Essai d'anthropologie symétrique. Paris, 1991. [Ed. bras.: *Jamais fomos modernos*. São Paulo: Editora 34, 2019.]

LE ROY LADURIE, E. *Die Bauern des Languedoc*. Stuttgart, 1990.

LEEMANN, A. Auswirkungen des balinesischen Weltbildes auf verschiedene Aspekte der Kulturlandschaft und auf die Wertung des Jahresablaufes. *Ethnologische Zeitschrift Zürich*, v.2, p.27-67, 1976.

LEFEBVRE, H. *La Production de l'espace*. Paris, 1981.

LEIBNIZ, G. W. *Hauptschriften zur Grundlegung der Philosophie*. Leipzig, 1904.

LENTZ, S.; ORMELING, F. (orgs.). Die Verräumlichung des Welt-Bildes. Petermanns Geographische Mitteilungen zwischen "explorativer Geographie" und der "Vermessenheit" europäischer Raumphantasien. In: BEITRÄGE DER INTERNATIONALEN KONFERENZ AUF SCHLOSS FRIEDENSTEIN GOTHA, 9. 11 out. Stuttgart, 2008.

LÉVY, J. Eine geographische Wende. *Geographische Zeitschrift*, v.92, n.3, p.133-46, 2004.

_____. *Le Tournant géographique*: Penser l'espace pour lire le monde. Paris, 1999.

LEY, D. Social Geography and Social Action. In: _____; SAMUELS, M. (eds.). *Humanistic Geography*. Londres, 1977.

LINDE, H. *Sachdominanz in Sozialstrukturen*. Tübingen, 1972.

LIPPUNER, R. *Raum, Systeme, Praktiken*: Zum Verhältnis von Alltag, Wissenschaft und Geographie. Stuttgart, 2005.

_____; LOSSAU, J. In der Raumfalle. Eine Kritik des spatial turn in den Sozialwissenschaften. In: MEIN, G.; RIEGLER-LADICH, M. (orgs.). *Soziale Räume und kulturelle Praktiken*. Bielefeld, 2004.

LOVELOCK, J. *Das Gaia-Prinzip*: Die Biographie unseres Planeten. Munique, 1991.

LÖW, M. *Raumsoziologie*. Frankfurt a. M., 2001.

408 BENNO WERLEN

LÜBBE, H. *Tendenzen in der Reorganisation der europäischen Staatenwelt.* Zurique, 1992. (Manusc. não public.)

_____. Der Philosoph im fremden Lande: Hat die schweizerische Identität gelitten? In: ECK, D. C. et al. (orgs.). *Störfall Heimat – Störfall Schweiz*: Anmerkungen zum schweizerischen Selbstverständnis im Jahre 699 nach Rütli und im Jahre 2 vor Europa. Zurique, 1990a.

_____. Nationalismus und Regionalismus in der politischen Transformation Europas. *Neue Zürcher Zeitung*, 4 out. 1990b.

_____. Die große und die kleine Welt. Regionalismus als europäische Bewegung. In: WEIDENFELD, W. (org.). *Die Identität Europas.* Munique, 1985.

LUHMANN, N. *Die Realität der Massenmedien.* Opladen, 1996.

LUKES, S. Methodological Individualism Reconsidered. In: _____ (org.). *Essays in Social Theory.* Londres, 1977.

_____. *Power*: A Radical View. Londres, 1974.

MAIER, J. et al. *Sozialgeographie.* Braunschweig, 1977.

MALINOWSKI, B. *Trois Essais sur la vie sociale des primitifs.* Paris, 1975.

MÅRTESSON, S. *On the Formation of Biographies in Space-Time Environments.* Meddelanden från Lunds Universitets Geografiska Institution. Avhandlingar LXX XIV. Lund, 1979.

MASSEY, D. *Spatial Divisions of Labour*: Social Structures and the Geography of Production. Londres, 1984.

MCLUHAN, M. *Die magischen Kanäle*: Understanding Media. Dresden, 1995.

MEIER-DALLACH, H.-P. Räumliche Identität: Regionalistische Bewegung und Politik. *Informationen zur Raumentwicklung*, v.5, p.301-14, 1980.

_____; HOHERMUTH, S.; NEF, R. Regionalbewusstsein, soziale Schichtung und politische Kultur. Forschungsergebnisse und methodologische Aspekte. *Informationen zur Raumentwicklung*, v.7-8, p.377-93, 1987.

_____; _____; _____; RITSCHARD, R. Typen lokal-regionaler Umwelten im Wandel und Profile regionalen Bewusstseins. In: BASSAND, M. (ed.). *L'Identité régionale.* Saint-Saphorin, 1981.

_____; NEF, R.; RITSCHARD, R. *Präliminarien zur soziologischen Untersuchung regionaler Identität – ihre Determinanten und Funktionen in der Schweiz.* Berna, 1980. (Relatório de trabalho NFP, n.10A.)

MELLOR, R. E. H. *Nation, State and Territory*: A Political Geography. Londres, 1989.

MESSERLI, P. *Modelle und Methoden zur Analyse der Mensch-Umwelt-Beziehungen im alpinen Lebens- und Erholungsraum. Erkenntnisse und Folgerungen aus dem schweizerischen MAB-Programm 1979-1985.* Berna, 1986. (Relatório final sobre o Programa MAB, n.25.)

MEUSBURGER, P.; SCHWAN, T. (orgs.). *Humanökologie. Ansätze zur Überwindung der Natur-Kultur-Dichotomie.* Stuttgart, 2003. (Conhecimento geográfico, v.135.)

MISCH, G. *Logik und Einführung in die Grundlagen des Wissens*: Die Macht der antiken Tradition in der Logik und die gegenwärtige Lage. Studia Culturologica Sonderheft. Sofia, 1999.

_____. *Der Aufbau der Logik auf dem Boden der Philosophie des Lebens.* Freiburg, 1994.

_____. *Lebensphilosophie und Phänomenologie*: Eine Auseinandersetzung der Diltheyschen Richtung mit Heidegger und Husserl. Darmstadt, 1967.

_____. *Vom Lebens- und Gedankenkreis Wilhelm Diltheys*. Frankfurt a. M., 1947.

MITCHELL, D. The End of Culture? Culturalism and Cultural Geography in the Anglo- -American "University of Excellence". *Geographische Revue*, v.2, n.2, p.3-17, 2000.

_____. There's no Such thing as Culture: Towards a Reconceptualization of the Idea of Culture in Geography. *Transactions of the Institute of British Geographers*, New Series 20, p.102-16, 1995.

MITTELSTRASS, J. *Wissen und Grenzen*: Philosophische Studien. Frankfurt a. M., 2001.

_____. *Die Häuser des Wissens*: Wissenschaftstheoretische Studien. Frankfurt a. M., 1998.

MONZEL, S. Kinderfreundliche Wohnumfeldgestaltung!? Eine sozialgeographische Untersuchung als Orientierungshilfe für Politiker und Planer. *Anthropogeographie*, Zurique, v.13, 1995.

MORIN, E. Pour Une Théorie de la nation. In: _____ (ed.). *Sociologie*. Paris, 1984.

MOSCOVICI, S. *Essai sur l'histoire humaine de la nature*. Paris, 1977.

MÜLLER, K. E. *Das magische Universum der Identität*: Elementarformen sozialen Verhaltens. Ein ethnologischer Aufriss. Frankfurt a. M., 1987.

MUMFORD, L. *The City in History*. Londres, 1961. [*A cidade na história*. São Paulo: Martins, 2024.]

MÜNCH, R. *Theorie des Handelns*: Zur Rekonstruktion der Beiträge von Talcott Parsons, Émile Durkheim und Max Weber. Frankfurt a. M., 1982.

NACHTIGALL, H. *Völkerkunde*: Eine Einführung. Frankfurt a. M., 1974.

NAESS, A. *Life's Philosophy*: Reason and Feeling in a Deeper World. Atenas, 2002.

_____. *Ecology, Community and Lifestyle*. Cambridge, 1990.

NEIDHART, C. Das Ende der Geographie. *Weltwoche*, v.1, 21 mar. 1996.

NERLICH, G. *The Shape of Space*. Cambridge, 1976.

NEWIG, J. Die Bedeutung des Prinzips "Vom Nahen zum Fernen" zur Strukturierung des Erdkundeunterrichts. *Zeitschrift für den Erdkundeunterricht*, v.45, n.1, p.28-32, 1993a.

_____. Die Bedeutung des Prinzips "Vom Nahen zum Fernen" zur Strukturierung des Erdkundeunterrichts. *Zeitschrift für den Erdkundeunterricht*, v.45, n.2, p.72-6, 1993b.

_____. Drei Welten oder eine Welt. *Geographische Rundschau*, v.38, n.5, p.262-7, 1986.

NEWTON, I. *Opticks*: Or, a Treatise of the Reflections, Refractions, Inflections and Colours of Light. Nova York, 1952 [1704]. [Ed. bras.: *Óptica*. 1.ed. São Paulo: Edusp, 2002.]

NEWTON, I. *Mathematische Prinzipien der Naturlehre*. Berlim, 1872. [Ed. bras.: *Princípios matemáticos de filosofia natural*. 2v. São Paulo: Edusp, 2022.]

OEVERMANN, U. Zur Analyse der Struktur von sozialen Deutungsmustern. *Sozialer Sinn*, v.1, n.1, p.35-81, 2001.

OTREMBA, E. Das Spiel der Räume. *Geographische Rundschau*, v.13, n.4, p.130-5, 1961.

PAASI, A. Deconstructing Regions: Notes on the Scales of Spatial Life. *Environment and Planning A*, v.23, n.2, p.239-56, 1991.

_____. The Institutionalisation of Regions. Framework for Understanding the Emergence of Regions and the Constitution of Regional Identity. *Fennia*, v.164, n.2, p.105-46, 1986.

PABOTTINGI, M. How Language Determined Indonesian Nationalism. *Prisma. The Indonesian Indicator*, v.50, p.7-24, 1990.

PAFFEN, K. (org.). *Das Wesen der Landschaft*. Darmstadt, 1973.

PAGEL, G. *Jacques Lacan zur Einführung*. Hamburg, 1989.

PARETO, V. *Traité de sociologie générale*. Paris, 1917.

PARK, R. E. Die Stadt als räumliche Struktur und sittliche Ordnung. In: ATTESLAN-DER, P.; HAMM, B. (orgs.). *Materialien zur Siedlungssoziologie*. Colônia, 1974.

PARSONS, T. Die jüngsten Entwicklungen in der strukturell-funktionalen Theorie. *Kölner Zeitschrift für Soziologie und Sozialpsychologie*, v.16, n.1, p.30-49, 1964.

_____. *The Social System*. Londres, 1952.

PICKLES, J. *Phenomenology, Science and Geography*: Spatiality and the Human Sciences. Cambridge, 1985.

POHL, J. *Regionalbewußtsein als Thema der Sozialgeographie. Theoretische Überlegungen und empirische Untersuchungen am Beispiel Friaul*. Regensburg, 1993. (Münchener Geographische, cad.70.)

_____. *Die Geographie als hermeneutische Wissenschaft*. Regensburg, 1986. (Münchener Geographische, cad.52.)

POPP, H. Einleitung in die Fachsitzung "Regionalbewußtsein und Regionalismus in Mitteleuropa". In: BECKER, H.; HÜTTEROTH, W. D. (orgs.). *Deutscher Geographentag München 1987*: Tagungsbericht und wissenschaftliche Abhandlungen. Stuttgart, 1988. (Verhandlungen des Deutschen Geographentages, n.46.)

POPPER, K. R. *Die offene Gesellschaft und ihre Feinde*. v.2: Falsche Propheten: Hegel, Marx und die Folgen. Munique, 1980.

_____. *Objektive Erkenntnis*: Ein evolutionärer Entwurf. Hamburgo, 1973. [Ed. bras.: *Conhecimento objetivo*: uma abordagem evolutiva. Petrópolis: Vozes, 2022.]

_____. Eine objektive Theorie des Verstehens. *Schweizer Monatshefte*, v.50, n.3, p.207-15, 1970.

_____. *Das Elend des Historizismus*.Tübingen, 1969. [Ed. bras.: *A miséria do historicismo*. São Paulo: Cultrix, 1993.]

_____. La Rationalité et le status du principe de rationalité. In: CLASSEN, E. M. (ed.). *Les Fondements philosophiques des systèmes économiques*. Paris, 1967.

POSER, H. Gottfried Wilhelm Leibniz. In: HÖFFE, O. (org.). *Klassiker der Philosophie*. v.1: Von den Vorsokratikern bis David Hume. Munique, 1981.

PRATT, A. C. Discourses of Locality. *Environment and Planning A*, v.23, n.2, p.257-66, 1991.

PRED, A. *Place, Practice and Structure*: Social and Spatial Transformation in Southern Sweden, 1750-1850. Cambridge, 1986.

_____. Social Reproduction and the Time-Geography of Everyday Life. *Geografiska Annaler*, v.63, n.1, p.5-22, 1981.

_____. The Choreography of Existence: Comments on Hägerstrand's Time-Geography and its Usefulness. *Economic Geography*, v.53, p.207-21, 1977.

PROJEKT "NETZWERKE IM STADTTEIL" (org.). *Grenzen des Sozialraums*. Kritik eines Konzepts – Perspektiven für Soziale Arbeit. Wiesbaden, 2005.

RACINE, J.-B. Languages et représentations, identités et territoires.Thémes critiques pour une nouvelle géographie culturelle. In: WERLEN, B.; WÄLTY, S. (orgs.). *Kulturen und Raum*: Theoretische Ansätze und empirische Kulturforschung in Indonesien. Zurique, 1995.

RADKAU, J. *Natur und Macht*: Eine Weltgeschichte der Umwelt. Munique, 2002.

RAFFESTIN, C. Langue et territoire. Autour de la géographie culturelle. In: WERLEN, B.; WÄLTY, S. (orgs.). *Kulturen und Raum*: Theoretische Ansätze und empirische Kulturforschung in Indonesien. Zurique, 1995.

_____. La Langue comme ressource: Por une analyse économique des langues vernaculaires et véhiculaires. *Cahiers du Géographie du Québec*, v.22, n.6, p.279-86, 1978.

RATZEL, F. *Raum und Zeit in Geographie und Geologie*: Naturphilosophische Betrachtungen. Leipzig, 1907.

_____. Geschichte, Völkerkunde und historische Perspektive. *Historische Zeitschrift*, v.93, p.1-46, 1904.

_____. *Der Lebensraum*: Eine biogeographische Studie. Tübingen, 1901.

_____. *Das Meer als Quelle der Völkergröße*. Munique, 1900.

_____. *Politische Geographie*. Munique, 1897.

_____. *Anthropogeographie*: Grundzüge der Anwendung der Erdkunde auf die Geschichte. Stuttgart, 1882.

REDEPENNING, M. *Wozu Raum?* Systemtheorie, Critical Geopolitics und raumbezogene Semantiken. Leipzig, 2006.

REICHERT, D. Möglichkeiten und Aufgaben einer kritischen Sozialwissenschaft. Ein Interview mit Anthony Giddens. *Geographica Helvetica*, v.43, n.3, p.141-47, 1988.

RÉMY, J.; VOYÉ, L.; SERVAIS, E. *Produire ou reproduire?* Bruxelas, 1978.

RENAN, E. Qu'est-Ce Qu'une Nation? In: *Œuvres complètes*. v.1. Paris, 1947.

REUTLINGER, C. *Unsichtbare Bewältigungskarten von Jugendlichen in gespaltenen Städten*: Sozialpädagogik des Jugendraumes aus sozialgeographischer Perspektive. Dresden, 2001. (Dissert. não public.)

REX, J. *Race and Ethnicity*. Milton Keynes, 1986.

RICHNER, M. Das brennende Wahrzeichen. Zur geographischen Metaphorik von Heimat. In: WERLEN, B. (org.). *Sozialgeographie alltäglicher Regionalisierungen*. v.3: Ausgangspunkte und Befunde empirischer Forschung. Stuttgart, 2007. (Erdkundliches Wissen, v.121.)

RITTER, J. Landschaft. Zur Funktion des Ästhetischen in der modernen Gesellschaft. In: *Subjektivität*. Frankfurt a. M., 1974.

ROBERTSON, R. *Globalization*: Social Theory and Global Culture. Londres, 1992. [Ed. bras.: *Globalização*: Teoria social e cultura global. Petrópolis: Vozes, 2000.]

ROESLER, A. Medienphilosophie und Medientheorie. In: MÜNKER, S.; ROESLER, A.; SANDBOTHE, M. (orgs.). *Medienphilosophie*: Beiträge zur Klärung eines Begriffs. Frankfurt a. M., 2003.

ROGGENBUCK, S. *Straßenkinder in Lateinamerika*: Sozialwissenschaftliche Vergleichsstudie: Bogotá, São Paulo und Lima. Frankfurt a. M., 1993. (Bochumer Schriften zur Entwicklungsforschung und Entwicklungspolitik, n.32.)

ROJEK, C.; TURNER, B. Decorative Sociology: Towards a Critique of the Cultural Turn. *Sociological Revue*, v.48, n.4, p.629-48, 2000.

ROLFF, H.-G.; ZIMMERMANN, P. *Kindheit im Wandel*: Eine Einführung in die Sozialisation im Kindesalter. Weinheim, 1985.

ROSA, H. *Beschleunigung*: Die Veränderung der Zeitstrukturen in der Moderne. Frankfurt a. M., 2005. [Ed. bras.: *Aceleração*: a transformação das estruturas temporais na modernidade. São Paulo: Editora Unesp, 2019.]

RÜHL, A. *Vom Wirtschaftsgeist in Amerika.* Leipzig, 1927.

RUPPERT, K.; SCHAFFER, F. Zur Konzeption der Sozialgeographie. *Geographische Rundschau,* v.21, n.6, p.205-14, 1969.

SACK, R. D. Geography, Geometry, and Explanation. *Annals of the Association of American Geographers,* v.62, n.1, p.61-78, 1972.

SAUNDERS, G. Social Change and Psycho-Cultural Continuity in Alpine Italian Family Life. *Ethos. Journal of the Society for Psychological Anthropology,* v.7, n.3, p.206-31, 1979.

SAUNDERS, P. *Soziologie der Stadt.* Frankfurt a. M., 1987.

SCHAEFER, F. K. Exzeptionalismus in der Geographie. Eine methodologische Untersuchung. In: BARTELS, D. (org.). *Wirtschafts- und Sozialgeographie.* Colônia, 1970.

SCHATZKI, T. R. Spatial Ontology and Explanation. *Annals of the Association of American Geographers,* v.81, n.4, p.650-70, 1991.

_____; KNORR-CETINA, K.; SAVIGNY, E. von (eds.). *The Practice Turn in Contemporary Theory.* Londres, 2001.

SCHÄTZL, L. *Wirschaftsgeographie.* v.1: Theorie. Paderborn, 1992.

SCHELLER, A. *Frau – Macht – Raum:* Geschlechtsspezifische Regionalisierungen der Alltagswelt als Ausdruck von Machtstrukturen. Zurique, 1995. (Tese não public.)

SCHLÖGEL, K. *Im Raume lesen wir die Zeit:* Über Zivilisationsgeschichte und Geopolitik. Frankfurt a. M., 2003.

_____. Kartenlesen, Raumdenken.Von einer Erneuerung der Geschichtsschreibung. *Merkur. Deutsche Zeitschrift für Europäisches Denken,* v.56, n.636, p. 308-18, 2002.

SCHLOTTMANN, A. *RaumSprache:* Ost-West-Differenzierung in der Berichterstattung zur deutschen Einheit. Eine sozialgeographische Theorie. Stuttgart, 2005.

SCHMID, C. *Stadt, Raum und Gesellschaft:* Henri Lefebvre und die Theorie der Produktion des Raumes. Stuttgart, 2005.

SCHMIDT, P. W. *Werden und Wirken der Völkerkunde.* Regensburg, 1924.

SCHMITHÜSEN, J. *Allgemeine Geosynergetik:* Grundlagen der Landschaftskunde. Berlim, 1976.

_____. *Was ist eine Landschaft?* Wiesbaden, 1964.

SCHMITTHENNER, H. *Lebensräume im Kampf der Kulturen.* Heidelberg, 1938.

SCHÖLLER, P. Territorialität und Räumliche Identität. *Berichte zur Deutschen Landeskunde,* v.58, n.1, p.32-44, 1984.

_____. *Die rheinisch-westfälische Grenze zwischen Ruhr und Ebbegebirge:* Ihre Auswirkungen auf die Sozial- und Wirtschaftsräume und die zentralen Funktionen der Orte. Leipzig, 1953. (Forschungen zur deutschen Landeskunde, n.72.)

SCHROER, M. *Räume, Orte, Grenzen:* Auf dem Weg zu einer Soziologie des Raums. Frankfurt a. M., 2006.

SCHULTZ, H. D. Herder und Ratzel: Zwei Extreme, ein Paradigma? *Erdkunde,* v.52, n.3, p.127-43, 1998.

_____. Deutschlands "natürliche" Grenzen. In: DEMANDT, A. (org.). *Deutschlands Grenzen in der Geschichte.* Munique, 1993.

_____. *Die deutschsprachige Geographie von 1800 bis 1970.* Berlim, 1980.

SCHÜTZ, A. *Das Problem der Relevanz.* Frankfurt a. M., 1982.

_____. *Theorie der Lebensformen.* Frankfurt a. M., 1981.

_____. *Gesammelte Aufsätze*. v.1: Das Problem der sozialen Wirklichkeit. Den Haag, 1971.

_____; LUCKMANN, T. *Strukturen der Lebenswelt*. v.1. Frankfurt a. M., 1979.

SCHWIND, M. Kulturlandschaft als objektiver Geist. In: *Kulturlandschaft als geformter Geist*. Darmstadt, 1964.

_____. Kulturlandschaft als objektivierter Geist. *Deutsche Geographische Blätter*, v.46, p.6-28, 1951.

SCHWYN, M. *Regionalismus als soziale Bewegung*: Entwurf einer theoretischen Beschreibung des Regionalismus mit einer empirischen Analyse des Jurakonfliktes. Zurique, 1996. (Anthropogeographische Schriftenreihe, n.15.)

SCOTT, A. J. *The Cultural Economy of Cities*. Londres, 2000.

SHIELDS, R. *Lefebvre, Love and Struggle*: Spatial Dialectics. Londres, 1999.

_____ (ed.). *Lifestyle Shopping*: The Subject of Consumption. Londres, 1992.

SIBLEY, D. Children's Geographies: Some Problems of Representation. *Area*, v.23, n.3, p.269-70, 1991.

SIMMEL, G. *Philosophie des Geldes*. v.6. Frankfurt a. M., 1989.

_____. Soziologie des Raumes. *Jahrbuch für Gesetzgebung, Verwaltung und Volkswirtschaft im Deutschen Reich*, v.1, n.1, p.27-71, 1903.

SKINNER, Q. (ed.). *The Return of Grand Theory in the Human Sciences*. Cambridge, 1985.

SKLAR, L. *Space, Time and Spacetime*. Berkeley, 1974.

SOJA, E. W. *Thirdspace*: Journeys to Los Angeles and other Real-and-Imagined Places. Oxford, 1996.

_____. *Postmodern Geographies*: The Reassertion of Space in the Critical Social Theory. Londres, 1989.

_____. The Socio-Spatial Dialectic. *Annals of the Association of American Geographers*, v.70, n.2, p.207-25, 1980.

SOROKIN, P. A. *Sociocultural Causality, Space, Time*. Nova York, 1964.

STEINER, D. (org.). *Mensch und Lebensraum*. Fragen zu Identität und Wissen. Opladen, 1997.

_____; JAEGER, C.; WALTHER, P. (orgs.). *Jenseits der mechanistischen Kosmologie*: Neue Horizonte für die Geographie? Zurique, 1988. (Berichte und Skripten, v.36.)

STOKAR, T. von. Telekommunikation und Stadtentwicklung. *Anthropogeographische Schriftenreihe*, Zurique, v.14, 1995.

STORKEBAUM, W. Einleitung. In: _____ (org.). *Sozialgeographie*. Darmstadt, 1969.

TAYLOR, P. J. *Political Geography: World-Economy, Nation-State and Locality*. Nova York, 1989.

TEPPER MARLIN, A. et al. *Shopping for a Better World*. Nova York, 1992.

THOMPSON, E. P. *The Poverty of Theory*. Londres, 1978. [Ed. bras.: *A miséria da teoria e outros ensaios*. Petrópolis: Vozes, 2021.]

THRIFT, N. Steps to an Ecology of Place. In: ALLEN, J.; MASSEY, D.; SARRE, P. (eds.). *Human Geography Today*. Cambridge, 1999.

_____. On the Determination of Social Action in Space and Time. *Environment and Planning D: Society and Space*, v.1, n.1, p.23-57, 1983.

TÖNNIES, F. *Gemeinschaft und Gesellschaft*: Grundbegriffe der reinen Soziologie. Darmstadt, 1979.

414 BENNO WERLEN

_____. *Gemeinschaft und Gesellschaft*: Abhandlung des Communismus und des Socialismus als empirischer Culturformen. Leipzig, 1887.

TÖRNQUIST, G. *Contact Systems and Regional Development*. Lund, 1970. (Lund Studies, v.38.)

TUAN, Y.-F. *Topophilia*: A Study of Environmental Perception, Attitudes, and Values. Englewood Cliffs, 1974. [Ed. bras.: *Topofilia*: um estudo da percepção, atitudes e valores do meio ambiente. Londrina: Editora da Universidade Estadual de Londrina, 2012.]

VIDAL DE LA BLACHE, P. *Principes de Géographie humaine*. Paris, 1922.

_____. Des Caractères distinctifs de la géographie. *Annales de Géographie*, v.22, p.289-99, 1913.

_____. *Tableau de Géographie de la France*. Paris, 1903.

WARDENGA, U. *Geographie als Chorologie*: Zur Genese und Struktur von Alfred Hettners Konstrukt der Geographie. Stuttgart, 1995. (Erdkundliches Wissen, v.100.)

WARREN, C. A. *Adat and Dinas*: Village and State in Contemporary Bali. Melbourne, 1990.

WARTENBERG, T. E. *The Forms of Power*. Filadélfia, 1990.

WATKINS, J. W. N. Historical Explanation in the Social Sciences. In: GARDINER, P. (ed.). *Theories of History*. Glencoe, 1959.

WEBER, M. Geschäftsbericht und Diskussionsreden auf den deutschen soziologischen Tagungen (1910). In: *Gesammelte Aufsätze zur Soziologie und Sozialpolitik*. Tübingen, 1988a [1912].

_____. *Gesammelte Aufsätze zur Soziologie und Sozialpolitik*. Tübingen, 1988b [1924].

_____. *Wirtschaft und Gesellschaft*. Tübingen, 1980. [Ed. bras.: *Economia e sociedade*. 2v. Brasília: Editora da UnB, 2015.]

_____. Über einige Kategorien der verstehenden Soziologie. In: *Gesammelte Aufsätze zur Wissenschaftslehre*. Tübingen, 1951.

_____. Über einige Kategorien der verstehenden Soziologie. *Logos. Internationale Zeitschrift für Philosophie der Kultur*, v.4, n.3, p.253-94, 1913.

WEHRT, H.; HEEGE, R. (orgs.). *Ökologie und Humanökologie*. Frankfurt a. M., 1991.

WEICHHART, P. Gesellschaftlicher Metabolismus und Action Settings. Die Verknüpfung von Sach- und Sozialstrukturen im alltäglichen Handeln. In: MEUSBURGER, P.; SCHWAN, T. (orgs.). *Humanökologie*: Ansätze zur Überwindung der Natur-Kultur-Dichotomie. Stuttgart, 2003.

_____. Die Räume zwischen den Welten und die Welt der Räume. In: MEUSBURGER, P. (org.). *Handlungszentrierte Sozialgeographie*: Benno Werlens Entwurf in kritischer Diskussion. Stuttgart, 1999.

_____. *Raumbezogene Identität*: Bausteine zu einer Theorie räumlich-sozialer Kognition und Identifikation. Stuttgart, 1990. (Erdkundliches Wissen, n.102.)

WEINGARTEN, M. (org.). *Strukturierung von Raum und Landschaft*: Konzepte in Ökologie und der Theorie gesellschaftlicher Naturverhältnisse. Münster, 2005.

_____. Von der Beherrschung der Natur zur Strukturierung gesellschaftlicher Naturverhältnisse. Philosophische Grundlagen der Umweltwissenschaften. In: MATSCHONAT, G.; GEBER, A. (orgs.). *Wissenschaftstheoretische Perspektiven für die Umweltwissenschaften*. Weikersheim, 2003.

ESPACIALIDADE SOCIAL **415**

_____. *Wissenschaftstheorie als Wissenschaftskritik*: Beiträge zur kulturalistischen Wende in der Philosophie. Bonn, 1998.

_____. *Organismen – Objekte oder Subjekte der Evolution?*: Philosophische Studien zum Paradigmenwechsel in der Evolutionsbiologie. Darmstadt, 1993.

WELSCH, W. Transkulturalität. Lebensformen nach der Auflösung der Kulturen. *Information Philosophie*, v.19, n.2, p.5-20, 1992.

WENZEL, H.-J. Sozialisation und Umwelt. In: JANDER, L.; SCHRAMKE, W.; WENZEL, H.-J. (orgs.). *Stichworte und Essays zur Didaktik der Geographie*. Osnabrück, 1982. (Osnabrücker Studien zur Geographie, n.5.)

WERLEN, B. Körper, Raum und mediale Repräsentation. In: DÖRING, J.; THIELMANN, T. (orgs.). *Spatial Turn*: Das Raumparadigma in den Kultur- und Sozialwissenschaften. Bielefeld, 2008.

_____. *Sozialgeographie alltäglicher Regionalisierungen*. v.2: Globalisierung, Region und Regionalisierung. Stuttgart, 2007.

_____. *Sozialgeographie*: Eine Einführung. Berna, 2000.

_____. *Sozialgeographie alltäglicher Regionalisierungen*. v.1: Zur Ontologie von Gesellschaft und Raum. Stuttgart, 1999.

_____. *Sozialgeographie alltäglicher Regionalisierungen*. v.2: Globalisierung, Region und Regionalisierung. Stuttgart, 1997. (Erdkundliches Wissen, v.119.)

_____. Landschafts- und Länderkunde in der Spät-Moderne. In: WARDENGA, U.; HÖNSCH, I. (orgs.). *Kontinuität und Diskontinuität der deutschen Geographie in Umbruchsphasen*: Studien zur Geschichte der Geographie. Münster, 1995a. (Münstersche Geographische Arbeiten, n.39.)

_____. Regionalismus: Eine neue soziale Bewegung. In: BARSCH, D.; KARRASCH, H. (orgs.). *49. Deutscher Geographentag Bochum, 4. bis 9. Oktober 1993*: Tagunsbericht und wissenschaftliche Abhandlungen. v.4: Europa im Umbruch. Stuttgart, 1995b.

_____. *Sozialgeographie*: Eine kritische Einführung. Zurique, 1995c. (Manusc. não public.)

_____. *Sozialgeographie alltäglicher Regionalisierungen*. v.1: Zur Ontologie von Gesellschaft und Raum. Stuttgart, 1995d. (Erdkundliches Wissen, v.116.)

_____. Handeln – Gesellschaft – Raum. Neue Thesen zur sozial- und wirtschaftsgeographischen Gesellschaftsforschung. *Geografický casopis*, v.44, n.2-3, p.131-49, 1993a.

_____. On Regional and Cultural Identity: Outline of a Regional Cultural Analysis. In: STEINER, D.; NAUSER, M. (eds.). *Person, Society, Environment*. Londres, 1993b.

_____. *Sozialgeographie alltäglicher Regionalisierungen*. Zurique, 1993c. (Trabalho não public.)

_____. Gibt es eine Geographie ohne Raum? Zum Verhältnis von traditioneller. Geographie und zeitgenössischen Gesellschaften. *Erdkunde*, v.47, n.4, p.241-55, 1993d.

_____. *Society, Action and Space*: An Alternative Human Geography. Londres, 1993e.

_____. Identität und Raum – Regionalismus und Nationalismus. *Soziographie*, v.7, p.39-73, 1993f.

_____. Handlungs- und Raummodelle in sozialgeographischer Forschung und Praxis. *Geographische Rundschau*, v.45, n.12, p.724-9, 1993g.

_____. Regionale oder kulturelle Identität? Eine Problemskizze. *Berichte zur Deutschen Landeskunde*, v.66, n.1, p.9-32, 1992.

416 BENNO WERLEN

_____. Kulturelle Identität zwischen Individualismus und Holismus. In: SOSOE, K. S. (org.). *Identität*: Evolution oder Differenz?/Identité: Evolution ou Différence? Friburgo, 1989a.

_____. Die Situationsanalyse. Ein unbeachteter Vorschlag von K. R. Popper und seine Bedeutung für die geographische Forschung. – conceptus. *Zeitschrift für Philosophie*, v.23, n.59, p.49-65, 1989b.

_____. *Gesellschaft, Handlung und Raum*. Stuttgart, 1988a.

_____. Von der Raum- zur Situationswissenschaft. *Geographische Zeitschrift*, v.76, n.4, p.193-208, 1988b.

_____. *Gesellschaft, Handlung und Raum*: Grundlagen handlungstheoretischer Sozialgeographie. Stuttgart, 1987a. (Erdkundliches Wissen, v.89.)

_____. Zwischen Metatheorie, Fachtheorie und Alltagswelt. In: BAHRENBERG, G. et al. (orgs.). *Geographie des Menschen*: Dietrich Bartels zum Gedenken. Bremen, 1987b.

_____. Regional-wirtschaftliche Situationsanalyse. Methodische Grundlagen. In: HANSER, C.; WERLEN, B. (orgs.). *Schlussbericht des Forschungspraktikums zum Thema regional-wirtschaftliche Situationsanalyse*. Zurique, 1987c.

_____. Thesen zur handlungstheoretischen Neuorientierung sozialgeographischer Forschung. *Geographica Helvetica*, v.41, n.2, p.67-76, 1986.

_____; WEINGARTEN, M. Zum forschungsintegrativen Gehalt der (Sozial-)Geographie. In: MEUSBURGER, P.; SCHWAN, T. (orgs.). *Humanökologie*. Stuttgart, 2003.

WIDMER, J. Espace public, médias et identités de langue. Repères pour une analyse de l'imaginaire collectif en Suisse. *Bulletin Cila*, v.58, p.17-41, 1993.

WIESING, L. *Artifizielle Präsenz*: Studien zur Philosophie des Bildes. Frankfurt a. M., 2005.

WILSON, E. O. *Die Einheit des Wissens*. Berlim, 1998.

WIRTH, E. *Theoretische Geographie*. Stuttgart, 1979.

ZIERHOFER, W. Die fatale Verwechslung. Zum Selbstverständnis der Geographie. In: MEUSBURGER, P. (org.). *Handlungszentrierte Sozialgeographie*: Benno Werlens Entwurf in kritischer Diskussion. Stuttgart, 1999. (Erdkundliches Wissen, v.130.)

_____. *Raumzeitliche Strukturen als Sozialisationsbedingungen*: Untersucht an Vorschulkindern der Region Baden. Zurique, 1988. (Tese não public.)

_____; STEINER, D. (orgs.). *Vernunft angesichts der Umweltzerstörung*. Opladen, 1994.

SOBRE O LIVRO

Formato: 16 x 23 cm
Mancha: 27,5 x 49 paicas
Tipologia: Horley Old Style 11/15
Papel: Off-white 80 g/m^2 (miolo)
Cartão Triplex 250 g/m^2 (capa)

1ª edição Editora Unesp: 2025

EQUIPE DE REALIZAÇÃO

Capa
Marcelo Girard

Edição de texto
Jorge Pereira Filho (Copidesque)
Tulio Kawata (Revisão)

Editoração eletrônica
Sergio Gzeschnik

Assistente de produção
Erick Abreu

Assistência editorial
Alberto Bononi
Gabriel Joppert

Rua Xavier Curado, 388 • Ipiranga - SP • 04210 100
Tel.: (11) 2063 7000
rettec@rettec.com.br • www.rettec.com.br